中央和国家机关
强素质 作表率
读书活动

ZHONGYANG HE GUOJIA JIGUAN
QIANGSUZHI ZUOBIAOSHUAI DUSHU HUODONG
ZHUTI JIANGTAN BAIQI JICUI

主题讲坛百期集萃

本书编委会 编

中国书籍出版社
China Book Press

图书在版编目（CIP）数据

中央和国家机关"强素质·作表率"读书活动主题讲坛百期集萃 / 本书编委会编. — 北京：中国书籍出版社，2017.8

ISBN 978-7-5068-6395-7

Ⅰ.①中… Ⅱ.①中… Ⅲ.①社会科学—文集 Ⅳ.①C53

中国版本图书馆CIP数据核字（2017）第200463号

中央和国家机关"强素质·作表率"读书活动主题讲坛百期集萃

本书编委会　编

责任编辑	武　斌　王　淼
责任印制	孙马飞　马　芝
封面设计	耕者设计
出版发行	中国书籍出版社
地　　址	北京市丰台区三路居路 97 号（邮编：100073）
电　　话	（010）52257143（总编室）　（010）52257140（发行部）
电子邮箱	eo@chinabp.com.cn
经　　销	全国新华书店
印　　刷	三河市顺兴印务有限公司
开　　本	787 毫米×1092 毫米　1/16
字　　数	360 千字
印　　张	25.75
版　　次	2017 年 8 月第 1 版　2017 年 9 月第 2 次印刷
书　　号	ISBN 978-7-5068-6395-7
定　　价	69.00 元

版权所有　翻印必究

出版前言

中央和国家机关"强素质·作表率"读书活动是由中央直属机关工委、中央国家机关工委和国家新闻出版广电总局主办，中国新闻出版研究院承办，人民出版社等单位协办的一项公益性活动，自2009年4月正式启动以来，"强素质·作表率"读书活动紧紧围绕党和国家工作大局，贴近中央和国家机关干部的实际需求，精心组织实施，不断开拓创新，受到中央和国家机关党员干部的热烈欢迎，在社会上也产生了广泛的积极影响，对学习型党组织建设，对全民阅读活动，都起到了显著的促进作用。

主题讲坛是读书活动的核心内容，每月举办一次，约请国内各领域的著名专家学者讲述最新研究成果，介绍重要学术理论，迄今已有90多位嘉宾登上主题讲坛，为现场听众奉献了一场又一场精彩讲座。为了弥补许多机关干部未能到现场聆听讲座的遗憾，也为了让更多的读者分享讲坛的丰硕成果，领略著名学者专家的思想、智慧和风范，我们对这些讲座的记录稿进行了认真、细致的整理，以周年读本的方式陆续出版，取得了很好的传播效果，延伸了读书活动的影响。

2017年8月,"强素质·作表率"读书活动主题讲坛届满百期,这标志着讲坛取得了可喜的成绩,也意味着在今后的日子里,讲坛应该有更高的要求和标准。值此重要节点,我们从全部讲座中精选数期,以"百期集萃"之名结集出版,作为对主题讲坛届满百期的特别纪念,也是对读书活动精彩内容的一次集中呈现,希望能够赢得广大读者的关注和认可。

本书编委会

2017年8月

目 录

政治

陈　晋：毛泽东的读书生涯和政治实践 / 3

张维为：一个文明型国家的崛起 / 14

陈锡文：我国的农村改革与发展 / 34

王义桅："一带一路"的逻辑：世界是通的 / 51

朱佳木：正确认识改革开放前后两个历史时期的关系 / 69

经济

厉以宁：中国经济双重转型之路 / 95

史正富：中国经济超常增长的前景与战略选择 / 113

鄂竟平：南水北调：资源配置的实践 / 138

何亚非：中国与G20和全球治理 / 160

历史

王树增：革命战争与革命英雄主义 / 177

张启华：在探索中前进的中国共产党 / 191

金冲及：从辛亥革命到中国共产党的建立 / 211

徐　焰：长征——中国革命的柳暗花明 / 233

文化

陈　来：儒家思想与当代社会 / 255

李学勤：考古学与古代文明 / 280

葛晓音：古典诗词的阅读和欣赏 / 298

科技

吴国盛：百年科技的历史回顾与哲学反思 / 323

梅　宏：信息科学技术漫谈 / 344

欧阳自远：中国人的探月梦 / 363

王　浩：生命之源：水资源危机与应对 / 386

附录

中央和国家机关"强素质·作表率"读书活动
主题讲坛百期总目 / 403

政治

毛泽东的读书生涯和政治实践

主讲人：陈晋

一、毛泽东作为"读书人"的形象

提出毛泽东作为"读书人"的形象，不是要淡化毛泽东作为伟大的革命家、战略家、理论家的历史定位，而是说，在古今中外的革命家、军事家、政治家中，像毛泽东这样酷爱读书、读有所得、得而能用、用而生巧的人，确实非常罕见。对毛泽东来说，读书不是一种可有可无的选择，不是简单靠兴趣支配的选择，甚至也不只是为了工作的需要，而是他的一种精神存在和思想提升的必要方式，是一种基本的生活常态，是一种"别无选择"的选择。

我接触到的不少朋友，都很难理解，毛泽东治党、治国、治军的实践是那样精彩，在内政、外交、国防各方面的活动是那样的丰富，他的行动能力是那样的突出，但他读的书，却并不一定比一些终生治学的人少，甚至比一些学问家还要多。人们很难相信，这却是事实。

我们可以从以下几个方面来说明这个问题。

第一，读书广博而偏深

毛泽东住在中南海颐年堂里面的一个院子，叫菊香书屋。他逝世后，保存在菊香书屋的书，有9万多册。不能说所有的藏书他都读过，但这些书是他进城后逐步积累起来的，用得上的，其中有不少书籍上留下他的批注和圈画。而毛泽东读而未藏的书籍，或读过藏过但后来丢失的书籍，就更不知几何了。总的说来，毛泽东的阅读范围，可以概括为马克思主义、哲学、自然科学、社会政治、经济、军事、历史、文学、书法、报纸杂志、丛书工具书，共11大类。

以上是毛泽东读书之广博。所谓偏深，就是除了常用的马列经典和文史哲方面有代表性的著述外，毛泽东还有兴趣读一些在特定环境中流传不广的书，并注意其中一些细琐的观点。例如，长征刚到陕北，他就同斯诺谈到了英国科幻作家威尔斯（H. G. Wells）的作品，后者写有《星际大战》《月球上的第一批人》。他曾经细读过苏联威廉斯的《土壤学》，多次在一些会议上谈论书中的一些观点。读《徐霞客游记》，他注意到书中提出长江的发源，是"金沙江导江"，而不是传统说的"岷山导江"。读周汝昌的《红楼梦新证》，他细细圈画其中关于"胭脂米"的一段考证文字。中央文献研究室在编辑和整理毛泽东的著作和谈话时，对一些引文做注释，需要查很多书，有的就很难查到出处。例如，编《毛泽东文艺论集》时，对毛泽东提到徐志摩说"诗要如银针之响于幽谷"这句话，就没有查到原始出处。毛泽东经常讲拿破仑说过一支笔可以抵得上三千毛瑟兵，还写进了给丁玲的诗："纤笔一支谁与似，三千毛瑟精兵。"中央文献研究室的同志问了许多专家，都没有弄清楚出处。还有一个例子，1972年发生九一三事件，林彪乘飞机外逃，有关人员问毛泽东怎么办，毛泽东说："天要下雨，娘要嫁人，由他去吧。"这句话肯定是一个俗语，但这个俗语出自哪里，一直找不到。这些年才知道，出自清朝嘉庆年间一个叫张南庄的人写的一本讲鬼故事的滑稽章回小说，叫《何典》。毛泽东最晚是在1941年就读了《何典》，那时他曾托人为远在莫斯科的两个儿子从中国带去一些书，其中就有《何典》。毛泽东晚年在一次会议上讲过："药医不死病，死病无药医。"是说吃药只能医那些不会死的病，注定要死的病，药是治不了的。他用这句话比喻像花岗岩一样的人,怎么做思想工作都是做不通的。这句话也是来自《何典》。

第二,活到老、读到老

毛泽东在延安的时候说过一句话:"如果再过10年我就死了,那么我就一定要学习9年零359天。"讲这个话是希望领导干部们抓紧时间读书学习,毛泽东自己确实做到了这一点。1975年他82岁了,眼睛不好,还专门请一位大学老师给他读书。我们知道,他是1976年9月9日零时10分逝世的,根据当时的记录,9月8日那天,他全身都插满了管子,时而昏迷,时而清醒,清醒过来就看书、看文件,共11次,2小时50分钟。这当中,他已说不出话来,敲了三下木制床头,工作人员开始不知道他要看什么,有人想到,当时日本正在大选,毛泽东或许是要看自民党总裁、日本首相三木武夫的材料,就用手托着三木的材料给他看。最后一次看文件是下午4时37分,此后再也没有醒过来,7个多小时后便逝世了。这样的情况很感人,可以说已经不是活到老,读到老,而是读到死。

第三,真读真学,不是做样子

毛泽东读书,是发自内心的对知识、对真理的一种渴望。有这种渴望,才可能用心用脑去真读、真学、真思考。什么叫真读真学?具体表现在这么几个方面。

一是经典的和重要的书反复读。毛泽东曾对人说,他在写《新民主主义论》的时候,读了十几遍《共产党宣言》,为了学英文,他找来中文版和英文版的《共产党宣言》对照起来,在一本英文版的《共产党宣言》上还留有他的批注。列宁的《国家与革命》是他经常阅读的。《资本论》很难读,但毛泽东读《资本论》留下的批画有四个时间,说明他起码在四个时间段里读过《资本论》,当然不一定是全读。在50年代初,毛泽东对人说,《红楼梦》他已经至少读了5遍,此后他也读过,还让人从北京图书馆手抄过一部胡适收藏的《石头记》。

一是相同的题材内容，毛泽东习惯把不同的甚至是观点相反的版本对照起来读。例如，他读美国历史，就让人到北京图书馆、北大图书馆去借，还专门写条子说，不光要马克思主义学者写的，也要有资产阶级学者写的。关于《拿破仑传》《楚辞》，他都找来不同人写的和不同人注释的版本来读，《楚辞》曾经要了十几种版本对照起来读。1957年，他对领导干部讲：要读蒋介石的书这些反面的东西，我们有些共产党员、共产党的知识分子的缺点，恰恰是对于反面的东西知道得太少。读了几本马克思的书，就那么照着讲，比较单调。讲话，写文章，缺乏说服力。

一是除了写读书批注外，毛泽东注重讨论式地阅读。他不光是自己闷头读，读完以后常常和别人讨论，有时是边读边议。比如，延安时他专门组织了德国军事家克劳塞维茨的《战争论》读书小组，每天晚上读10多页，然后各自谈看法。1959年底还组织读书小组专门到杭州研读苏联的《政治经济学（教科书）》，读了两个月，议出了许多好的思想。把社会主义分为不发达的社会主义和比较发达的社会主义两个历史阶段，就是毛泽东在这次阅读中提出来的，这是我们80年代提出"社会主义初级阶段"这个概念的认识源头。参加这个读书小组的同志后来根据毛泽东的谈话记录，印了两卷本的《毛泽东读社会主义政治经济学批注和谈话》。

二、毛泽东读书历程

毛泽东早年有个外号叫毛奇。关于这个外号的来历，一说是因为他崇拜当时的德国元帅毛奇，一说是他常讲读书要为天下奇，即读奇书，交奇友，创奇事，做奇男子。按后一种说法，毛泽东是把读奇书当作成为奇男子的第一个条件。

早年毛泽东读书的目的，先是说为了"修学储能"，然后说要寻求"大本大源"，最后是要找"主义"。概括起来，对他影响比较大的书有四类。

第一类是传统的文史典籍。他深厚的国学功底就是靠这时候打下的。在传统的文史典籍中，他偏好以王夫之、顾炎武为代表的明清实学和晚清湖湘学派的著述，诸如顾炎武的《日知录》、曾国藩的《经史百家杂钞》以及他的老师杨昌济的《论语类钞》等等。这类书在立志、修身、处世方面很有用。第二类是近代以来介绍西方的著作，比如郑观应的《盛世危言》、赫胥黎的《天演论》、斯宾塞的《群学（社会学）肄言》以及卢梭、亚当·斯密等人的著作。阅读这些书使毛泽东能够跳出中国传统思维来看世界。第三类是新文化运动开始后，国内学者传播新思潮方面的书，特别是李大钊、陈独秀、胡适等人的著述。第四类是《共产党宣言》等马克思主义书籍。

五四时期，一批知识分子传播马克思主义，参加建党的人都是一色的知识分子。以毛泽东、周恩来、任弼时、张闻天等为代表的五四运动的精神产儿也是知识分子，换句话说都是读书人。他们对各种理论思潮做了认真的比较，最后选择和确立了自己的信仰，信仰一经确立，就为它献身，一直干到底，这种现象值得我们思考，从中也可看出那一代人真读真学、追求真理的精神风尚。

大革命和土地革命时期，毛泽东作为宣传家和实践家，感到精神非常"饥渴"，其读书主要是为了实践的需要。特别是大革命失败后，主要在偏远农村开辟根据地，领兵打仗，环境变了，常常是无书可读，很苦闷。这与青年时代"读书"，建党前后办文化书社"卖书"，大革命时期"编书"，形成强烈反差。于是，他给当时上海的党中央写信说，无论如何给他搞一些书，还开了一批书单，说"我知识饥荒到十分"，"我们望得书报如饥如渴,务请勿以小事弃置"。可惜毛泽东开的书单没有保存下来,他当时想读哪些书不得而知。不过,在一封信中他曾经点名要斯大林的《列宁主义概论》和瞿秋白的《俄国革命运动史》。1932年,他带领红军打下福建漳州时搞了一批书,其中有列宁的《两种策略》和《"左派"幼稚病》。读完第一本推荐给彭德怀看,写信说此书要在大革命时候读着,就不会犯错误。读完第二本毛泽东又推荐给彭德怀看,写信说,"左"与右同样有危害性。在艰苦的环境中,为了做到思想上的清醒,毛泽东是多么渴望读到有用的书,读书致用非常明确。

延安时期,是毛泽东读书的一个高峰期。他以异乎寻常的热情和精力来读书并提倡读书。他以前没有时间写日记,唯独到了延安以后开始写日记。为什么写日记?日记的开头说:"20年没有写过日记了,今天起再来开始,为了督促自己研究一点学问。"他的日记事实上是读书日记,记录了哪天读了哪本书,读了多少页。从这个日记看,1938年2、3月间他读了李达的850多页的《社会学大纲》,还有克劳塞维茨的《战争论》和潘梓年的《逻辑与逻辑学》等等。梁漱溟访问延安时,毛泽东读了他的《乡村运动理论》,写了不少批注,还花好几个晚上同他讨论。

毛泽东当时为什么特别提倡在党内要形成读书学习的风气?一个重要原因是,总结历史、分析现实急迫需要理论,但党内理论素养准备不足,这是亟待克服的矛盾。解决这个矛盾的最好办法,就是读书学习。从思想方法角度讲,毛泽东在延安时期的阅读和理论创造,确立了毛泽东此后看待实践、分析问题的两个最根本的方法和一个根本主张。所谓"两个根本方法",一个是实事求是,一个是对立统一。所谓"一个根本主张",就是马克思主义中国化。

中国共产党历来重视科学理论的指导。要被全党接受成为领袖,光会打仗不行,还要有理论创造。土地革命时期,王明、博古这些人在党内占据领导位置,一个重要原因是他们在理论方面说得一套一套的,对马克思主义的"本本"掌握得比较多,但他们脱离中国革命的实际。中国革命的实际迫切需要上升到理论上的创造,形成中国化的马克思主义理论。正是在延安时期,毛泽东在丰富的实践基础上,通过真读真学,在哲学上写出《矛盾论》《实践论》,军事上写出《论持久战》等,政治上写出《新民主主义论》,文化上还有《在延安文艺座谈会上的讲话》。这些理论创造,全党上下都服气。正是在延安的窑洞里,他完成了从军事领袖到政治领袖、从政治领袖到理论权威这两大跨越。陈云1941年在中央书记处工作会上说:"过去我认为毛泽东在军事上很行。毛泽东写出《论持久战》以后,我了解到毛泽东在政治上也是很行的。"任弼时1943年在中央高级学习组上说,1931年他到中央苏区,认为毛泽东"有独特见解、有才干",但"在思想上'存在着狭隘经验论,没有马列主义理论'","读了毛泽东的《论持久战》《新民主主义论》和《中国革命战争的战略问题》……认识到他的一贯正确是由于坚定的立场和正确的思想方法"。

新中国成立后,毛泽东读书更多更杂。这里只讲讲他晚年读文史古籍的情况。从1972年开始,他先后开列有86篇作品,让人印成大字本,供中央一些领导人读,他自己当然是细读圈画了。这些作品涉及史传、政论、诗词曲赋。按时间划分,从1972年到1973年7月读的主要是历史传记;1973年8月到1974年7月读的主要是历史上的法家著作,包括韩非子、柳宗元、王安石等人的著作;1974年5月到1975年6月,主要是一些诗词曲赋。这些,都与当时的政治背景有关,与毛泽东晚年的复杂心态有关。读诗词曲赋的时候,政治、社会、理想、现实、壮志、暮年,往往能在他的感情世界掀起巨大的波澜,从中寻求心志的勉励和抚慰。他晚年反复读庾信的《枯树赋》,还考证一些词句的意思,比较各种注解,读到"树犹如此,人何以堪"这样一些句子时,年逾80岁的一代伟人禁不住泪水纵横。

三、编书、荐书和讲书：毛泽东习惯使用的领导方法和工作方法

编书、荐书、讲书，前提都是读书，而且是要精读之后才能去编去荐去讲，最终让别人让社会分享自己的读书心得。毛泽东是政治领袖，又是读书人，两种身份的结合，自然引出这一特殊的政治领导风格和工作方法，把书作为动员和宣传工具，作为理论创造和思想普及的工具。毛泽东始终相信，人们以各种方式所接触到的知识、理论、观点，有助于他们在实践行为上的选择，对现实社会改造十分重要。他更清楚，要培养高素质的领导干部，与其授人以鱼，不如"授人以渔"。读书学习，就是"授人以渔"。因此，需要解决什么现实问题或需要提倡什么精神气氛的时候，他总是开列出一些有现实针对性的书目让干部们去读，以便打通思想。甚至在一些会议上印发他选编的著作篇章，有时候还亲自在会议上逐一讲解。这是他比较鲜明的政治领导风格。

关于编书

编书就是根据某种需要择书而读。早在读师范的时候，毛泽东就曾开列77种经史子集给同学，认为是国学研究的必读书目。大革命时期，他曾担任国民党中央宣传部代部长，后来又专门从事农民运动，这期间他做的一项重要事情，就是编了两套书。一套叫"国民运动丛书"，毛泽东亲自开列书目，还聘请当时在商务印书馆工作的文学家沈雁冰（茅盾）作编纂干事。此后又编了一套"农民运动丛刊"，计划出版52种，实际出版了26种。延安时期，毛泽东编的书就更多了。其中重要的是《六大以来》这部党的文献集，成为当时参加整风学习的高级干部的必读书，效果非常好。这个做法，开启了中国共产党文献编辑事业的先河。改革开放以后，中央文献研究室跟踪式地编选了《十一届三中全会以来》《十二大以来》一直到《十六大以来》，成为辑纳党的方针政策的

文献系列。1955年农业合作化时期，毛泽东又读了大量文稿，选编了一本90多万字的书，叫《中国农村的社会主义高潮》，写了一篇有名的序言，并为其中的104篇文章写了按语。这本书在当时被称为"农业合作化的百科全书"。除了编选一些政治书，毛泽东还编过一些看起来是闲书的东西给领导干部们读。例如，1958年3月成都中央工作会议期间，他编了一本《诗词若干首（唐宋人写的有关四川的一些诗和词）》，一本《诗词若干首（明朝人写的有关四川的一些诗）》，印发与会者。他讲："我们中央工作会议，不要一开会就说汇报，就说粮食产量怎么样，要务点虚，要务虚和务实结合，我们可以解决钢铁的问题、煤的问题，同时我们也要拿一点时间来谈谈哲学，谈谈文学，为什么不行呢？"意思是让会议的气氛活泼一些，思路开阔一些，思想解放一些，特别是在四川开会，让外地的干部多了解一下四川的情况，以扩展他们的知识领域。1961年，根据国际形势的需要，他指导社科院文学研究所所长何其芳从古代笔记小说中编选了一本《不怕鬼的故事》，细读之后还帮助修改了序言。

关于荐书

毛泽东荐书，是一种常态化的事情。一是在会议上公开向领导干部们推荐，目的是要倡导或纠正什么风气。一是私下里向一些个人荐书，用意更具体，往往是针对一些人的情况，希望他们能从所荐之书中有所领悟。这里只讲讲毛泽东晚年私下荐书的情况。李德生担任北京军区司令员时，毛泽东向他推荐顾祖禹的《读史方舆纪要》，说这是一部军事地理的参考书，可以先读有关华北部分。他还让许世友这位文化水平不高的将军读《红楼梦》，说许世友有些像汉初大将周勃，"厚重少文"。此前许世友觉得《红楼梦》没有什么好读的，那是"吊膀子"的书，毛泽东就对他说："你要读《红楼梦》，读五遍你才有发言权。"回南京后，许世友让秘书抄成大字本给他读，据说直到去世也没有读完。1973年，王洪文到中央工作后，毛泽东对他的表现不满意，就让他读《后汉书》里的一篇《刘盆子传》。因为是古文，王洪文读不懂，就让上海的朱永嘉给他讲。西汉末年，赤眉农民起义军要选一个人当皇帝，就从参加这支起义军的几十个刘氏后裔中，找出三个血统最近的来抽签，结果被一个叫刘盆子的放牛娃抽到了。刘盆子当皇帝后依然故我，不务正业，经常和一帮放牛娃嬉耍，终于没有出息失败下台。毛泽东让王洪文读《刘盆子传》，无非是提醒他，凭资历、能力，你不够格，你要有自知之明，千万不要学刘盆子，要注意学习，长进。传达出毛泽东对王洪文的担心。

关于讲书

如果说荐书是希望人们自己领会，给人讲书，则是直接向人宣达他的思想观点。1942年整风学习期间，毛泽东在西北局高干会议上逐条讲解斯大林的《关于德国共产党的前途和布尔什维克化》。斯大林的这篇谈话提出了一个党要实现布尔什维克化，必须具备12个基本条件。毛泽东的讲解，是一次相当深入的党性党风教育。1958年11月，他在郑州中央工作会议上讲解斯大林的《苏联社会主义经济》，意在让干部弄清商品生产和价值规律这些在大跃进和人民公社化运动中被丢弃的观点。1959年4月，他在上海会议上讲解《明史·海瑞传》和《三国志》里的《郭嘉传》，目的是提倡领导干部讲真话、讲实话；做事情、订计划要"多谋善断，留有余地"。这些，也是为了改变在大跃进和人民公社化运动中暴露的一些干部的不良作风。1962年1月，他在七千人大会上讲《史记》中记载的刘邦善于纳谏而取得胜利，项羽一意孤行而最终失败"别姬"，是要在党内倡导民主作风。1967年在中央会议上讲解《战国策》中的《触詟说赵太后》一文，则是提醒领导干部在如何教育和锻炼下一代的问题上，要注意不能让子女"位尊而无功，俸厚而无劳"。

读书可以获取未知的知识，提升思想的境界。毛泽东把读书作为精神存在和思想提升的必要方式，表明未知的东西对他有一种极强的诱惑，要以有涯之生尽量包容、填充那未知的空间。读书对毛泽东来说，也是一种独特的心灵对话和思想交流。在对话交流中除了实现思想境界的提升外，还会实现一种只有读书人才乐于寻求和可能获得的心理期待、智慧愉悦和审美满足。其中感受，或许如鱼饮水，冷暖自知。

读书、编书、荐书和讲书，形成了毛泽东鲜明而独特的文化个性，从而散发出一种令人折服的文化气息和智慧力量。通过毛泽东的读书生涯，我们可以从一个角度了解他的智慧源流，了解他对前人和同时代人创造的思想、提供的知识、积累的经验，是如何吸收、扬弃和发展的。毛泽东留存世间的功业，多多少少也可以从他倘佯的书籍世界里找到一些伏线。也就是说，从毛泽东通过读书积累和营造的"胸中日月"，到他通过实践行动积累和创造的"人间天地"，是有迹可寻的。

当然，时代已经大大地向前发展了，毛泽东那时喜欢读的书和他强调必须读的书，以及他所发表的有关评论，我们很难一一地去遵循。讲读书之重要，体会毛泽东读书、编书、荐书、讲书的故事，也不能走向读书治国的误区或回复传统的"半部论语治天下"什么的。

但无论怎样讲，毛泽东结合实际的读书精神是永恒的。从毛泽东身上，我们能够感受到，对领导干部来说，读书学习是一种历史责任。

（本文根据陈晋2009年5月23日在中央国家机关"强素质·作表率"读书活动主题讲坛上的讲座内容整理）

一个文明型国家的崛起

主讲人：张维为

我非常高兴有机会来参加中央和国家机关的读书活动，而且是今年的第一讲，所以觉得非常荣幸。也感到很亲切，因为我自己也曾经是中央国家机关的工作人员。所以到这儿来，我有一种回家的感觉，回家向大家汇报工作。

实际上我的"中国三部曲"的这三本书，《中国震撼》《中国触动》《中国超越》，是我离开中央国家机关20多年的一个工作汇报。今天给大家做一个口头的汇报，看看我走了100多个国家，进行一些横向的、纵向的比较之后，得出的一些结论。

我是比较自信的，我一直搞不懂为什么我们一些国人不自信。我觉得中国所有的问题都说得清楚，而且最终都能解决。这本《中国超越》，非常荣幸成为今年的推荐图书之一，这本书是2014年8月上海书展的时候推出的，在书展上签售的时候，我说了几句话。我说读张维为的书至少有两个好处：第一个好处就是很多读者告诉我，读了之后幸福指数有所提高；第二个很重要，我写中国写了20多年，我很自信地告诉大家，我对中国的预测是准确的。我20多年前写的东西我敢拿出来，一个字都不用改。20多年我做过很多预测，就不一一提了，我就从我最近几年的几个预测开始说起。

一、从与福山的辩论说起：西方预测中国频频失误

第一个是四年前我和日裔美籍学者福山的辩论。大家知道他在1989年提出了引起广泛争议的"历史终结论"。他到上海来，在《文汇报》主办的一个辩论会上，我们就谈了自己的看法。我的理论非常简单，不是历史终结的问题，而是"历史终结论"的"终结"，这个是我们之间最大的一个分歧。当时正好爆发埃及之春，穆巴拉克下台了，福山说中国也可能要经历阿拉伯之春、埃及之春，我说不可能。我说不久之后，我估计将会变成阿拉伯之冬、埃及之冬。这个辩论现在网上视频还有，中文也有，英文也有。现在看来，我的预测是准确的。而且我还对他说，以我自己对美国政治制度的研究，美国政治制度设计是前工业革命时期的，需要政治改革。实际上我是想说，美国的政治改革的需求比中国还要迫切。很有意思，去年第三季度美国影响力最大的《外交事务》杂志，刊登了福山先生的长文，文章中的主要内容就是反省美国的政治制度，他是恨铁不成钢。他的观点坦率地说更加接近我的观点了，但是他自己可能不愿意承认。

还有对台湾地区民主的预测。台湾我去过8次，当时台湾的朋友就对我说台湾的民主你看怎么样，我说质量不高，我说到现在为止是从希望到失望。他问我下一步会怎么样，我说是从希望到更大的失望。这个是我非常慎重的观点，一个非西方地区或者一个非西方社会采取西方的政治制度的话基本上是两种结局，从希望到失望，从希望到绝望。那么台湾地区是从希望到失望，从希望到更大的失望，还不至于到绝望，因为有中国模式，中国模式带领中国飞速发展，给台湾地区创造了大量的机遇，否则的话恐怕真是要到绝望了。

还有就是最近香港的"占中"。"占中"第一天吧，BBC就给我发

了一个短信，说张教授能不能采访你，我说没问题，我从来不回避尖锐的问题。电话马上就来了，说你怎么看，有国外评论说一场伟大的颜色革命爆发了，即将扩展到中国大陆，真的是这样的吗？我给他当头一棒，我说根据我的研究，这是一个错误的时间、错误的地方、错误的行动，失败的概率是百分之百。我说香港正在被边缘化，不要再选择进一步的边缘化。那么现在看这个预测也是靠谱的。下面再阐述我的其他一些观点。

西方预测中国频频失误究竟是什么原因？我也在考虑这个问题。在十八大召开的前夕，我正巧在英国参加一个研讨会，BBC找到我说，能不能来我们演播室参加一场辩论，我说辩论什么，他说辩论颜色革命。我说好我一定来。然后请了一个研究波兰团结工会的学者，一个研究波兰之春的土耳其人，就我们三个人加上主持人。那个女主持人问我的第一个问题，大家可能会想不到，她说张教授您认为中共还有十九大吗？实际上西方真的是很傲慢，认为你跟我不一样，你一定错误。我就跟这个女主持人说，你们为什么不好好思考一个很简单的问题，你们对中国的政治预测都做过这么多了，究竟有没有一次是预测对的。我印象中都想不起来哪一次的预测是准的。我建议她要好好地研究一下中国的历史，我说中国是四千年的历史，一个好的朝代最短的寿命是250年，我们今天的中国怎么也是最好的"朝代"（我这个"朝代"是要加引号的）。所以我说依我自己的眼睛看，中国的崛起还是初级阶段，更精彩的还在后面。我说10年之内中国一定超过美国，随便你们什么指标。

二、中国崛起的势头：前所未闻

（一）与发展中国家比较，中国的成绩超过其他发展中国家成绩的总和

中国崛起的势头是闻所未闻的，我说我们一定要充分肯定自己的成绩。当你走遍世界之后这个感觉才特别的鲜明。我们坦率地讲，和其他发展中国家比较的话，我们的成绩超过其他发展中国家的总和。发展中国家最大的问题是消除贫困，最大的挑战也是这个，我在《中国震撼》一书中讲，我说你可以从中国任何一个点开车，开20个小时，从北京、上海开到漠河，开到香港，你把一路看到的贫困全部都记录下来，会少于你在典型的发展中国家如印度、巴基斯坦、孟加拉、埃及等国两个小时里看到的贫困。差距就这么大。

从2011年开始我们调整了扶贫标准，一下子我们的贫困人口又从两三千万增到了9700万。这个用的是联合国的标准。我自己实际考察过，我去了云南的贫困地区、贵州的贫困地区，两个月前还去了四川的一个贫困县。在那里正好碰到一个非洲的朋友，他说中国不得了，这个贫困县的县城不得了，比非洲国家的首都都漂亮，这个是真的。中国是世界上为数不多的经历过土地改革的国家，我们的农民是有地有房子的。我有一个印度尼西亚的朋友，他说你们贵州这个贫困地区的人有地有房子，吃饭是三个菜一个汤。他反复问是不是平时也这么吃，当地人说平时也这么吃。于是他问那为什么你们还算穷人。这个是真实的情况。农民即使是贫困人口基本上都是有地有房子的，就是现金少。

我用我自己的标准，把这些农民和印度的农民、埃及的农民比较，我说我们贵州的农民是中产阶级，真的是这样的。这个你不能简单地用什么联合国的指标，因为联合国的指标没有考虑到事实上我们的农民有土地和房产，没有把这些算进去，它只算现金、货币化的收入，用这个

指标研究中国是不准确的。所以我经常说，我们要做一些话语创新，很重要的一块是指标创新。

（二）与转型经济国家比较，中国的成绩超过其他转型经济国家成绩的总和

第二就是和转型经济国家比较。这个词世界银行、国际货币基金组织用来指从中央计划经济国家转向市场经济国家，包括了中国和原苏联及其各个共和国。那么同上面一样，中国的成绩超过了所有其他转型经济国家的成绩总和。我举个简单的数字，今天中国光是外汇储备就4万亿美金，超过了其他转型国家GDP的总和。我用的GDP还不是今天卢布的汇率，卢布最近的3、4个月贬了很多，我用的是2013年年底的卢布的汇率。当初苏联解体的时候，俄罗斯的经济规模比中国还大。如果说2013年年底的时候，中国的GDP是4个俄罗斯，咱们按新的汇率可能就是5个俄罗斯了。而且关键是经济结构，俄罗斯的经济结构跟苏联解体前没有什么变化，还是军工加上自然资源，制造业没有发展起来。而中国从南到北经济结构发生了翻天覆地的变化，多少产业都是过去从来没有见到过的全新产业。和转型经济国家相比，我想我们的成绩超过了他们的成绩的总和。

（三）与发达国家比较，中国已经形成了自己的"准发达国家"板块，这个板块的人口与美国相当

下面和西方发达国家比。我在《中国震撼》这本书里面提到中国已经形成了一个"发达板块"或者叫"准发达板块"，这个板块的人口有3亿多，已经和美国相当了。它的硬件和软件的很多方面，实际上是赶上甚至超过西方的。硬件可以说是基本超过西方，特别是超过美国，无论是高速公路、高铁、地铁、港口码头、机场甚至商业设施都比美国要

好。软件的关键指标，特别是人均寿命、婴儿死亡率、城市的治安，总体都比美国要好。当然我们有不如人家的地方，我们的环境还不如人家。但是西方国家也都经过了这些阶段，谁都说不能先污染再治理，但事实上由于种种原因，多数国家或者所有大国走的几乎都是这条路。恐怕都是要到全民都觉悟到环境代价承受不了了，到了这个时候才开始治理。我说中国模式的特点之一，就是一旦认识到自己犯了错误之后，纠正错误的能力比西方要强。英国工业革命后18世纪到19世纪再到20世纪50年代，伦敦的污染非常之严重，比今天的北京还要严重，100、200年还没有解决，中国可能不需要这么长的时间。实际上现在中国对风能的投资、太阳能的投资、电动汽车的投资和产量，恐怕都是世界第一，跟四五年前的情况完全不一样。

三、读懂中国的新视角

（一）两个板块的互动（发达板块与新兴经济体板块）

有一次我讲完中国崛起之后，一个青年教师站起来提了一个问题，他说：张老师，听完你的讲座给人感觉中国人生活得都很幸福，那为什么还有这么多的中国人要求移民，你能不能劝他们不要移民，待在中国。我说这个问题问得好，关键是问对人了，我认识的中国移民多了去了，移民欧洲、加拿大、美国、澳大利亚、新西兰的我都认识。我说鼓励他们去，为什么？我自己做过一个小小的研究，得出一个结论，就是按最保守的估计，70%的人到了瑞士、法国之后，会变得更加爱国，一出国就爱国，这个效果比党的教育还要好，真的。我说如果你愿意移民美国的话我给你支个招，我对纽约还比较熟悉，你可以从上海到纽约体验一下。我说你可以从上海的虹桥机场或者浦东机场两个机场起飞，到纽约任何一个机场降落。纽约有三个机场，从上海去比较多的是纽瓦克机场。我说你先感受一下，什么叫做从第一世界的机场到第三世界的机场。

美国的基础设施都是60年代的，我们广西、内蒙古的基础设施都比它好。我说你尝试一下，如果你有胆量的话，你在纽瓦克住一晚上，你感受一下，你晚上敢不敢出去，不敢。我还有一条额外的消息，一般人不知道，纽瓦克有一个不错的医学院，这个医学院最发达的科目是枪伤，因为附近每天都有火并。稍微有一点知识的人都知道，美国就是三个板块组成的，第三世界、第二世界、第一世界。如果你因为种种的原因混在美国的第三世界（美国第三世界是不小的板块，所有大城市里都有，纽约也是），我说你的命运恐怕和非洲相比没有什么太大的差别：人均寿命50来岁，天天有火并，根本不会见报，根本不会见媒体，可能当地的小报上有两行字然后就没有了。

你如果通过自己的努力，像我们很多中国人一样，进入美国的第二世界，当IT男（我们很多学生读完工程做过博士去美国工作），问问这些人，过去20年，我不会说10年、15年，他们的真实收入有没有增长。如果买了房子，房子有没有增值。坦率地讲我估计至少70%的人回答说NO。所以说真是三十年河东三十年河西，我有很多同学在美国待了30年、25年，你让他把资产全部卖掉到不了100万美元。

可以说，中国是以人们从来没有见到过的规模和速度在崛起，美国虽然是一个超级大国，但是确实明显地在走下坡路。

我觉得看待中国崛起可以有一些新的视角。现在官方的表述经常说中国是经济世界第二，仅次于美国，但我们总是不忘记加上这么一条，人均GDP还是很低，排在世界80位左右，中国就是一个典型的发展中国家。现在我自己总结得越多，我对人均GDP就越有看法，特别是中国这样的超大型国家，情况太复杂了，不是简单地可以类比的。就好像是天气预报一样，比如说新加坡今天的平均气温是35度，它的面积非常小，只有上海的 1/10、北京的 1/25，所以它的这个平均气温是准确的。可要是用平均气温预测中国，说整个中华人民共和国平均气温 35 度，那没有人能够理解。所以我说要分板块，因为我们的国家太大了。所以我就讲我们是一个发达板块和一个新兴经济体板块，这两个板块高度的良性互动，是中国成功的秘密。我认为，内地和中西部地区不是简单的发展中国家概念。我们的电力的覆盖面是 99% 的人口，就是全部覆盖了。一般发展中国家能做到 60%、65% 就不错了，印度也就是 70%。所以我说我们的中西部地区是一个真正的新兴经济体。

（二）购买力平价

用人均 GDP 指标是因为我们比较低调，低调有低调的好处。但美国中央情报局对所有国家有一个评估，它用的是购买力平价。没有什么指标是百分之百可靠，但如果用购买力平价的话，相对来讲比较可靠一点。根据国际货币基金组织的评估，我们 2014 年 GDP 超过美国，就是世界最大的经济体了。我们之前还是反对这个评估的，但我想我们要心中有数，不能总是有一种大国小民的心态。中国就是一个超大型的国家，人口我做了一个初步的计算，大概是 100 个欧洲国家的规模，我们是将近 14 亿，经济每年持续增长，两位数的增长比率，连续 30 年，形成了现在这样一个规模。实际上我们现在 GDP 的统计，很多东西都没有加进来，比如街头小贩，这个在美国是要统计进去的，而我们小贩这个产业不知有多大，根本就没有统计。

（三）住房自有率

还有一个住房自有率，讲到住房谁都说房价太贵太离谱，但我说还是要实事求是，就是先肯定再改进。不管怎么样，今天中国的住房自有率已经超过了所有的西方国家，超过了所有的所谓发达国家。我现在看到统计，农村住房自有率几乎是 100%，城市大概是 80% 以上。年轻人由于种种原因买不起房子，但是我想他们的父母大部分都是有房子的，因为独生子女政策，目前还没有遗产税，所以这个房子也会传给年轻人。我在书里讲过一个例子，如果问在上海星巴克喝咖啡的小白领，你算不算中产阶级，他说我算什么中产阶级，我只有一套房子。在上海有一套房子还不算中产阶级？按全世界的标准也是中产阶级了，甚至中产阶级上层。

（四）人均寿命

还有人均寿命，中国现在是 76 岁，美国才 78 岁。我国整个发达板块，预计寿命是 80 岁左右，北京上海都是 82 岁，纽约是美国最高的，79 岁。

所以我说一定有什么地方中国做得比西方好，相对你我更成功一点。那么这样也产生了一个悖论，比如说中国人均 GDP，如果按照官方汇率计算的话，只有美国的 1/9，如果按照购买力平价计算的话又刚刚赶上或超过美国，但人均也就是美国的 1/4。但为什么中国的住房自有率、家庭净资产、人均寿命跟美国差不多，甚至比美国好一点。我想有两种解释：一种解释就是 GDP 的计算方法，我觉得我们的计算方法有一些问题，或者他们的计算方法有问题，把很多泡沫都算进去，比如美国的律师事务所要在全国招 1000 个律师，这 1000 个律师增加了交易成本，但肯定增加 GDP。另外我想邓小平讲过的一句话非常有道理，"我们人均 GDP 虽然不高，但是我们是实行社会主义制度，所以人民得到的实惠可能会比较多。"我想这是一种解释。

四、一个文明型国家的崛起

（一）文明型国家的特征

下面就是我的一个核心的观点，"一个文明型国家的崛起"。什么是文明型国家？它是一个没有中断的五千年的文明和一个超大型的现代国家结合在一起，重叠在一起，这样的国家，世界上就此一家。其他历史悠久的文明，像古埃及文明、古印度文明由于种种原因都中断了。

文明型国家有自己的特质叫"四超"，超大型的人口规模、超广阔的疆域国土、超悠久的历史传承、超丰富的文化积淀。研究中国的政治制度，我觉得要从这四个"超"来开始。研究中国模式、中国发展道路也是一样的。

我们来和美国比较一下。美国独立的时候，它的人口是多少，是200多万，国家很小，在东部13个州，1848年吞并墨西哥的加利福尼亚之后，美国的人口大概是2000多万。而当时中国的人口是多少，中国的人口是3亿多接近4亿。就是说美国形成今天的版图，和中国差不多大的时候，美国的人口是中国的1/20，换个概念来讲的话，就是人均资源非常多。当时农业社会最主要的资源是土地，用中国标准来看的话，那美国人基本上都是大地主。人均资源的不一样就形成了政治文化的差异。美国政治文化就是讲权利、讲自由，中国的政治文化是讲权利和自由的平衡，讲"不可三日无君"，因为资源相对紧缺，容易形成资源的争夺，一个村子里为河水的分配和井水的分配可能就会打起来，这是政治文化产生的一个背景。

当然人多并不是坏事情，人口众多往往是好事情。中国一个文明延续数千年，这么多人生活在同一块土地上，形成自己的一整套的生活方式。比如说我们的餐饮，我们的八大菜系，背后也是人均资源短缺，人家不吃的我们中国人也琢磨着怎么给它吃了。我跟美国人半开玩笑半认真地说，中国的餐饮领先美国一千年。中国人一出国就爱国，首先从胃开始。所以说人口是一个很重要的因素。

还有超广阔的疆域国土，从北京起飞3个小时，还在中华人民共和国境内，还是讲中文，还吃中国菜，感觉非常好。在欧洲的话，已经飞过四五个国家了。所以要感谢我们的老祖宗，统一了整个疆土，非常的好。

再说超悠久的历史传承。传统这个东西，我不说它是好是坏，但它就是你生活的一部分。比方说政府和经济的关系，我们有很多非常天真的经济学家，老说政府要全部退出经济领域。但我说你一定要了解这是中国传统的一部分。中国老百姓对政府的态度和西方老百姓对政府的态度是不一样的。在上海我们的小菜场，价格稍微高一点，那大妈就要骂了，政府部门怎么就不出来管一管。真的是这样的，我们的传统是不一样的。我们政府和经济的关系至少可以追溯到《盐铁论》，那是汉朝，政府对盐、铁的税收的政策，就有了讨论、辩论。所以我们现在政府对市场的监管，我觉得是比较实事求是的。

超丰富的文化积淀刚才我已经讲了，就以餐饮为例，我在欧洲生活了24年，欧洲最好的菜是法国菜，其次是意大利菜，我说可以这么比较一下，八大菜系中拿出任何一种都比法国菜要丰富，真的是这样的。

我上周在上海参加了一个活动，讨论"上海发展文化战略未来30年"，他们进行的是国际大都市的比较，我说这些比较用的都是西方的标准，能不能换一个角度。我说了两个切入点：一个是老外到上海来什么东西最打动他；一个是上海人，或者中国任何地方的人在上海生活过的，离开上海后最怀念上海什么东西。这两个加在一起就是上海的比较优势，或者是文化方面的比较优势。我说上海有世界上最发达的商业文化，每一个街角都有24小时便利店，现在还有淘宝网，更不得了，这是全世界都没有的。还有最发达的市井文化，还有平民文化，比如说广场舞。很多老外看到广场舞激动得不得了，因为西方的老人太孤独了。而且这些大妈的背后实际上是妇女解放啊，50多岁退休了，身体又很好，经过妇女解放，很多妇女是管家庭的财政大权的，她心态特别好。欧洲、美国的妇女退休是60多岁，还得多干十几年呢。还有治安文化，上海的治安比西方的城市好多了。为什么不能把这些指标加进去呢？我叫做国际视野、中国本位、上海特色。

（二）一国四方：文明型国家的制度安排

下面我谈一下文明型国家的制度安排。

我觉得谈中国，我们今天讲到道路自信、理论自信、制度自信，最核心的是要把中国的制度讲清楚。我自己是学政治学的，我的《中国震撼》《中国触动》《中国超越》三部曲就是在讲中国的政治制度。

1. 在政党制度方面："国家型政党"

首先是政党制度，我一定要讲清楚，有些人觉得我们这个方面很理亏，西方都讲政党轮替，为什么不能换一个党来做做？我说你一定要了解，中国共产党与西方政党最大的不同在什么地方。

在西方，"党"，"party"这个词，原意是从part（部分）这个词演变来的。西方政党理论说简单也很简单，就是这个社会由不同利益集团组成，每个利益集团都要有自己的代表，然后通过投票，票决制，自由竞争，最后票比，你51%，我49%，你就赢了我，叫做"由分到合"，通过选举把它整合起来。

那么我说，中国的这个传统完全是不一样的。我们具体说，中国共产党跟美国共和党、民主党最大的差别在哪里？民主党、共和党各自是公开代表美国社会一部分人的利益，共和党代表比较富裕的美国人，民主党代表相对穷点的美国人。中国的政治传统完全不一样，中国历来痛恨朋党之争，我把中国的传统称为统一的儒家执政集团，历史上就是这样的。中国这样一个超大型的国家，我叫做"百国之合"的国家，他的政治文化就是一个统一的执政集团，两千多年来都是这样的。执政集团仅仅代表一部分人的利益，在中国文化中是不可想象的，人们是要推翻它的。我们过去的朝廷就是这样，它说我要代表天下，真的是这样的。这是一个起码的常识。

而且关键的是，在过去两千多年的"一党制"下，中国是一个比西方更成功的国家。根据现在最保守的估算，一直到16世纪，中国是绝对领先，不是一般的领先。但是后面到18世纪，就是工业革命的时候西方赶上、超过了中国。这是从历史基因来看。

另外我们除了有历史基因，还有红色基因。中国共产党是经过武装斗争，22年的武装斗争，付出了巨大的代价，没有老百姓的支持，没有群众的基础，中国革命是不可能胜利的。这是红色基因。

另外我们也有西方元素，中国共产党现在是最具现代化导向的政党，而且只有中国共产党的目标是明确的。

我还讲三种力量，这个是中国超越世界的一个理论创新。美国人老说我最大的优势是三权分立，互相监督，互相制约。但是我觉得现代化的国家制度的核心不是三权分立，而是政治力量、社会力量和资本力量这三种力量的平衡。三权分立问题在哪里？就是立法权也好司法权也好行政权也好，都属于政治领域内的权利，但是一个现代化的国家的良政不只是政治层面的问题，还有社会层面和经济层面。有了这三个层面的良性运动，我觉得国家才能真正治理好。

现在美国的问题是什么？尽管有三权分立，但是三种力量的对比出了问题，政治力量、社会力量和资本力量，这三者的关系当中，资本力量独大。现在美国竞选捐献没有上限，个人政治献金也没有上限。这样的事情在世界上都是不多的，就美国一家。换句话说，资本的力量独大。打一个通俗的比方，中国共产党或者中国政治制度与美国的制度最大的差距在哪里？最大的差距就是100个最富的中国人不可能左右中国共产党的中央政治局，而二三十个最富的美国人可以左右白宫。这就是两个国家最大的政治的落差。

资本力量独大的时候，就会产生问题。多数老百姓不被关心，大多数美国人20多年的收入没有提高，主要原因就是背后的资本力量独大。

我是这样解释中国的。改革开放以来，特别是随着新媒体的出现，我们的社会力量比过去任何时候都壮大了，我们的资本力量无时无刻不在影响我们的政治力量。但至少到现在为止，我们的政治力量——中国共产党还是基本上保持了国家的中心位置，代表了多数人的整体利益。这是我对中国政党制度的一个解释，可以说这是我们的优势，我们的长处。

我曾经很认真地跟美国人说，我说你有没有搞错，怎么把中国当成你们最大的敌人？美国最大的敌人是华尔街，华尔街这些人玩钱生钱的游戏上瘾了，戒不掉，不停地玩，不进行真正的改革，结果是创造更大的泡沫。我说我希望美国体制内有一个像中共一样的角色，不管叫什么名字，能够代表多数人的利益，来管一管华尔街，否则要出大问题的。

2. 在民主制度方面："协商民主"

下面讲民主制度，这也是中国被批评最多的。说你这个制度不是民主，我这个才叫民主。西方认为多党制、选举制叫民主，跟他的制度不一样的就是专制制度。我认为我们是协商民主。

我2008年11月去印度访问过，当时印度孟买正好经历一场恐怖主义袭击。当时印度狼狈到什么样子，他的反恐精英部队花了九个小时才抵达现场。所以印度媒体说太丢脸了。当时我讲完中国模式，就有互动，有学者就问，如果中国碰到这么大的恐怖袭击会怎么处理？我说我们还没有碰到过这么大规模的恐怖主义袭击，但不久前发生了汶川地震，当时我们的解放军20分钟就开始动员，我们的总理是2个小时就坐上飞机，飞赴灾区，我们的医疗队是3天之内覆盖所有的乡村，要知道那里是山区而不是中国的金融经济中心。所以中国肯定会处理得比印度好，如果碰到这样的危机的话。印度教授听了就不服气，他就问我一个问题，他说，你是不是想证明你们的专制比印度的民主更有效一些。

我认为如果一定要把世界分为两类，那肯定不是民主与专制。世界上的国家只能分为两类，良政与劣政。良政可以是西方的制度，西方政治制度下，有一些国家治理得还可以，可是很多国家没有治理好，从最烂的阿富汗伊拉克到所谓的发达国家，希腊、西班牙。所以，相对于民主与专制的概念，良政与劣政更加重要。我认为中国在良政方面是可以启发其他国家的。

我还提到一个概念，叫做实质民主和程序民主。美国人有一种民主的优越感，他们总说中国的人民代表大会代表选举跟民主毫无关系，都是共产党任命之类的。我跟美国人辩论，说你美国的选举跟民主也没有关系。我给你做个简单的分析，你看从过去20年到现在，参加美国选举的人口比例是多少？不超过55%，当选的国会代表也好其他的市长也好，你看看他们获得的选票是多少？平均52%。换句话说，100个可以投票的人只有55个人参加投票，当选的人只不过是占了55个投票的人当中的52%的票，做简单的算术，不就是二十几个人选了你。美国人说这就是民主，我说这个民主叫做劣质民主，是美国问题所在，已经不代表多数人的利益，这是个关键的问题。按照法律规定的程序实施的民主，这个叫程序民主。美国也好，中国也好，都有改善的余地。但是在实质民主上，中国做得比美国好。

什么叫实质民主，就是民主本身要达到的目的。中国人是非常务实的，这个民主不能只是一个机器在空转，要体现在老百姓方方面面的生活质量上，这才是最重要的。中国人民代表大会任何一级，包括国家级、省一级的，与美国国会的实质民主比较，我说中国做得比美国好。中国至少可以保证人民代表大会讨论的问题是老百姓关心的问题。我们做大量的民调，老百姓关心三农问题，关心教育问题，关心医疗问题，我们就讨论这些问题。

但美国国会做不到，这么简单的事情都做不到，这已经是21世纪了，要好好改革。美国国会因为一些集团利益，常常讨论一些莫名其妙的问题，比如说中国政府操纵人民币汇率导致美国工人的失业。稍微有点头脑的人分析一下，就知道这是根本站不住脚的。但是它可以变成最重要的议题，美国媒体发了很多文章，然后美国国会讨论。我说21世纪了，了解老百姓要求什么，民意要求什么，是很简单的事情，找三个靠谱的民调核对比较一下就可以知道了，怎么美国就做不到呢？所以说，我们不仅要比较程序民主，更要比较实质民主。

中国的实质民主有历史的基因，我们讲天命，历史上皇帝是要关心百姓生活的。各个朝代都要听各种各样的奏折，要了解民意。新型的民主集中制，是从苏联学来的。我就以制定五年计划为例，中央国家机关的五年计划制定的过程，要经过多少次上上下下、成百上千、各个层面的磋商协调。中国改革开放30多年的成功，就是我们战略规划的成功。现在很多西方国家对这一点很佩服，西方人说我这个企业是有规划的，但是我的国家是一点规划都没有。现在证明这个国家的战略规划是非常好的事情，而西方制度基本上没有体现这个民意，就是德国有一点。

3. 在组织制度方面："选贤任能"

另外政治制度有一个非常重要的方面，就是怎么产生你的最高领导人或者执政团队。在十八大刚召开的时候，《纽约时报》一个编辑给我来了一个邮件，说张教授你能不能写一篇评论，谈谈十八大，我就写了一篇，也登出来了，叫《选贤任能挑战西方民主》。我说你就简单看一下，中共的新的执政团队，也就是中共中央政治局的常委，我说基本的要求是两任省部级，甚至两任省委书记。我说中国一个省是什么概念，相当于欧洲四到五个国家的人口规模，也就是说你至少要治理过大概1亿人口，才能够拿到入场券，还不一定真正能够入场，我说这个是了不得的。实际上这是最有竞争力的制度。比如说习近平曾经在三个省市当一把手，福建、浙江、上海，我粗粗计算三个省市的人口规模是一亿两三千万。这三个省市的经济规模加起来几乎是印度的经济规模，我说治理过这么大的板块和经济之后，才进入政治局常委，然后又给你五年时间，了解整个国家的政治、军事、社会方方面面的事务，然后再出任第一把手。所以我说这个制度肯定是最具有竞争力的制度。

我这篇文章里面还讲了一句话，说我们这个制度还在完善之中，但就是现在这个水平，也可以跟美国的制度竞争，我们一点都不害怕。我说中国的这个制度至少可以保证绝对不会选错。奥巴马就是召集各式各样的会议，沟通什么的，没有真正治理过一天整个的国家。可见中国崛起的背后是有它的厉害之处的。

4. 在经济制度方面："混合经济"

还有我们的混合经济，我们叫社会主义市场经济，它实际上是计划和市场的混合，政府作用、市场作用的混合，公营经济和民营经济的混合。现在证明这个经济体制是有力量的。现在这个水平也可以竞争，毕竟不是中国陷入了金融危机，不是中国陷入了财政危机，不是中国陷入了经济危机，不是中国20年人民生活水平没有提高，恰恰是西方。这个一定要讲清楚，所以我们讲道路自信、理论自信、制度自信。

我有一个很好的朋友叫史正富，是一位很好的经济学家，也是企业家，他把中国经济叫做"三维经济"，有负责战略规划和宏观调控的中央政府，有竞争性的地方政府，还有竞争性的企业。我觉得这三者的结合，是中国成功的一个重要原因。尽管也有很多问题，存在不少的缺点，但是我们没有像西方那样陷入这么多的危机，这就是最大的进步。我们从1994年提出社会主义市场经济以后，还没有出现过一次西方意义上的经济危机，这本身已经很了不起了。当然也要承认，我们有自己的问题，我们完全可以做得更好。

五、实现中的中国梦：超越美国

下面我谈谈超越美国，这是我这本书的主题，很多人觉得超越美国不可思议。我觉得美国我是了解的，美国去过很多次，我对纽约的熟悉可能不亚于对上海的熟悉。可是我不能理解中国有这么多人不自信。有一次做活动，有一个操着浓重上海口音的人质疑我，说什么中国模式，就要好好向美国学习。我说听你口音像是上海人，我说如果你从今天的上海到今天的纽约，你还有自卑感，你要看大夫去。

真的是这样。经济总量的超越，现在大家有公论了，如果是根据购买力平价的话，已经超越。如果是按官方汇率计算的话，我现在看到的最保守的估计是10年之内应该能够超越。有的人说超越没有什么了不起啊，你这个经济人口是美国的几倍等等。那么再看其他的，从百姓财富的角度，我告诉大家一个数字，就是美国和中国中产家庭净资产的比较，美国是逐年下降的。这些数据全是网上可以找到的，要是英文好的话可以去查美联储的档案，都能查到的，是公开的数据。但是很多人都不用，甚至不肯用。美国老百姓，三分之二的人你问他有多少存款，2000美金不到，这是美国大多数人的真实情况。中国西南财经大学做了一个《中国家庭金融调查报告》，涉及28个省份，结论是中国城镇家庭中位净资产为40.5万元，而美国家庭中位净资产是7.73万美元，约等于47万元人民币。农村家庭我给排除了，为什么？因为我们农村土地现在还没法定价，我们现在在做土地确权，五年完成这个任务，所以现在把农村放在一边，我们就比较中国城镇家庭和美国家庭。中国的城镇人口已经是美国人口的两倍，是6亿多人，美国国民才3亿，是可以比较的。也就是说，中国城市的中等家庭和美国的中等家庭比较，实际上双方的差距论净资产的话就是1万美金。

还有中产阶级的超越，就是中产阶层。先说一下什么叫中产阶层或者说中产阶级，关于这一点实际上没有统一的定义，我用的是美国人、欧洲人都能接受的标准。有一份相对稳定的工作，加一套产权房，包括做一个房奴。在欧洲在美国，一般说能买得起房子，银行给你贷款的话，就应该属于中产阶级，生活应该不太困难。那么这样比较，我自己估算10年之后的话，中国的中产阶级的人数应该是美国人口的两倍。这是中国巨大的成功。

还有一个是社会保障的超越，这个没有时间我就不多讲了，我在书里面专门有一节是讲这个。我引用了很多网上的资料，其中一个讲医疗保险，我们中国的医疗保险惠及13亿人，尽管这个保险的水准参差不齐，有的有点低，但是也都有的。而美国将近6000万人一点医疗保险都没有，而且很多是中产阶级，一般年纪比较轻，他就不愿意交医疗保险，他就扛着，结果一碰到大病就惨了。而且美国的医疗保险是需要进行体检的，如果你有糖尿病给你排除，你有心脏病给你排除，都给你排除掉了。美国的医疗保险完全是私立的、市场的，它不是国家的。所以我觉得这些都可以比较。还有退休金，美国现在退休金我看到去年的统计材料大概是平均1300美金一个月。10年前是1200美金。我有一个在美国的同学，50后，他说可能十年之后我的退休金还不如上海的农民工。因为美国的退休金是不变的。还有人说可能都没有了，美国如果一直财政亏空的话，根本就付不出这个钱。所以多数美国老人60、70岁以后还要工作一段时间。为什么看到广场舞美国人很感动，美国的老人哪能这么潇洒。

说到政治制度超越，中国的政治制度是三种力量平衡，政治力量、社会力量和资本力量的平衡，总体上有利于大多数人的利益。而美国的平衡只是有利于少数人的利益。所以我说中国梦已经很精彩，以后可能会更加精彩。

六、文明型国家的逻辑

最后是我的结论，中国的崛起是文明型国家的逻辑。

还有一种逻辑叫历史终结论的逻辑，认为东亚国家一般是从集权走到威权，再走到民主化，或者说是集权体制，半集权体制，然后民主化，这是福山的观点。就是从极权主义到威权主义，到民主化。以前到台湾去，他们就问中国大陆现在处在什么阶段。我说你这个逻辑完全错，这个逻辑跟中国没有任何关系，中国是文明型国家的逻辑。文明型国家是什么逻辑，就是历史上中国是长期领先西方的，这个领先西方是有些原因的。你比如说我们官员的选拔，当时的科举制度，后来被英国改成了文官考试制度，这个是从中国发起的。18世纪开始中国落后于西方，这是一个沉痛的教训。那么现在又在赶超西方，就感觉西方还是比较成功的，也有其深刻的原因。我把第一个原因叫做原因一，第二个赶上西方现在叫做原因二。这个原因二和原因一之间是有继承关系的，所以我说这个就是中国文明型国家崛起的逻辑。

历史终结论的逻辑背后的哲学是，历史是一条直线，线性地从低到高，最后发展到西方这样的模式，然后就历史终结了。它认为世界发展就是这么一条规律。文明型国家的逻辑不是这样，它后面的哲学道理是：世界从来就是百花齐放的，有各种各样的途径，各种各样的道路，他们之间有的时候互相借鉴，有的时候互相学习，有的时候互相竞争。

（本文根据张维为2015年1月31日在中央和国家机关"强素质·作表率"读书活动2015年第1期主题讲坛上的讲座内容整理）

我国的农村改革与发展

主讲人：陈锡文

一、农村改革发展所取得的观念性、制度性成果

（一）明确了党和政府处理好同农民关系的基本准则：保障农民的经济利益，尊重农民的民主权利。这是 38 年来党制定农村政策的根本出发点和落脚点

新中国建立以后，为了尽快改变贫穷落后的面貌，让人民过上幸福生活，也为了有能力捍卫新生的人民共和国，国家必须尽快实现工业化。在中华人民共和国制定的第一部法律《土地改革法》中，就在第一章"总则"中明确规定："废除地主阶级封建剥削的土地所有制，实行农民的土地所有制，借以解放农村生产力，发展农业生产，为新中国的工业化开辟道路。"但在当时国内一穷二白、国际上西方敌对势力对我实行封锁的背景下，要积累起建设工业化的资金，当然就只能主要依靠从农业中来提取。因此，在很长时间内，确实把农民搞得很苦。

1978 年 12 月召开的党的十一届三中全会原则通过的《中共中央关于加快农业发展若干问题的决定》中，有两项政策很能说明问题：一是从 1979 年起减少对农民征购 50 亿斤粮食，国家适当增加进口来弥补供求缺口，以使农民减轻负担、休养生息。规定水稻产区农民人均口粮在 400 斤以下的，杂粮地区农民人均口粮在 300 斤以下的，一律免购。第

二，规定从 1979 年夏粮上市开始，粮食的统购价格提高 20%。农民在完成国家粮食征购任务后，如果还有余粮卖给国家的，称为"超购"，超购的价格在统购价格的基础上再加价 50%。

这里有两组数据值得关注：一是农民的口粮。400 斤稻谷只能出 280 斤米，300 斤杂粮最多也只能出 240 斤成品粮。而在 1978 年以前，有些没能达到这个人均口粮水平的农村生产队，还仍然需要完成国家的粮食征购任务。可见，"糠菜半年粮"是当时不少农民生活的真实写照。根据后来的测算，1978 年时，我国农村有 2.5 亿人生活在贫困线以下，占当时农村总人口的 30.7%。当然，当时城镇居民的口粮也不充裕。国家对市民实行计划供应粮食，每个人都有定量，每个家庭都有购粮本、每个月都要发放粮票。从婴儿到重体力劳动者的粮食定量，被分为 9 个等级，国家机关干部，当时被定为第 5 级，每月定量 28 斤。但一年 336 斤贸易粮，折成原粮，大概需要 420 斤到 480 斤。第二是当时的粮价。1979 年实行新的粮价后，农民向国家交售的标准等级的早籼稻，每斤是 0.1155 元，之前则是 0.0963 元。那时全国粮食平均亩产 336 斤，早稻是高产作物，也就是 556 斤。农民种一季早稻的毛收入，只有 50 多元。这两组数据交叉的结果，就是 1978 年全国农民的人均纯收入只有 133.6 元，只相当于当时城镇居民人均可支配收入的 38.9%。问题是当时农民的数量占全国总人口的 82.08%。种粮的人如果连自己都吃不饱，他还能有什么积极性就可想而知。

正是针对这样的情况，十一届三中全会认真总结了我国农业农村政策的经验教训。尤其是明确要求，要正确认识和处理农村的所谓阶级斗争问题。强调决不允许随心所欲地扩大阶级斗争和人为地制造所谓阶级斗争，破坏团结、伤害好人。明确指出，社队的多种经营是社会主义经济，社员自留地、自留畜、家庭副业和农村集市贸易是社会主义经济的附属和补充，决不允许把它们当作资本主义经济来批判和取缔。按劳分配、多劳多得是社会主义的分配原则,决不允许把它当作资本主义原则来反对。全会决定提出:逐步实现农业现代化,才能保证整个国民经济的迅速发展,才能不断提高全国人民的生活水平。为此目的,必须首先调动我国几亿农民的社会主义积极性,必须在经济上充分关心他们的物质利益,在政治上切实保障他们的民主权利。从这个指导思想出发,全会提出了当前发展农业生产的一系列政策措施和经济措施。其中最重要的是:人民公社、生产大队和生产队的所有权和自主权必须受到国家法律的切实保护;不允许无偿调用和占有生产队的劳力、资金、产品和物资。公社各级经济组织必须认真执行按劳分配的社会主义原则,按照劳动的数量和质量计算报酬,克服平均主义;社员自留地、家庭副业和集市贸易是社会主义经济的必要补充部分,任何人不得乱加干涉。人民公社要坚决实行三级所有、队为基础的制度,稳定不变(主要是反对"穷过渡");人民公社各级组织都要坚决实行民主管理、干部选举、账目公开。

可以说,党的十一届三中全会以来,党的农村政策总体上能够得到广大农民群众的欢迎和拥护,能够解放和发展农村社会生产力,能够促进农业增产、农民增收,就是因为党始终坚持了保障农民经济利益、尊重农民民主权利这两条基本准则。这要始终坚持下去。

(二)确立并不断完善我国农村的基本经营制度:以家庭承包经营为基础、统分结合的双层经营体制。这是保障农民合法权益、发展农村社会生产力、维护农村社会和谐稳定的基础性制度

改变人民公社体制下由生产队实行统一劳动、统一核算、统一分配的体制,最初是由农民自发推动的。党的十一届三中全会强调了要按照劳动的数量和质量计算报酬,克服平均主义。但有些地方自发搞起了包产到户、包干到户,中央最初是不赞成的。1979年中共中央31号文件对包产到户是这样评价的:"它失去了集体劳动和统一经营的好处,即使还承认集体对生产资料的所有权,承认集体统一核算和分配的必要性,但在否定统一经营这一点上,本质上和分田单干没有多少差别,所以是一种倒退。"并要求"搞了包产到户、分田单干的地方,要积极引导农民重新组织起来"。到了1979年9月28日,党的十一届四中全会通过的《中共中央关于加快农业发展若干问题的决定》中,提出了"可以按定额记工分,可以按时记工分加评议,也可以在生产队统一核算和分配的前提下,包工到作业组,联系产量计算劳动报酬,实行超产奖励。不许分田单干。除某些副业生产的特殊需要和边远山区、交通不便的单家独户外,也不要搞包产到户。"这就是农村改革初期著名的"可以、可以、也可以"的农村大政策,但同时也明确了"不许、也不要"的底线,因为这个决定仍然强调"人民公社要继续稳定地实行三级所有、队为基础的制度"。1980年5月31日,邓小平对农村政策问题作了重要谈话,指出:"'凤阳花鼓'中唱的那个凤阳县,绝大多数生产队搞了大包干,也是一年翻身,改变面貌。有的同志担心,这样会不会影响集体经济。我看这种担心是不必要的。"同年9月27日,中央发出了关于加强和完善农业生产责任制的文件,即中发〔1980〕75号文件,指出,对包产到户应当区别不同地区、不同社队采取不同的方针。"在那些边远山区和贫困落后的地区,长期吃粮靠返销,生产靠贷款,生活靠救济的生产队,群众对集体丧失信心,因而要求包产到户的,应当支持群众的要求,可以包产到户,也可以包干到户,并在一个较长的时期内保持稳定。""但在一般地区,集体经济比较稳定,生产有所发展,现行的生产责任制群众满意或者经过改进可以使群众满意,就不要搞包产到户。"到了1982年1月1日,中央发出的第一个指导农村改革的一号文件中,虽然明确了"各种生产责任制,包括小段包工定额计酬、专业承包联产计酬,联产到劳,包产到户、到组,等等,都是社会主义集体经济的生产责任制"，但还是不难看出，仍然带有淡化包产到户、不提包干到户的色彩。

当时中央对农村改革的方针有一个重要原则，就是出台的政策虽然具有倾向性，但在实际工作中，贯彻的是"不争论、允许看"的原则。因此，允许多种形式的生产责任制共同发展，包括对"双包到户"，也没有采取一棍子打死的做法，而是允许干、允许看。所以安徽小岗村自发搞了"大包干"后，也没有出现当时老百姓担心的会把村干部抓起来的情况。最终才使小岗村的"大包干"普及到了全国农村。

此后的情况大家都比较清楚了。1983年中央第二个指导农村改革的一号文件，充分肯定了联产承包责任制是在党的领导下我国农民的伟大创造，是马克思主义农业合作化理论在我国实际中的新发展。同时，这个文件还明确提出，对人民公社体制要从实行联产承包责任制和政社分设这两方面进行改革。这里需要强调一下"包产到户"与"包干到户"的区别。在"包产到户"下，农户承包的是土地的产出，因此叫联产承包。承包土地上的农作物产量是归集体的，集体根据承包农户完成产量的情况，进行统一核算，再对各农户实行收入和口粮的分配。因此，实行包产到户后的经济核算主体仍然是生产队。而在"包干到户"下，农户承包的是承包地上应承担的国家征购任务和生产队需收取的"提留"，余下的农产品产量都归承包农户所有。因此，农民对"包干到户"称为"交够国家的，留足集体的，剩下都是自己的"。实行包干到户后，农业的大部分投入和积累的功能都转到了农户，农户成为相对独立的经营主体，生产队已经不再是农业生产经济核算的主体。因此，人民公社实行的由生产队或大队进行统一生产、统一核算、统一分配的经营管理体制，就已经没有必要存在了，由此就引发了政社分设、撤社建乡的改革。与此同时，农村基层开始实行村党组织领导的村民自治的社会治理机制。

1984年中央第三个指导农村改革的一号文件，提出要延长农户对耕地的承包期，明确耕地的承包期应在15年以上，于是就有了"15年不变"这个大政策。这个文件对家庭承包经营体制的制度化，起到了十分重要的作用，使得农村的基本经营制度趋向于定型。

1991年11月29日，中央召开十三届八中全会。针对当时社会上一度产生的对农村家庭承包经营制度的疑虑，全会作出了关于进一步加强农业和农村工作的决定，肯定了党的十一届三中全会以来农村改革发展的方向与基本政策是正确的，明确提出要把以家庭联产承包为主的责任制、统分结合的双层经营体制，作为我国乡村集体组织的一项基本制度长期稳定下来，并不断完善。这就使得广大农民吃上了长效定心丸。这一提法被写入了全国人大的宪法修正案。

1993年11月5日，中央发出关于当前农业和农村经济发展的若干政策措施，即中发〔1993〕11号文件。针对原定15年土地承包期在有些地方即将到期的实际状况，明确了在第一轮土地承包到期后，再延长30年的政策。

1998年，恰逢农村改革20周年，中央召开十五届三中全会。全会通过了关于农业和农村工作若干重大问题的决定。这个决定明确提出，要抓紧制定确保农村土地承包关系长期稳定的法律法规，赋予农民长期而有保障的土地使用权。全国人大据此于1999年初成立了农村土地承包法起草小组。《农村土地承包法》于2002年8月经全国人大常委会审议通过，2003年3月1日施行。从此，农民的土地承包权有了国家法律的保障。2007年3月全国人大通过的《物权法》首次明确农村土地承包权、农民宅基地使用权为"用益物权"。

2008年，农村改革30周年，中央召开十七届三中全会，通过了关于推进农村改革发展若干重大问题的决定。提出现有土地承包关系要保持稳定并长久不变。2013年党的十八届三中全会决定重申：稳定农村土地承包关系并保持长久不变。

2013年，党的十八届三中全会后，习近平总书记在当年12月23日召开的中央农村工作会议上的重要讲话中指出："完善农村基本经营制度，需要在理论上回答一个重大问题，就是农民土地承包权和土地经营权分离问题。改革前，农村集体土地是所有权和经营权合一，土地集体所有、集体统一经营。搞家庭联产承包制，把土地所有权和承包权分开，所有权归集体，承包权归农户，这是我国农村改革的重大创新。现在，顺应农民保留土地承包权、流转土地经营权的意愿，把农民土地承包经营权分为承包权和经营权，实现承包权和经营权分置并行，这是我国农村改革的又一次重大创新。这将有利于更好坚持集体对土地的所有权，更好保障农户对土地的承包权，更好用活土地经营权，推进现代农业发展。"他还说："家庭经营在农业生产经营中居于基础性地位，集中体现在农民家庭是集体土地承包经营的法定主体。农村集体土地应该由作为集体经济组织成员的农民家庭承包，其他任何主体都不能取代农民家庭的土地承包地位。农民家庭承包的土地，可以由农民家庭经营，也可以通过流转经营权由其他经营主体经营，但不论经营权如何流转，集体土地承包权都属于农民家庭。这是农民土地承包经营权的根本，也是农村基本经营制度的根本。"他还说："创新农业经营体系，放活土地经营权，推动土地经营权有序流转，是一项政策性很强的工作。要把握好土地经营权流转、集中、规模经营的度，要与城镇化进程和农村劳动力转移规模相适应，与农业科技进步和生产手段改进程度相适应，与农业社会化服务水平提高相适应，不能片面追求快和大，不能单纯为了追求土地经营规模强制农民流转土地，更不能人为垒大户。要尊重农民意愿和维护农民权益，把选择权交给农民，由农民选择而不是代替农民选择，不搞强迫命令、不刮风、不一刀切。""农村土地制度改革是个大事，涉及的主体、包含的利益关系十分复杂，必须审慎稳妥推进。不管怎么改,不能把农村土地集体所有制改垮了,不能把耕地改少了,不能把粮食产能改下去了,不能把农民利益损害了。""创新农业经营体系,不能忽视了普通农户。要看到的是,经营自家承包耕地的普通农户毕竟仍占大多数。这个情况在相当长时期内还难以根本改变。"

正是根据总书记的这些重要讲话精神和中央的部署,对农民土地承包经营权的确权、登记、颁证工作正在加快进行,预计到2018年底可全面完成。全国2.3亿承包农户中,约有7000万农户已全部或部分流转出自家的承包地,经营权流转的土地面积已超过4.4亿亩,约占农户土地承包合同总面积的三分之一。前不久,中办、国办印发了《关于完善农村土地所有权、承包权、经营权分置办法的意见》(中办发〔2016〕67号),这必将进一步促进农村基本经营制度的稳定和完善。

(三)实施推进城乡经济社会发展一体化的战略。这是推进整个国家和民族的现代化、实现中华民族伟大复兴"中国梦"的必然要求

城乡经济二元结构,是很多国家在现代化进程中都存在过的现象。但是,在国家发展过程中实行城乡隔绝状态的,却只是实行计划经济体制的结果。我国是在国家发展过程中实行过城乡隔绝制度的少数国家之一。其基本特征有三:关闭农产品市场,对农产品实行计划生产;压低农产品价格,从农业中提取国家工业化所需的积累资金;严格限制农业人口向城镇流动和转移,控制公共财政覆盖的人口总规模。

2002年11月,在党的第十六次全国代表大会的政治报告中,首次提出了"统筹城乡发展"的理念和目标。它的背景,第一,是国家已经实现了总体小康的目标,同时明确提出到2020年建成全面小康社会的目标;第二,是中央已经部署了扩大农村税费改革的试点工作,公共财政的阳光开始普照农业、农村和农民。

2008年10月，党的十七届三中全会的《决定》（农村改革发展），提出建立促进城乡经济社会发展一体化的制度。要求尽快在城乡规划、产业布局、基础设施建设、公共服务一体化等方面取得突破。

2012年11月，党的十八大报告提出，要让广大农民平等参与现代化进程、共同分享现代化成果。之后，在2013年3月，习近平总书记明确提出"小康不小康，关键看老乡"，把能否如期全面建成小康社会的关键之举，定位在能否解决好"三农"问题上。

2013年11月，党的十八届三中全会决定明确提出推动城乡要素平等交换和公共资源均衡配置。

在2015年10月，党的十八届五中全会决定提出健全城乡发展一体化体制机制，推动城乡要素平等交换、合理配置和基本公共服务均等化。提出"十三五"时期城镇化的具体目标，重点是实现1亿左右农民工和其他常住人口在城镇定居（主要是农村学生升学和参军进入城镇的人口、在城镇就业和居住5年以上和举家迁徙的农业转移人口）。

可见，从实现了总体小康之后，党中央关于推进城乡统筹发展的理念和目标，是一脉相传、不断发展和明确的。可以说，这十几年来，全党全国上下都已经形成共识：实现城乡统筹发展，是全面建成小康社会最具关键性的指标。

推进城乡经济社会发展一体化，关键是三大方面：

一是公共财政覆盖农业农村、惠及亿万农民。包括农村税费改革，减轻农民负担；国家投入的基础设施和社会事业发展的重点要放在农村；建立覆盖全体农民的各项基本社会保障制度，并逐步与城镇接轨；建立健全国家对农业的支持保护体系等。

二是改革人口管理制度，促进农业转移人口逐步城镇化。包括善待农民工（强化劳动合同管理和工资支付、社会保障等）；改革户籍制度，实行居住证制度，基本公共服务覆盖城镇全体常住人口。

三是改革征地制度。对被征地农民给予合理补偿。

（四）提出加快补齐"三农"短板的战略性攻坚任务。这是能否如期实现全面建成小康社会的决定性之举

习近平总书记指出："一定要看到，农业还是'四化同步'的短腿，农村还是全面建成小康社会的短板。中国要强，农业必须强；中国要美，农村必须美；中国要富，农民必须富。"他还指出：小康不小康，关键看老乡，关键看贫困老乡能不能脱贫。到2015年底，我国农村还有5575万贫困人口，这是我国全面建成小康社会所面临的短板中的短板，必须下定决心，如期打赢脱贫攻坚这场硬仗。

打赢脱贫攻坚战，关键是要按总书记的要求，"必须在精准施策上出实招、在精准推进上下实功，在精准落地上见实效。"解决好"扶持谁""谁来扶""怎么扶"的问题，实行"五个一批"工程，即通过发展生产、易地搬迁、生态补偿、发展教育、社会保障五大措施，各脱贫和兜底一批。同时要引导贫困群众树立"宁愿苦干、不愿苦熬"的观念，自力更生、艰苦奋斗，用自己的辛勤劳动实现脱贫致富。

关于农村人口的贫困标准问题。目前实行的贫困标准是2011年确定的，为2010不变价2300元。此后再按物价变动等因素每年调整贫困标准的现价，2015年的现价标准为2855元。有人按人民币兑换美元的汇率计算，认为我国的农村贫困标准低于世界银行提出的国际贫困标准（如按1∶6.5的汇率计算，只相当于440美元，即每人每天1.2美元左右，而2015年世界银行提出的新的贫困标准是每人每天1.9美元）。但必须明确的是，世界银行提出的贫困标准，不是按各国的汇率计算的，而是按照各国本币兑美元的购买力平价来计算的。因为，如用汇率来计算，不仅易受本外币供求关系的影响，而且还与汇率市场化程度及外汇管理制度密切相关。同时，汇率在很大程度上反映的是国家间可贸易商品的整体比价关系，而贫困线针对的只是人们基本生活消费品的购买成本，两者所涉及的商品篮子有很大差别。世界银行对人民币兑美元的购买力平价做过三次测定。第一次的1993年，为1.4185；第二次是2005年，全国平均为4.087，其中农村为2.9854；第三次是2011年，全国平均为3.6961，其中城镇为3.9043，农村为3.0365。因此，按世界银行最近这次人民币兑美元的购买力平价计算，2855元人民币按全国平均计算，每人每天为2.116美元，按农村标准计算，为2.576美元，都高于世行提出的每人每天1.9美元的国际贫困标准。

二、当前农村改革发展面临的重大任务

今年4月25日，习近平总书记在安徽省凤阳县小岗村农村改革座谈会上发表了重要讲话，他指出：必须坚定不移地全面深化农村改革，坚定不移地加快农村发展，坚定不移地维护农村社会和谐稳定。这个重要讲话的精神，是"十三五"时期我国推进农村改革发展的重要指导方针。

（一）加快推进农业供给侧结构性改革

我国去年粮食产量是12429亿斤，今年是12325亿斤，相较去年减了104亿斤，但仍是历史第二高水平。这些粮食够不够呢？人均900多斤，不能说不够，但是随着人民生活水平的不断提高，从有关部门测算的总供求来看，大概还缺500亿斤，也就是说有500亿斤的供求缺口需要通过国际市场来解决。问题在于去年我们缺500亿斤，但却进口了2500亿斤，这是为什么？这表明我国的粮食供给存在两大问题：

第一，市场需要的产品我们产不出来。总量缺500亿斤，但有些品种的供求缺口很大。比如市场缺大豆，但我们增产的是玉米，这解决不

了问题，所以我们去年进口的2500亿斤粮食里面，大豆占了2/3。大豆是重要的油脂作物，也是重要的植物蛋白，尤其是亚洲人不适合吃那么多肉，所以随着人民生活水平的提高，对大豆的需求量很大。但问题是需求不断在涨，我国的大豆产量却逐步下降，所以全世界出口的大豆有2/3是我们买的。中国是世界上的大豆故乡，原来我们是世界大豆产量第一、出口第一，现在我们是产量世界第四、进口量第一，什么原因呢？就是具体到大豆这个产品上，科技含量太低，效益差，农民不愿意种，于是就出现这种供求之间品种的不适应，这是一个大矛盾。

第二，农业的总体效益比较低，价格上缺乏竞争力。尽管我们自己产得出来，但未必卖得出去，因为我们卖得比别人的贵。像小麦、玉米、大米等谷物，我们的平均价格比国际市场要高30%~50%。我国是WTO成员，有合法保护自己农产品市场的权利，根据WTO的规则，我们在一些重要农产品的进口上设定了一个保护措施叫关税配额，允许国外的产品在我们承诺的数量范围内进口，按照世贸规则只收1%的关税，如果超过规定数量还想进口的话，要收65%的高关税。这个关税配额以外的就进不来。但是现在玉米和玉米的替代品进口越来越多，为什么呢？因为国际市场和我们的价格相差太大。比如，2014年国家在东北三省和内蒙古自治区对玉米的临时收储价是1.12元/斤，从农民手里收过来就是2240元/吨，但是从美国运过来的玉米，加上1%的关税，价格总和不会超过1500元/吨。这样看来，饲料厂、加工厂当然愿意用进口的玉米。我们现在出现的问题就是总书记讲的，不是总量不足，而是品种、质量、效益的结构性问题。总书记对农业供给侧结构性改革讲得非常清楚，重点是提高农业综合效益，增强农产品的国际竞争力。要实现这个目标，不是简单地多种一点什么，少种一点什么，这只是普通的结构调整，重要的是要解决科技进步问题与体制创新，否则我们解决不了农业的效益和国际竞争力问题。

从科技角度来讲，为什么我们的大豆会落到这种地步？农民不愿意种，和国外比较价格相差太大，因为科技含量太低。目前全球大豆的平均亩产370~380斤，我们去年平均亩产是247斤，肯定打不赢人家。所以从这个角度来看，我们要努力推动科技创新，从农业的品种培育到生产过程，一直到最后的加工、流通、储藏，都要加大它的科技含量，才能提高它的竞争力。

所以推进农业供给侧结构性改革实际上有两个方面，一方面从科技创新、经营体制创新的角度，提高农业的科技含量，提高农业的整个效率和国际竞争力。第二方面，从市场价格的角度，引导农民按市场需求调整生产结构。因为前几年国家为了保障农民收入，在东北玉米主产地采取了临时收储价格的方法，这实际上是一个保证农民收益的价格。2007年在东北地区开始实行玉米临时收储价，2007年是0.7元/斤，并逐年提升，一直提到2014年，从原来的0.7元/斤变成了1.12元/斤，价格上涨了60%。而与此同时，国际市场又因为全球金融危机，大宗商品价格暴跌，这样我们的价格就比别人高出了很多。今年在东北采取"市场定价，价补分离"措施，市场定价，农民就不能挣那么多了，所以今年东北玉米播种面积减少了2300万亩，大概减了10.5%，国家停止了临时收储，玉米的市场价格一下就下来了。目前，辽宁的平均价格0.8元/斤，吉林的平均价格0.75元/斤，黑龙江的平均价格0.7元/斤，这样加工厂就会买进了。那农民收入怎么办？价补分离，补贴从价格中拿出来，中央财政拿了390亿元直接补贴东北农民。这样下来，黑龙江地区种玉米的平均每亩地能补到154元钱，吉林大概能补到170~180元钱，辽宁大概能补到将近200元钱，虽然农民收益还是减少了，但国家把补贴给了以后，农民基本上不会亏损，这样农民就知道了，不关心市场价格是不行的。

供给侧结构性改革，坦率地说不是为了多和少的问题，其内在的要求是提高质量、确保安全，实现可持续发展，但更重要的是从整体上提高农业的综合效益，整体上提高我国农产品的国际竞争力。

（二）深化农村集体产权制度改革

产权制度改革涉及的内容很多，改革农村的产权制度，就是要回答农民老百姓，土地是集体的，资源资产是集体的，那集体是谁的？集体是书记的吗？是村长的吗？我们要回答这个问题，要把农村集体的产权落实到每个成员身上。我们通过土地承包经营权确权登记颁证来实现农民是土地的主人，虽然不能说是属于个人的，但他是集体的成员，就像我们的法律规定，所有集体的资产都属于集体的成员集体所有。承包地要解决这个问题，宅基地也要确权登记颁证，农村其他的集体资产要清产核资，让它的收益权落实到每个农民身上。

我国农村地区现在大概有58.1万个村庄，其中54%的村庄没有经营性收入；大概有14%的村庄每年有10万元以上的经营性收入，这其中有13000个村庄年收入超过50万，17000个村庄年收入超过100万。所以讲资源，我国960万平方公里折合144亿亩，这里面山林、耕地、水面、草原都合在一起，有67亿亩土地是属于农民的，占47%。这要通过确权登记颁证的办法，落实到每个所有者主体，落实到每个农民头上。农村除了土地以外，还有很多别的家当，比如农村集体的经营性资产大概是2.8万亿元，那么只要有经营性资产的农村集体经济组织，就要按中央要求清产核资，把家当搞清楚。家当搞清楚之后，它的收益权要落到每个农民身上，落到每个成员身上，这是正在进行的农村集体产权制度改革以及农户土地承包经营权确权登记颁证工作要达到的目的，这样才能让农民觉得集体是自己的。

习总书记要求，推进农村集体产权制度改革过程中，第一，要避免内部人控制，避免少数干部利用权力侵占农民的财产权；第二，要避免外来资本借这个机会侵吞集体资产。这方面现在已经部署了，正在不断地完善和推进。

（三）坚持新型城镇化和新农村建设"双轮驱动"

为什么要这么讲呢？因为不能认为通过城镇化就能把绝大多数农民在短期内都转移进城，在我们这个人口大国，这个问题千万要把握住。总书记多次讲过，即使将来我们的城镇化率达到70%，那也还有30%在农村，大概是四五亿人。而美国现在只有200万户农民家庭农场；日本现在也只剩下200万农民。而我们是二亿三千万承包农户，现在在农村常住人口还有六亿人。所以我们一方面要积极推进城镇化，让农民转移，从而使留在农村的农民可以扩大经营规模，留的人少了，种的地就可以多，但这决不是可以一蹴而就的，而是一个长期的过程。很长时期中还有四五亿人要在农村居住下去，所以我们一定要把农村建设好，让农民过上和城里人一样的小康生活。习总书记对这个事非常重视，他在两件事上讲过同一句非常重要的话——要有足够的历史耐心。第一次讲这句话是在2013年12月12日，总书记在中央城镇化工作会议中提到，对于我国农业人口城镇化的问题，我们要有足够的历史耐心。第二次讲这句话是在2016年4月25日，在小岗村谈农业现代化问题时，他说，规模经营是现代农业的基础，但是改变我国现在这种分散的、粗放的农业经营方式是需要条件和时间的，在这个问题上我们要有足够的历史耐心。

我想这两件事实际上是同样一件事。如果人口不减少，农业的现代化确实很难，但是中国人口的城镇化还有很长的路要走，所以从这个角度来讲，社会主义新农村建设不仅仅是说我们搞农村工作需要把农村搞好，更重要的是从国家未来长期发展来看，城乡并行不悖的发展是我们将来比较顺利发展的一个重要途径。

现在城镇化我们叫得很响,每年大量的农民工转移,现在农民工总量大概二亿八千万,其中一亿七千多万是外出务工,还有一亿多是在本乡镇工作,城镇化和农民工外出务工联系很紧密,已经转移出了一亿七千多万,再加上家属,估计在两亿人以上,但是农村外出劳动力高峰时期,一年转移近一千万人,后来慢慢降低到八百万、五百万、三百万、二百万,到了去年才增加63万人,增长率0.4%都不到。今年的数据还没出来,前9个月是增长0.5%,即80万。城里的结构调整也在影响农民外出务工,现在大家可以从一些文件、领导讲话、专家文章里看到,大家都在关注农民工回乡创业。2016年的中央一号文件中就提出,要推进农村新产业、新业态的发展,促进农村一、二、三产业融合,让农村为农民的转移就业创造更多的机会,这一点非常重要。

从目前看来,农村的新产业、新业态的发展已经有一些途径:第一,网购。在网上直销农产品,农业部估计今年网上直销农产品总额达到2200亿元,比去年增长了接近50%,涨幅很快,这可能是未来很大的就业空间。第二,农产品加工。现在我们越来越关注农产品的加工储运,这是未来发展的大问题,有很大空间。第三,乡村旅游、乡村养老等。这些发展非常快。总书记强调中国要美,农村必须美。从需求角度讲,到2015年底城镇居民中至少有40%的家庭年收入超过12万,我国城镇居民中每百户拥有家庭汽车30辆。当他有钱有车,他就有条件去下乡旅行了。农村经过这么多年的发展,基础设施逐步完善。到2016年10月底我国乡村通车的公路已达398万公里,农村道路、用电、用水都很方便,农村有外出务工的,空置的房子就做农家乐、办民宿,供大家旅游。去年一年,我们国内旅游人次42亿,其中有30%是乡村旅游,也就是12亿多人次,他们到农村旅游,带动农村就业,给农村带去的钱将近4000亿元。从这个角度来看,我们的城乡统筹发展,一方面我们要积极推进新型城镇化,另一方面要从实际出发,不可能单纯靠城镇化这一条路解决我们的问题，所以同时要建设新农村，而建设新农村不仅是让农民住得好，生活得好，更重要的是要让农业农村能够给农民提供更多的就业机会，让他们有更多的收益和经济来源。

当前我们面临的农业农村的工作任务还非常繁重，我总结一下，当前的重大任务就是：农业供给侧结构性改革；农村产权制度改革；新型城镇化和新农村建设"双轮驱动"并行不悖。

就讲到这里，谢谢。

（本文根据陈锡文2016年12月24日在中央和国家机关"强素质·作表率"读书活动2016年第12期主题讲坛上的讲座内容整理）

"一带一路"的逻辑：世界是通的

主讲人：王义桅

习近平主席提出"一带一路"战略设想以后，在世界上引起巨大的反响。对我来讲，有三种含义。第一种含义就是，"一带一路"涉及历史、文化、宗教、地缘政治、经济，所以要把各个学科打通，这个我觉得是非常有时代意义的，告别了近代以来知识越分越细的专业化的倾向。我本人原来是学理工科的，又在工厂里干过，后来研究理论，又在国外常驻过，所以可能也是个获益者，就是要打通各个学科的界限，也是做一些尝试。

我们今天讲现代国际关系体系，从1648年的威斯特伐利亚体系开始到现在，是几百年的时间。我们跟美国人、西方人打交道的时候，经常遇到一个不对称性。我们说自己是有五千年文明的，但美国人说他们是生活在现代国际体系中的，而中国是1911年中华民国建立后，才进入现代国际体系的，在2001年才加入世贸组织，所以是新手，所以你应该听我的，因为我们现在是在国际体系里运作，而不是在古老的文明体系里运作。

"一带一路"提出来以后，一下子将时间轴拉到了两千多年前，让我们占据了文明的制高点，所以我们提出了"人类命运共同体"等一系列的主张，激发了一些按照现代化的逻辑看是GDP落后、技术落后的国家的共鸣。我们去中亚，去那些显得比较落后的国家，他们说丝绸之路是我们共同的历史记忆，是我们共同的辉煌。这样就一下子告别了近代以来那套话语体系和逻辑。我觉得这也是让我们这些研究"一带一路"的学者们或从事"一带一路"相关工作的同志们感到很振奋的一件事情。这是第二种含义。

"一带一路"的内涵和它的期待应该是不断地在丰富。原来我们可能以为是解决中国经济发展转型的一个问题，是全方位改革开放的一个重要抓手。到现在有了所谓的"反全球化"，全球治理出现了各种各样的难题，所以世界上很多国家将希望寄托在中国，寄托在"一带一路"身上。比如说，今年5月份的"一带一路"合作高峰论坛，有两个拉美国家元首要来参加，英国首相也要来。这几个国家既不是古代丝绸之路沿线国家，也不是"一带一路"沿线国家。既然如此，我们对"一带一路"的理解就要升级换代，我们也要不断地探索。

我很荣幸，在座的各个部委给了我很多机会到国外去调研。以前我研究美国，后来研究欧洲，关注的都是发达国家，对周边的发展中国家实际上并不了解。由于"一带一路"的关系，我去了很多这样的国家，严格来讲，这让我们看到了真正的世界。以前我们睁眼看世界，看的都是西方发达国家的世界。我们讲的"外国的月亮要比中国的圆"，那个"外国"不包括柬埔寨、加蓬这样一些国家。后来我去年去了非洲，发现非洲的月亮才是真正最圆的，因为它没有污染。那里工业化还没开始，或者刚刚开始。所以我们现在重新发现了一个新的世界，这对我们告别欧美发达国家的思维方式是一个巨大的促进，对我本人也是一个促进。这是第三种含义。

因为"一带一路"的关系，现在我不仅去外国多了，去本国也多了。我做了三年的外交官，又因为研究国际关系，所以以前是到别的国家比到中国的省份还要多。比如说，欧盟28个成员国，我去了24个，可是国内去过的省份不及24个。但是现在因为"一带一路"的关系，国内省份基本上都去遍了，更好地了解到中国的国情。所以，从事"一带一路"研究，对我是重新认识中国、重新认识世界的一个过程。正因为如此，可能我的一些理解也不一定准确，请大家批评指正。

首先，我们要回答一个问题，就是很多国际友人说的，为什么没有用"丝绸之路"这个概念，或者为什么不叫"新丝绸之路"。比如陆克文就说，"丝绸之路"的概念大家都很容易了解，你用"新丝绸之路"命名就可以了。"丝绸之路"这个概念就是舶来品，是1877年德国人李希霍芬提出来的。他为什么要提出这个概念呢？1871年，德意志统一后为了争取"阳光下的地盘"，派李希霍芬到中国来考察，实际上是要抢夺铁路经营权。来了几年以后，李希霍芬感觉到东西方之间有很多的交流之路，有茶叶的、丝绸的、瓷器的、香料的等等，他回去就写了一篇文章，统称为"丝绸之路"。这个理论是为帝国主义扩张服务的，是为德国寻找欧亚地盘服务的。所以，这个概念并不是个好概念，我们没有用，非常清楚，否则就上他们的当了。

最近流行一本书，是牛津大学彼得·弗兰科潘教授写的，叫《丝绸之路：一部全新的世界史》，书中描述的丝绸之路跟我们讲的丝绸之路根本不是一回事儿，全是列强在欧亚大陆博弈的历史。我们讲"丝绸之路"，很多西方人想的是大国的博弈，想的是地缘政治空间的争夺，想的是称霸。所以我们用的是一个非常有特色的概念——"一带一路"。

一、什么是"一带一路"？

刚才讲了，为什么没用"丝绸之路"概念，而用了"一带一路"。这个"带"就是经济发展带，它是对中国发展模式的一个鲜明的总结，用一个字概括了中国的发展模式。3年多前，习主席在哈萨克斯坦提出"丝绸之路经济带"，因为哈萨克斯坦是世界上最大的内陆国家。丝绸之路断了以后，欧洲人走向海洋，把世界各地给殖民掉了，内陆国家、内陆地区长期落后，是因为世界上 90% 的贸易是通过海上来进行的，产业链基本上是按沿海地区来布局的，离海洋越远越落后。所以哈萨克斯坦是最需要通向海洋的，这就是为什么要选择在这个国家提出"丝绸之路经济带"。当然，另外一个重要原因就是哈萨克斯坦一直想在上海合作组织里推经济合作，但俄罗斯是反对的。因为搞经济合作，中国的影响力会上升。所以，习主席要去访问，我们要打造一个新的概念。想来想去，外交部想到了丝绸之路这个概念。这样俄罗斯在里面，哈萨克斯坦也在里面，很多国家都在里面，就不好意思反对了。但是，光讲丝绸之路不够。因为丝绸之路主要是贸易、文化交流，而今天我们主要是搞经济合作，就想到了经济带的概念。这就是丝绸之路经济带的来历。

一个月以后，习主席又去印尼访问。将来中国要走向海洋，存在海外利益要保护等一系列的需求，所以相应地提出了"21世纪海上丝绸之路"，它的关键词是"21世纪"。提完这个概念之后呢，外国朋友不理解——海上修什么路呀，我解释说，中国讲"道路"，"路"和"道"连在一起，就是鼓励各个国家走符合自身国情的发展道路。在中国成功之前，很少有国家相信可以走符合自身国情的发展道路，他们只相信美国人说的"普世价值"。中国崛起，这一下就鼓舞了很多国家的自信心。所以，我们中国现在讲"四个自信"，将来更多的沿线国家也要"四个自信"，摆脱那种对西方的迷信，对美国的依赖，要走符合自身国情的发展道路，要建立命运共同体。他们的命运不能铆在美国一家身上，他们的命运要掌握在自己的手里。孔子说："己欲立而立人，己欲达而达人。"中国走了一条符合自身国情的发展道路，我们要鼓励各国走符合自身国情的发展道路。通过解释，这个概念就在很多国家引起了广泛共鸣。

中国通过"一带一路"提出了对世界全球化和全球治理的一整套方

案，体现了博大精深的中国文化，比如道家说的"道生一、一生二、二生三、三生万物"。"一带一路"不是一条带，也不是一条路，而是很多条，但是万物从一开始。"一带一路"实际上就三个字，一个"带"就是中国发展模式，一个"一"体现了中国文化，所以我感觉到非常高明。

我在讲"一带一路"的时候，外国人羡慕说中国改革开放三十几年的工夫，让7亿人脱贫致富了，现在还有精准脱贫，占整个世界上脱贫致富70%的贡献率，为什么中国能做到？就是改革开放总结的模式：要致富先修路；要快富修高速。但是中国改革开放也在转型升级。改革开放以前主要是说沿海地区，按照邓小平同志的说法，改革开放主要是向美国开放。亚洲四小龙、四小虎，凡是向美国开放的，经济就实现了现代化，中国也不会例外。确实如此，中国加入世贸组织短短9年时间，一下子成为世界第二大经济体。这让美国感到很紧张、很恐慌，一个中国崛起的幽灵在全球化上空徘徊。所以特朗普说要让美国再次强大。谁让美国不再强大呢？那当然是相对于中国。美国相对于其他大国，实力都是在上升的，就是相对于中国在下降。奥巴马时期说，绝对不能让中国制定规则。所以继续向美国开放，不能实现中华民族的伟大复兴了。我们要调整我们改革开放的思路，就是说从原来的沿海地区开放到现在的整个国家开放，从原来的"引进来"到今天的各种"走出去"，甚至还要"走进去"，要"飞入寻常百姓家"。不仅是我们的产品、我们的服务、我们的理念，甚至中国的发展模式都要飞入寻常百姓家。原来是两来一补、出口加工、大进大出，现在我们要优进优出，我们现在要搞劳动力资本商品的自由流通，形成大市场。我在国内很多地方讲"一带一路"的时候，大家一开始也想不通，说改革开放以前是跟着发达国家一起玩的，怎么今天在跟这些发展中国家一起玩了？总结来说，以前是我们求着西方发达国家带我们玩的，今天是我们带他们玩。这就是区别。

什么是"一带一路"？首先，是由铁路、公路、航空、航海、油气管道、输电线路、通信网络组成的综合性立体互联互通的交通网络。第一个是立体的交通网络，包括天地一体、万物互联等等一系列 21 世纪的现代化交通手段。在这个领域，中国具有全方位优势。比如说互联网，中国有 7.3 亿网民，我们的网民数量比美国、日本网民的总和还要多，尤其是我们网民非常年轻，在农村里都可以扫一扫买东西，这在美国、欧洲是不可能的事情。而且，世界上十大互联网巨头里面，有 4 家在中国。世界上只有四个国家有自己的搜索引擎，分别是美国的谷歌、中国的百度、俄罗斯的 Yandex 和韩国的 Naver，其他的国家都没有，这就是我们的优势。在航海上，世界上前十大港口里面，第一位到第七位全在中国，因为我们是第一大贸易国。以前是鹿特丹港、阿姆斯特丹港、安特卫普港排在前面。1994 年比利时一个国家的贸易额超过整个中国，因为有安特卫普港。现在，他们可能只是我们的零头。在公路方面，中国在上世纪 80 年代开始修高速公路，现在我们的高速公路通车总里程早就超过了美国。还有最重要的一个方面是输电线。因为中国的资源集中在西部，而人口、经济主要在东部，所以西气东输、西电东输，中国人练出了绝活。比如说青海光伏发电经过两千公里输送到上海。如果在欧洲、非洲那要经过多少个国家！我们这些技术的发展能力在世界上超强。

第二，沿线将逐渐形成相关服务的产业集群，通过产业集聚和辐射效应形成综合发展的经济走廊。通过"一带一路"，可以形成一个辐射效应。西方发达国家是私有化，企业很少投资基础设施，更不能形成一种产业集群的概念。比如说我们修了高铁，很多人说中国的高铁好像不赚钱，只有京沪高铁才是赚钱的。他们所谓的赚钱就是指卖了多少票，投入成本，再收回来。实际上中国人修高铁并不只是考虑能卖多少票，而是考虑到产业链的布局。京沪高铁修了以后，带动了相关产业的发展，包括房地产、旅游，还有其他的布局，这些西方经济学是不算的。所以西方经济学有时是误导人的，越学越不知道中国，觉得要么中国崩溃，要么中国威胁。他们始终搞不明白中国经济是有正外部性的，而按照他们西方经济学中国经济只有负外部性。

第三，世界最长经济走廊。"一带一路"将作为世界经济引擎的亚太地区与世界最大经济体欧盟联系起来，给欧亚大陆带来新的空间和机会，并形成东亚、西亚和南亚经济辐射区。按照习主席的说法，就是"经营欧亚大舞台，世界大格局"。整个世界上90%的产出来自温带、亚温带地区，主要是北美、东亚、欧洲这三大块，欧亚大陆是最重要的一块。我们当然在跟北美进行自由贸易协定谈判，但更多的还要抓住欧洲。经营整个欧亚大陆是我们"一带一路"的基本思想，最终的目标是推进贸易投资便利化，深化技术合作，建立自由贸易区，形成大的欧亚市场，进行资源的重新配置。欧亚大陆那些在海洋崛起以后被遗忘的地方，我们今天把它重新激活，因为以铁路、航空、互联网为代表的现在的技术手段，可以互联互通起来。在《一带一路的愿景与行动》里面提到了18个省份，其中新疆占中国面积的六分之一。我们到喀什调研，喀什的口号是"五口(岸)通八国，一路连欧亚"，它有五个国家一级口岸连着八个国家，区位优势明显，文化资源、自然资源非常的丰富。按照以前西部大开发的思路，相对于东部经济发达地区西部是落后的，但是现在新疆相对于西亚、中亚这些地方是非常先进的。

"一带一路"激活了很多原来的设想，包括欧亚大陆桥，国内的中国长江经济带把它连在一起。世界上71%都是水，陆地面积占比有限，其中最大的一个大陆叫欧亚大陆，它被地缘政治学家麦金德认为是世界岛。把世界岛连在一起的，首先是渝新欧铁路。为什么是渝新欧呢？因为重庆是中国最大的内陆港口，而杜伊斯堡是欧洲最大的内陆港口，把内陆港口连在一起以后，就改变了原来以沿海地区为主的发展布局。各种产品通过杜伊斯堡可以分销到欧洲的河流沿岸，分销到欧洲其他一些腹地。大家知道，三分之一的平板电脑、五分之一的智能手机、九分之一的汽车是在重庆生产的，所以重庆的经济一直有两位数的增长。现在欧洲十个国家的十五个城市与中国城市开通了中欧班列，大量的货物运到欧洲，中国也可以从欧洲进口很多的产品。

中巴经济走廊是最有争议的，也是我们推的"旗舰工程"。中国有14个陆上邻国，美国在冷战时期有三个岛链，一直在围堵我们，所以我们一直要寻找海洋。通过中巴经济走廊，进入印度洋，不仅中国，而且整个中亚地区，一下子就活了，就像下围棋，找到活口了。中国60%的石油从中东地区进口，以前我们的石油要从印度洋通过马六甲海峡运到中国，在印度洋上有美国的迪戈加西亚军事基地，在南海有马六甲海峡，有美国的舰队，如果发生战争这些都不大可靠，所以我们现在是修管道，通过中巴经济走廊，让石油直接到新疆。简单说来，我们刚才讲了世界岛的中心，以前说在东欧，后来说在中亚，《金融时报》最近说就在新疆。印度洋被认为是世界洋的中心，因为它是连接太平洋和大西洋的。中巴经济走廊把世界岛的中心、世界洋的中心连在一起，而且把温带、亚温带地区的经济和热带地区连在一起了。通过中巴经济走廊，可一下子进入印度洋，通过印度洋进入东非，进入波斯湾、红海、地中海等一系列的国家和地区，会打通南北地区的发展差距。由此就看出中巴经济走廊具有非常重要的战略意义。

对国内来讲，六大城市群要不断地发力，沿海的经济地带长三角和珠三角，对接内地的关西、成渝和云南这三个地区。这六大城市群中，很多是通过轻轨、高铁等连在一起的。中国在这方面有优势。像从北京到天津，飞机没有，普通火车和汽车太慢，只有高铁能够迅速地把城市群连在一起。高铁是改变人类生活生产方式的一种重要交通工具，将来中国在这方面会有全方位优势。

中国现在在世界上与72个国家建立了战略伙伴关系，将来我们各个省份甚至城市，因为"一带一路"的关系会建立各种地方的战略伙伴关系。比如广东省，广东省的GDP超过俄罗斯，可以参加G20的。我们现在越来越多省份的GDP可能超过西班牙、俄罗斯。马六甲皇京港就是中国广东省直接投资的，完全按照"五通"来建的，这边政策沟通，那边设施连通。最后在文化上，张艺谋的《印象·马六甲》就要演出。

"一带一路"的五大方向是，第一个陆上是通过中亚、俄罗斯到了波罗的海；第二个是通过西亚、波斯湾到了地中海，第三个是通过"中巴经济走廊"到了印度洋。寻找海洋是它的主要逻辑，波罗的海、地中海、印度洋。海上从郑和下西洋的航路一直延伸到欧洲，还要延伸到南太平洋地区。南太平洋地区共27个国家，我们以前好像觉得那些国家面积很小，但是它们的海域面积占整个世界面积的六分之一。

总结"一带一路"，有一二三四五六七八。

一是一个概念。

二是两个翅膀，就是习主席说的，"一带一路"是亚洲腾飞的两只翅膀，一个在陆上，一个在海上。

三是三个原则："共商、共建、共享"。这三个原则我觉得非常了不起。近代以来，殖民主义、帝国主义、霸权主义，谁跟你共商、共建、共享。

四是四大丝绸之路：绿色、健康、智力、和平。这是习主席在乌兹别克斯坦提出来的。"绿色"是专门针对过剩产能、落后淘汰产能来讲的。"己所不欲、勿施于人"，一定要强调可持续发展，"一带一路"是长远的，不可能说赚一笔钱就跑了，不应该这样的。"健康"是重视民生、重视老百姓的福祉。"智力"是说我们今天是几十亿人在搞工业化和现代化，工业革命从英国开始，600万人口；到了欧洲大陆是上千万级；到了美国和苏联时期是上亿级；到今天中国一家就十亿级，印度、巴西等国是几十亿人在搞工业化、现代化，用原来那种制度、组织、观念都不行了，必须要创新合作模式，创新观念。现在最能够实现弯道超车的，就是我们的互联网。互联网精准互联，很多农民用了互联网以后一下子脱贫了，这是非常感人的故事。"和平"，通过发展求和平，通过和平保障发展，这是中国一个很重要的经验。另外还包括互联互通、战略对接、国际产能（装备制造）合作、开发第三方市场（企业主体、市场运作、政府服务、国际标准）。通过"一带一路"把我们的一些发展理念、发展经验，更多地与世界分享。

五个方向——五通：政策、设施、贸易、资金、民心。

六大领域——"六廊六路，多国多港"。这个"六路"包括铁路、公路、水路、空路、管路、信息高速公路；"多国多港"就是我们建立一些支点国家、支点城市、支点港口。

七大支点。"一带一路"沿线国家包括中国在内，共有65个，但是将来还要不断延伸的。在中亚里面最重要的是哈萨克斯坦，还有乌兹别克斯坦的撒马尔罕。亚历山大远征一直打到撒马尔罕，而张骞出使西域也到了撒马尔罕附近的费尔干纳盆地。费尔干纳盆地是农耕民族和游牧民族交汇的地方，文明非常深厚。东南亚里面除了印尼以外，还有柬埔寨，现在跟我们关系非常好。其他的有马来西亚，马六甲是非常重要的，现在马来西亚对我们非常友好，渴望引进中国的投资。南亚除了巴基斯坦以外，还有斯里兰卡。斯里兰卡是印度洋上的明珠，郑和多次到过这个地方。中东欧16个国家，现在也和我们非常积极地合作，其中波兰最重要。其他国家像捷克、匈牙利也很积极。西亚、北非地区，像伊朗、土耳其、埃及都很重要，沙特阿拉伯国王前不久刚来。我们选了阿联酋作为一个重要的支点，因为阿联酋的交通、金融都很发达，也不涉及教派争端。独联体国家中有白俄罗斯，中白工业园区是我们的旗舰工程。还有阿塞拜疆，别看这个国家很小，但是大家读一读布热津斯基的《大棋局》，他里面列了五个全球支点国家和五个地区性的支点国家，阿塞拜疆就是其中之一。为什么，因为整个中亚油气管道，它就相当于瓶盖，你把它拧开，就到了里海。中亚很多地区的油气管道经过阿塞拜疆后延伸到土耳其，经过巴尔干进入欧洲。我们的历史书中关于这些历史讲得太少，所以我们要根据"一带一路"重新修订。

八大领域。一是促进基础设施互联互通，中国将与沿线各国和地区在交通基础设施、能源基础设施和通信干线网络三个方面加强合作。二是提升经贸合作水平。在机械设备、机电产品、高科技产品、能源资源产品、农产品等方面，与沿线各国和地区开展投资与贸易领域的广泛合作，进一步创新贸易方式，不断提高贸易便利化水平。三是拓展产业投资合作。中国将鼓励和引导企业到沿线国家投资兴业，合作建设产业园区，设立研发中心，提升产业层次，增加当地就业，壮大企业实力。四是深化能源资源生产、运输和加工等多环节合作，加强能效和新能源开发等领域的合作，提升能源资源深加工能力。五是拓展金融合作领域。中国将加快建立亚洲基础设施投资银行和丝路基金。加强双边政策资金的合作，发挥好社会资金的主力军作用。继续扩大双边本币互换的规模和扩大贸易本币的结算。六是拓展人文交流合作，为深化合作奠定坚实的民意基础。在旅游领域，与沿线国家和地区联合打造国际精品旅游线路和产品。七是加强生态环境合作，中国将与沿线国家和地区建立健全有效的对话机制和联动机制，规划实施一批各方共同参与的重大项目，统筹推进区域内生态建设和环境保护。八是积极推进海上合作。深化农业渔业互联互通、海洋环保、航道安全、海上搜救、防灾减灾等领域的合作，以海水养殖、海洋渔业加工、新能源和可再生能源、海水淡化、海洋生物制药、环保和海上旅游等产业为重点，合作建立一批海洋经济示范区，海洋合作科技园，境外经贸合作区和海洋人才培训基地。

二、为何要建"一带一路"?

为什么我们能搞"一带一路"。2010年中国超过美国成为第一大工业制造国,我国的工业产值是美国的150%,是美国、日本、德国的总和,所以我们现在能够搞引领人类的新型工业化、城镇化。

习近平总书记2016年8月17日在推进"一带一路"工作座谈会上讲得很清楚,在全球化顺利时期集聚的产能要通过走出去,国内通过供给侧改革,国外通过需求侧改革,推动世界经济的再平衡。从外交战略上转型,以前老盯着美国,现在看起来中国有点像刘备要对付曹操,军事上联合俄罗斯、经济上联合欧洲,这是我们新的隆中对。

欧亚大陆古代丝绸之路就是一种全球化,为什么哥伦布发现新大陆以后才叫全球化?以前欧亚大陆是人类活动的主要场所,古代丝绸之路就是全球化。今天我们讲3.0版本的全球化,就是包容性的全球化。原来的全球化不够包容。中华文明5000年辉煌,但是有三大软肋,第一是农耕文明,第二是内陆文明,第三是地区性文明。比如我们说"上善若水",水一定是善的吗?加勒比海盗、英法联军都是从海上来的。我们讲"水善"是因为它是淡水,我们脑子里没有"海"和"洋"的概念,而在英语里分得很清楚,海就是海,洋就是洋。所以中国人内陆文明的思维方式非常明显:以陆观海,以海观洋,而非以洋观洋。农业方面,基本上我们是量入为出、天人合一,就是农耕文明。

"一带一路"很大程度上要挖掘人类一种新的合作空间,比如说地球表面的71%是海水,其中70%也就是地球面积的49%是公共的。所以习主席说,太平洋足够大,能容得下中美。并不是我们一定要去动你的奶酪,人类有很大的开发空间,所以讲"一带一路"不是简单的贸易文化,而更多的是科技的创新发展。

世界不是平的。以前弗里德曼说世界是平的,世界是平的吗?其实世界非常不公平，非常不平。以前美国人说世界是平的，就是要让世界成为美国的市场，今天怎么可能呢？今天中国是最大的发展中国家，是最大的金砖国家，是最大的社会主义国家，是第二大经济体，又是东方文明古国，我们有五种身份，我们在各个方面都能协调好。所以 G20 杭州峰会我们开得史无前例，因为方方面面都可以说得上话。这就是我们今天的底气，要改变五百年以来西方的话语权。

空间上到底怎么布局呢？我们以前讲以空间换取时间，李鸿章和左宗棠有"海防"和"塞防"之争，今天很清楚，海上、陆上同时进行，陆权、海权同样重要，中国成为一个陆海兼备的国家，而不再是一个以陆地为主的国家。不仅如此，我们要推动人类文明的回归。哈·麦金德说："谁统治东欧，谁就能主宰心脏地带；谁统治心脏地带，谁就能主宰世界岛；谁统治世界岛，谁就能主宰全世界。"这是著名的地缘政治学说，今天的世界岛就是他当时说的情形。

自欧洲人从海洋上决定大陆的命运，内陆国家的物流成本就比海上要高好几倍，所以一直发展不起来。很多国家都想复兴丝绸之路，其中代表性的是联合国开发计划署（UNDP）提出的欧亚大陆桥的概念。前年《华盛顿邮报》一篇文章说，世界经济中心千年后回归东方。所以建设"一带一路"是应天命，我与好友程亚文合著了一本书叫《天命》。世界经济中心原来在东方，经过上千年，又经过近代几百年，转移到了欧洲，又转移到美国，可自从 2001 年中国加入世贸组织，到现在 15 年过渡期结束，有人认为中国将在 2025 年超过美国成为世界第一大经济体。也就是说，中国经过一二十年的时间，把上千年时间转移的经济实力掰回来了。这就体现出了改革开放的重要性，加入世贸组织的重要性。如果中国加入世贸组织晚几年，会产生什么效应？像印度晚了几年，全球化顺利时期这波就过去了。很多国家也搞改革开放，为什么只有中国取得了今天这样的成就呢，我觉得很大程度上，是因为我们体制的优越性。我们集中力量办大事,我们能抓住机遇和规避风险。

为什么"一带一路"提出三年多就能够激起这么大的反响?第一个感谢秦始皇,公元前221年"书同文,车同轨"。我在欧洲布鲁塞尔,一个英国籍的欧洲议会议员叫德瓦,有一次他在欧洲议会里讲,不要以为欧洲一体化搞得怎么样,还不如秦始皇在公元前221年干的活。今天欧盟有24种工作语言,国家之间语言不通,度量标准也不一致,有英国英镑、英寸等等。中国早就通了,秦朝时都已经通到广西了,这了不起。

第二个感谢毛主席,新中国建立了一个独立完整的工业体系。按照联合国的统计,59门大工业体系、590多门小工业体系只有一个国家全部具有,这个国家就是中国。中国可以生产从卫星到味精,从火箭到火柴的所有东西。美国现在电视机都生产不出来,俄罗斯根本连暖水瓶都造不好。所以我们千万不要妄自菲薄。

美国1991年提出修高铁,到现在一寸高铁都没有修,为什么没有修?航空公司反对,修什么高铁,坐飞机吧。汽车公司也反对,干不了。另外土地是私有的,搞基础设施多方牵制。我们现在不仅在国内修高铁,我们还要在其他国家修。中国是128个国家的第一大贸易伙伴,跟美国十年前调了一个个。2015年时,世界上前50大集装箱港口里面,近三分之二有中国的投资,这就是我们今天在海上的优势。

最后,"一带一路"展示了中国发展的维度,彰显了中国模式。现在我们在非洲搞"三网一化",即高速公路网、高速铁路网、区域航空网、基础设施工业化。蒙巴萨港完全按"港区铁路贸"五位一体的方式修建,肯尼亚总统肯雅塔到中国访问,对中国比较了解,学中国模式,他每三个月到现场去办公一次,有什么问题当场处理、解决,这不是学中国嘛。他说我把这个港口开发好了,我们肯尼亚坐在那儿数钱就可以了。因为整个中部非洲、东部非洲,都通过肯尼亚出海。现在我们在非洲五个国家搞试点,刚果(布)、肯尼亚、埃塞俄比亚、坦桑尼亚还有尼日利亚，尼日利亚搞了工业园区。这五个国家里面只要有一个成功了，就可以说星星之火可以在非洲燎原，其他非洲国家就一定会反思，为什么不去学中国呢？也会对我们周边国家起到巨大激励作用。比如说让越南加入"一带一路"。菲律宾杜特尔特到非洲一看，人家非洲跟中国相距万里都在学中国模式，经济一下子发展起来了，我跟你闹，闹什么呢？

"一带一路"不仅要解决中国的问题，还要解决世界的问题。现在整个世界面临三大问题：贫困问题，贫富差距问题和治理问题。现在我们陆海连通，东西互济，就是要解决人类面临的这样一些普遍的难题，某种程度上修复近代以来遗留的西方全球化恶果。一个坦桑尼亚记者不懂习主席书里讲的"治大国如烹小鲜"，他说治一个大国跟小鲜有什么关系？后来我给他解释，我说就是不要瞎折腾。他明白了，他说我们才400万人口，180多个政党，这个政党往东走，那个政党往西走，那个政党往后走、往前走，搞来搞去，政策没办法落实，所以一直发展不起来，瞎折腾。

现在是万物互联，"一带一路"不仅是要开拓新的市场，而且要成为标准，像国家电网将来的标准就是世界标准；像5G，现在华为就是标准。大宗商品，现在里海沿岸国家正在琢磨把里海的石油、天然气搞一个里海指数，用人民币参与竞价，减少对美元的依赖。沙特阿拉伯也在琢磨这个事情，将来中国一定会在这方面推动。包括现在我们的支付宝"无纸货币"，将来对美元一定会有冲击。

三、如何建设"一带一路"？

"不谋全局者，不足谋一隅；不谋万世者，不足谋一时。"现在"十三五规划"做了很多，就不详细讲了，各个省份八仙过海、各显神通，各个省份"走出去"形成很多抓手，包括56个开发园区等。但是资金从哪里来？现在很多是通过PPP模式做起来的，存在很多问题，风险需要化解。

有三重风险。第一个风险，时间上正好处于人类的大转型时期。各种报告都认为，未来的几十年人类处于一个大转折、大风险时期。英国"脱欧"、特朗普当选，只是这种大风险时代的一个表现形式而已。第二个风险，空间上"一带一路"沿线国家都处于板块的交接地带，文明的交接地带，双重的交接都是不稳定的地方。第三，还有自身的风险。因为"一带一路"涉及大量的基础设施，周期很长，项目又铺得很开，本身就是一个很大的风险。

具体来说有五大风险，第一，各个项目里有政治风险，有些国家政局不稳定。第二，安全风险，这些地方有"三股势力"，还有水资源的争端。中国缺乏国际管理的经验。"一带一路"发展的是跨国项目，如果这个国家同意，别的国家不同意也不行，要有综合的考虑。第三，经济风险。全球货币政策分化，存在汇率风险等。第四，法律风险。沿线国家法律不完善，还有16个非WTO成员国，无法提供必要的法律保障。第五，道德风险。我们的一些项目确实会产生劳工、环境等问题。

现在很多唱衰"一带一路"的，包括国内有学者说是战略透支、搞战略扩张，还有人说美国都在韬光养晦，中国怎么不韬光养晦呢？很多。

我们现在确实面临很多挑战，第一，国内的挑战。现在有的企业走不出去，就打着"一带一路"的旗号转移过剩产能，把"一带一路"的名声搞坏了。现在全球化在逆转，比如美元在升值、在加息，资金回流让我们的融资更加困难，包括国内的金融风险都在增加，现在全球化不是那么顺利了。

第二，安全风险。最大的安全风险是我们到海外搞建设，但我们没有海外军事基地,没有军队怎么保护我们的安全。我到新疆生产建设兵团调研,我想能不能搞"一带一路"生产建设兵团,既生产又保护。

所以我提出"一带一路"2.0版本的概念。第一,如何处理与美国的关系?"一带一路"要借助美国的力量,像亚投行用的是美元,用美国的公司、美国的技术、美国的标准,美国的人大量参与"一带一路"建设。我写文章建议特朗普参加"一带一路"合作高峰论坛,他不能来,派赵小兰部长来也可以。美国人也在研究"一带一路"这个问题,把"一带一路"延伸到发达国家的发展中地区可不可以。我们可以共建一个2.0版本,或者不叫"一带一路",我们搞一个全球开发署等机构也可以。美国人这些年没提出什么新的概念,他们想借助"一带一路"提高自己的影响。

第二,我们现在很多人认为世界是线性进化的逻辑,以前这个地方落后了,现在要发展起来。但这个世界已经不是线性进化的了,它是个混沌秩序,具有不确定性,不能用简单的赶超逻辑来研究了。

第三,要有一种前瞻式的思维方式。这一点最重要。有一次我们和美国人进行"一带一路"智库对话,美国人说你们在中亚地区修油气管道,将来太阳能、核能可能就解决了人类能源问题,不需要修那么多油气管道。一定要有前瞻式的思维方式,我们一定要考虑到2049年以后世界是什么样的,那个时候中国在世界上是什么地位,然后决定今天我们应该怎么去努力,达到怎样一个目标,而不能只用2000年的经验推断我们今天应该怎么搞"一带一路"。

我写了一本书叫做《再造中国》,中国的观念、中国的基因、中国的政治体制,可能很多会因为"一带一路"而改变。不能说它变我不变,很多东西也会反过来影响你。就像改革开放以后我们已经调整了很多政策、改变了我们的观念一样,新的、全方位的改革开放一定会多方面改变我们自己。

我们还要创新，分三步走。第一阶段到 2016 年，夯实基础：基础设施开工，沿线形成共识。自由贸易区建设实现突破；第二阶段：到 2024 年一体化格局形成，沿线国家高标准自由贸易区网络基本形成；通往波罗的海、地中海和印度洋的战略通道安全畅通；第三阶段：到 2049 年建成以中国为核心的（利益、责任、命运）共同体，两翼齐飞，"五通"基本实现。中国在周边事务和全球治理结构中占主导优势。"一带一路"建设有很多的风险，但是一定要坚定建设"一带一路"的自信，智者指月，愚者见指不见月，很多人老是看指，不看月亮。

"一带一路"是在 21 世纪复兴古代丝绸之路，但又不局限于古代丝绸之路：它唤醒周边丝路记忆，激活"和平合作、开放包容、互学互鉴、互利共赢"的丝路精神，其成员、走向、内涵超越古代丝绸之路。从人类文明视角看，"一带一路"推动中华文明从农耕到工业—信息、从内陆到海洋、从区域到全球的三大转型，助推包括沿线各国文明在内的人类文明共同复兴。在空间上包括的不仅是 65 个沿线国家，还有相关国家，鼓励更多的国家参与"一带一路"建设。"一带一路"本身有其发展的逻辑，在解决中国问题的过程中，解决人类的普遍问题，只有这样才能够为世界提供各种公共产品，让这个体系有更大的包容性，不再是零和博弈的模式。建设"一带一路"就是服务大家、服务全世界。

谢谢大家。

（本文根根据王义桅 2017 年 3 月 18 日在中央和国家机关"强素质·作表率"读书活动 2017 年第 3 期主题讲坛上的讲座内容整理）

正确认识改革开放前后两个历史时期的关系

主讲人：朱佳木

如果给迄今为止的当代中国史分期，最重要的一个分界线就是中共十一届三中全会。以那次会议为界，当代中国可以分为改革开放前后或中国特色社会主义道路开辟前后两个历史时期。如何看待这两个历史时期的关系，关系到能否正确认识新中国历史，能否坚定中国特色社会主义道路自信，能否有效抵制历史虚无主义思潮和全面总结新中国历史经验。

大量事实表明，凡是怀疑和反对改革开放的，必然会用改革开放前的历史时期否定改革开放后的历史时期；凡是怀疑和否定四项基本原则的，往往会用改革开放后的历史否定改革开放前的历史；凡是把中国特色社会主义看成"新民主主义的回归"和"民主社会主义""社会民主主义"，或者看成"资本主义复辟"的，必然会把这两个历史时期加以割裂和对立；同样，凡是把这两个历史时期加以割裂、对立、相互否定的，也必然会反对或曲解中国特色社会主义道路。即使在能够正确认识中国特色社会主义的人当中，仍然有许多人对如何认识这两个历史时期的关系感到拿不准，不敢理直气壮地说它们之间具有本质的一致性，担心这样说会贬低改革开放。可见，认识和对待这个问题，是一个历史研究领域的问题，也是一个现实性和政治性都十分强烈的问题。

党的十八大仅仅开过一个多月,习近平总书记便在 2013 年 1 月 5 日中央举办的"十八大精神研讨班"上讲话,旗帜鲜明地指出:改革开放前后两个历史时期,"是两个相互联系又有重大区别的时期,但本质上都是我们党领导人民进行社会主义建设的实践探索……两者决不是彼此割裂的,更不是根本对立的。不能用改革开放后的历史时期否定改革开放前的历史时期,也不能用改革开放前的历史时期否定改革开放后的历史时期。"[1] 这一论断,清楚无误地表明了党中央对改革开放前后两个历史时期关系的看法,有力地回击了把二者割裂和对立起来的各种错误言论,也解除了许多人心中有关这个问题的疑虑,是我们正确认识新中国历史的重要指针。为了阐释这一论断,习总书记提出了三个具体观点:

第一,改革开放后的社会主义实践探索是对改革开放前的社会主义实践探索的坚持、改革、发展。他指出:改革开放后与改革开放前相比,"在进行社会主义建设的思想指导、方针政策、实际工作上有很大差别","如果没有一九七八年我们党果断决定实行改革开放,并坚定不移推进改革开放,坚定不移把握改革开放的正确方向,社会主义中国就不可能有今天这样的大好局面,就可能面临严重危机,就可能遇到像苏联东欧国家那样的亡党亡国危机。"但也要看到,改革开放前,"我们党在社会主义建设实践中提出了许多正确主张,当时没有真正落实,改革开放后得到了真正贯彻,将来也还是要坚持和发展的。"

第二,改革开放前的社会主义实践探索为改革开放后的社会主义实践探索积累了条件。他指出:"中国特色社会主义是在改革开放历史新时期开创的,但也是在新中国已经建立起社会主义基本制度并进行了二十多年建设的基础上开创的。""如果没有一九四九年建立新中国并进行社会主义革命和建设,积累了重要的思想、物质、制度条件,积累了

---

[1] 《十八大以来重要文献选编》(上),中央文献出版社,2014 年版,第 111—112 页。

正反两方面经验，改革开放也很难顺利推进。"

第三，对改革开放前的社会主义实践探索的失误要采取正确态度，进行科学分析。他指出："要坚持实事求是的思想路线，分清主流和支流，坚持真理，修正错误，发扬经验，吸取教训。"①

下面，我围绕习近平总书记以上论述，谈谈自己的学习体会，供大家参考。

一、改革开放前和改革开放后既有重大区别又有本质的一致性

1. 从党的指导思想上看

改革开放后，我们党纠正了毛泽东的晚年错误，否定了"以阶级斗争为纲"这个不适合于社会主义时期的错误口号，并实现了工作着重点由阶级斗争向经济建设的转移，制定了社会主义初级阶段的理论和党的"一个中心、两个基本点"的基本路线，形成了以邓小平理论为主体的中国特色社会主义理论体系。这些与改革开放前比，显然有着重大区别。

但与此同时，我们党科学评价了毛泽东，把毛泽东的晚年错误与毛泽东思想加以区别，确立了毛泽东的历史地位，继续把马克思主义作为党的指导思想，捍卫和高举毛泽东思想伟大旗帜；仍然认为阶级斗争由于国内因素和国际影响，还会在一定范围内长期存在，在某种条件下还有可能激化；仍然把坚持社会主义道路、人民民主专政、共产党领导、马列主义和毛泽东思想指导当成四项基本原则，作为党在社会主义初级阶段基本路线两个基本点中的一个基本点和立国之本。这些与改革开放

---

① 以上引文均出自《十八大以来重要文献选编》（上），中央文献出版社2014年版，第112页。

前比，有着本质上的一致性。

在谈到我们党改革开放前后指导思想的异同之处时，邓小平作过一个精辟说明，他说：有的人"忽略了中国的政策基本上是两个方面，说不变不是一个方面不变，而是两个方面不变。人们忽略的一个方面，就是坚持四项基本原则，坚持社会主义制度，坚持共产党领导。人们只是说中国的开放政策是不是变了，但从来不提社会主义制度是不是变了，这也是不变的嘛！"[①]他的这段话说明，我们党改革开放前后的指导思想虽然在一些重大问题上有变化，但在根本问题上并没有变。

2. 从经济体制上看

改革开放后，我们党打破了公有制和按劳分配一统天下的局面，大力发展多种所有制和多种分配形式；改变了高度集中的计划经济体制，确立了社会主义市场经济体制；解散了农村人民公社，实行了家庭联产承包责任制和土地承包制；打开了对外开放的大门，不断拓展开放的广度和深度。这些与改革开放前比，是有重大区别的。

但与此同时，我们党仍然坚持公有制和按劳分配为主体，仍然把全民所有制和集体所有制作为社会主义经济制度的基础，让国有经济控制国民经济命脉；明确社会主义市场经济是同社会主义基本制度结合在一起的，市场对资源配置的基础性和决定性作用要置于国家的宏观调控之下；坚持农村土地集体所有制的性质，发挥农民家庭经营的积极性和发挥集体经济的优越性；努力缩小收入差距扩大的趋势，防止两极分化；坚持自力更生方针，不断提高对外开放的安全性。这些与改革开放前比，又具有本质的一致性。

由于时代条件的变化和我们党对社会主义认识的深化，改革开放前后的经济体制确有重大变化。但由于我们坚持了公有制的主体地位，金

---

① 《邓小平文选》第3卷，人民出版社1993年版，第217页。

融、能源、交通、通信等涉及国计民生的重要部门始终没有被私人资本所掌控，我们的市场经济始终仍然是社会主义的市场经济。

3. 从政治体制上看

改革开放后，我们党为了克服权力过分集中的弊病，纠正忽视民主与法制的现象，不断改进党的领导，推进党内民主，加强国家的民主与法制建设，落实对权力的制约和监督，提出尊重和保障人权。这些与改革开放前比，也是有很大不同的。

但与此同时，我们党始终坚持党的工人阶级先锋队性质，坚持共产党在国家事务中总揽全局、协调各方的核心领导作用，坚持党的领导、人民当家作主、依法治国的有机统一，坚持党对军队的绝对领导，不照搬西方的政治模式，不搞西方的多党制、议会民主、三权分立。这说明，我们的政治体制改革只是社会主义制度的自我完善和发展，本质上与改革开放前没有不同。

4. 从文化和社会政策上看

改革开放后，我们党摒弃了以往意识形态工作中一些"左"的做法，解除了在文艺创作和学术研究中设置的不必要的框框和禁区，积极发展文化、教育、科学事业，深化教育改革和文化管理体制改革，促进人民精神生活和社会生活的多样化，健全基层社会管理体制，推动社会组织建设。这些与改革开放前比，也是不同的。

但与此同时，我们党仍然坚持马克思主义在意识形态领域的指导地位，要求共产党员坚定对共产主义远大理想的信念，引导全体人民树立中国特色社会主义的共同理想，坚持社会主义先进文化的前进方向，强调把社会主义核心价值体系融入国民教育和精神文明建设的全过程，贯彻培养德智体美全面发展的社会主义建设者和接班人的教育方针，弘扬爱国主义、集体主义、社会主义思想，抵制各种错误思潮和资产阶级、封建阶级腐朽思想；坚持党对基层社会管理体制建设的领导，健全党和政府主导的维护群众权益机制，警惕和防范国内外敌对势力的分裂、渗透、颠覆活动，维护国家的意识形态安全。这些与改革开放前比，本质上完全一致。

5. 从外交方针上看

改革开放后，我们党根据国际形势的深刻变化，改变了过去关于时代问题的判断，认为和平与发展是当今时代的主题和特征、中国的前途命运同世界的前途命运日益联系在一起，主张建设持久和平、共同繁荣的和谐世界，调整与大国之间的关系，加强同发达国家的战略对话，不再给国外革命活动以物质上的支持，并积极参与国际事务和全球治理，倡导人类命运共同体意识。这些与改革开放前比，有着显著不同。

但与此同时，我们党从来没有放弃马克思、恩格斯关于人类社会正在由资本主义时代向社会主义时代过渡，以及列宁、毛泽东关于当今世界已进入帝国主义和社会主义革命时代的科学判断，始终奉行新中国成立之初就制定和倡导的独立自主的和平外交政策与和平共处五项原则，坚决维护国家的主权、安全、发展利益，加强同广大发展中国家的团结合作，在国际事务中坚持根据事情本身的是非曲直决定自己的立场和政策，坚决反对各种形式的霸权主义和强权政治，反对动辄诉诸武力或以武力相威胁，反对颠覆别国合法政权，推动国际秩序朝着更加公正合理的方向发展。这些与改革开放前比，也是基本一致的。

以上说明，改革开放前后在社会主义建设的思想指导、方针政策、实际工作上虽然有重要区别，但这些不过是社会主义实践探索过程中的区别。我们党的宗旨、指导原则、奋斗目标，我们国家的基本政治经济制度，以及意识形态、外交方针、社会性质，改革开放前后都没有改变。看不到它们的区别，就不可能懂得中国特色社会主义道路究竟"特"在哪里，就会妨碍对改革开放伟大意义的认识。反过来，看不到它们的内在连续性和本质一致性，也不可能懂得中国特色社会主义道路为什么是社会主义而不是别的什么"主义",就会妨碍对当代中国历史整体性和中国特色社会主义本质特征的把握。

二、改革开放前为改革开放后既提供了前车之鉴又奠定了发展基础

从新中国成立到"文化大革命"结束前的 27 年,以毛泽东为核心的党的第一代中央领导集体在带领全国各族人民探索社会主义建设规律的过程中,取得了伟大成就和宝贵经验,也有过不少失误和错误,有的甚至是全局性、长时期的错误,给党和人民的事业造成过严重损失,也使历史出现了一些曲折。从粉碎"四人帮"到党的十一届三中全会的两年,虽然停止了"文化大革命",工农业生产得到了比较快的恢复,但由于推行"两个凡是"的错误方针,也出现了徘徊的局面。对此,我们都不应当忽视,更不应当否认和掩饰,否则难以吸取教训,还会造成新的思想混乱。但同时,我们必须客观、全面而不是孤立、片面地看待它们,否则不仅难以正确总结经验,还会一叶障目,把改革开放前的历史看得一无是处、一团漆黑,导致对那段历史的全盘否定;不仅无法合理解释改革开放的历史前提和基础,而且难以树立对新中国的历史自信和对中国特色社会主义的道路自信。

1. 分清改革开放前的历史主流和支流

对于改革开放前那段历史的总体评价,党中央在改革开放后不同时期有过一系列论述,观点是明确的,也是一贯的。

1981 年十一届六中全会作出的《关于建国以来党的若干历史问题的决议》中指出:中华人民共和国成立以后的历史,"总的说来,是我们党在马克思列宁主义、毛泽东思想指导下,领导全国各族人民进行社会主义革命和社会主义建设并取得巨大成就的历史。社会主义制度的建

立，是我国历史上最深刻最伟大的社会变革，是我国今后一切进步和发展的基础。""三十二年来我们取得的成就还是主要的，忽视或否认我们的成就，忽视或否认取得这些成就的成功经验，同样是严重的错误。"①

1979 年邓小平在理论务虚会上的讲话中指出："社会主义革命已经使我国大大缩短了同发达资本主义国家在经济发展方面的差距。我们尽管犯过一些错误，但我们还是在三十年间取得了旧中国几百年、几千年所没有取得过的进步。"②

1989 年江泽民同志在庆祝建国 40 周年大会上的讲话中指出："中华人民共和国成立以来的 40 年，是中国历史发生翻天覆地变化的 40 年，是经历艰难曲折、战胜种种困难、不断发展进步的 40 年，是中华民族扬眉吐气、独立自主、在国际事务中日益发挥重要作用的 40 年。"③

2012 年胡锦涛同志在党的十八大报告中指出："以毛泽东同志为核心的党的第一代中央领导集体带领全党全国各族人民完成了新民主主义革命，进行了社会主义改造，确立了社会主义基本制度，成功实现了中国历史上最深刻最伟大的社会变革，为当代中国一切发展进步奠定了根本政治前提和制度基础。在探索过程中，虽然经历了严重曲折，但党在社会主义建设中取得的独创性理论成果和巨大成就，为新的历史时期开创中国特色社会主义提供了宝贵经验、理论准备、物质基础。"④

党的十八大后，习近平总书记不仅强调要正确看待改革开放前后两个历史时期的关系，而且对改革开放前取得的历史成就作过多次高度评价。例如，在建党 95 周年大会上他指出：改革开放前，"我们党团结带

---

① 《三中全会以来重要文献选编》（下），人民出版社 1982 年版，第 794、798 页。
② 《邓小平文选》第 2 卷，人民出版社 1994 年版，第 167 页。
③ 《十三大以来重要文献选编》（中），人民出版社 1991 年版，第 611 页。
④ 《人民日报》2012 年 11 月 9 日，第 2 版。

领中国人民完成社会主义革命，确立社会主义基本制度，消灭一切剥削制度，推进了社会主义建设。这一伟大历史贡献的意义在于，完成了中华民族有史以来最为广泛而深刻的社会变革，为当代中国一切发展进步奠定了根本政治前提和制度基础，为中国发展富强、中国人民生活富裕奠定了坚实基础，实现了中华民族由不断衰落到根本扭转命运、持续走向繁荣富强的伟大飞跃。"①

上述党中央的决议和历届中央领导人的评价，高度概括了改革开放前的主要成就，充分说明改革开放前后两个时期是一个有机的整体，新中国的68年是辉煌的68年。这是我们正确认识那段历史的主要依据，只要把改革开放前的主要成就同改革开放前的失误、错误，包括"大跃进"和"文革"那样的严重错误放在一起比较，孰重孰轻、谁主谁次就会一目了然；只要站在新中国和中国绝大多数人的立场，采取客观辩证的方法，就会承认那个时期的成就是历史的主流。这样说绝不是要肯定那个时期的失误、曲折，更不是要肯定"以阶级斗争为纲"的错误方针，而是要肯定那个时期所开辟的社会主义道路，肯定那个时期广大干部群众付出的艰辛努力，肯定那个时期取得的建设成就。

2. 分析改革开放前历史时期各种失误、错误的具体情况

第一，要分析失误和错误是普遍的全局的现象，还是个别的局部的现象。改革开放前曾发动过一系列政治运动。其中，像"大跃进"的高指标、瞎指挥、浮夸风、"共产风"，"文化大革命"的"打倒一切、全面内战"等等错误，都是普遍的全局性的。但像新解放区土改运动和"三反""五反"运动中的错误，则是个别的或局部的，而且一经发现很快得到了纠正。如果不加具体分析，看到哪个运动中有缺点有错误就予以全盘否定，势必会得出改革开放前的历史是一连串错误集合的结论。

---

① 2016年7月2日《人民日报》。

第二，要分析存在失误和错误的工作中是否也有正确的合理的成分，并且要看这些成分对以后工作是否也起到了一定的积极作用。新中国成立初期，在思想文化领域进行的几场比较大的批判运动，存在把思想性、学术性问题简单化、政治化的倾向，有的甚至混淆了敌我、敌友的界限，显然是十分错误的。但也应当看到，正是那些大张旗鼓的批判，加上同时进行的知识分子思想改造运动，使文艺界、学术界、教育界原先存在的封建主义的和资产阶级唯心主义、民主个人主义、自由主义的思想，受到了强烈冲击和迅速清理；使辩证唯物主义和历史唯物主义、为人民服务和人人平等等无产阶级思想，很快为大多数旧社会过来的知识分子心悦诚服地接受。如果不加具体分析，把那几场批判运动全盘否定，就难以解释为什么马克思主义能在短短几年内成为全国的主流意识形态。

第三，要把犯错误和犯错误的时期加以区别，不能因为某个时期犯了错误，就把那个时期的工作统统否定。"大跃进"给国民经济造成很大损害，但它前前后后持续了三年时间，在这段时间里也取得了不少成就。例如，发动群众大兴农田基本建设，大规模兴建水库和水利设施，新建、扩建一批钢铁和有色金属冶炼厂、煤炭企业、发电站等。"文化大革命"是新中国成立后犯的最为严重的错误，但它持续了10年时间，在这段时间里，除了开展"文化大革命"运动，还做了许多其他工作。《历史决议》说：在"文化大革命"期间，"国民经济虽然遭到巨大损失，仍然取得了进展。"例如，建成了成昆、湘黔、焦枝等9条铁路（其中包括宝成电气化铁路），南京长江大桥，两条长距离输油管道和连通大部分省的微波通信干线，第一艘核潜艇，第一个卫星地面站，第三代电子计算机，全国电视网；成功爆炸了氢弹，进行了地面核试验，发射和回收了人造卫星，发射了第一颗洲际导弹，成功培养了籼型杂交水稻等等。这些说明，不能把"文化大革命"与"文化大革命"时期简单划等号，不能因为要彻底否定"文化大革命"就否定"文化大革命"那十年党和政府做的全部工作和建设事业取得的重大成就，更不能因此而否定那一时期我们党和国家、社会的原有性质。

第四，要把失误和错误放在当时特定的历史条件下分析，把在当时可以避免的和由于客观条件限制难以避免的事情区分开来。所谓客观条件限制有两种，一种是实践不够，缺少经验；另一种是物质不够，缺少条件。例如，改革开放前在很长时间内积累率过高，对消费品生产的资金、原材料安排不足，给人民生活造成一定困难，尤其农村大部分地区面貌变化不大。这里有我们对积累与消费比重安排不当、对农业与农民照顾不够的一面，也有新中国面对帝国主义的军事威胁、经济封锁，不得不采取计划经济体制，把有限的财力、物力、人力最大限度地集中用于工业化基础建设，从而不得不适当抑制消费、维持工农业产品剪刀差的一面。

有人认为"不走僵化封闭的老路"这句话中的"老路"，是指改革开放前所走的路。我认为这种理解是不对的，起码不全面。新中国成立后，以美国为首的资本主义国家在很长时间里对我国实行封锁、禁运，在那种情况下，我国不仅与苏联、东欧等社会主义国家进行贸易和经济技术合作，而且千方百计寻找机会，向资本主义国家出口农副产品、轻工业品、工艺品，以换取硬通货。邓小平说过："毛泽东同志在世的时候，我们也想扩大中外经济技术交流，包括同一些资本主义国家发展经济贸易关系，甚至引进外资、合资经营等等。但是那时候没有条件，人家封锁我们。后来'四人帮'搞得什么都是'崇洋媚外'、'卖国主义'，把我们同世界隔绝了。毛泽东同志关于三个世界划分的战略思想，给我们开辟了道路。"[①] 可见，"僵化封闭的老路"主要是指"文化大革命"中

---

① 《邓小平文选》第二卷，人民出版社1994年版，第127页。

极左思潮泛滥,特别是"四人帮"把引进国外先进设备和技术统统斥之为"洋奴哲学",使我们形成了自我封闭的那种状态,而不是指改革开放前的整个历史时期。

第五,要分析造成失误和错误的主观原因,同时也要把好心办坏事与个人专断、个人专断与专制制度加以区别。改革开放前犯的错误中,有经验不足的问题,也有思想方法、工作方法、工作作风不够端正的问题;在方法和作风问题中,有急于求成造成的,也有个人专断造成的。对个人专断问题,《历史决议》指出,根源在于骄傲,脱离实际和脱离群众;社会原因是党内民主和国家政治生活中的民主缺少制度化、法律化,权力过分集中于个人;历史原因是长期封建社会造成的封建专制主义思想的影响。但必须看到,受封建专制主义思想的影响与封建专制制度是本质完全不同的两码事。前者是思想作风问题,后者是社会性质问题,不能因为存在个人或少数人专断的现象,就妄言我们党是什么专制主义的党,我们国家是什么专制主义的国家。

对于不能正确看待改革开放前历史时期所犯错误的,我们要帮助他们科学地全面地分析;但同时也要防止人为夸大这些错误,尤其警惕和抵制一些人攻其一点、不及其余,歪曲、抹黑、丑化、诬蔑我们党和国家的历史。后一种人绝非认识问题,对他们必须给予揭露和批判。

3. 认清改革开放前的历史对于改革开放的重要意义

改革开放30多年来,我国经济飞速发展,综合国力明显增强,人民生活水平大幅度提高,为世界经济发展和人类文明进步做出了重大贡献,这些都是世人有目共睹的。但这一切的起点,不是1949年旧中国留下的烂摊子,而是新中国经过29年艰苦奋斗建立起来的宏伟基业。如果没有改革开放前打下的这个基础,改革开放要取得如此迅速而显著的成就是绝对不可能的。这个基础,起码可以概括为以下五点:

第一，提供了根本的政治和经济的制度前提。

第二，提供了基本的物质和技术条件。只要看看经济社会建设上的统计数据便会清楚，我国改革开放前不仅与旧中国相比有翻天覆地的变化，而且与发展中大国相比变化也很大；即使与发达国家比，在许多工业产品的品种、产量上的差距也有明显缩小，有的甚至还有超过。

第三，提供了思想和精神上的保证。习近平总书记指出：毛泽东思想活的灵魂"有三个基本方面，这就是实事求是、群众路线、独立自主"[①]。除此之外，毛泽东思想中关于要把我国建设成现代化社会主义强国、对人类作出较大贡献，关于不要机械搬用外国经验，关于严格区分、正确处理两类不同性质的矛盾，关于调动一切积极因素、化消极因素为积极因素，关于百花齐放、百家争鸣、古为今用、洋为中用等等思想，也都被中国特色社会主义思想体系所吸收，在改革开放中发挥了和继续发挥着指导作用。改革开放前，我们党在毛泽东关于防止党夺取政权后脱离群众、腐化变质，以及反对和平演变的思想指导下，开展了一系列整风运动。其中存在对形势判断过于严重、做法过于简单粗暴、打击面过宽的问题，但基本理念对改革开放后党的建设一直产生着重要影响。另外，那个时期形成的抗美援朝精神、雷锋精神、铁人精神、焦裕禄精神、自力更生和艰苦奋斗的精神等等，在改革开放中都发挥了巨大的精神力量。

第四，提供了正反两方面的经验。改革开放前，在探索社会主义建设规律的过程中，形成了许多反映国情、符合客观的认识，积累了一系列对于改革开放具有重要价值的宝贵经验。例如，发挥中央与地方两个积极性，兼顾国家、集体、个人三者利益，处理好大中小型企业、沿海与内地、汉族与少数民族的关系，克服一种主要倾向时要防止被掩盖着

[①] 《十八大以来重要文献选编》（上），中央文献出版社2014年版，第695页。

的另一种倾向等等。即使那时犯过的错误，对于我们今天吸取教训同样有积极意义。邓小平说："没有'文化大革命'的教训，就不可能制定十一届三中全会以来的思想、政治、组织路线和一系列政策……'文化大革命'变成了我们的财富。"①

第五，提供了有利的国际环境。新中国成立后，进行了抗美援朝、抗美援越战争和多次边界自卫反击作战，击退了蒋介石集团窜犯大陆的活动，挫败了外国侵略势力的一系列封锁、干涉、挑衅行径；积极支持亚非拉民族解放和独立运动，发展了同中间地带国家的友好关系；研制成功了"两弹一星"和核潜艇等战略武器，打破了超级大国的核垄断、核讹诈；提出关于三个世界划分的理论，实现了中美和解，进而推动了中国同日本、西欧许多国家关系的改善；在第三世界国家支持下恢复了我国在联合国合法席位。所有这些，大大增强了我国国家安全，为社会主义建设营造了和平环境，也为改革开放中与西方国家关系正常化铺平了道路。

近三十多年国内国际形势越来越充分地说明，没有改革开放，新中国的历史将难以为继；但没有改革开放前那段历史打下的基础，改革开放也难以起步；即使起步，如果抛弃了改革开放前树立起来的根本指导思想、建立起来的基本社会制度，也不可能顺利发展，而且很可能会失败，甚至亡党亡国。还要看到，改革开放前，国家各项事业的发展和人民生活的改善虽然远没有改革开放后那么显著，但这绝不表明那段历史对于改革开放无足轻重、可有可无。如同盖楼一样，打地基时不容易让人看出成绩，但楼房盖得快盖得高，反过来证明地基打得牢。

---

① 《邓小平文选》第3卷，人民出版社1993年版，第272页。

三、把改革开放前后的历史联系和统一起来认识既有助于抵制历史虚无主义思潮又有助于总结新中国历史经验

古今中外大量事实都说明，在阶级社会中，对于国家史的解释权，历来是各个阶级、各种政治力量争夺、较量的重要领域。统治阶级为了维护统治，总是高度重视对国家史的解释，并把它视作国家主流意识形态和核心价值体系的组成部分；而要推翻一个政权的阶级和政治力量，也十分看重对历史的解释，总要用它说明原有统治的不合理性。这是带有普遍规律性的社会现象。区别只在于进步的阶级和政治力量顺应历史前进方向，对历史的解释符合或比较符合历史的本来面貌；而反动的阶级和政治力量背逆历史前进方向，对历史的解释总是难以符合历史的本来面貌。

习近平总书记指出："古人说：'灭人之国，必先去其史。'国内外敌对势力往往就是拿中国革命史、新中国历史来做文章，竭尽攻击、丑化、污蔑之能事，根本目的就是要搞乱人心。苏联为什么解体？苏共为什么垮台？一个重要原因就是意识形态领域的斗争十分激烈，全面否定了苏联历史、苏共历史，否定列宁，否定斯大林，搞历史虚无主义，思想搞乱了，各级党组织几乎没任何作用了，军队都不在党的领导之下了。最后，苏联共产党偌大一个党就作鸟兽散了，苏联偌大一个社会主义国家就分崩离析了。这是前车之鉴啊！"[①] 他在 2013 年全国宣传思想工作会议的讲话中又指出：当前国内一些错误观点时有出现，有的宣扬西方价值观，有的拿党史国史说事，有的以"反思改革"为名否定改革开放，有的否定四项基本原则。[②] 他还说："历史虚无主义的要害，是从根本上否定马克思主义指导地位和中国走向社会主义的历史必然性，否

---

① 《十八大以来重要文献选编》（上），中央文献出版社，2014 年版，第 113 页。
② 《人民日报》2013 年 8 月 19 日第一版。

定中国共产党的领导。"①这些论述都告诉我们,国内外敌对势力要反对共产党领导和社会主义制度,必然要先从搞乱人心开始;而要搞乱人心,必然要先从否定共产党和社会主义国家的历史开始。因此,我们要"护己之国"也必须"卫己之史"。把改革开放前后两个历史时期联系和统一起来认识,正是"卫己之史"的关键一环。

古今中外大量事实还说明,人们认识事物,除了需要理论的指导外,还需要回顾和总结历史;即使理论,也需要把历史经验加以抽象和升华。习近平总书记在2013年"一五"讲话中,论述中国特色社会主义是社会主义而不是其他什么主义时,就是通过分析社会主义思想从提出到现在的历史过程来论证的。这个过程包括空想社会主义产生和发展,马克思、恩格斯创立科学社会主义理论体系,列宁领导十月革命胜利并实践社会主义,苏联模式逐步形成,新中国成立后我们党对社会主义的探索和实践,我们党作出进行改革开放决策、开创和发展中国特色社会主义等六个时间段。②正因为如此,他说:"中国特色社会主义,是科学社会主义理论逻辑和中国社会发展历史逻辑的辩证统一。"③也正因为如此,我们只有把改革开放前后的历史联系和统一起来,才有可能在一个较长时间段中总结新中国的历史经验,才可能对一些带规律性的问题看得更加清楚,才可能对中国特色社会主义社会获得更加全面完整的认识。

根据唯物辩证法,一切事物的发展都是螺旋式上升的过程,都会遵循否定之否定的规律。从这个视角观察并借用这些哲学术语来概括新中国68年的历史,改革开放前的30年可以被看成是一个肯定,改革开放

---

① 转引自中央党史研究室:《历史是最好的教科书——学习习近平同志关于党的历史的重要论述》,见2013年7月22日《人民日报》。
② 2013年1月6日《人民日报》。
③ 《十八大以来重要文献选编》(上),中央文献出版社2014年版,第118页。

后的 30 多年对它的扬弃可以被看成是一个否定，而党的十八大之后提出要将改革开放前后两个历史时期相互联系和统一起来认识，则可以被看成是否定之否定。在这个意义上，我认为 2013 年的"一五"讲话具有非常重要的标志性意义，标志新中国历史已经进入到需要并有条件把改革开放前后两个历史时期的经验贯通起来总结、彼此参照汲取的崭新阶段。

以下举几个例子说明。

1. 关于中国特色社会主义社会的长期性与前进方向

改革开放前，存在把社会主义阶段看得过短的现象，总想尽快实现共产主义。改革开放后，我们正确认识到，不仅社会主义需要很长时间，而且在社会主义历史时期中还有一个初级阶段，这个阶段需要实行社会主义市场经济。然而，这个阶段和这个阶段实行的市场经济是不是最理想的社会和最完美的经济体制呢？对此出现了不同认识。有人认为，私有制是符合人性的，市场经济是永恒的，改革开放本身就是方向，不存在改革开放以社会主义还是以资本主义为方向的问题。对待这些问题，就很需要我们把改革开放前后两个历史时期统一起来认识。

改革真的不存在以社会主义还是以资本主义为方向的问题吗？只要看看《邓小平文选》就清楚了，他从来没有在改革方向问题上说过不问姓"资"姓"社"，相反，他一再提醒："在改革中坚持社会主义方向，这是一个很重要的问题。"[1] 他也从来没有在改革的方向上说过"不搞争论"，相反，在"八九"政治风波后强调："某些人所谓的改革，应该换个名字，叫作自由化，即资本主义化。他们'改革'的中心是资本主义化。我们讲的改革与他们不同，这个问题还要继续争论的。"[2] 习近平总书记也说："科学社会主义基本原则不能丢，丢了就不是社会主

---

[1] 《邓小平文选》第 3 卷，人民出版社 1993 年版，第 138 页。
[2] 《邓小平文选》第 3 卷，人民出版社 1993 年版，第 297 页。

义。"① "我们说中国特色社会主义是社会主义，那就是不论怎么改革、怎么开放，我们都始终要坚持中国特色社会主义道路、中国特色社会主义理论体系、中国特色社会主义制度，坚持党的十八大提出的夺取中国特色社会主义新胜利的基本要求。"② 可见，党中央从来认为改革开放存在坚持什么方向的问题。这个方向不是别的，就是社会主义和共产主义；对这个大方向的保证也不是别的，就是坚持四项基本原则。

有人认为，共产主义谁也没见过，是"乌托邦"，因此不应当再作为我们党的奋斗目标。对这个责难，党的十二大报告早就作出了回答。习近平总书记在 2015 年中央政治局"三严三实"专题民主生活会上的讲话中也指出："社会主义是共产主义初级阶段，共产主义是我们的最高理想。我们现在做的是社会主义初级阶段的事情，但不能忘记初衷，不能忘了我们的最高奋斗目标。"③ 他还说："我们依据共产主义和社会主义理想确立了中国特色社会主义道路、理论、制度，这样整个逻辑才成立。如果前提都不要了，就完全变成了实用主义，要回到我们的本源上去认识。"④

前一段时间，党内流传一种说法，叫做"要把我们党由革命党转变为执政党"。理由是，党现在的主要任务是执政而不是革命，因此应当尽快完成角色转换。这种论调是对"革命"的片面理解，是把"革命"与"执政"人为割裂和对立了。"文革"中提出"无产阶级专政下继续革命"中的"革命"，指的是无产阶级在取得政权后，仍然要进行一个阶级推翻另一个阶级的革命。这种"继续革命"的理论是错误的，当然

---

① 《十八大以来重要文献选编》（上），中央文献出版社 2014 年版，第 109 页。
② 《十八大以来重要文献选编》（上），中央文献出版社 2014 年版，第 110 页。
③ 《习近平总书记重要讲话文章选编》，中央文献出版社、党建读物出版社 2016 年版，第 338 页。
④ 《习近平总书记重要讲话文章选编》，中央文献出版社、党建读物出版社 2016 年版，第 133 页。

应当否定，而且在党的十一届三中全会后已经被否定。但否定这种特定含义的"继续革命"，并不意味着否定了本来意义的继续革命。对此，《历史决议》曾用很大篇幅作过论述，说明我们党并没有认为自己执政了，革命任务就完成了，不再需要继续革命了。党的十八大后，习近平总书记又有针对性地指出："中国共产党之所以叫共产党，就是因为从成立之日起我们党就把共产主义确立为远大理想。我们党之所以能够经受一次次挫折又一次次奋起，归根到底是因为我们党有远大理想和崇高追求。"[①] 这再清楚不过地表明，我们党执政后仍然要继续革命，这个革命不是别的，就是为中国特色社会主义而奋斗，直到实现共产主义。

要我们党由"革命党"转变为"执政党"的主张，追根溯源，是受了"告别革命论"和历史虚无主义思潮的影响。这种观点在理论上站不住脚，实践上也十分有害。它很容易把我们党的执政混同于资产阶级政党的执政，从而丢掉党的最高理想和为最大多数人民利益而奋斗的革命传统、革命作风、革命精神，助长形式主义、官僚主义、享乐主义、奢靡之风，脱离人民群众。近些年，党的干部队伍和党风中发生的种种问题，与这种观点的散布不能说没有关系。

习近平总书记2013年"一五"讲话中说："马克思、恩格斯关于资本主义社会基本矛盾的分析没有过时，关于资本主义必然消亡、社会主义必然胜利的历史唯物主义观点也没有过时。这是社会历史发展不可逆转的总趋势，但道路是曲折的。资本主义最终消亡、社会主义最终胜利，必然是一个很长的历史过程。""我们必须有很强大的战略定力，坚决抵制抛弃社会主义的各种错误主张，自觉纠正超越阶段的错误观念。最重要的是，还要集中精力办好自己的事情，不断壮大综合国力，不断改善人民生活，不断为赢得主动、赢得优势、赢得未来打下更加坚实的

---

① 习近平：《在庆祝中国共产党成立95周年大会上的讲话》，《人民日报》2016年7月2日。

基础。"① 这一论述既克服了以为共产主义可以很快到来的急性病,又纠正了共产主义渺茫论,显然是建立在把改革开放前后的历史经验统一总结基础之上的,应当成为我们理解中国特色社会主义社会的长期性和前进方向问题的唯一正确的指针。

2. 关于中国特色社会主义社会的政治与经济

讲政治是我们党一以贯之的优良传统。然而改革开放前,在讲政治的问题上一度出现过"左"的偏向,把"突出政治"强调到不适当的程度,甚至提出"以阶级斗争为纲"、"政治可以冲击一切"等错误口号。改革开放后,我们吸取了教训,把党的工作重点转移到了经济建设上。然而,在以经济建设为中心的过程中,又发生了忽视政治的现象。有人认为,对经济领域的犯罪问题看得过重,妨碍了经济建设;严格党的纪律不利于改革开放,要"松绑";强调四项基本原则不利于解放思想;反革命言论也应当允许自由发表,等等。如何看待这些问题,同样需要把改革开放前后两个历史时期统一起来认识才行。党的十八大后,习近平总书记指出:"看待政治制度模式,必须坚持马克思主义政治立场。马克思主义政治立场,首先就是阶级立场,进行阶级分析。"② 他还说过:在事关坚持还是否定四项基本原则的"大是大非和政治原则问题上,我们必须增强主动性、掌握主动性、打好主动仗"③。

实践说明,把政治强调到不适当的地位不行,忘记政治的保证作用、忽视思想政治工作同样不行。改革开放后,在党风中出现的以权谋私、权钱交易、贪污腐败等问题;在社会风气中出现的"一切向钱看"、假冒伪劣、黄赌毒等现象;在意识形态领域中出现的资产阶级自由化、

---

① 《十八大以来重要文献选编》(上),中央文献出版社,2014年版,第117页。
② 转引自《文汇报》2014年6月30日刘世军文章《中国政治学研究新时代的到来》。
③ 引自2013年8月21日《人民日报》第一版《习近平总书记在全国宣传思想工作会议上的重要讲话》。

新自由主义、历史虚无主义、民主社会主义等思潮，以及学术界、文艺界、出版界不加鉴别地大量引进西方作品等等倾向，归根结底都与放松党的自身建设和理想信念教育，忽视对群众特别是青少年进行社会主义、爱国主义教育，抓经济建设一手硬、抓精神文明建设一手软有关。

党的十八大后，习近平总书记不仅反复强调重视政治，而且大力抓党员特别是领导干部的理想信念和政治纪律教育，大力抓对腐败行为的打击和惩治，大力抓意识形态领域内同各种错误思潮的斗争，使党风政风和意识形态领域发生了显著变化。他指出："我们党作为马克思主义政党，讲政治是突出的特点和优势。没有强有力的政治保证，党的团结统一就是一句空话。我国曾经有过政治挂帅、搞'阶级斗争为纲'的时期，那是错误的。但是，我们也不能说政治就不讲了、少讲了，共产党不讲政治还叫共产党吗？"[①] 在2017年2月省部级主要领导干部学习贯彻十八届六中全会精神专题研讨班上他又强调："历史经验表明，我们党作为马克思主义政党，必须旗帜鲜明讲政治，严肃认真开展党内政治生活。讲政治，是我们党补钙壮骨、强身健体的根本保证，是我们党培养自我革命勇气、增强自我净化能力、提高排毒杀菌政治免疫力的根本途径。什么时候全党讲政治、党内政治生活正常健康，我们党就风清气正、团结统一，充满生机活力，党的事业就蓬勃发展；反之，就弊病丛生、人心涣散、丧失斗志，各种错误思想得不到及时纠正，给党的事业造成严重损失。"[②] 他的这些论述既划清了同单纯突出政治的界限，也划清了同忽视政治的界限，显然也是把改革开放前后的历史经验统一总结之后得出的，也应当在我们处理中国特色社会主义社会政治与经济关系的问题时，作为唯一正确的指导思想。

[①] 《习近平总书记重要讲话文章选编》，中央文献出版社、党建读物出版社2016年版，第225页。

[②] 2017年2月14日《人民日报》。

3. 关于中国特色社会主义社会的所有制和分配

改革开放前，我们在坚持社会主义公有制和按劳分配制度的问题上也出现过偏差，主要表现是对公有制求大求纯，对按劳分配偏重于搞平均主义，吃"大锅饭"的现象比较普遍，违背了生产关系要适应生产力水平的规律，束缚了广大群众的积极性、创造性。针对这种情况，我们党在改革开放后对所有制和分配制度进行了改革，陆续提出了允许个体、私营经济存在，个体、私营经济是中国特色社会主义经济的重要组成部分，公有制为主体、多种经济成分共同发展是基本经济制度，"让一部分人、一部分地区先富起来"，"效率优先、兼顾公平"，允许和鼓励资本参与分配，完善按劳分配为主体、多种分配方式并存的分配制度等一系列方针和政策，调动了各方面积极性，加快了经济社会发展。但与此同时，又出现了国有资产流失和分配不公、收入差距悬殊等现象。有人认为，公有制效率低，违反"经济人"假设，与市场经济不相容；国有企业早晚破产，晚卖不如早卖；只有拉大分配差距，社会才能进步，等等。应当如何看待这些问题，同样很需要把改革开放前后两个历史时期统一起来认识。

针对改革开放后收入分配悬殊、城乡差别扩大的情况，我们党近些年对分配政策进行了逐步调整。例如，把"效率优先、兼顾公平"的口号改为"既重视效率也重视公平、把公平放在更加突出的位置"；要求初次分配和再分配都要处理好效率和公平的关系，再分配要更加注重公平；逐步提高居民收入在国民收入中的比重，提高劳动报酬在初次分配中的比重，提高低收入者的收入及扶贫标准和最低工资标准，等等。党的十八大更把"逐步实现全体人民共同富裕"纳入中国特色社会主义定义，把"收入分配差距缩小"作为全面建成小康社会的新要求之一。十八大刚闭幕，习近平总书记在第一次会见中外媒体时就强调，新一届中央领导机构对民族、对人民、对党的一个重要责任，就是坚定不移走共同富裕道路。十八届五中全会后，他在省部级主要领导干部专题研讨班上又指出："我国正处于并将长期处于社会主义初级阶段，我们不能做超越阶段的事情，但也不是说逐步实现共同富裕方面就无所作为，而是要根据现有条件把能做的事情尽量做起来，积小胜为大胜，不断朝着全体人民共同富裕的目标前进。"[1] 正是由于贯彻了这些思想和政策，反映贫富差距程度的基尼系数近几年出现了逐渐下降的趋势。这说明，我们党对分配领域出现的问题，认识已越来越清醒，解决问题的决心也越来越坚定了。

马克思主义政治经济学告诉我们，分配制度归根结底决定于生产资料所有制。中国特色社会主义社会要走共同富裕的道路，必须坚持公有制的主体地位，必须把国民经济的命脉牢牢控制在国有经济的手中。习近平总书记在2015年中央政治局集体学习时强调："公有制主体地位不能动摇，国有经济主导地位不能动摇，这是保证我国各族人民共享发展成果的制度性保证，也是巩固党的执政地位、坚持我国社会主义制度的重要保证。"[2] 2016年10月，他在全国国有企业党的建设工作会议上又指出："国有企业是中国特色社会主义的重要物质基础和政治基础，是我们党执政兴国的重要支柱和依靠力量。"[3] 可见，党的十八大后，我们党在所有制和分配问题上的认识，既坚持了对单纯公有制和平均主义的分配制度进行改革的既定方针，又拒绝了私有化和两极分化的主张，显然也是在对改革开放前后历史经验统一总结基础上得出的，同样应当作为我们在处理中国特色社会主义社会所有制和分配制度改革问题时唯一正确的态度。

---

[1] 《习近平总书记重要讲话文章选编》，中央文献出版社、党建读物出版社2016年版，第402页。
[2] 2015年11月24日《人民日报》。
[3] 2016年10月12日《人民日报》。

"历史是最好的教科书。学习党史、国史,是坚持和发展中国特色社会主义,把党和国家各项事业继续推向前进的必修课。这门功课不仅必修,而且必须修好。"[①] 这是习近平总书记在中央政治局集体学习时向全党发出的号召。正确认识改革开放前后两个历史的关系,是党史国史中一个十分重要的问题。我们要不断深入学习、研究和宣传习近平总书记在这个问题上的一系列论述精神,并努力使广大干部群众特别是广大青年都能真正加以了解和掌握,从而使这些精神转化为推进中国特色社会主义事业的强大物质力量。

(本文根据朱佳木2017年4月22日在中央和国家机关"强素质·作表率"读书活动2017年第4期主题讲坛上的讲座内容整理)

---

① 2013年6月25日《人民日报》。

经济

中国经济双重转型之路

主讲人：厉以宁

一、产权改革和非均衡经济中的市场主体

中国经济存在非均衡状态，但中国的非均衡和西方的非均衡又不一样，因为从经济学观念来说，近二三百年一直是均衡经济学占上风的。均衡经济学怎么来理解呢？只要价格是灵活的，市场充分发挥作用，供求最后一定是平衡的，即使有非均衡的状况那也是短期的、暂时的。但20世纪30年代发生了大危机，大危机让人们首先考虑，传统的均衡经济学是不是对的？很多人还坚持均衡理论是对的，但是英国的经济学家凯恩斯，在大危机爆发以后开始探究进一步的问题，认为均衡理论可能是有问题的。因为在资本主义制度中，经常性的失业是存在的，失业的存在就表明了供求最后是不能平衡，他就着重研究这个问题，均衡为什么会失灵？他研究资本主义整个市场经济中有种种现象，比如消费倾向递减，投资的动力减弱等等各种原因，所以他提出资本主义经济可能是非均衡的。非均衡原因何在，就是市场有不完善性。既然市场有不完善性，就应该进一步加强宏观经济调控，宏观经济调控可以弥补市场的不足。所以说凯恩斯经济学在西方经济学中是一个革命，因为他打破了从前的均衡理论，提出了国家调控的必要性和市场进一步改善的必要性。西方在第二次世界大战结束以后，凯恩斯经济学成为主流。

中国的改革一开始就碰到这个问题,中国改革应该以什么为主线呢?按照均衡的理论来讲,应该是放开价格,完善市场,如果市场不完善的话,那就应该加强宏观调控,这是上世纪80年代初中国经济学界的主流思想。认为中国要改革的话,必须从放开价格着手。当时的世界银行也鼓吹这个。第二次世界大战结束以后,西德经济处在混乱之中,失业问题很严重。西德放开价格,长痛不如短痛,这样经济就起来了,到了50年代后期就恢复到战前的状态了。既然西德能这么干,中国为什么不能这么干?当时的国务院接受了这种观点,所以80年代初指导价格改革成为当时的主要课题,这个问题慢慢就传到公众当中去了,都以为要放开价格了。这一下中国经济可能有种种预期,如物价上涨、商品抢购,等等,方案已经在拟定之中。正在这个紧要时期,北京大学1986年的"五四科学讨论会"上,由厉以宁做了主题报告,题目叫《改革的基本思路》,提出:中国经济改革的失败可能是由于价格改革失败,中国经济改革的成功必须取决于所有制改革成功。这是当时的一种新的改革思路。这一来,整个经济界就发生了很大的争论。当时是1986年夏天,我在哈尔滨讲学,接到国务院电话,让我连夜回北京。回北京干嘛呢?就是为什么说放价格不如改产权,把这个道理讲清楚。于是我一讲完课就回北京去国务院汇报。汇报时讲的一个理由就是:价格改革不是主要的,因为价格的背后是生产活动,生产活动不调整就不行。当时还在用马克思主义解释,即按照辩证唯物主义的原理,内因是变化的根据,外因是变化的条件,放价格是外因,而产权改革是内因;第二个理由:根据马克思主义政治经济学的观点,生产是第一性的,流通第二性的,生产决定流通,流通反作用于生产。所以在这种情况之下,如果放开价格,充其量就是流通领域的改革,决定不了生产,产权改革才是生产领域的改革。第三个理由:西德之所以能够完成价格改革,因为有美国大量的援助,有美元,有马歇尔计划。钢材价格上涨了,进口啊。汽油价格涨了，进口啊。粮食不够，进口啊，这不都解决了？现在，有哪一个国家能够帮助中国进行这样的改革？我们要靠自己的力量。先放开价格可能发生消极影响。稍后，价格改革方案终于暂停。

1986年秋天，我陪一位中央领导同志到四川调查。临走之前向胡耀邦同志汇报过。产权改革可以从股份制为突破口，因为股份制是明确产权最好的办法，当时准备在四川搞股份制的试点。但从四川调研回来之后不久，胡耀邦同志下台了，股份制推行被人怀疑是私有化。于是，承包制开始出台。承包制是1987年5月份出台的。还是要改造企业，但股份制要承担的责任太大，不如先搞承包制。对承包制的出台，我当时说不行，因为它不明确产权，而且承包方式，西方国家也有，但是西方国家的承包制中，发包方（甲方）、承包方（乙方）地位是平等的，通过合同来解决。中国不行，中国发包方是政府，承包方是国有企业。实际上，政府一身而三重身份，第一重身份是运动员，第二重身份是裁判员，还有第三重身份，兼比赛规则的修改者。裁判员不可以修改比赛规则，但政府可以修改。中国当时的情况就是这样。所以承包制造成了企业的短期的行为，拼设备，使企业只顾近期利益，产权依旧不明确。这样不行，到了1988年，又回到了价格改革思路。1988年准备开放价格。价格还没放开，市面上就开始抢购了。年纪大一些的人可能记得，1988年，转不快的电风扇卖掉了，关不严的电冰箱也卖掉了，有的老太太买了一麻袋盐，或买了一箱子肥皂，放在家里，这证明社会在动荡。不得已就暂停价格放开，最后又回到了股份制的路上来。

到十五大正式确定国有企业走股份制的道路。我在1990年写了一本书，也是我的代表作：《非均衡的中国经济》，1990年由经济日报出版社出版，这本书里提到中国经济正处在非均衡的状态，而这种非均衡不同于西方国家的非均衡。西方国家是市场不完善而引起的非均衡，所以要加强宏观调控。中国不同，中国属于第二类非均衡。第二类非均衡的特点就是：不仅市场不完善，特别重要的是没有市场主体，因为中国的国有企业不是真正的企业，不自主经营，不自负盈亏。所以，在这种情况下，中国的改革必须从产权改革着手，就是通过股份制改革让企业真正成为独立的经营主体。我当时为什么强调股份制，因为它是产权改革最要紧的步骤。

可以说，这种非均衡对中国改革是有影响的，因为到现在为止，我们的改革只走了一半，产权改革还没完成。所以中国当前仍然要把产权改革放在主要位置，让市场在资源配置中起决定性作用，这是十八届三中全会决定的最关键的两点之一。那另外一点是什么呢？是混合所有制，混合所有制也是在股份制的基础上建立的，我们当年的情况，正是这样。

十八届三中全会把市场配置起决定性作用放在一个突出重点，这是理论上的大突破，因为以前是说基础性调节作用，现在是谈决定性作用。这里有一个经济学概念必须搞清楚。这就是过去长期以来，人们所研究的是生产效率，生产效率就是说投入产出之比。一定的投入，如果产出越多，表明生产效率越高，一定的产出，如果投入越少，也表明生产效率越高，所以人们看重的是生产效率。

20世纪30年代以后，出现了第二种效率，第二次世界大战以后更普及了。所谓第二种效率就是资源配置效率。资源配置效率的前提是，投入是既定的，投入不变，用A方式配置资源，产生N效率；用B方式配置资源，产生N+1效率，用C方式配置资源，可能出现N-1效率。所以一定要选择好资源配置方式，资源配置方式比生产效率更宏观、更有效。因为生产效率是指一个生产单位、一个责任单位而言，而资源配置效率是宏观经济的考虑。我们既要重视生产效率，更要重视资源配置效率。资源配置效率就要靠市场在资源配置中的决定性作用体现出来。

资源配置效率概念出现后，在经济生活中发生了两大变化。第一个变化：人们越来越重视资本市场、产权交易平台的作用，因为没有资本市场，没有产权交易，怎么实现资产的重组呢？资产重组如果不实行的话，怎么能够使得资源配置效率提高呢？另一变化是：搞融资筹资的、搞人事管理的、搞宣传工作的、搞行政管理的，过去长期被看作是非生产人员，因为他们不在生产第一线，跟生产效率没有直接的关系，但资源配置效率概念出来以后，看法就变了。搞融资筹资的人是在为资产的重组做准备，使资源配置效率的提高；搞人事组织工作的人，是把人力资源配置得更好，发挥资源配置效率；搞宣传工作的人致力于提高每个投入者的积极性；行政管理人员，则是把物质资源和人力资源更好地组合在一起，他们都是资源配置效率的创造者。

这里有一个重要的问题，市场跟政府之间的这个界线怎么划？划清界线是非常重要的。过去存在着两种观点，容易引起误解。一种观点：是"小政府""大市场"。"小政府""大市场"的观点是过去改革中经常提到的。后来感到这种说法不精确，容易引起误解。因为政府的工作人员相对说来始终是少数。而政府的职能，不能用"小"和"大"来衡量。用"小政府"容易引起误解，这是一个观点。第二个观点叫"双强"，即强政府、强市场，"双强"的结合就是指政府和市场的关系。这个观点长期存在，我也用过这个观点。后来学术界讨论后认为，这也容易引起误解。"强市场"，但市场不一定什么事情都能做到。"强政府"容易导向成政府无所不能，似乎政府万能。所以说应该换成正确的提法，有效的政府，有效的市场。

有效的政府，是说政府应该做自己应该做的事，尽心尽职。凡是政府应该做的，政府一定要做，而且要做好。有效的市场是什么意思呢？这是指：市场做自己可以做的事情，而且要做好。总之，政府做政府应该做的事情，市场做市场可以做的事情。那么，有些事情政府可以做，市场也可以做，谁来做？应该由市场来做。政府做市场做不了的、做不好的事情。什么是市场做不了、做不好的呢？以下这些都是政府应该做的，因为市场做不好或做不了。

第一，地区收入差距的缩小。地区收入差别是多年历史所造成的，并且由资源环境造成。对这种差距，市场是没有力量缩小的。市场也许在若干年之后才能帮助西部提高增长率。政府有责任缩小地区之间的收入差距。

第二，个人收入差别的调节，市场也做不了。市场管一次分配，由于各种原因，一定会产生贫富差距，贫富差距需要政府的二次分配来调节。

第三，一些部门是有社会效益的，但是经济效益差，市场不愿意做，像环保、江河湖泊的治理、土壤的改良、大面积水土流失的治理等等，这些要政府来做。

还有，公共服务，像国防、司法、治安、社会最低保障，还有义务教育，等等，对这些政府有责任做好。还有宏观经济调控，市场做不了，政府要做。

这次两会期间，我在政协的记者招待会上遇到的第一个问题就是这样的，有记者问李克强总理在政府工作报告中用了壮士断腕、背水一战这样的话，怎么理解？这是因为，现在改革进入了深水区，遇到了硬骨头，怎么啃？我说，应该认识到当前改革有两个阻碍：第一个阻碍是利益集团，利益集团因为利益所在，会尽量地阻碍改革的推行。第二个阻碍是制度惯性，用经济学的话说，就是路径依赖。这是指一个人在传统经济体制下生活惯了，往往有一种惰性、一种依赖性，这就是制度惯性。认为旧办法已经适应了，为什么要改呢？由于这两个阻力存在，所以改革是艰巨的。没有壮士断腕的决心，没有背水一战的气概，这个关是不容易过的。

二、土地确权：新一轮农村改革的启动

土地确权是一项重要的改革。浙江在试点，2012年11月，刚开完十八大，我们到了浙江省的杭州、嘉兴、湖州三个市进行考察，考察的就是土地确权。我们一方面是总结经验，一方面去听听农民的反映。我们到了嘉兴市的平湖市，这是个县级市。到乡镇、农村看，我们进村时满地都是炮仗，农民在欢庆土地确权的完成。土地确权是三权三证，第一个权就是承包地的经营权，第二个权就是宅基地的使用权，第三个权就是农民在自己宅基地上盖的房子的产权。过去这些权不属于农民，现在就确权，确权就是发证。经过几年的试点，农民安心了，收入多了。在那里开座谈会的时候，嘉兴市的同志向我们反映，土地确权之前几年的城市人均收入和农村人均收入比是3.1∶1，土地确权以后进行调查，城市和农村人均收入比是1.9∶1，而且趋势还在缩小。宅基地的使用权明确了，很多农民盖起了四层楼的房子，盖这么多房子干嘛？一层二层，能开店就开店，自己不开店，就出租给别人开店，三四层自己家住就够了。土地承包确权以后，农民外出打工，土地就流转了，到城里的收入就多了。如果他自己想种田的话，他也心定了。他种了各种经济作物，蔬菜、水果，收入更多。我们在那里还遇到这个情况，土地确权之前要重新丈量土地，丈量土地以后再确权。土地丈量后，耕地多了20%。地怎么多了呢？第一个原因就是当初承包的时候，土地有好有坏，坏土地一亩算半亩，好土地一亩算一亩。经过30年的精耕细作，土地质量都差不多了，这次丈量一亩定一亩。第二个原因是当初土地都分成小块，农民用牛耕种，现在用拖拉机，所以田埂都挖掉了，因为田埂妨碍拖拉机使用。现在都用拖拉机处理，没有田埂后，土地多了。第三个原因，过去还有一些荒地，这几年都被垦出来了。总之，丈量后土地增加了20%，这是我们意想不到的事情。土地确权是中国当前农村改革的

第一步，农民兴高采烈。现在全国好几十个县正在搞，总结经验以后再扩大，这是农村的一个大改革。

我们知道，西方发达国家的城乡一体化是双向的，我们国家现在搞的第一轮土地确权是单向的，即只有农村人口进城市，没有城市人口下农村。双向城乡一体化是指：你愿意到农村经营农业，你可以去，你租到了地，你就去。当然有规定，农业用地就要搞农业，不能把这个地方拿去了搞别的建设。中国农业的出路是规模经营，高技术化，所以双向城乡一体化在浙江义乌开始试点，是农业企业带资本下乡，带技术下乡，严格管理土地的利用状况，不能把这个地拿去盖花园别墅，农用地就是农用地，严禁违规。农民在这种情况下，愿意出去打工就去打工，不愿意出去打工就在做家庭农场主。家庭农场主是最近提出来的。家庭农场主怎么搞呢？我们在上海所了解的情况是，你要做农场主的话，需要通过考试，考农业技术知识，还要当场操作。这种情况下，农业经营的质量就提高了。农民的质量就提高了，不是什么人都能当农民的。所以说，既有农业企业下乡跟当地合作，也有农民自己做家庭农场主，别人觉得他行，土地就转包给他，自己进城去。要知道农民是一种职业，而不是身份的体现。你要想当农民，你的职业知识和技能上要有一定的等级，考试要过关。

三、国有资本体制改革和民营企业体制转型

这里我用的是两个不同的词语，对国有企业用的是改革，对民营企业用的是转型，实际上转型也是一种改革。为什么对民营企业不用改革呢？因为民营企业害怕。国有企业要改革，民营企业为什么还要改革？他们认为改革当然是公私合营啦，又要把民营企业合并到国有企业之中啦。既然民营企业害怕谈改革，所以对民营企业用的是转型，减少他们

的顾虑。

其实，转型为就是改革。民营企业普遍存在小业主思想，因为他们通常是从小业主做起来的。小业主的眼光是比较狭窄的，他们不了解当前国际国内的形势。小业主还有"小富即安"的思想。所以说民营企业要转型，是指让民营企业认识到转向现代企业制度的必要。从小业主的体制转到现代企业制度，这也是一场改革。

国有企业改革是重要的，混合所有制在推行中，我们在下面了解到两个情况。

第一个情况是，有的国有大企业不愿意干。有人说，中央让我干、让谁参股，我都同意；要让我自己去找，我不干。因为自己找民营企业的话，一旦有问题，查起来就有根据了：你为何跟他合作？这是实际情况。民营企业也不愿意参股国有企业。有人说，我现在过得好好的，我自己扩张就行了。你要我到国有企业参股，如果他的体制不改，跟过去一样，我去不是白白地把钱送给他吗？所以混合所有制的推行不是一个简单的问题，需要下一步出台统一的细则，中央要有试点的安排。一般来说，国有企业尽管是股份制了，但这个股份制是初步的，混合所有制所要求的股份制跟现在不一样。股份制还是股份制，但要求跟股份制配套的，是法人治理结构的完善。如果没有法人治理结构的完善，还是党委书记说了算，人家说你这是虚假的。要完全按照法律法规办，股东会、董事会、监事会、总经理聘任制等各种制度，特别是从社会上公开招聘总经理。这样，就使混合所有制企业走上正轨了。

国有资本体制一定要经过改革。国有资本体制的改革分两个层次。第一个层次是资本体制改革，重在资源配置效率提高。国家建立若干个国有资产投资基金公司，只管国有资产的进进出出、增增减减。第二个层次是国有企业体制改革，重在法人治理结构的完善和企业作为独立经营主体的出现。在这种情况下，企业就是企业，它不受国资委直接的行政指挥，而是通过法人治理结构来解决问题，这就是说，不同于现在的股份制企业。现在很多股份制企业，没有实质性到位。还有一个重要的问题，就是推行员工持股制。这便是建立混合所有制的一条途径，也是国企改革和民营企业都将要碰到的问题。

经济学理论上有一个难题。这就是，经济学界承认财富是物质资本的投入和人力资本的投入共同创造的。既然承认这一点，那就反过来问：为什么利润归于物质资本投入者，人力资本的投入者只能从生产成本中的工资部分取得自己的报酬。乔布斯成功了，比尔·盖茨成功了，不是他们个人有多么聪明，关键是有一系列制度，其中包含产权激励制度，从而得以维持各自庞大的研究团队、管理团队，调动了员工的积极性。所以说员工持股制对企业长远来说是重要的，也是可行的。

员工持股制值得仔细研究。上世纪90年代，在股份制推行过程中也有过，但后来怎么都停了呢？因为90年代的做法是不规范的。那时候，我在全国人大任常委，在法律委员会做副主任，负责起草《证券法》。当时有的企业推行过员工持股，后来收到置疑的信。当时发行股票，买原始股要排长队，要抽签，要凭身份证。别人就说了，你们企业搞员工持股制，不排队你们就得到了股票，你们不是占了便宜吗？而且得到了以后，企业一上市，就增值多少倍，你就大赚了，所以不公平。还有，当时有的企业实行员工持股普惠制，人人有份，在工厂里，你来的年头少，也没干过什么活，你现在有了股票，我们在企业干了好几十年，都快退休了，跟你一样，不公平。还有，能不能把员工股传给儿子，离开企业后能不能带走？厂内能不能交换？有的企业还成立职工持股会，职工持股会是个什么组织？有的企业赔了，员工就不干，说要退本。但股份制不能退股，只能转卖。所碰到的这些问题，是经验不足所造成的。今后我们要做的是，国企改革，民企转型，在员工持股方面，一定要规范化。不要一哄而上，否则将有后遗症。

国企一定要改革。改革以后，民企跟国企的合作将进入双赢阶段，国企成为独立企业，能够放开手脚自己经营。

我们的国有企业都是戴着枷的，现在枷还没有解开。我们谈到制度红利，谈到制度红利中着重是发展方式的转变，发展方式的转变能够激发更多的制度红利，但最大的制度红利是社会和谐红利。如果没有一个优秀的社会制度的话，怎么会涌现出来？所以我们要朝这个方向努力。员工持股制将会产生新的红利，它是跟社会和谐联结在一起的。

四、收入分配制度改革

关于收入分配制度改革，是有争论的。不少人认为二次分配最重要，因为二次分配通过政府的调节能够把钱多的钱少的差距缩小，中国需要有二次分配，但不能因此而忽视初次分配的改革。因为中国的问题首先在于初次分配不合理。何以见得初次分配不合理？举四个例子：

第一个例子：是农民没有产权。多年以来，农民财产是得不到保障的，比如说，他的房子说拆就拆了，他的土地说收回就收回了，说转卖就转卖了，农民变成无地农民。所以说，中国当前要改革的话，土地确权非常重要，这就是初次分配改革，能够大大提高农民的收入。

第二个例子：劳动力市场。劳动力市场有买方跟卖方：卖方就是劳动力的提供者，买方就是劳动力的雇佣者。双方的地位是不平等的：一个强势，一个弱势。出来打工的农民是单个人，招他的大企业力量强大，所以在这个谈判中，工资的水平是强势者定的。西方国家也存在这个问题，但多年以来他们的工会力量强大，工会干预这个。在中国工会现在才开始注意这个问题，所以说这里应该有劳、资、工会三方面的合作。

第三个例子：农产品的出售。出售农产品的是农民，采购方是大超市、大的农产品流通企业，所以这又是一个强势、一个弱势。采购方说不要就不要，农民到哪里去卖？采购方说质量不好，就不要，农民怎么办？

第四个例子：教育资源的非均衡配置。多年以来，城市的义务教育、人均教育经费是高于农村的，城市的校舍好、师资强，农村则不行。

从这些例子里可以看出，初次分配是最重要的。当然二次分配也重要，但二次分配的重点应该在哪里？就是现在国务院做的，力求社会保障城乡一体化，将城市和乡村在社会保障体系中同等对待。西方国家也是这样做的。一次分配不足，二次分配补。二次分配就是在一次分配差距比较大的条件下，通过二次分配来缩小城乡居民收入差距，通过社会保障来实现。中国在前几年不一样，一次分配有差距，二次分配反而扩大了差距，这是我们调查得出来的结论。差距之所以扩大，是因为城乡社会保障待遇不一样。比如说城市职工看病可以报销，农民和农民工在没有改革之前医疗费是不能报销的，即使能报销的，也很少的，所以二次分配结果反而扩大了差距。

有一个问题，即中国目前该不该征收遗产税？收遗产税这个方向是对的。但在这里，应该看到当前世界的形势。世界的形势是：有些国家降低了遗产税的税率，或提高了门槛，为什么会这样呢？因为收遗产税税率太重，会引起资本的外流，因为世界上有些国家没有遗产税，有些国家低遗产税，有的国家高遗产税，结果，高遗产税国家资本就向低遗产税或不征税的国家转移。在国内，我们也调查过。有些人反映，目前在中国征收遗产税没有实际价值。怎么说没有实际价值？因为中国跟国外不一样。外国的资本主义搞了很多年，大企业传了好多代，他们的"掌门人"是七八十岁。中国不一样，老一代都是没钱的，中国的大款中，许多人是四十多岁，还不知道哪年死。他们一听到要收遗产税，或者向外国转移，或者趁早就分散、乱花。所以，如果中国要征收遗产税，应当掌握两个标准。第一个标准就是：税率要恰当，第二个标准是门槛要高一些，也就是说起征额要适度。此外，中国的遗产税有一项准备工作要做，就是必须先要有完善的个人财产登记制度。假如没有完善的个人财产登记制度，你凭什么收税？在农村调查时还发现一点，因为有些地方，农村实行是大家庭制。要征收遗产就要让他们先分家，分家后登记。他们说，本来过得好好的，怎么让我们分家呢？所以问题比较复杂。即使将来要征收，怎么结算财产？只算房地产？现金是没法计算的，珠宝、字画都没法算。所以社会得有一个明确的个人财产登记的制度，要明确可以征税的财产部分。

在收入分配问题上一定要懂得"福利刚性"，"福利刚性"是什么？这是指：福利只能增，不能减；没有某项福利，那就算了，一旦有了，就不能取消。2012年我去爱尔兰考察，据当地的中国人告诉我，爱尔兰有一项福利是其他国家没有的，即自来水全部免费供应。自来水免费，必然浪费水，每家都建游泳池，游泳池天天换水。免费供水的财政负担越来越大，政府负担不了。我们到爱尔兰时，社会上正为此争论不休，有游行的，因为政府宣称要开始征收自来水费了。原来的福利即将取消，老百姓闹事，工人罢工、市民游行。执政党考虑，假如反对声音太大，自己的执政党地位会有问题，因为人们对政府不信任，结果就找了个理由，取消了开征水费。这就是福利刚性，很多国家都有这样的问题。所以说，扩大福利要谨慎处理，不要做政府现在力量达还不到的事情。也就是说，福利的扩大一定要跟政府的财力协调，不然的话，迟早福利刚性会带来重大的问题，导致社会动荡不安。

五、城乡一体化的目标和符合中国国情的城镇化

这又是当前一个重大的问题。绝对不要把城镇化只看成是一个单纯的城镇建设问题。当然城镇化建设也重要，但是要先有规划。更重要的是，

城镇化实际上是城乡一体化的改革，这是最重要的一点。现在经常在用城乡二元结构这个词。《中国经济双重转型之路》这本书里，我用的是"城乡二元体制"这个词。

从宋朝以后，城乡二元结构已经非常明显地存在着，但是当时没有城乡二元体制。开封被金兵占了，北宋亡了，宋朝就南渡，以杭州为新城建立了南宋。居民纷纷从中原往南逃。原来住在农村的，可以在南方城市里落户，在城市里开店、当店员，都行；原来的城里人到了江南一带，可以在农村落户，在农村买地、租地、建房。当时没有城乡二元体制，只有城乡二元结构。不久前播放的电视剧《闯关东》，讲清朝中叶以后，山东人、河北人移民东北。移民到了东北以后，愿意进城的进城，愿意在农村的在农村。城里住下后，愿意迁到农村，或者农村住下后，愿意迁进城的，都由自己决定，很快整个东北就兴盛了，当时没有城乡二元体制。

城乡二元体制是什么时候开始的呢？是1958年户口制度改革以后。户口制度从此一分为二：城市户口、农村户口。这样，城乡就分割开了，城乡二元体制就形成了。于是农民在不知不觉中，降到了"二等公民"的位置。举个例子说，困难时期，无论怎么困难，城市居民有粮票，有油票，有猪肉票，有鸡蛋票，而农民在吃的方面没有票证。所以困难时期饿死的是农民，没有粮食吃就会饿死。城里人，有营养不良的、抵抗力弱的，但没有人活活饿死。这就是城乡二元体制造成的。农民不能随便进城，80年代初就有这种现象：农民进城找工作，如果没有外出务工证，会被称作"无证人员"而遣送回乡了。可是，但城里人到农村租间房子，养病，画画，写书，没人把你遣送回城。现在，我们进行的城镇化，是人的城镇化。人的城镇化关心人，提高人的生活质量，首要的问题就是打破二元体制，走向户口一元化。怎么实行？大体上是两条路。一条路是：大城市，尤其是特大型城市，也可以包括省会城市，采取的是积分制。积分制是从上海开始的，农民工的学历，农民工在上海已居住过了多少年，你立过功没有，受过奖没有，根据这些，对你的情况打分，积分够了就让你全家落户在上海。积分不够，叫告诉农民工：你干得不错，但积分还差一点，再努把力，就会解决落户问题。有技术的农民工就安心了。积分制的推行是对特大型城市，大型城市。另一条路是"分区推进"。下面将对此论述。

先从中国城镇化的国情谈起。符合中国国情的城镇化等于老城区加新城区，再加新社区。老城区就是原来的城市。原来的城市要改造，包括棚户区撤迁，商业、服务业迁入。第三产业的产值在 GDP 中的比重超过了第二产业是好现象，但还不够，因为现在我们的服务业还是以传统服务业为主，今后应该以现代服务业为主。现代服务业多半是跟互联网连在一起的，物流业、金融业、保险业、信托业都属于现代服务业，要大发展。总的说来，是服务业比重要增加是方向，所以老城区应当是商业服务业进入、工业迁移到新城区。

新城区就是城郊的工业开发区、高新技术区等。工厂往这里迁移，是有好处的。第一：工业企业相互联系增加，商业信息灵通，商业机会多。第二，基础设施完善，企业成本下降。第三，环境保护到位，污染问题能及时处理。第四，政府服务到位。

下面再谈新社区。新社区是在现在已存在的社会主义新农村。各地都在建设社会主义新农村，把分散的农民聚在一起，各种公共设施，小区的规模就形成了。今后，要让有条件的新农村就逐步转变为新社区，要让它们园林化、循环经济化、公共服务完善、城乡社会保障一体化，最后成为新社区的前面就不必再加"农村"或"农民"这些字了。实行社区管理的新社区，成为城镇化的一部分。

中国户口制度的改革有两条路。特大城市、大城市采取的是积分制，前面已经提到。中小城市应该分区推进，简要地说，就是条件成熟了，就把整个区域的户口统一了。如果积分制和"分区推进"并存的话，户口制度的改革会比原来设想的要快。在这个过程中，我们还应该提出三个应当关注的问题：

第一，职业技术教育培训问题。职业技术教育培训，中国要有自己的体系。今后中国的高等教育学校分两类，职业技术教育是一类，教学研究型是一类。

第二，鼓励民营企业、小微企业的发展。民营企业和小微企业在就业方面的作用是突出的：创业带动就业。还应当指出，就业岗位是在经济增长中出现的，经济增长才涌现就业岗位，中国的GDP增长率不能太低。这和西欧各国的情况是不一样的。2008年国际金融风暴来了，中国经济增长率下来了，2008年第四季度和2009年第一季度的GDP增长率降到六点几。当时我在法国访问，一些法国经济学家问我：在西欧国家，能有2~3%的增长率，就很高兴，有信心，认为不会发生严重的失业问题。为什么中国经济增长率现在降到6%左右，你们就这么着急呢？我说，中国的情况和你们是不一样的。你们的工业化都200多年了，多余劳动力基本上释放完了。现在你们的农村道路宽阔，家家有汽车，住的房子都是自家的，拥有自家的农场，那么农民干嘛那么傻，会跑到城市来打工？农民进城打工，是他们曾祖父辈、祖父辈干的事。再说，现在你们的人口增长率几乎是零，所以每年退休的职工留下的位置就给城里那些毕业生顶上了。中国不一样。如果中国不保持7~8%的经济增长率，就业就真可能出问题，因为每年有一大批农村劳动力会涌入城市求职。这同骑自行车一样，自行车，骑得快就稳；骑得慢，就晃；不骑就倒。也就是说，中国的增长应该快一点，但也不能太快，太快会摔倒，怎么办？现在，中国增长率是百分之七点几，这符合中国的国情，也许再过几年以后我们的增长率在百分之六到七之间，这也是偏高的增长率。所以城镇化过程中要解决就业问题，这就需要要大力发展民营企业，大力培育小微企业。

第三，我们就业问题的解决路子在什么地方呢？靠自谋职业，靠自主创新。自谋职业、自主创新，都是为了中国将来的发展。创新、创意都会提供新的就业机会，这对于中国的年轻人是很有希望的前景。美国《华盛顿邮报》2011年9月份刊载了一篇题为《美国究竟应该害怕中国什么》的文章。美国老担心中国会超过它，赶上它，作者说，不用着急，中国人口那么多，即使将来的GDP总量跟美国一样，人均GDP正是比美国少好多。作者说，美国真正应该担心中国什么呢？是中国人的聪明才智，是创新活动。这个作者在北京中关村进行了考察，他去了一个咖啡馆，到那里一看，几十张桌子天天挤满了人，每个桌子有三四个人坐在那儿聊天，而且都是名牌大学的博士生、博士后、年轻教员、科研机关年轻的科研人员，还有年轻的民营企业家。他们在讨论创意、创新、创业，还有专利权的转让、专利权的利用开发等等问题。作者说，这令他想起了三十年前比尔·盖茨这些人，他们都是大学城咖啡店的座上客，后来他们都成功了，所以这些人也是中国未来的创新者、创业者。那篇报道的结论是：美国真正应该担心的是这些，这是中国未来的希望。

六、中国对发展经济学的贡献

发展经济学是经济学的一个重要分支，它是第二次世界大战快结束的时候出现的，因为经济学家预计到第二次世界大战结束后将会有一批新独立的国家出现，这些新独立的国家一定要摆脱传统经济体制，走工业化的道路。发展经济学就研究这些国家将来的资本从哪里来，技术从哪里来，就业问题如何解决，产业结构将会怎么样。为了讨论这些问题，经济学开辟了一个新的领域：发展经济学。

中国经济学家张培刚先生当时从哈佛大学得了博士学位以后参加了发展经济学研究，他研究从农业社会转向工业社会。他在这方面有重大贡献的。隔了三十多年，从20世纪70年代末开始，由于中国改革开放的展开，发展经济学有了新的发展。中国是一个明显的例子。中国的转型是双重转型：一是体制转型，即从计划经济体制转入社会主义市场经济体制；另一个是发展转型，即从农业社会转到工业社会、现代化社会。中国是两个转型重合在一起了。这是外国经济学家们都没考虑过的问题。他们认为发展中国家摆脱旧体制不难，因为旧体制都是传统社会、封建社会，所以重点在发展转型，发展转型摆脱的是传统体制、封建社会，建立的是资本主义经济，所以只有前进而没有倒退的问题。中国就不同了，中国是双重转型，中国在计划经济下已经生活了这么多年，制度的惯性是存在的，所以中国体制转型的倒退不是不可能的，所以一定要推进体制改革。从这个意义上说，中国对发展经济学是有贡献的，这是中国研究的新问题。而且，中国在研究的过程中还有一个特点，即中国的经济学家是集体介入的，基本上没有一个经济学家能够置身局外，都在讨论，各人有自己的看法，没有先知先觉者，都在学习中前进、探索中前进。中国经济学家的集体介入为中国的经济学作出了巨大的贡献。讨论中有争论，不要紧，争论以后再辨别，大家可以形成共同的认识。到了今天，我们认为双重转型仍在进行之中，因为中国的双重转型尚未完成，还有许多重大的课题在等待我们去研究，也希望在座各位共同努力。

（本文根据厉以宁2014年3月29日在中央国家机关"强素质·作表率"读书活动2014年第3期主题讲坛上的讲座内容整理）

中国经济超常增长的前景与战略选择

主讲人：史正富

今天的讲座涉及一个大问题，即中国过去三十多年的经济制度是怎么回事？经济发展成就是怎么来的？它和同时形成的经济制度有何内在联系？如何才能再续未来的发展奇迹？

一、改革以来中国经济的超常增长与制度原因

超常增长是指超越了常规，那什么是常规增长呢？这是指，在没有重大外部冲击和系统性政府干预、市场经济正常运行的条件下，一国在较长时段内产生的经济增长。但既然已经是市场经济正常运行，那又怎么会出现超常增长呢？

1. 为什么说中国经济是超常增长的？

第一，看增长率。与我们"高投资、高浪费、低效率、低消费"的一贯印象不同，中国过去三十四年是高投资增长（10.68%）、高经济增长（9.98%）与高消费增长（9.12%）同步发生。在这么长的时段中实现如此高的同步增长，在世界经济史上从未有过。

第二，看投资效率。许多人以为中国增长是低效的，但实际上中国投资效率显著好于美国及日本等发达国家。就资本效率（即每1元GDP需要的投资额）而言，在工业化阶段，美国是6.94元，中国是4.93元；

在1950年代后的60年合计，美国为6.19元，中国是3.96元，投资效率比美国高出三分之一还多！

第三，看劳动生产率。中国同样每个阶段都远高于美国，60年平均，中国劳动效率的年增长率为5.62%，美国仅为2.05%，高出一倍以上。

由于投资效率与劳动生产率都好，因此，资本与劳动结合的效率，即全要素生产率，在改革开放后远高于美国，是其5倍左右（1980~2009年）。

但为什么很多人会认为美国效率高呢？可能是因为人们只看到美国的知名企业。实际上美国大规模经济波动比较频繁，仅上世纪80年代以来，就发生了三次金融危机，每一轮宏观泡沫过后，大批企业就被淘汰，所有投入的固定资本也随之消失了。我们看到的美国知名企业，也就是那些存活下来的企业，效率通常很高，但背后却是数以万亿的资本的毁灭。

第四，这又说到中国的另一亮点，即超低的经济波动。以印度为参照。一来中、印两国同为人口与国土大国，二来1970年代末两国水平较接近，在本次全球化中也相继进行了市场导向的改革。不同的是，印度搞议会民主和私有化，是常规市场经济。比较发现，1993年以前，中国的增长率高于印度（9.87%与5.04%），但经济波动也大于印度（相对标准差分别为37.64%与29.80%）；然后，1994年开始，中国经济增长继续领先于印度（10.08%与6.97%），但经济波动却显著低于印度了（相对标准差从37.64%降低到17.84%）。这说明1994年后，中国社会主义市场经济体制逐渐形成，经济稳定性大幅提高，特别是1999~2008年近10年的连续高位运行，经济稳定增长。

2. 为什么中国会出现超常增长？

如何解释中国经济长期高位运行与超低经济波动同时发生呢？如何解释大规模制度变迁和高速经济增长能同时发生呢？

比较流行的说法有人口红利，即人口多，劳动力成本低；后发优势，即技术水平低，可以模仿学习先进国家；结构转移，即从农业国转向工业国本身会大幅提升经济效率。好像很有道理。

但是，人口红利、后发优势、农业国家难道是1979年以后才出现的？难道这些不是曾经都被认为是发展劣势吗？为何别的后发国家就没有实现超常增长呢？

简单地说，上述因素仅仅提供了生产力层面的可能性，但要将可能性变成现实，还要靠制度创新，靠国家级发展战略。我的解释是，中国实现超常增长的根本原因是中国特色社会主义市场经济。这是一个包含了战略性中央政府、竞争性地方政府和竞争性的企业系统的三维市场体制，是把中央政府的战略领导力、地方政府的发展推动力与企业的创新活力三者有机结合的新型经济制度。在这样一个三维架构的社会主义市场经济中，竞争中的企业着力创新、谋求发展，是资源配置的微观主体；竞争中的地方政府通过招商引资等多种方法，构造了可持续的"投资激励体系"，降低企业投资创业的投资成本，并通过提供"总部服务"帮助企业突破官僚主义，造就了企业的超强投资驱动力；中央在制定国家长期发展战略的基础上，果断融入全球分工体系，有效吸纳了美元超发提供的国际"超级购买力"，从而为中国经济高投资和高增长创造了额外的市场机会。

这里涉及三大主体，三个层面：

第一，微观层面，竞争性企业系统。通过开放自主创业，民营经济获得快速成长，已成为国民经济的主体；大型国企经历了公司化、股份化与公众化，参与市场竞争，正逐步转向资本经营。由此，企业成为创业创新的主体，市场成为资源配置的基础力量，中国则成为全球规模最大、最具活力的创业创新市场。

第二，宏观层面，国家级战略已经享有长达30多年的连贯性。从

"发展是硬道理"到"科学发展观",具体内容与时俱进,但战略本质则相对稳定,经济工作一直是国家的中心。加之多元化的政策工具、独特的社会动员体系,有效传播国家战略思想,为市场微观主体的"理性预期"提供了背景框架和信息引领。

第三,中观层面,即竞争性地方政府系统。这是中国市场经济与西方常规市场经济最大差别之处,也仍然被主流经济学所深度误解,因此做重点讨论。

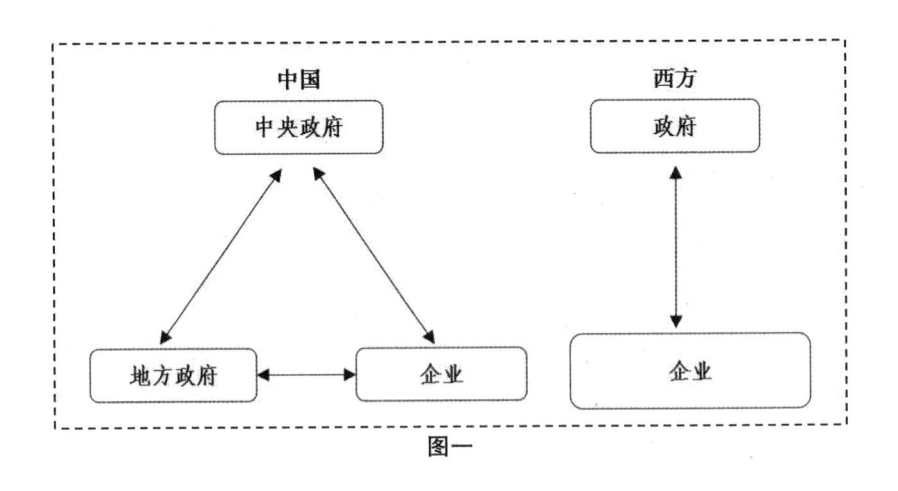

图一

3. 如何理解中国市场经济中的地方政府?

中国市场经济结构特色的关键是地方政府。西方也有地方政府,为什么中国与众不同?因为它们不仅是政府科层中的一个层级,而且是内生的经济主体;作为竞争性主体系统,它和竞争性企业系统共生互动,改变了市场的某些规则。

第一,为什么地方政府是内生经济主体?

有多种原因。一是有动力。从财政"分灶吃饭"到分税制,地方政府成为地方经济剩余的分享者,因而产生了推动辖区发展的动力。二是有压力。地方间的横向竞争成为地方追求发展的驱动力。三是有权力。

地方政府拥有地区发展的规划、执行、立法等自主权，因而具有远超西方地方政府的办事能力。四是有资源。土地、国资、财政分成等使地方政府有了谋划发展的资源平台。尤其是土地，由于农地转化为城市用地本身含有一次性的"土地价值原始增值"，又由于城市化、工业化快速发展，使土地原始增值得到超常增长，使地方政府得以通过主导土地一级开发，既为招商引资创造条件，又为财政积累了巨额资金，并演化出地方融资平台。五是有能力。干部选拔制度的竞争导致的学习机制与知识扩散，使得地方政府官员能力逐步提高，精神面貌开始去官僚化。"干中学"、良好的教育背景与离职培训，在多种挑战的处置中积累经验，迫使地方政府官员能力不断提升，其实践远超商学院教科书和理论范畴，积累了宝贵的中国元素，是一个值得珍惜、总结、开发的人才和知识宝库。

可见，中国的地方政府其实拥有双重身份。一是政府科层体系中的一个层级，履行公共事务管理等各种政府职能；二是又从事地区发展谋划、投资基础设施、扶持企业创新创业等经济活动。就后者而言，地方政府构成的竞争性系统和企业构成的竞争性系统，既相互依存又相互独立。这一包含竞争性地方政府系统的特殊市场经济，即"三维的市场经济"。那么，当中国的经济制度从"两维"拓宽到"三维"结构，会产生怎样的后果呢？

第二，地方政府参与市场经济对市场运行有什么影响？由于地方政府介入市场而产生的效应，包括负面效应，是广泛而深刻的。限于时间，不能展开，只择以下三点简介。一是在地方政府的投资激励体系下，形成了高于常规市场的企业投资率。政府除了投资于基础设施，还为企业创业提供一系列投资激励，比如地价优惠、对设备、技术、人才的补贴，对引进企业提供引导性股本投资及金融支持等等。这些投资激励体系使得中国企业的创业投资成本低于常规市场条件下的企业，从而使其均衡投资水平高于常规市场经济中的企业。要强调的是，地方政府的投资激励并非西方公共财政的一般费用型支出，本质上是一种投资行为，所产生的是一个连锁的价值放大过程，最终以税收增长、股权增值、土地升值等多种方式回流到政府财政。因此，地方政府的投资激励性财政支出是对企业及关联产业链收益分享权的一种长远投资行为。

二是地方政府提供类似大企业总部的管理服务，降低广义交易费用。交易费用的概念由科斯阐发，张五常与威廉姆森等人推广，是指交易各方为达成交易而在合约的制定、谈判、签署、执行全过程中发生的费用；实质上是人与人打交道的费用，也称为制度费用；在市场活动中无所不在。尤其是企业与非企业主体（如政府部门，NGO，个人等）之间的那种交易费用，更加昂贵。

在常规市场经济中，这些"企业与非企业的交易合约"通常是通过法律、审计、商务咨询、政治游说等中介服务行业来完成的。虽然形式上公平，但常常费时费力，费用高而效率低。而在中国，由地方政府出面协调，为市场主体的谈判和争议的解决提供指导框架甚至仲裁，虽然不一定公平，但能比企业自身更有效地解决"企业—非企业合约"的特殊问题，因而效率更高，而由此产生的社会总费用则可以更低。

三是缓解部门官僚主义，提高行政效率。部门官僚主义原意是指政府办事时循规蹈矩、迟缓拖沓；当涉及资源分配时，则又产生上下其手、营私舞弊等贪腐现象。究其根源，即现代经济学中的"委托—代理"问题，在各种正规组织，如政府、大型企业、大学、教会等普遍存在。但政府部门是现代经济正常运行的必要条件，如环境保护、食品安全、安全生产、工商注册、企业统计、税务征管、立规执法等，各国皆不例外。其实，在今日欧美发达国家，稍微复杂点的大型项目往往耗费几年、十几年而不能开工，足见官僚主义之深。考虑到中国2000多年集权政府下官僚主义的历史阴影，按理说，今天中国官僚主义的程度本应远超欧美发达国家。

但中国通过对地方政府放权、让利、赋能，本质上就是为其打开发展空间，使其内有动力，外有竞争，从而把"官员"（即代理人）转化成另类企业家（即委托人）。结果，在平衡与抑制传统部门官僚主义的过程中，地方政府成为关键一方：它们既是中央政府反对部门官僚主义的依托，又是企业界在部门科层体系中层层过关、办成事情的合作伙伴。当然，今天中国仍然存在"国家权力部门化，部门权力个人化"的情况，但地方政府作为相对自主的建制性力量的崛起，不但不是上述部门官僚主义的根源，反而正是对付部门官僚主义的"中式解药"。

总之，与常规市场的企业相比，中国企业具有更强的投资动机，获得项目审批的速度更快，各种广义交易费用更低，形成了某种超越常规的超常投资力。正是由于这种超常投资力的广泛存在，使中国经济的宏观特征经常性地变成了"市场过热"，而不是常规市场经济的"有效需求不足"。

但是，高投资的时间越长，积累的产能越大，导致普遍生产过剩的经济危机的可能性就越大。那么，中国几十年来产能持续扩张是如何发生的呢？这就要涉及以美元超发为基础的国际超常购买力了。

4. 如何理解美国的国际超常购买力？

问题在于，美国是为何及如何维持长期贸易赤字的？因为美国的地位特殊。一方面，其国内储蓄不足，消费过多，形成家庭赤字与国家贸易赤字；另一方面，美国选举政治的压力令其难以削减支出，而金融市场的优势又使其容易向国际市场借钱；尤其是它拥有美元作为世界货币的地位，可以通过货币超常发行来支持财政赤字，从而在表面上或暂时地把问题"解决"。

美元作为世界货币这个优势，不幸变成了美联储超发美元与支持美国长期负债消费的工具。与此同时，中国庞大的新增产能则找到了国外需求。产品出口、换回美元，又由外汇管理体制集中起来，通过美国金融市场返借回美国。可以说，中美两国的经济战略在过去 20 多年无意中互为依存，形成了天然配对，各自均以对方为依存，缺一不可。这一自发性战略配对的内在逻辑是：一方面，中国用资源与产品交换美元，实体经济得到长足发展，形成了全球最完整的工业链，但积累了一堆不断贬值的美元纸钞；另一方面，美国靠印发纸钞维持赤字与国内消费福利，却使实体经济受损，经济越发虚拟化。

总而言之，我用较长的篇幅解释了我眼中的中国经济，第一，它是超常的。第二，它的成功源于三维市场经济驱动的超常投资力和外部以美元为主的超常购买力。我们推算，以印度常规市场经济作对比，中国每年大约高出三个点左右；同时多年来积累的贸易盈余，差不多也是每年都是 2 到 3 个点。所以我认为，中国过去三十多年的经济增长包含了一个平均每年 2～3% 的额外增长，也即是常规增长为 6～7% 加上 2～3% 的额外增长，构成了中国三十四年平均 9.98% 的超常增长。有人要问了，这 2～3% 的额外增长重要吗？重要。每年 2% 多，三十四年就是大约翻一番，如果不是超常增长，那么中国 2012 年 GDP 规模就不会是 52 万亿，而是 26 万亿左右！

二、新增长阶段的挑战与发展战略转型

当然，经历了三十多年超常增长，中国经济正步入新阶段，面临新挑战。需求方，金融危机宣告了超常购买力的终结；供给方，从生态环境、能源、资源到人力资本、技术创新，各项生产要素瓶颈日益严重。中国超常增长模式能否继续？

但仔细分析后我们也能发现，是挑战，也是机会！

——以农民工、低工资为基础的简单人口红利正在消失。但以经过

系统培训的技能-专业型劳动大军为载体的"新人口红利"还有待开发；

——人口老龄化会导致储蓄率下降。但中国储蓄率仍在45%左右的高位。事实上，按目前7%多的增长率，投资率只需要30%左右，这意味着巨量储蓄过剩才是大问题。

——引进技术的空间正在缩小。但现在我们拥有强大的工业基础，具备相当规模处在前沿水平的科技项目，如高铁、特高压电网、潜艇、航天等等，因此，我国自主创新的能力与30年前已不可同日而语。

——环保压力已达极限，提高环保标准势在必行。但是，大规模的环保投入本身不但能够带动技术进步，也是经济增长潜力的一部分。

——收入分配方面，贫富差距两极分化是中国又一难题。但它也是全球共同面临的挑战。发达国家曾经形成的中产阶级社会正在瓦解，成为"M"型社会。因此，我国必须寻找超越市场化逻辑的解决收入分配两极分化的方案。这方面，我们的优势是可以通过财产性财政收入调节收入分配，比西方单纯依赖税收的二次收入分配更可持续。

总之，挑战和机会是共存的。究竟结果如何，取决于当下的战略选择与行动。

关键点可归纳为需求、供给两类：

首先，需求层面。中国仍是发展中大国，人均收入只是中下水平；虽然东部地区几亿人口达到初级现代化水平，但对于广大中西部地区而言，发展大戏才刚刚拉开序幕。要实现全国总体的现代化，要让十几亿人进入富裕文明的生活状态，中国经济还要走几十年的增长之路。因此，长期增长的潜在需求应该不成问题；问题在于如何把潜在需求变成现实需求，而其中超级购买力的替代才是难题所在。因此，能否找到对以美联储为基础的国际超级购买力的替代，成了中国经济能否继续超常增长的关键。

其次，供给层面。按照经济增长理论，一国经济的长期增长率取决于其资本、劳动力、和要素生产率的增长。若要素生产率不变，则投资率直接决定经济增长率。但是，投资的实物形态是基本生产要素的有效供给，而这又正是制约我国发展的瓶颈，举凡能源、资源、生态、环境、人口素质等等，我们都存在结构性问题。但是，从中长期看，增长要素方面的诸种瓶颈的制约，既是挑战，也是机会，是未来的发展空间所在。解决挑战就意味着打开新的增长空间。

因此，关键在于如何创新发展战略，实现高速增长与结构升级的统一？如何在产业升级、生态修复、扩大基本要素供给的过程中实现高速增长？

可见，新增长阶段中要延续超常增长，必须进行发展战略与体制的同步创新，必须同时发挥有效市场和有为政府的两只手的作用。而要讲清这个问题，我们又必须深化对市场的认识。

三、认识新型市场失灵，拓展政府战略职能

主流经济学严重低估、甚至掩饰真正的市场弊病，从而不恰当地夸大了市场机制配置资源和推动发展的能力。

1. 传统的市场失灵论

众所周知，教科书上所说的市场失灵只有三个表现，即公共物品、外部性和垄断。所谓公共物品，是指那些不能排他性消费的产品，如洁净的空气和路灯，私人无法收益，因此不能有效地投资生产。所谓外部性，是指一方行动对他人的影响，如污染是对他人的负的外部性，而知识则是对他人正的外部性；由于外部性影响的不是自己，故施加外部性的一方就不会主动增加（正的）或控制（负的）外部性。所谓垄断，较易理解。总之，这三种"市场失灵"的形式曾被主流经济学认可，成为政府干预的学理基础。

但近几十年，新自由主义经济学的扩张大大淡化了上述市场失灵的危害性。比如，公共物品可由政府购买私企服务来解决或减轻；外部性问题在交易费用不大时可由当事人自愿协商，合约解决（这就是著名的科斯定理）；而垄断问题也可由开放企业准入和国际竞争来化解（这是巴莫尔的可竞争市场理论）。结果，原先公认的市场失灵的弊端被降低到了微不足道的地步。

与此同时，市场优势则被抬高到历史上从未有过的高度，"市场经济"四个字具有了某种神圣性。优势之一，是"激励相容"，即通过市场竞争迫使自利性主体通过利他实现利己；优势之二，是"有效协调"，即通过价格机制，使市场中无数分散主体的自发决策可以达至有效的资源配置；优势之三，是推动技术进步，即内在的利润追求和外在的竞争压力驱使企业进行创新。总之，今天在主流经济学家眼中，不论是激励、资源配置还是技术创新，都是市场经济自发运作推动产生的自然成果，只需把市场经济搞起来，自然就会有资源有效配置和经济成功发展。在我国，由于过往几十年市场取向的改革与经济成功同步发生，这种近乎"市场万能"的思路便更为广泛而强大了。

但是，真实世界的情况却完全不同。我举一个林毅夫老师提出的疑问。为什么凡是成功地从发展中国家跻身发达国家之列的，都是当初被认为违背市场经济规律的国家？为什么凡是被国际组织认可的实行市场经济的"优等生"，都没有成功？我把这个疑问命名为"林毅夫观察"。推而广之的话，反例更多，比如：为什么从改革开放头一天开始，天天受到主流经济学家批评的中国，取得了如此巨大的成就？为什么美国实行全面自由化近30年反而爆发了包括2007年危机在内的三次重大金融危机？为什么此间美国产业大幅衰败、收入分配再次两极分化？为什么采纳西方指导、实施全面私有化市场化的"苏东"各国，近20年的经济发展远远落后于政府作用显著的中国呢？为什么俄罗斯在多年全面私有化与市场化时国弱民穷,而普京上台以来反而有所改善?为什么日本在高增长的20多年中,政府强而有力,主导产业政策(称为"发展型国家"),但在全面市场化、尤其是金融自由化之后反而停滞了20多年呢?

只要环顾四周,我们不难发现,当代各大市场经济体无不存在更为重大的系统性失灵,面临众多复杂而深刻的经济病症,困难重重,步履维艰。这提醒我们,真实世界中的"市场失灵"远非主流经济学所承认的那些。从一般均衡理论视角看市场,完全无法看到真实世界中存在的更为重要、更具毁灭性的那些系统性失灵。

2. 真实世界中的市场经济系统性失灵

视角	思想来源	内容	假设
一般均衡	主流	1. 外部性 2. 公共物品 3. 垄断	1. 激励相容 2. 信息完备或有效价格 3. 原子型经济主体
非均衡	凯恩斯	非充分就业下的均衡 (有效需求不足)	1. 企业家行为不确定性 2. 经济主体心理的多维性
政治经济学	马克思	1. 货币纸币化和世界货币的主权化 2. 金融产业的异化 3. 资本与政治权力介入下,基本要素价格决定的权势化 4. 收入分配再次两极分化 5. 宏观震荡、全球失衡的深广化	1. 人的社会性、历史性 2. 追求利润的资本积累

图二

教科书上只讲那三种市场失灵,是因为戴了"一般均衡"的有色眼镜,看不到一般均衡之外的世界。而凯恩斯面对1929年大萧条的现实,写出了《通论》,揭示自由竞争下必然发生宏观均衡与失业并存,其实就是马克思说的普遍过剩经济危机。从马克思的方法来看,在资本追求利润这一根本驱动力之下，市场体系包含着远为深刻而多样的矛盾。结合当代现实，我对上表中的相关内容作简要说明。

①货币的变性

货币本来是作为一般等价物的特殊商品。布雷顿森林体系下，世界货币是美元，以黄金储备为基础；各国货币与美元挂钩，可自主兑换黄金，由此形成黄金支撑美元、美元作为基础的世界货币体系。但在1971年美元与黄金脱钩后，美元不再是"美金"，而是美国印发的"美钞"。本来这种没有黄金价值支撑的"美钞"是难以大规模发行的，但美国用了三招成功地将"美钞"变成"美金"，从而保住了美元的世界货币地位。这三招之一，是凭政治军事威慑力锁定中东石油用美元定价的垄断权；之二是发展金融衍生品交易市场，创造天文量级的美元交易需求；之三则是基于全球金融交易市场的内在震荡创造出各国央行对美元的储值需求。其后果，虽然把美元由美国货币转化为世界的问题，造成全球流动性泛滥，但也使美国成为全球最大债务国；更为要者，一般均衡理论要求的"货币中性"完全不复存在，由美国政治所决定的美元发行与全球流动性成为驱动世界经济运行和国别发展状态的极其重要、而又难以预测的内生力量。

②金融产业的异化

由于美元变性所要求的金融衍生品市场跨越式膨胀，使当代金融产业分成了功能相异的两大部类：一是生产服务型金融，它作为实体经济中资金供求双方的中介，由银行主导；二是自我循环型金融，它远离实体经济，纯粹由金融衍生品的交易驱动，在交易过程中追求牟利；前者即生产服务型金融在商业银行交易，后者即自我循环型金融，在影子银行和资本市场运作。

重要的是，金融衍生品的交易市场具有无法想象的深度与广度，其产品链错综复杂，花样繁多，就载体说，它从股权、信贷到外汇，从大宗商品到利率、汇率，各种资产和其价格都被交易；就合约品形式上说，从正规交易所到期货、期权，到场外交易中的资产证券化、互换、远期、权证等，它把基于资产的衍生品和纯粹基于信用的衍生品一网打尽。其结果是超出实体经济规模无数倍的虚拟金融交易场，在其中，天量的流动性不分昼夜、不分国界地狼奔豕突，所到之处，泡沫翻滚；大鳄弹冠相庆，散户满地找牙；虚拟游戏火爆，实体经济呻吟；而当泡沫散尽、佳人离场之时，哀鸿满地，民怨接天。长此以往，人心不古。骗子招摇过市，良民自叹过时；贪婪成为时尚，奢靡作为奖赏；朱门内纸醉金迷，街角边泪眼凄迷。金融繁盛，不但与实体经济无关，反而为其雪上加霜。异化了的金融业成了绑架实体、制造分化、毒害人心的合法赌场！

③权势介入基本要素的价格决定

一般均衡理论中把所有商品置于同一市场。但实际上，基本生产要素与一般商品有着重大差异。例如石油、土地、大宗原料等等，从来都是国家参与其中的。尤其是商品期货交易所的出现，把大多数基本生产要素均变成了投资品，更进一步凸显了基本要素与一般商品的区别。这里的关键是：对一般商品，如空调、冰箱，买的是其使用价值，故价格高就买的少，价格低就买的多，是谓避涨就跌；经济学上，即是需求曲线向右下方倾斜。正因为如此，才会有价格机制自发调节达到资源有效配置之理。但是，要素成为投资品后，因为买进是为了卖出，产生了追涨杀跌而不是避涨追跌，导致需求曲线不再向右下，价格决定机制由此变形。尤其是金融寡头的资本权势相互博弈，嵌入要素交易格局与价格形成过程。

资本权力通过购买力、组织力和话语权等多种方式起作用。一是购买力，通过巨额资金的投放或撤离，直接推高或压低市场价格，从而塑造市场预期；二是组织力，通过全球性机构网络的信息控制、关联交易、组织同盟等协调行动,达到准确判断市场和塑造市场的效果;三是话语权,通过雇佣专家、搞定政客、以及全球舆论发布等多种方式,有时迅速、有时渐进地改变一般投资大众乃至全社会对投资准则的看法。其结果,市场有了等级结构,操控市场的资本大鳄、追随其后的机构投资者和大量跟风型的散户投资者同台共舞,从而使资本权力可以把操纵市场作为牟利战略,而不必走价值投资路线。所谓寻找大题材,制造新说法,大资金先行建仓、推高价格,再传播新说法,吸引跟进者,扩大跟风者,直至价格泡沫足够大,获利足够多时撤出变现,然后就是拐点出现,市场雪崩。索罗斯称之为暴涨—暴跌模型,诺贝尔经济学奖得主席勒说是"非理性亢奋",皆过来人之真话也。这说明,操控市场牟取暴利而致使金融泡沫迭生、迭灭,并非奇异偶发事件,而是权势型市场上的主控投资者理性选择的结果。

近几十年来,由于全球化和国家间竞争日益强化,政府越来越直接介入国家间的商务博弈,成为重大要素交易的直接参与方;汇率、关税、配额、劳动力条件等等,均成为国家间竞争谈判的题目。日本汇率上的广场协议及其后果如今广为人知;它昭示世人,一个不能自主执政的国家很难成为一流国家。而中国近年在人民币汇率、石油、铁矿石、大豆、玉米等重大要素领域的应对可以说是得失参半,喜忧参半。"得"和"喜"源自国家自主,"失"和"忧"则由于专业人才、知识和全球金融运作能力的欠缺。

④第二次收入分配的两极分化

按照主流经济理论,工业化时期早期由于劳动力过剩,收入分配差距自然扩大,但随着经济发展和剩余劳动力的减少,劳动工资普遍增长,会缩小收入分配差距。这种收入分配不平等程度先上升后下降的现象,就是库兹涅茨"倒U曲线"。这一收入分配改善的情形在二战之后几十年确实出现过,美国也因此形成了以中产阶级为主的"两头小,中间大"的"橄榄型社会"。但里根政府推行自由化以来的几十年,情况发生逆转。过去20多年,美国人均GDP从1980年的26530.1美元增长到2010年的42175.1美元,但是中产阶级家庭的真实收入则基本没有增长;而处于顶尖地位的5%的家庭,其收入占比则从1968年的16.3%上升到2011年的22.3%;1968年基尼系数在0.39左右,2011年为0.48。个中原因尚无太多学术研究,可能是源于美国在此期间的信息化、全球化、经济虚拟化三大力量结合所产生的结果。最近20多年中,在以信息技术为主的产业革命浪潮冲击下,产业结构中虚拟经济与文化娱乐传媒等第三产业发展迅猛,实体经济尤其是制造业相对衰退。同时,现代信息技术又与现代交通结合,为公司扁平化、规模化、全球化提供技术保障,大公司内部的管理层级缩减,使得控制关键资源的人群能支配的资源和财富的规模急剧放大。前者使产业界提供的中等收入就业岗位减少,后者使控制关键资源的精英群体积累财富的能力空前提升。掌握关键资源的人群收入激增,使美国中产阶级只能向收入分配的两端移动。西方发达国家中以中产阶级为主的"橄榄型社会"正在瓦解,中产阶级向两极分化,少部分成为富人,更大部分滑入穷人行列,形成围绕富有与贫穷各自分布的情况,被称为"M型社会"。与100年前相比,富豪占社会的比重增加,而且从平民成为富豪的时间缩短。这是现代市场经济条件下由现代技术革命所引发的、不容忽视的趋势性现象。其中,虚拟经济越发达,娱乐经济越发达,创造中产阶级能力较强的技术密集型制造业越是显著萎缩,滑向M型社会的危险就越大。

⑤宏观震荡、全球失衡与周期性危机

如前述及,教科书经济学忽视普遍生产过剩,直接上承19世纪经济学中的萨伊定律,即认为市场自发调节会使"供给自动为自己创造需求"。而1930年代的大危机中产生的凯恩斯革命,实质上把普遍过剩的危机(有效需求不足)带入了主流经济学框架,并影响了各国政府的政策。然而，由于凯恩斯式宏观政策所存在的"治标不治本"的局限，引出了芝加哥学派（从货币主义到理性预期）的对凯恩斯革命的"反革命"，又把危机归因于自然状态或政府不当行为。但2007年以来的金融危机再次表明：全球化时代的宏观震荡更加剧烈，危机一旦发生，就会更加深刻而持久。究其原因，可能是上述诸种"市场失灵"的综合。货币—金融体系异化，基本要素市场与价格的权力介入，加上无限制供给纸币，才使得资本主义市场经济由来已久的周期性危机极度变形，宏观震荡才有史无前例的深度、广度与破坏性。

综上所述，传统形式的市场失灵只是从一般均衡理论角度看到的、低层次的市场缺陷。而"新型市场失灵"则是市场经济制度的系统性失灵。其中一部分表现，如货币的纸币化与金融产业异化，是当代发生的新的现象，而总体上说，则是源自以资本权力为基础的市场经济（即资本主义市场经济）的深层内在矛盾，即利润最大化的生产目的与一般社会需要之间的差异和冲突。既然资本的生产目的在于利润，没有一定的利润，资本积累与投资之火便会熄灭。二战的军事技术产业化开辟出新的创业市场与利润空间，带来了20多年的战后黄金年代。但其后果则是新一轮的资本与产能过剩。80年代起中国加入全球化，既扩大了全球市场，又提供了过剩资本，从而使美国选择了用世界性过剩资本支持美国福利、用美元发行支持全球经济扩张这样一种战略，暂时改变了资本主义生产内在矛盾之上的宏观过剩，但在长期中却又积累起全世界都无法承担的生产过剩的重负。产能过剩，利润率下降，企业淘汰，结构失衡，全球经济陷入僵局。如果没有重大技术革命带来新的产业机会，世界资本主义体系将陷入长期低迷的困局。

因此，我国经济目前面临的种种结构问题极大程度上反映了全球经济体系的内在矛盾。作为社会主义市场经济大国，我国能够发挥自身的制度优势，开拓出一条超越资本—市场自发逻辑的新的发展道路吗？

四、构建新时期的超常增长战略

现在，让我们回顾一下前文述及的要点：

第一，中华民族的伟大复兴需要长期而强劲的经济增长；在当前国内外多重挑战的格局下，这种强劲增长尤为迫切。

第二，我国强劲增长的资本供给非常充裕，目前的挑战是，在产能过剩的条件下，为每年10%以上的过剩储蓄率找到投资机会。

第三，资本供给的物质形态，即广义生产要素严重短缺。比如生态资产急需修复与补充；能源结构必须从高污染的煤和高依赖进口石油转变到自主、清洁的新能源；数亿"农民工"需要经过系统培训转变为专业一技能型劳动者；包括前沿科技和精益制造体系的技术资产有待尽快积累；提供全民财产性收入的长效资产需要布局。总之，关系国家长期发展的重大资源、资产、要素方面存在天量的投资需求。

显然，上述第二与第三两点正好既相互矛盾，又互为解决方案。一方面，国际超级购买力消失了，导致有效需求不足，储蓄过剩，需求要找到新的内生的超常购买力；另一方面，修复生态环境和保障基本生产要素的有效供给，又需要长期巨额的超常规投资。那么，如果找到适当的机制，把上述两个方面联接打通，用生态资产和基本要素的超常投资去消化过剩产能、过剩储蓄，两方面的困局不能同时解决吗？

关键在于打造超常投资的运行机制。

1. 寻找对生态资产与基本要素进行投资的超常购买力

首先，解决生态资产和供给要素瓶颈需要长期投入，回报极不确定，市场性企业没有投资意愿。而超级购买力的特征恰恰是长期支出，不在乎短期财务回报。所以市场机制无法成为超级购买力。但国家财政支出同样不可行，因为财政超额支出必然造成额外财政赤字，引起通货膨胀，从而挤压常规的市场投资，最终抵消财政购买力的正面作用。因此，常规财政也不可能提供真正的超级购买力。

那么，中国能不能像美联储那样，通过发行超额货币来提供超级购买力呢？更不可能。人民币不是美元，过度发行人民币必然导致国内通货膨胀，破坏经济增长与民生安定。而且即使人民币国际化有所进展，但美国近几十年货币霸权主义导致本国长期受害的负面教训警示我们，永远也不能通过过度发行货币来创造购买力。

那么，中国内生的、有效的超级购买力在哪里呢？

有效的超级购买力应该是：它在提高当前有效需求时，对市场机制影响"中性"；在实施过程中，不对财政赤字造成重大影响，且能形成企业正常的收入和利润；在过程终点，对国家长期发展能力不但没有负面影响，而是产生积极作用；在其年度使用中可以不在乎短期投资回报，但在长期则能形成有效的资产和收益能力，从而最终回归常态，融入市场体系。

为此，我建议设立综合性的国家新基础设施投资基金，实施对生态资产与战略性基本要素的长期投资；为常规市场运行注入超级购买力，建设并运营最终形成的国家发展新基础设施。

2. 超常购买力的投放领域：新基础设施投资

上述投资也是新发展阶段所需要的新基础设施投资，其成果将是解决新型市场失灵的国家基础资产的积累。通过创造额外的有效需求，短期减轻产能过剩，长期解除生态与资源约束，从而在改进经济结构的同时抬高长期增长率。

举例如下：

——生态资产与生态中国：①水：通过"西水东调"等多种方式，增加1000亿立方米以上的淡水供给；②土：通过造地及整地，至少可新增可用地2亿亩；包括与"西水东调"结合在陕—甘—内蒙等地区的流域治理，与南疆太阳能开发/咸水改淡和人口增加相结合的大规模改地；以及南方丘陵坡地利用率的提高等；③沙：通过南疆开发与西部造林的战略行动，有效控制和减少沙漠面积。

——能源资产与节能减排：转向自主的清洁能源，优先发展10万亿度规模的太阳能为主的电力生产和新型智能电网；减少对国际油气的依赖度；缩小煤电规模和减少"煤基污染"。

——技术资产与产业升级：通过国家研发体系建设，实现中央、地方、企业在科技创新和商用生产上的战略合作；推动中国精造和中国创造。

——人力资产与共富中国：通过央、地、企合作的培训体系，打造亿级的德国式专业—技能型劳动者合作队伍；开发新人口红利，提高劳动收入占比。

——民生资产与民生中国：通过亿套级保障性住房、全民医保、义务教育和全民财产性收入所依托的长效资产布局，对冲市场经济中新型收入分配两极分化。

——西部开发与平衡中国：新基础设施主要布局西部，发挥西部比较优势，更能使西部可持续发展。

综合上述多重效应，新基础设施投资可以通过升级结构和破解多重资源约束，有望在常规增长之上，提供额外增长，实现中国经济以内需为主的超常增长。按照世行与国发中心联合研究报告的估算，至2010～2030年中国年均经济增长率可在6.6%。这一估算与国际上大多数的预测相一致，而其前提都是在常规市场经济条件下的创新驱动、产业升级以及城市化。如果再加上新基础设施投资所带来的额外增长达到两个百分点，则平均8%以上的增长率将可至少再延续20年。如图所示：

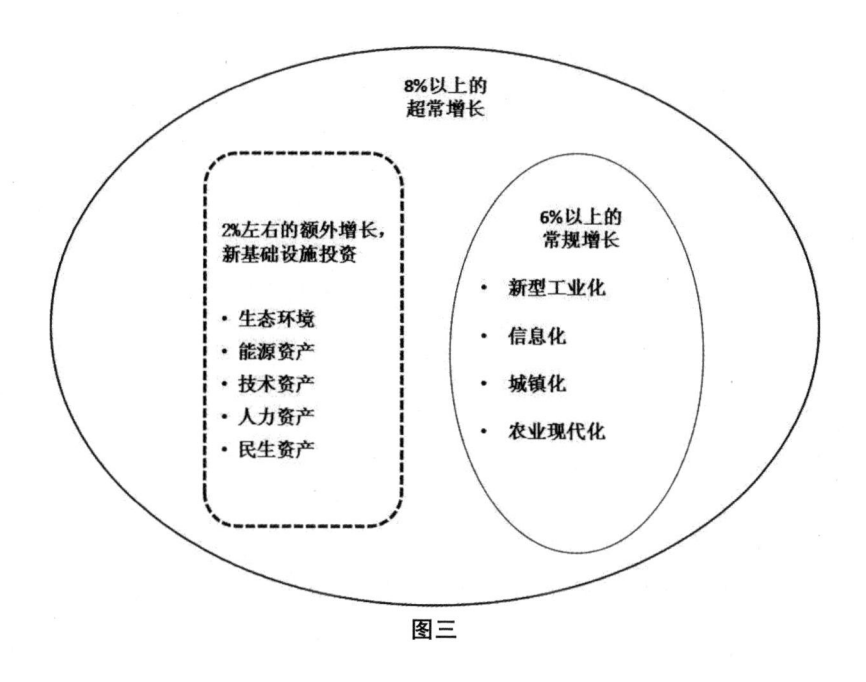

[图三示意：8%以上的超常增长 = 2%左右的额外增长（新基础设施投资：生态环境、能源资产、技术资产、人力资产、民生资产）+ 6%以上的常规增长（新型工业化、信息化、城镇化、农业现代化）]

图三

3. 新基础设施投资基金的设立与运行

要使几十万亿级的战略投资获得成功，基金的设立与运行体制就成为关键。基金原则上应定位为担负国家战略使命、依托国家信用、面向市场规范运作的准市场型基金体系。其要点是：在基金下设立若干专业性子基金；国家财政提供引导资金，授予基金特许投融资范围，选择性提供国家信用担保，市场化挑选基金管理人，用多元工具多渠道向国内外募集资金；打造市场化、专业化基金运作团队，建立以国家荣誉和长期经济利益并重的复合型长期激励机制；完善建立基金投资决策、咨询与审计体系，促使基金体系在总体上达到有效运行。

这里的关键是，通过战略基金募集方式把社会过剩储蓄直接转变成对新基础设施的投资，把本来可能流入虚拟金融市场的资金引入实体经济，形成外生于市场而又融入市场的长期额外有效需求。基金由国家引领，但是按市场规则运行；资金有国家参与，但有规范地从市场募集；

团队受国家指导，但也按现代人力资源模式形成；投资风险与回报有国家的影响，但更是基金出资人承担。总之，它不是国家财政或国有资产的概念，而是基于国家战略目标的准市场化金融创新，从根本上化解常规市场经济的一个重大矛盾，从而大大提高市场运行的效能与效率。

总之，这些作为超常购买力的投资不是可有可无的"公共工程"，而是中国长期发展与人民长期福祉所必需的战略性基础设施。只要基金运行达到中等水平（而不是优良），则跨越几十年的数十万亿的投资，将开辟出一个史无前例的长期稳健的投资机会。这不但会再续中国经济的超常增长，而且将从根本上重塑祖国万里河山，成就中华千年伟业！

4. 超常增长实践对现代经济增长的理论创新

现代增长理论与宏观经济学存在的致命缺陷是不区分存量、流量，混淆价值形态和实物形态；而且以私有制市场经济为唯一制度。而超常增长理论的起点是常规市场经济的最大弊病，即在有效需求普遍不足、产能严重过剩的情况下，同时存在着大量社会合理需要得不到满足的现象；在生产力闲置过剩的同时，重要基本资源供给不足。因此，超常增长理论的关键在于：发挥社会主义国家的战略职能，按照政府引领、政策促进和资产负债管理相结合的运行模式，实现两个统一，即"有效需求和社会需要"的统一，资源开发、结构优化和需求创造的统一。总之，超常增长是基于市场有效运行的新型增长方式。超常增长实践的成功将证明社会主义市场经济是一种长期可行的、高于资本主义市场经济的新型市场经济形态。

五、与新增长战略想适应的体制改革

面对中国经济的增长愿景，需要怎样的体制改革？十八届三中全会提出让市场在资源配置中起决定作用，同时发挥政府更好作用。习近平总书记又明确指出同时发挥市场这一"无形之手"和政府这一"有形之手"的两手作用。这表明政府与市场关系这一基本问题有丰富而深刻的内涵,其核心意义在于:要建成中国社会主义市场经济制度,必须既要尊重市场规律,又要破除市场迷信;既要清醒政府局限,又要创新政府职能。为此需要:

1. 破除思想误区

误区一,是把中国发展成就的原因误解为私有化和市场化。实际上,过往30多年的成功是渐进改革中形成的中国特色市场经济,而不是西方意义上的常规市场经济。

误区二,是把中国发展奇迹说成是强势政府甚至是集权政治的成就。事实上,虽然政府集中力量办了不少大事,但基础性力量还是民营经济崛起和国企改革;虽然政府体制仍有强大的统一性,但地方分权也确实使中国政体结构突破了已知传统模式。实际上,中国目前的国家体制既不是传统集权模式,也不是所谓的威权主义,更不是西方的联邦制;它是导入地方发展自主权的一体化政府,或者,反过来说,它是中央统一领导下的分权型政府。它最大的优势,就是有效解决了国家统一和地方自主这对基本矛盾。

误区三,是以为市场化程度越高越好。许多人认为过去的商品市场化已取得巨大成效;如果再深化改革实现基本要素的市场化,就可以保障新的长期增长。其实,市场化程度并非越高越好,而是要讲究适度。一是不同历史阶段要求的市场化程度不同;二是不同领域所适合的市场化程度也不可能一样。如前所述,基本要素领域历来是政府与资本权力深度介入的,落后国家在这一领域的被迫市场化带来的多是灾难性后果,即使发达如美国,也因过去三十多年来的过度金融自由化而助推了其国民经济的巨大衰退。

误区四,是把中国特色市场经济说成是某种过渡状态的暂时性体,其命运是"转型"到规范的西方式常规市场经济上去。不少人看到当前中国经济存在的诸多弊端，却忘记或不知道西方市场经济面临的困难更为深重。在政府与市场、国家与社会、集体与个人这些根本问题上，西方各国经历两三百年的曲折反复，至今仍未解决。经过几十年自主制度创新，中国已经初步形成把市场经济原理和具体国情相结合的、绩效显著的新型的市场经济。在未来的制度探索上，至少可以说，中国与西方各国是处在同一起跑线上。

2. 弄清深化改革的中心工作

据此，深化改革的关键可能不在进一步市场化，而在如何实现市场和政府之间的良性互动，同时形成有效市场和有为政府。在这一根本问题上，政府自身的改革严重滞后。迄今为止，政府改革总是聚焦于部门设置的多少，却忽略政府业务流程的合理性。而目前存在的"政府失灵"中，大多数并不来自政府职能本身，而是来自政府部门承办业务的流程存在着标准模糊、程序不透明等问题，致使经办官员的自由裁量权过大；加上对经办官员既无绩效考核、又无社会监督机制，从而导致人浮于事、以权谋私等官僚主义现象广泛存在。因此，深化改革除了将该由市场办的事坚决交还市场外（如取消对不涉及国家安全的所有投资项目的审批），对于必须由政府承担的职能，如国家级长期发展战略和中期规划、战略性基本要素供给体系的建构和保障、不平等趋势的治理和缓解、以及对各种损害社会的不正当经营和竞争行为的管制和解决，以及对全球性宏观冲击的应对和国民经济相对稳定的管理等等，则主要问题不是要不要办，而是如何办好。为此，通过创新政府管理，打造廉洁高效的有为政府才是今后改革工作的中心。

30年多来从集权型计划经济转向社会主义市场经济的基本制度变革可称为"第一次改革"。与之相比，未来以组织变革和流程再造为主题的改革，可称为"第二次改革"。此次改革也许不如"第一次改革"具有革命性，但是，其复杂性、专业性和系统性，却大大超过了"第一次改革"。只有通过艰苦、细致、长期奋斗，才有望成功；只有坚持推进"第二次改革"并取得成效，中国社会主义市场经济才会进一步显示出它相对于西方常规市场经济的巨大优势，并从制度上保障可持续发展，实现中华民族的伟大复兴。

（本文根据史正富2014年5月31日在中央和国家机关"强素质·作表率"读书活动2014年第5期主题讲坛上的讲座内容整理）

南水北调：资源配置的实践

主讲人：鄂竟平

今天我专门说说南水北调。

首先，我想给大家报告两个方面的情况。第一，南水北调东线、中线一期工程已经如期顺利通水了。通水之后情况也不错，一直平稳运行。到目前为止，在南水北调工程的直接供水区，已有近5000万人喝上了长江水。现在北京大部分地区都喝上了南水北调的水。在座的各位，我估计你们大部分都喝上了。北京一天的用水量平时是250万方左右，最多的时候是320万方，目前南水北调工程一天要给北京供应200万方水，并且还在逐步增加，运行情况还是不错的。

第二，我想告诉大家，南水北调工程是党和国家的一件大事，是跨世纪的伟大工程。在东、中线一期工程通水时，习近平总书记、李克强总理、张高丽副总理每一次都曾分别作出一大段的重要批示、指示，对工程建设给予了肯定并提出了要求，这充分说明南水北调工程是党和国家的大事。

我想要说的是，越是大事，这个题目越不好讲，因为事情越大，关注的人就越多，议论的人也就越多，就越难说清楚。南水北调不单单是一个水利工程，它涉及到了经济、社会多个方面，有经济问题、社会问题、生态问题、环境问题，甚至还有政治问题。要想说清楚这些问题，我个人就显得有点力不从心了，因为我就是个水利工程师，水利之外的知识不够、经历也不够。

好在现在南水北调东、中线一期工程已经通水，并且分别运行了一两年时间。通水之后，对于过去一些人担忧的经济问题、社会问题、生态问题、环境问题，其中一大部分现在可以说清楚了。比如水价问题，在通水前国内外都有议论：有的说南水北调工程耗资这么大，引来的水的价格会非常高；有的说水价会极高，用不起。现在通水了，水价去年已经公布。到北京是2.33元/方、天津是2.16元/方、河北是0.97元/方、河南是0.13元~0.58元/方，根本不像有些人说的那样，十几块钱的水喝不起。这个水价不是我定的，是国家发改委组织团队计算出来的，是成本价。

就是因为通水了，有些问题容易说清楚了，所以我今天才敢来说说南水北调这件事。今天我尽量少说水利专业方面的事，更多的是把南水北调摆在国家发展大局中，谈谈我的一些看法，争取让大家或多或少有点收获。

一、南水北调到底是什么样的工程？

本来这个题目是一个很简单的题目，但被人为搞得不简单了。说它简单，是因为国务院在2002年正式批准南水北调工程总体规划时，里面有一句话，实际上就是给南水北调工程的定位，这句话是：南水北调工程是缓解我国北方水资源严重短缺局面的重大战略性基础设施。

但是我为什么说又不简单了呢？就是因为对上面这句话有的人认同、有的人不认同。我十分认同这句话。下面就解释一下这句话。我觉得这句话的定位相当准确，这句话里面的要点或者叫关键词有两个：一个是"战略"，一个是"基础"。那南水北调工程是不是具有战略性和基础性呢？下面说说我的看法。

要想说清楚战略性与基础性，就要先具体说说南水北调工程的方案。国务院2002年批准南水北调工程总体规划的时候已经很明确，南水北调工程由三部分组成，也就是三条线，我给大家解释一下下面这幅图。

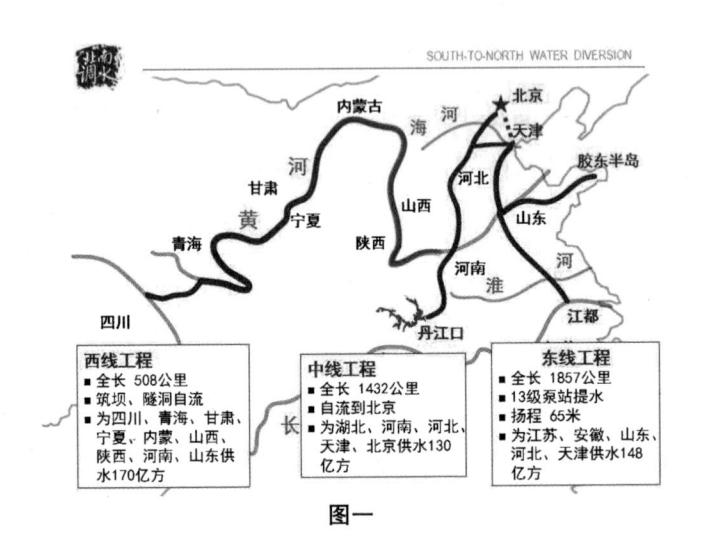

图一

第一条线是东线。东线的源头是在江苏省扬州市江都区，引长江水一路北上，经过江苏、山东、河北，最后到天津。现在正在对引东线水进北京进行论证，但是2002年规划的时候没有向北京供水的设想，所以图中用虚线来表示，全长是1857公里。长江中下游地区地势低，北方地势高，中间只能靠建设13级泵站提水，扬程65米，把水送到北方。这条线为江苏、安徽、山东、河北、天津这五个省市供水，年调水量148亿方。

第二条线是中线。中线的源头在湖北省十堰市丹江口水库，这里是长江的支流汉江上的一个大水库。从这里开始引汉江的水，一路北上，全长是1432公里。中线不用建设泵站，全程自流，经过河南、河北，抵达天津、北京。这条线为河南、河北、天津、北京这四个省市供水，年调水量130亿方。

第三条线是西线。西线是在长江的上游，建设 7 座水库，打 5 条涵洞，把长江上游的水直接引到黄河，全长是 508 公里。这条线主要是为四川、青海、甘肃、宁夏、内蒙古、陕西、山西这七个省区供水，年调水量 170 亿方。

我们所说的南水北调是由以上这三部分组成，现在已经完成的是东线和中线的一期工程。东线一期工程一直调水到山东，年调水量 87 亿方。中线的一期工程是全线贯通了，但是调水量少，年调水量 95 亿方。这就是南水北调工程的内容及其现状。

我想要说清楚的就是，南水北调工程到底有没有战略性？大家可以从工程的整体功能和效益上，看出它确实具有战略性。首先，南水北调是给 15 个省区市调水供水。南水北调是通过人造的新的中华大水网，也就是靠以上说的这三条线，连通了长江、淮河、黄河、海河这四条江河，专业人士称其为"四横三纵"，人为塑造了一个新的大水网。现在我们通过这个新的大水网使中国的水资源实现南北调配、东西互济，可以支撑 15 个区省市的经济社会发展，这肯定是一个全局性的大事，全局性的大事肯定就是战略性的。此外，南水北调的水不是单一地供给某一个领域，而是供给经济社会所有的领域，涉及到工业供水、农业供水、生活供水，也包括生态供水，涉及到各个领域，比如仅一期工程就有 40 亿方的水用于生态环境，从我们全方位供给的对象来看，也应该是全局性的、战略性的。因此，我认为国务院关于战略性的定位是完全正确的。

第二个关键词是"基础"。水是不是有基础性呢？我想这个很明确，人类的一切活动都离不开水。就像党中央、国务院文件里讲的那样，三句话：水是生命之源、生产之要、生态之基。这三句话讲得很准确，实际上说的意思就是水具有基础性。水绝对是生命之源，谁也离不开它。人体内的水分大约占体重的 65%，人不吃粮食可活 14 天，但不喝水最多活7天。至于生产之要，大家或多或少都会有体会，农业离不开水，作物生长必须靠水灌溉。不仅农业离不开水，工业也同样离不开水。例如，生产一条牛仔裤需要6方水。我开玩笑说，很多人穿着牛仔裤，还不知道自己是穿着6方水在路上走。生态之基就更好理解了，万物都离不开水，否则生态环境就无从谈起。所以国务院文件中说这是基础设施，说得也是相当准确。

综合我上面讲的话，南水北调工程到底是一个什么样的工程？就是国务院文件里说的：是缓解我国北方水资源严重短缺局面的重大战略性基础设施。我非常认同国务院对南水北调工程的定位。

二、为什么一定要修建南水北调工程？

虽然南水北调一期工程现在已经通水了，但到目前为止，还有人对这个工程有不同的看法。下面我就正面回答这些不同看法。为什么要修建？说起来其实很简单，就是有需要。因为北方缺水，没得喝了，所以才要修建。

（一）北方缺水的严峻性

我今天要说清楚的就是，北方到底缺不缺水？回答是很明确的。缺，不是一般的缺水，是严重的缺水。什么是缺水？人均拥有水资源量少于1000方就是缺水。现在世界人均拥有水资源量是8800方，我们中国人均拥有水资源量是2200方左右，黄河、海河、淮河流域的广大地区，包括北京、天津、河北、河南等省市，人均拥有水资源量才462方。这表明相当缺水了。其中北京缺水更严重，人均拥有水资源量还不到200方。黄河、淮河、海河流域地区共计缺水约313亿方，这是通过多年的调查核算得到的数据。其中缺水最严重的是海河流域，缺水120亿方。

海河流域缺水的地区包括北京、天津、河北的全部，还有河南、山西、山东和辽宁的部分地区。

目前，北京每年用水量是36亿方，自己产的水也就只有22亿方左右，缺口达14亿方。没办法，就大量采用中水，用了7亿方左右，最后还差7亿方的缺口，只能超采地下水。什么叫"超采地下水"呢？如果从地下抽水，今年抽出来的水量，第二年的降雨渗到地下能够补回去，这就是"采补平衡"，不叫超采。如果抽出的水量过多，第二年没有能力补回去，那就是超采。

北京现在一年要超采地下水7～10亿方，每年都超采，已经超采几十年了。北京是靠超采地下水满足居民生活用水的。问题是年年超采，地下水位就年年往下降，降到一定程度，水量就小了，甚至采不出来了，所以就逼得你往更深处打井。原来水井就几十米深，现在100米，甚至200米以上的深井到处可见。此外，越往深处开采，水里面的矿物质含量越高，水质就有问题了。

更要命的是把地下水采空了，地面就要跟着往下降。现在华北地区，就是海河流域，地面下降超过20厘米的区域已经超过6.4万平方公里。北京全市的国土面积也就是1.6万平方公里左右，你们去算吧！相当于4个北京市面积的地面全下沉了，最厉害的是天津某处沉了3.2米。这么大面积的地面都沉下去了，同志们，那要出问题的呀！好在咱们地下水源都在郊区和农村地区，没有高大建筑物，但是沉降是连带的，久而久之，后果是严重的。我说这番话的意思无非是想对大家说，北方缺水已经相当严重了，不管你有没有感觉都是客观存在的。

说到这里，我想用一位院士的话来说明北京缺水的严重性。这位院士说："把全世界缺水的报道都集中起来，都不足以描述北京的水危机！"这句话说得真好。北京的缺水，华北的缺水，北方的缺水已经相当严重了，不调水日子就要过不下去，所以要通过南水北调工程调水。

（二）长江调水的必要性

为什么要从长江调水，而不从其他地方调水？这很简单，原因有三个方面。第一，长江水多，中国地表径流 40% 左右的水在长江。长江一年有将近 1 万亿方的淡水，是中国最大的河流。其次才是珠江，6000多亿。第二，长江的水好，整个干流都基本达标。好水，你可以放心地调。第三，长江离北方近，方便调水。珠江也有水，但是太远了。从长江调水，就像要吃好大米必须要到东北去买一样，因为只有东北有，一个道理。

有人不赞同我以上的这些说法。不赞同的人有国内的，也有国外的，既有搞专业的，也有高级官员。还有一些媒体人不赞同，他们认为不一定非要南水北调，采用别的办法也可以解决缺水问题，也就是不搞南水北调工程也能解决问题，他们提出了三种办法：海水淡化、节约用水和中水回用。就此我说一说我的看法，不一定正确。

关于海水淡化，我认为不可行。首先，成本太高。成本高，就体现在水价上。现在我国主要用蒸馏法和膜法进行海水淡化。无论采用哪种办法，淡化一方海水，最后的造价在 5～8 元，很难承受。如果用海水淡化给北京供水，水源地无非是天津或河北曹妃甸。两地离北京 200 公里左右，水送过来还要修泵，把水泵到北京来，那成本少说也得 3～4元，加在一起是十多元钱一方水。而南水北调水价每方只有 2.33 元。

第二，高耗能。不论是蒸馏法还是膜法，都需要用大量的电能将海水淡化。初步计算，一方海水淡化要耗电 4.5～5 度。我们粗略算了算，南水北调一期工程调来的 180 亿方水，如果全部通过海水淡化获得的话，一年要耗电 850 亿～900 亿度。这个用电量就相当于吉林省加海南省去年一年的用电总量，那要修多少火电站、烧多少煤啊，烧了煤之后要造成多大的污染啊！

第三，污染海洋。海边建个海水淡化工厂，将海水抽上来，淡水运走，盐哪里放？如果少量的海水淡化，滤除的盐可以通过制盐工业消耗掉；如果大量的海水淡化，制盐工业根本就消化不了。很多海水淡化工厂，将滤出的盐又倒入海中。长此以往，近海就盐化了，造成环境恶化。

第四，影响身体健康。海水淡化出来的淡水太干净了，里面基本不含矿物质。广大民众过去喝的是天然水，里面有很多有益的矿物质，谁敢长期喝那么纯净的水？会带来什么影响？为此我请教过专家有没有相关的科研成果，谁都摇头。喝一两次，行，喝三五瓶，没事。要是年年喝，若干年之后，对身体会有什么影响，没人说得清楚。所以现在像沙特、新加坡等一些国家，在利用海水淡化水的时候，一定要掺天然水。1方海水淡化水中要掺3方左右的天然水，才能给民众供水。

基于这四方面的理由，我认为用海水淡化来解决像北京、天津等大城市的大范围缺水问题，是不可行的。

再说说关于"节水"。首先我要说明一点，节约用水太重要了，在整个水资源管理工作中，它是最重要的工作，因为它是一项革命性的措施，我们非要强化节水不可。就像习近平总书记讲的那样，"节水优先"，把节水放在首位。现在要讨论的是，靠节水是不是就能解决北方的缺水问题？我认为不客观也不现实。首先，节水是要有代价的。我国耗水量最大的是农业，农业耗水占总用水量的65%左右。要节水首先应推行农业节水，但农业节水花费巨大。目前耗资最高的农业节水技术，节约一方水需要投入160元，最低的也要10～30元。花160元钱节约一方水，而只花几毛钱就可以买一方水，谁会这样干呢？就是想干，目前我国的经济实力也不够。同样，要想推行城市生活节水，也要付出代价，如要更换节水马桶，就得多花钱。所以节水很不容易，不是一宣传就能办到。

第二，节水是要有条件的。其一，公民要有足够的素质，才能有自觉的节水意识，才能把节水这件事情办好。不是说你一挥手说节水，广大民众就节水。节水不但要花钱，还需要公民有节水意识、大局意识和全局意识。现在我国的公民素质还需要慢慢提升，还达不到每个人都有节水的主动性和自觉性。其二，节水得有必要的手段。最重要的一个手段就是经济手段。一位经济学家讲：一个人能不能对某件事重视、在意、珍惜，取决于这件事的价值，也就是它能值多少钱。他接着又说：只有当做某件事的花费超过你的收入的 2% 以上的时候，你才会在意。来看看咱们的水费，以北京为例，我粗略算了一下，咱们每家花的水费，大约只占收入的 0.4% 左右，就这么几个钱，你会在意它吗？那有的同志就要说了，不能将水价提到占收入的 2% 以上吗？那北京的水价就要超过 20 元／方，如果实行，肯定能让人有节水意识，但水价的提高不是一件简单的事。所以我说节水不是一件简单的事，是有条件的。

第三，节水是有限度的，不是想节多少就节多少。再节约水，基本用水一方也不能少，人每天都要喝水，不能说原来一天喝两瓶水，现在只喝一瓶半，这办不到。就拿北京来说，北京因为缺水，早就重视节水了，并且下了很大力气来节水。有一个概念叫万元 GDP 用水量，10 年前北京万元 GDP 用水量是 50 方，到去年降到不到 18 方，这个用水量只相当于全国平均水平的 30% 左右。这个水平够高吧！不光在全国是较高的，和世界上发达国家相比也不低，如美国是 40 方，德国、日本是 20 方，都比北京高。北京下了很大功夫，快到极限了。海河流域农业用水较多，而现在海河流域农业用水的利用率是 0.65，全国是 0.52。利用率与全国平均水平相比高出一大截。就是这样节水，还是缺水。

所以我说节水这件事，一定要正确对待，必须要做，要放在首位来重视它。但节水是一个循序渐进的过程，并且有限度。就目前看，光靠节水，还不能从根本上解决北方资源性缺水问题。

第三，关于中水回用，这个方法更不现实。中水就是污水处理厂出来的水，本身水质就差，相当于地表水Ⅴ类水，生活不能用，所以用途、用量很有限。要想将它净化到Ⅲ类以上，那成本就更高了，谁也不会那样干。所以中水的用途就被限制了，只能是农业、城市绿化及个别工业领域使用。并且要想大量利用中水，需要修建专用管道，投资巨大。用中水冲马桶不行吗？行，但是现在每家每户只有一条自来水管，如果想用中水冲马桶，还要再修管道，耗费巨大，几乎是不可能的。尽管如此，北京在中水使用上也动了脑筋，下了大功夫。我前面讲了，北京一年用水36亿方，其中每年有7亿方左右用的是中水，占总供水量超过20%，不宜再多用了。发达国家的大城市中水利用就是2%～3%，所以说靠使用中水不可能解决北方缺水这个大问题。

当然，解决北方水资源短缺是不是就没有别的办法了？也不是。还有一个好办法，肯定管用，那就是大量移民和削减工农业规模，比如把华北人口削减1/4，北京人口减一半，2000多万人剩下1000多万人，让工厂等都迁到有水的地方去，这一招肯定行，立竿见影，但这在短时间内很难办到。所以这个办法管用但不易实现。

因此，综上所述，解决北方缺水问题，只能从多水的河流调水。最后结论是，党中央、国务院决定修建南水北调工程是完全正确的。

三、南水北调工程到底是怎么修建的？

国务院领导对工程的建设管理非常关心，李克强总理、张高丽副总理多次指示我们，要求一定要把南水北调工程建成"放心工程"。

南水北调工程到底是怎么建的？这是一个必须回答的问题，为什么呢？因为南水北调一期工程已经建成通水了，花了那么多钱，我们必须要有一个交代。至少有5个问题需要交代，下面我一一回答。

（一）决策是不是科学？

我的回答很直接，是科学的，至少是比较科学的。有的人始终质疑，说你们的决策不科学，是草率的。有的说南水北调就是因为中国一个伟人说过的一句话，你们就开工建设，因此说你决策草率。我说这个说法也对也不对。所谓对，确实是一个伟人说了一句话，才开始着手南水北调论证的。说不对，就是这个工程并不是那个伟人说了那一句话之后的第2年、第3年就开工了，而是过了50年才开工，因此这样的说法肯定不正确。

1952年10月，毛泽东主席建国后第一次出差，就选择了视察黄河。资料上显示，这是老人家自己选定的。毛主席先坐火车到济南，从济南沿着黄河溯源而上，到了当时的平原省、河南省，一路下来，老人家说了几句很经典的话，其中有一句话说的就是南水北调。毛主席在看黄河的时候，说了这么一句话："南方水多，北方水少，如有可能，借点水来也是可以的。"从此拉开了南水北调工程建设的序幕。请大家注意，毛主席他老人家讲得很有水平，是"如有可能"，没有说让你马上干，至于可能不可能，你们去论证吧！当时大家就理解了，就在"如有可能"上下了大功夫，一直对他的这句"如有可能"论证了50年。期间先后提出了50多个方案进行比选，一大批的科研单位进行研究，召开了100次左右的国家层面的论证会、研讨会，总共有逾6000人次专家参与论证，其中有100多人次院士。这期间主要围绕工程技术、投资、移民、生态等问题展开辩论。一直到2002年12月27日，朱镕基总理才在人民大会堂宣布南水北调工程正式开工，正好50年。同志们想一想，论证了50年这还草率吗？还有，你想一想，从毛主席1952年提出设想到2002年，这50年换了4任中央领导，怎么还是"一个伟人说了句话就办了"呢？这种说法很不客观。我认为南水北调工程开工建设，这个决策应该是科学的。

（二）工程是不是可靠？

这主要说的是工程质量。南水北调工程不好建，因为战线太长，建筑物规模太大。一期工程就长达2900公里，还要穿越河流、铁路、公路等。而且沿线到处都是建筑物。有些建筑物是世界之最，其他国家也没有先例，本身就很难施工，要保证质量好并可靠，更是难上加难。给大家举几个例子，这些都是世界级的难题。

第一个难题是丹江口水库的大坝加高。丹江口水库是老水库，为了给北京、天津调水，必须将水库大坝加高，加大蓄水量，才能把水调到北京来。这个大坝是1974年修建的，在旧坝上加高14.6米，新老混凝土结合是一个世界难题。

第二个难题是渡槽。本来渡槽修建不算难题，但要是渡槽规模大了，可就难对付了。恰恰南水北调工程因为调水量大，所以必须要修建大渡槽。如南水北调工程中的湍河渡槽，是世界上规模最大的U形渡槽，总长1030米，单跨40米，单节槽身重达1600吨，采用特制的造槽机现场浇筑完成。这是南水北调工程首次自己创造的成套施工办法。

第三个难题是穿黄工程隧洞。南水北调工程从河底30多米处穿越地质复杂多变的黄河古河床，采用国际先进的大型盾构机挖掘两条隧洞，单洞长4.25公里，洞径9米。

在这样困难的条件下，要想保证工程安全可靠，控制质量是一件很难的事。但是我可以负责任地告诉大家，经过通水检验，南水北调工程的质量是良好的，是安全可靠的。

我们在工程施工质量的监管上下了大功夫，搞出了一套别人没有的，具有南水北调工程特色的质量监管机制。简单地说，就是能查找出问题；查找出问题后能处罚；罚得你口不服但是你心服。工程质量监管没有什么诀窍，就是监管方与施工方的博弈。所有的施工方，不敢说100%，但相当多的都偷工减料以节约成本。施工方只要偷工减料，南水北调的工程质量就要出问题，所以我们要做的就是要把偷工减料这件事看住，让施工方不敢。

首先，我们专门成立了一支司局级的稽察大队，每天有14~15个组在工地上来回跑、到处跑。稽察大队去工地检查前从不打招呼，也不让施工单位和监理单位安排吃、住、行。对我们稽察大队工作组的人，也有一套内控机制，防止成员跟施工单位和监理单位有牵扯。比如，每个组明天上哪儿，前一天晚上才知道；三个人一组，人员不固定，一两个月就轮换。同时，稽察大队成员的待遇比其他单位的要高，因为他们要完全独立。这一套机制执行下来，证明很管用，我们把这种监管办法叫"飞检"。

"飞检"之前谁都不知道，突然检查组就到现场了，自己带着一些简单仪器敲敲、打打、测测，有问题立刻现场取证。我们就是这么干的，我都飞检了20多次。事实证明，这招是真管用，真能查到问题。

第二，我们制定了一套处罚的办法，这也是其他行业没有的。我们花了4个月的时间，把南水北调工程可能出现的质量问题，一个个罗列出来，总共1000种左右。我们把这1000种左右的质量问题的每一种问题应该由谁负责，负什么责，都一一厘清，最后形成完整的《质量管理办法》。

当我们抓到施工方的质量问题时，就用《质量管理办法》一对照，马上能找出责任人并进行追责。并且处罚都是非常重的，包括警告、通报批评、罚款、开除，问题严重的还将施工企业上网列为不可信企业。这几年下来，我们开除的个人或企业超过150个，还有40多家企业被评为不可信企业发布在网上。这一套办法非常狠，有效地遏制了施工中的偷工减料问题。

第三，我们还有一套认证的办法。假如施工方对我们查到的质量问题有争议，根据认证办法，我们聘请了6家国内权威的机构，包括中国建筑研究院等，去认证，第三方说了算。所以在处罚的时候，施工和监理企业他们嘴上说不满意，但是他们心里是知道自己问题的，所以他们不敢反驳。到现在为止，工程已经建成通水了，没有一家施工企业对质量问题的认证提出上诉。正是因为我们有这一套工程监管机制，才保证了工程是安全可靠的。

（三）水质是不是达标？

这个问题对南水北调工程来说是个热门话题，境内外舆论在这上面做文章的人也很多，有的话说得很离谱。但不论说得对与不对，至少能够感觉到大家对南水北调工程的水质还是非常关心的。

南水北调工程之所以前期论证了50年，其中辩论最激烈的题目之一就是水质问题，有相当一部分专家认为南水北调工程在工程技术上没大问题，但水质会有大问题，尤其是东线，水质肯定是不行的，建议不要建设东线。因为开工之前，在东线一共36个断面中，只有一个断面的水是达标（III类）水，另外35个断面都是超标准的水；这35个断面中的25个是劣V类水，也就是完全没有使用功能的水。在这么严峻的污染情况下，花8~10年就能把污染治理好？很多人画个大问号也是有道理的。

当时的中线水质保护形势也非常严峻。中线给北京调水，原来是I类，到工程开工前已经变化到II类了，所以也有人担心水质会不会继续变坏。II类水也是好水，在华北很难找到II类水。

今天我可以负责任地告诉大家，经过努力奋斗，现在水质都已经完全达到了标准。我声明一点，水质达标与否，是环保部门检测的，他们说现在南水北调工程，不论是水源区还是沿线，所有的水质都是达标的，东线达标、中线更达标。

有人问，你们是怎么干的，才使水质达标？这十几年来，我们一共干了三件事，这才把水质搞好了。第一件事就是关停污染企业，这也是要下狠手的，不能商量。东线和中线沿线一共关停了超过 3500 家污染企业。第二件事就是治理污染。过去沿线很多市县是没有污水处理厂和垃圾处理厂的，这十几年中，我们新建了 356 座污水处理厂和 150 多处垃圾处理厂。第三件事就是限制发展。在东、中线水源区和输水沿线限制新建污染企业，并且划定了水源保护区，在保护区里绝对不允许建设污染企业。正因为如此，所以东线从 2012 年底开始 36 个断面水质全部达标，中线水源区水质一直平稳达标，并且有所改善。我国规定达到 III 类水，水质就没问题，中线工程中所有的水质都是 II 类以上，还有个别 I 类。

说到这里，我相信大家一定不会再认可境外舆论说的那些话：南水北调的水是污染严重的水，是不能用的水等等。大家可以放心地喝南水北调的水。

（四）移民是不是稳定？

移民工作是"天下第一难"。南水北调丹江口库区总移民 34.5 万人，最多一年移民近 20 万人，移民强度创历史之最。但搬迁过程和谐、平安、有序，做到了"不伤、不亡、不漏、不掉"一人，做到了移民满意、地方满意、中央满意。还有，移民搬迁到新家园已 3～4 年了，是不是很稳定呢？回答是明确的，很稳定！我特别想说的是，这些来得真的是很不容易。为什么难？因为让人家移民是违背人家的意愿。人家不想也不愿意搬迁，尤其是一些老人家，在那里住了几十年，他们的父辈、祖辈都在这个地方住，无论你给他们多少钱、多好的地方，人家都不愿意搬走。但是为了南水北调工程，必须移民，而且相当多的是整村移民。所以，总体上能做到移民满意、地方满意、中央满意，的确很不容易。习近平总书记在2015年新年贺词中说了这样一段话：12月12日，南水北调中线一期工程正式通水，沿线40多万人移民搬迁，为这个工程作出了无私奉献，我们要向他们表示敬意，希望他们在新的家园生活幸福。总书记的话让我们都很感动。

　　三个满意是怎么办到的？实际就两句话：政策好！人努力！

　　什么叫政策好？就是我们国家对移民的补偿政策好，不但是合理补偿了，还充满了人性化。什么是合理的补偿？就是我影响到你多少财产，我给你补多少，不是我说了算，而是有个中介机构来评估，保证不让你吃亏，这个补偿政策下去之后，移民还是挺满意的。为什么说充满人性化？就是在移民搬迁的过程中，我们的政策都让它有人情味。怎么有人情味？我举几个例子，移民搬迁一般都是一个村子或半个村子整体搬迁，对接收地而言，不管有什么困难，也一定要划一块整地，让这个村子整体搬过去。假如这个村子原来叫李家村，到了新村子之后叫李家新村。你原来的村党支部书记还是书记，村长还是村长，小学老师还是小学老师，整个村子几百人上千人都还住在一起。还有，我们建的安置区的条件和环境都要比移民原住地好，等于给移民提供了新的发展的机遇。并且移民前还要带村民去新地方看看，让移民认可，这就是人性化。

　　还有，搬迁过程中一定要有人情味。什么人情味？走的时候，移民所在地政府要送，到新的地方，新的安置区的政府要接。不是一般的接，有的地方一户配一个干部，要负责把这户人家领到他们的新房前，并且还要负责一个礼拜的吃喝，房里都准备好了一个礼拜的米、面、菜。也就是说移民搬过来，第一个礼拜都不用自己再准备什么东西，接收地的干部都准备好了。这不就叫人情味吗？正是因为有这么多有人情味的好政策，所以移民没有什么大意见。他们觉得，我是受委屈了，但给国家作贡献了,而党和国家对我也不薄。绝大多数移民都是这种感觉,这就叫政策好。

还有人努力。什么叫人努力?首先是政府努力,两个搬迁大省——河南、湖北就很努力,河南省委书记郭庚茂说,南水北调工程是一号工程。湖北省委书记李鸿忠告诉当地的干部说,这是天大的事情。省委省政府主要领导这么重视移民工作,那你想想各级党委政府能差得了吗?都重视,都努力,这很重要。

第二,是广大的基层移民干部努力,可以说成是无私奉献。有的基层干部甚至要与移民攀亲戚,那样人家才能够接受你,才能够做成工作。有的基层干部还要帮人家解决小孩就业等家庭困难,受了不知道有多少委屈。移民干部是非常难的,那真是尽力了,咱们广大的基层移民干部真是值得敬佩。

再有就是移民努力。移民们绝大多数是通情达理的。我最为感动的是河南淅川县的一位老人,叫何兆胜,70多岁了,因为南水北调的水源地,也就是修建丹江口水库,老人家这辈子从小时候就搬家,先后搬了4次。这次又要让他搬,他二话不说就搬走了。有人告诉我,这个老人去年去世了,去世前,留下了最后一句话,他含糊不清地说:国家如果还要我这块地,让我还搬,我就还搬。说完这句话,他就没再说话了。每当我想起这句话的时候,内心就充满了感动,移民们真的不错。

正是因为政策好、人努力,才使得这34.5万移民,不但搬得出,并且到现在为止,非常稳定。我这话不是空口说,我有一组上访数字,2013年到国调办机关上访的有200多人,2014年的时候只有70多人。今年就几十个人。来的人只是一些个体的事情,没有大问题,很稳定。

(五)投资是不是超概算?

这题目容易说清楚,投资没超,也不会超,这个大家放心。国务院批复的南水北调工程概算3082亿,现在工程都已经通水了,基本竣工了,才花费了约2835亿,还剩247亿多,不会超概算。

我认为这主要是得益于严管,在这里我也要特别感谢审计署、发改委、财政部,他们也帮助我们严管。尤其是审计署,进行了三次大规模的审计,帮我们查出了不少问题,堵住了漏洞,才使得总体投资有这样好的结果。

对南水北调一期工程建设而言,我还有一个总的体会,就是南水北调工程建设非常艰难,论证艰难、保质量艰难、治污艰难、移民艰难、控制投资也艰难。

四、三点启示

(一)在我国修建调水工程是必然选择

我国水资源方面有两大最突出的问题:一个是水资源时空分布与经济社会布局不相适应,一个是水资源配置与经济社会发展需求不相适应。

我国水资源时空分布十分不均,时间分布上,降雨都在夏季,冬季、春秋季都少,北方夏天降雨量相当于年降雨总量的70%上下;空间分布上,是南方水多,北方水少,跟社会发展布局不相适应,南方占81%的水、国土、GDP、人口各约占40%左右,而北方占19%的水、国土、GDP、人口各约占60%左右。

尤其是黄淮海地区,GDP、人口、粮食产量都占到全国的1/3左右,但这一地区拥有的水资源占全国的1/14,就是7.3%。黄淮海地区其他条件,如土地、气候等都适合发展,可发展的集聚区恰恰水少。另外生产、生活也需要均衡平稳的供水。但夏天的降水根本就留不住,全国一年地表通过降雨而产水2600亿方,其中有500亿方左右流到了境外其他国家，剩下的 2100 亿方里有将近 1600 亿方左右都流入大海。因为夏天的降雨大都是洪水，留不住，所以需要寻找解决的办法。

解决时间分布不均的问题，只能靠修建水库，把水留住才能调节时间差；而解决空间分布不均的问题，只能靠调水，因此我说我国非修建调水工程不可。从国外看也是这样，如以色列人均水资源也就是 300 方左右，他们靠调水，变成了一个农业出口大国。所以中国修建调水工程是必然选择！

（二）客观对待调水工程的利与弊

对于调水工程的利弊到底怎么看，这方面确实争议很大，"利"就不用多说了，前面已讲了南水北调的效益。我国现有较大规模的调水工程近 10 处，效益相似。"弊"的确也是存在的，比如因修调水工程而出现永久占地、大量移民、影响生产、影响生态等问题，就是因为我们把水从江河中间某一处调走了。我开玩笑地说，就像拦路打劫一样，水本来要流下去，而我们从中间就给弄走了，下游水就少了，这肯定要影响下游的生活、生产和生态。这些问题是确实存在的。对于调水工程的利弊到底怎样看？我的看法是三句话：一，利是不是势在必得；二，是不是利大于弊；三，弊是不是可以承受。下面我用南水北调中线工程来举例说明。

中线工程一共占用耕地约 83 万亩，移民约 42 万人。因为南水北调将水调走之后，丹江口水库下游的河道水面要比过去低 20 ~ 50 厘米。水面最多下降半米，肯定会给汉江中下游 600 公里河道带来生产、生活、生态问题，对此我们怎样看？

首先，利是不是势在必得。北方缺水问题已经到了非解决不可的程度！前面我已经说清楚了，非得获取新的水源，势在必得，不得不调，那就不能再有其他选择了。

第二，是不是利大于弊。我们这个工程的利太大了，有3亿左右人因调水受益，不仅保障了北京、天津、河北、河南、山东等广大地区的经济发展，同时还改善了这些地区的生态环境，效益巨大。而对丹江口水库下游河道水面的影响只有20～50厘米，所影响的生产、生活与生态规模、范围不是很巨大，并不是毁灭性的，显然"利"肯定是大于"弊"。

第三，关键是"弊"是不是可以承受。我们不是消极地对待弊，而是积极地处理"弊"。比如汉江降下来20～50厘米的水位，势必会影响生产、生活。对于一些生活用水引水口引不上水的问题，我们就花钱将引水口向下挖一挖，就又能引上水了。对影响生产、航运的问题，我们再花钱疏通航道，就可以减少影响。除此之外，我们还在汉江下游的河道上修建了水库（水电站），利用水库进行调蓄。在水少的时候，通过水库放水可以减少影响。另外，中央还投资了另一项工程，从长江挖了一条新水道，把长江水引了进来，可以抬高汉江下游的水位。虽然调水让下游水位降了20～50厘米，但通过以上这些积极的措施，使下游因调水产生的一些问题基本得到解决。

当然，这里最难说清楚的是生态方面的负面影响，因为生态问题是很难量化的。河道中的水少了，它的纳污能力就下降了；水位降低了，它对沿岸生态的影响到底有多大，大家众说纷纭。很多人拿这件事做文章，说南水北调是一个违背自然规律的工程，讲的就是影响生态。有没有生态问题？的确有，但是这个生态问题到底有多大？众口不一。

我想用献血这件事来对比南水北调所产生的生态问题。据说献血每次要400毫升，而献血对人的身体健康肯定有影响，但医生还是鼓励人们献血，就是因为献血的重要作用远比它对献血者造成的不良影响要大得多，所以人们对献血没有异议。我认为调水工程对生态的影响也是一样的。人身体里有大约4500～5000毫升的血，献血抽400毫升的血，要占总量的 8% 左右；现在我们从长江引的水，只占长江总水量的 2% 左右，当最后三条线的工程全部竣工后，调水量也只占不到 5%，这对长江又会造成多大的影响？是致命的影响吗？长江会因为我们引的 5% 的水而生态恶化吗？南水北调工程的确有负面影响，但造成的负面影响比较小，不是毁灭性的影响。加上治理工程的实施，可以减少调水的负面影响，使得"弊可承受"。

总之，在做任何事之前，我们每个人、每个单位，甚至每个国家都会经常处在"利"与"弊"的选择中，此时，"客观"两个字很重要，"有为"两个字很必要。

（三）修建调水工程需超前决策

修建调水工程为什么需要超前决策？一是现在北方缺水已经很严重。全国缺水 500 多亿方，绝大多数在北方；世界公认的河流开发利用率的警戒线为 40%，黄淮海已远超过，尤其是海河流域开发利用率已超过 100%，超采地下水相当严重，已经造成如地面沉降等严重后果，再不调水问题就会越来越大。二是今后用水量还呈增加趋势。经济社会还要发展，用水量会只增不减。三是调水工程一般建设工期长。调水工程一般都线路很长，自然地理社会等环境均复杂，建设需较长的工期，大都在十年以上，如美国加州调水工程历时 23 年。南水北调东、中线一期工程花了 12 年，西线工程可能还要花 15 年。如果不超前决策，现在就缺水，今后缺水量会越来越大，那就要出问题了。

最后，我用三句话结束今天的讲座。第一句是：上善若水，水善利万物而不争。这是老子的一句话，是赞美水的，说水是好东西，值得领悟。第二句是：水危机是当今世界面临的最严重挑战之一，正向我们走来。这是很多人的看法，已经基本形成共识，世界范围的水危机正向我们走来，我们应该警醒。所以，最后一句话是：衷心希望大家多关注水的问题，争取通过我们的共同努力，使我国远离水危机，保障顺利实现"两个一百年"宏伟目标！

我就讲到这里，有不对的地方，我愿意听取大家的批评和指教。谢谢大家！

（本文根据鄂竟平 2015 年 8 月 15 日在中央和国家机关"强素质·作表率"读书活动 2015 年第 8 期主题讲坛上的讲座内容整理）

中国与 G20 和全球治理

主讲人：何亚非

很高兴能够出席已经举办了多年的中央和国家机关读书活动，今天的题目是"中国与 G20 和全球治理"，9 月初习近平主席在杭州成功主持了 G20 第 11 次峰会，G20 给世界经济的增长，给我们应对全球性挑战，给世界下一步对全球治理应该怎么做都指明了方向。国际社会和世界舆论普遍评论这次杭州峰会是 G20 历史上的一个转折点，我想用自己的亲历给大家介绍一下中国和 G20 的关系，中国与全球治理的关系，这实际上也是中国从一个发展中大国走向全球性大国的历史进程。

说起中国和 G20 的关系，我想讲两个历史转折点，这两个历史转折点一个是 2008 年，一个是 2016 年。为什么这么讲？我们回顾一下历史，2008 年发生世界金融危机，美国是罪魁祸首，美国的次贷危机爆发，引发了世界范围的金融危机和经济危机。这场危机的影响是前所未有的，次贷危机不仅仅给世界经济、世界金融带来了空前的打击，而且还在全球治理思想或者说全球经济治理思想上摧毁了西方一直推崇的经济新自由主义。也就是说，西方指导经济增长的理论被打破了。所以当时世界经济处于一个漂移不定的状态，指导思想没有了，经济接近崩溃。

在这样的背景下，世界主要经济体，包括美国、法国、英国以及其他欧盟国家，还有中国、印度、巴西，需要紧急磋商如何应对金融危机。面对共同的挑战，世界主要经济体不管是发达国家还是发展中国家，都有点茫然。大家开始紧急磋商该怎么办，这个"怎么办"既包括用什么指导思想、用什么具体措施来应对金融危机，还包括用什么平台——总不能找几个人大家聊一聊就解决，你得有一个平台。这个平台用联合国行不行？显然不行，人太多。现在联合国共有 193 个会员国，没法一起讨论这个问题。过去世界经济、金融出了问题，由谁来解决呢？大家可能记得 7 国集团，也就是我们讲的"富国俱乐部"。当时这 7 个国家的 GDP 合起来超过世界的 60%，而且世界经济的发展模式都是由西方这几个国家制定出来的。

大家过去可能听说过或研究过经济新自由主义，它的核心思想是彻底的市场化、资本化、私有化，里根经济学和撒切尔经济学就是代表。下面还有一批理论家和学者支撑。他们信奉的就是让资本在全球自由地流动。他们有一套理论叫"涓滴"，就是让富人、有资本的人尽快发展，让他们富裕再富裕，等整个社会财富水平上去后，总会滴下来一点给普通老百姓。这样一套理论指导了世界经济，结果出了问题。过去是 7 国集团在指导和处理国际经济金融事务，经济出了问题，亚洲金融危机出来了，7 国集团进行讨论；美元跟欧元的汇率出了问题，美元跟日元的汇率出了问题，谁来讨论呢？还是 7 国集团。所以说，尽管上世纪六七十年代许多亚非拉发展中国家通过民族解放获得了国家独立，摆脱了殖民统治，在政治上有了一定的权利，但在经济上他们其实没有什么权利，没有什么话语权，包括中国也是，在处理世界经济事务上，我们的话语权和决策权是不足的。

这样一个世界政治经济的现实，从什么时候开始转变了呢？第一次出现改变是在 2003 年。2003 年 7 国集团开峰会，法国当轮值主席，G7 后来也称 G8，西方把俄罗斯拉进来变成 8 国集团，但经济事务实际上还是 7 国主导，只是在讨论其他问题时用 8 国。这次峰会在位于法国和瑞士交界的日内瓦湖畔的依云镇举办。法国人历史上有改革的冲动，当时法国人说从现在世界政治经济格局的变化看，需要邀请一些发展中国家，来参与7国集团的讨论。

所以当年法国就邀请了中国、印度、巴西、南非、墨西哥这5个国家的元首。胡锦涛主席出席了这次峰会。这是发展中国家领导人第一次与发达国家领导人就世界经济问题进行对话，对发展中国家来说显然是一个提升，终于有机会参与全球经济治理的讨论了。所以那时候发展中国家是比较兴奋的，虽然我们不远万里到了依云以后，只有一两个小时左右的磋商，7国集团把世界经济主要状况给发展中国家吹吹风，然后请发展中国家元首每人用几分钟谈谈看法，但大家觉得还不错。发展中国家就按这个模式每年一次参与G7峰会，一直延续到2008年。但后来发展中国家越来越感觉不好了，因为它暴露了全球治理体系内在的不平衡、不平等、不公正。为什么这么说，国际经济世界经济问题还是G7在处理，给发展中大国一两个小时的时间谈谈看法，但并没有让你深入参与讨论，最后做的决定跟你也没有关系。随着包括中国在内的发展中国家总体力量的上升，不平等感觉日益增加。

2008年爆发金融危机以后，主要大国就探索用什么平台来探讨解决危机的办法，有的国家希望用"8+5"的模式，即13国集团，或者加上另外个别国家。中国等发展中国家都不同意，大家对"8+5"本来就不满意。英国、美国等也不是很赞成"8+5"或13国集团，于是就想到了G20。

G20是1999年成立的，在亚洲金融危机之后，主要经济体意识到需要一个对话机制，这个对话机制中发达国家和发展中国家的组成相对平衡。所以大家就提议成立一个19国加欧盟的财政部长、央行行长的论坛和对话机制。G20成立以后，国际货币基金组织、世界银行每年春天在华盛顿开年会，20国集团的财政部长和央行行长经常利用与会时间在华盛顿开会。2008年金融危机时，大家认为G20这个平台可用，美国等西方国家与中国等发展中国家商量，考虑启用G20，中国等表示同意。当时表示同意的主要考虑是，G20是个组成相对平衡的对话机制，发展中国家有平等对话的机会。大家同意以后，就决定2008年11月在美国开第一次峰会，结果开得非常成功，因为第一次峰会前后及会议期间，发达国家和发展中国家，包括中国、美国、欧洲国家都出台了数量很大的经济刺激措施，以制止金融、经济危机的蔓延，这对提振市场的信心还是有作用的。

  第一次华盛顿峰会传递了一个信号，面对金融危机，主要大国决心同舟共济，给市场一个信心。除了出台刺激经济的措施，还对加强金融监管等作出了决定，对促进贸易和投资也有表态。第一次峰会标志着G20的一个历史转折点，从原来默默无闻的部长级论坛摇身一变，变成了发达国家和发展中国家领导人对话的最高级平台。以后G20开会都是领导人峰会，同时也有部长级会议在下面进行磋商、准备。对G20来说这是一个重要的转折，级别提高了，讨论问题更有权威性了。对于中国和发展中国家来说，这意味着什么？我觉得对中国来说也是一次历史性转折，是发展中国家的历史性转折。因为对发展中国家来说，这标志着全球治理特别是处理全球经济事务，从过去的"西方治理"，即7国集团和"8+5"，开始进入一个新的"东西方共同治理"的历史阶段。发展中国家的整体力量、整体代表性第一次得到了充分体现。对中国来说，这个历史性转折用习近平总书记的话来讲，是中国"站在新的历史起点上"。当时就是一个新的历史起点，它的含义是中国进入了世界舞台的中央，进入了全球经济治理的核心决策圈。

  大家知道2008年中国还有两件重要事情，一个是北京奥运会，一个是四川的汶川地震。汶川地震显示了中国政府的动员能力，这么大的地震，中国政府应对自如。北京奥运会更是凸显了中国的号召力，出席北京奥运会开幕式的国家元首、政府首脑有85个，史无前例。这是唐宋以来第一次有这么多国家的元首、政府首脑聚集中国。到了2008年年底，中国现身G20峰会又发挥了很重要的作用。我们在G20峰会上第一次感受到世界的目光聚焦在中国身上，都在讲中国，这个过去很少有过。记得当时印度总理辛格，一进华盛顿会场，看到桌子上写着印度的名牌，就对身旁的部长说，我们终于坐到主桌了。他讲的话很形象，发展中国家都有感触，这次是坐在主桌了。美国这些国家讲话的口气变了，变得谦虚，甚至谦卑了。

从历史角度看，G20发展的第一个转折点是2008年，从部长级会议升格为领导人峰会，这同时也是中国参与G20、参与全球治理的转折点，因为中国在全球治理中过去是一条腿长，一条腿稍微短一点，政治安全上没有问题，经济上相对弱一点，现在这条腿也补齐了。如果说中国成为全球性大国有什么标志的话，2008年就是一个标志。

为什么会有这样的转折点，为什么世界目光会聚焦中国，会把中国推到世界舞台的中央？这一方面确实是因为中国的实力增强了，中国经过几十年改革开放，经济突飞猛进，年均GDP增长10%左右，从上世纪70年代末人均GDP280多美元到2008年已经有4000美元左右了，现在已经到8000美元了。中国已经成为具有相当经济实力、综合国力不断增强的大国，中国地位上来了。再一个是因为国际形势的变化，特别是作为国际体系主导者的美国力量在下降。美国在2001年遭受"9·11"恐怖袭击，受到的打击很大，此后美国开始把全球战略转向全球反恐，打了两场战争——阿富汗战争和伊拉克战争，这两场战争把美国的实力消耗了很多。2008年金融危机又爆发在美国，这是美国人自己引起的。因为经济新自由主义提倡经济完全交给市场，政府不要管，结果导致了金融监管的缺失，金融体系衍生品泛滥，泡沫不断膨胀，最后泡沫破灭。美国遭受两场战争和一场金融危机以后，有点底气不足了。

奥巴马是2009年初上台的，他奉行整体收缩的全球战略。用我们的话讲是有所为有所不为，他有所不为的是，觉得美国的全球摊子铺得太大了，需要收缩巩固一下，对美国来说，全球战略板块是三块，即欧洲、中东和亚洲，美国收缩的首要地区是中东，觉得不能陷在那里，战争不能再打下去，所以伊拉克战争收场，军队撤离了，不管伊拉克闹成什么样美国都撒手不管了。阿富汗则是在撤离前先增派兵力，巩固阿富汗的安全形势，然后确定撤军时间。中东收缩，欧洲也收缩。当然乌克兰危机发生后美国有所调整，但总体还是收缩。唯一加强的是亚洲，"两缩一进"就是美国式的有所为有所不为，总体收缩局部加强。局部加强主要是应对中国的崛起。

2008年时，美国的主导思想还是要拉住中国。大国的关系永远是国际关系的核心。美国希望"拉住中国"有两个考虑，第一，美国希望拉住中国在美国的体系里面，不要脱离或打破这个体系，另起炉灶；第二，中国和美国的经济、金融关系非常密切，中国的外汇储备很大一部分是买了美国的国债，包括美国"两房"债券，也就是房地美（Freddie Mac）和房利美（Fannie Mae）发行的住房抵押债券。金融危机是次贷危机引发的，"两房"首当其冲受到冲击，如果中国抛售"两房"债券，美国的房屋贷款系统和银行系统都会垮掉，美国的经济、金融体系也要崩溃。所以美国在经济、金融上有求于中国。当时美国财政部长到中国访问，主要目的就是恳请中国帮助美国。中国说我们的资产不能受损失，美国政府做出了承诺。中国从中美关系，从世界经济大局出发，在金融上坚持没动。在这种情况下，美国自然是支持中国在G20发挥作用的，就是说G20在2008、2009年之所以能成功应对金融危机，跟大国的合作密不可分，特别是跟中美合作密不可分。这是重要的国际背景。

第一个转折点讲得比较清楚了。2008年第一次峰会以后，G20继续发挥作用。当时G20不是每年开一次峰会，而是有需要就开会，2009年4月初伦敦峰会是第二次，同年秋天在美国匹兹堡开了第三次峰会，不到一年时间开了三次峰会，这既说明当时情况危急，也表明G20各国确实愿意同舟共济应对金融危机。2009年4月份伦敦峰会主要是应对金融危机的蔓延，防止有一些国家可能破产。国家破产的情况很少见，除了拉美金融危机时阿根廷出现国家破产，导致阿根廷直到现在以国家的名义去贷款还贷不到。如果有一批国家破产的话，那么世界经济、金融体系就整体垮了。面对国家破产，全球治理体系、国际体系怎么设计呢？怎么救呢？就是由国际货币基金组织来做最后贷款人，就像一个国家的中央银行是国家的最后贷款人。国家破产由国际货币基金来救，这自然需要资金。国际货币基金的救助资金是会员国贡献的。每个国家都有一定的份额，这个份额机制也是美国当时主导定下来的，定的规则是有利于西方、有利于美国的。

2009年，国际货币基金的救助资金大概只有3000多亿美元，当然基金组织可以用3000多亿做杠杆，但不管怎么样钱是不够的。当时英国作为主席国召开G20峰会，主要就是让各国出资，扩大国际货币基金的救助盘子，目标是5000亿美元。英国当时的首相布朗，当过英国财政部长，不但给中国领导人打电话，请中国带头，还派特使跟我谈，因为我当时是中国的G20协调人。

这件事跟中国参与全球治理很有关系。当时中国有想法，一是为什么要用中国老百姓辛辛苦苦挣来的钱去救发达国家，二是如果出手相救，钱会不会打水漂？中国参与全球治理也有一个思想逐步认识的过程，那就是中国跟世界经济、跟其他国家究竟是什么关系？全球化时代各国经济相互依存度高，世界经济不好，一个国家经济也会滑坡，中国经济也会受影响。世界经济、金融体系出现问题，中国一定受害。经过反复讨论得出了结论：中国的发展离不开世界，这是利益共同体的关系。就是说，挽救世界金融体系也是为了中国自身的发展。

那么，钱会不会打水漂？要出多少钱呢？金融部门的建议是购买国际货币基金的债券，因为不管出现什么情况，国际货币基金债券会第一个得到赔偿。中国最后承诺不超过总盘子的 10%，也就是承诺可以购买 500 亿美元的 IMF 债券。中国的分量马上就显现出来了。中国在伦敦峰会上发挥了引领作用，引领了应对世界金融危机的努力。

接下来匹兹堡峰会上发生的事情，更体现了中国开始逐步引领全球治理体系的转变。中国是联合国安理会常任理事国之一，那么经济领域怎么来确保中国的发言权、话语权呢？当时"8+5"还没有正式散伙，7国集团也在，同时出来了这个 G20 峰会机制，中国开始考虑要把 G20 做实，要让 G20 成为全球治理的首要平台，目标是让 G20 成为一个类似全球经济指导委员会这样的机构，G7、"8+5"都应该退出历史舞台。中国的设想符合历史潮流，很大胆，之所以能实现，主要是因为主要大国有一定共识。美国当时对中国有所求，也希望通过给中国一定的发言权来继续拉住中国。美国可能还有一个考虑，就是美国当时对欧元上升的势头、对欧盟的发展有点忧虑，担心冲击美元的地位，想借机打压一下欧元。

当然，后来由于地缘政治和中美关系的变化，美国有些往后缩了。这是后话。当时中、美、英、德、法 5 国协调人在德国的法兰克福讨论了 G20 今后怎么办、"8+5"怎么办的问题，请 G20 领导人在匹兹堡峰会上审议考虑。最后达成共识的表述是，G20 是全球经济治理的首要平台，突出了"首要"。

G20 曾有一个君子协定，在确立了 G20 的首要地位之后，G7 不能再在 G20 峰会前开自己的峰会，G7 不能在 G20 峰会前定调子。当时各方是接受的。但是后来，特别是 2010 年地缘政治发生变化，G7 并没有遵守。这个小插曲也能说明一些问题。

2010 年开始国际局势发生了变化，大国关系开始紧张，地缘政治干扰开始增加。首先是中东，从 2011 年年初开始乱了，从突尼斯一路蔓延，到埃及穆巴拉克、利比亚卡扎菲倒台，之后又是叙利亚、也门危机，整个中东乱了。从深层次看，这个乱本身就是美国等西方国家的干预造成的。叙利亚问题以后，美俄博弈增大，后来又出现乌克兰危机，导致美俄关系紧张，俄罗斯和欧洲国家关系也开始紧张。同时，美国战略重点转向亚洲，推行"亚洲再平衡战略"，中美围绕南海问题等关系也更趋复杂。大国关系的紧张对 G20 的合作是有一些影响的。

G20 在中国杭州峰会之前开了 10 次，这些峰会虽然取得了一些成果，但许多没有落实，或者落实起来比较困难。问题的核心还是大国的合作意愿在减弱。所以这次习近平总书记在杭州峰会期间讲，G20 要重新拾起同舟共济的精神。美国始终对中国的发展有不必要的疑虑，主要是担心中国强大了会挑战美国在国际体系和全球治理中的主导地位。

我们把镜头拉到 2016 年，看看现在为什么有第二次转折点。世界形势正在发生比较大的变化，有三点值得关注。

第一，世界经济没有像通常所预料的那样危机后能够及时、全面复苏。过去经济学家一般的判断是，经济、金融危机后，世界经济复苏一般需要 5—7 年。可是现在的情况是过了 8 年多了，世界经济依然低迷。2016 年全球 GDP 增速被国际货币基金组织反复调低，最近调到只有 3.1% 了。中国经济增速也在下降，因为我们进入了发展的新常态。世界经济持续低迷对西方国家、对发展中国家都有很大影响，如何应对世界经济持续低迷，让世界经济能够重新恢复增长，这是非常大的挑战，也是新挑战。

第二，国际形势的另一个变化是逆全球化、反全球化的思潮泛滥。大家可能也注意到，今年美国大选特朗普能够一路领跑到现在，说不定就会成为美国下一任总统，大家都觉得很奇怪；英国居然会公投脱离欧盟；欧洲一些主要国家如西班牙、丹麦、德国，代表激进民粹主义思潮的政党获得很多选票，默克尔的政治前途堪忧，为什么？

全球化增加了世界各国的财富，大家经济水平都在提高。但同时因为全球价值链、生产链的变化，中低端特别是中端的产业从发达国家转移到了发展中国家，现在有些产业也从中国转移到孟加拉、斯里兰卡等。这些产业原来雇佣的工人或者蓝领，他们的就业机会在下降。你让他重新培训做 IT，他做不了，做银行也做不了，50 多岁了，能让他做什么？这批人就业受影响，收入也受影响。美国有统计，这三四十年以来，美国工人阶级，或者说中产阶级的平均收入一直在下降。与此同时，欧洲又受大批移民的冲击。全球化重要的一条是人员自由流动，是商品、资本、人员的自由流动，因此鼓励移民。现在因为中东动荡，许多移民从叙利亚、伊拉克、也门涌入欧洲，目的地往往是德国、英国、法国，当地不少老百姓就受不了了。

"脱欧"的主要原因就是对经济下滑感到不满，对受移民冲击生活水平下降、犯罪率提高感到不满，那么老百姓自然而然地将其归咎于政府无能，也就是认为治理社会、统治社会的精英无能，没有替老百姓着想。再就是归咎于欧盟，认为自己的政府把那些权力给欧盟了，所以英国老百姓要脱欧。英国领导人原本没有想到这次公投能够成功，以为老百姓会支持英国留在欧盟，但结果一出来，50% 以上的人决定要退出欧盟，就傻眼了。

反全球化趋势加强、民粹主义上升，已经影响到了西方国家的政治生态，很可能会有代表民粹主义思潮的政党在一些国家的选举中取胜，这对全球化也会有影响。特朗普就把美国工人阶级的生活水平下降归咎于中国，说他上台后将对中国的商品征收 40% 以上的税。当然这实际上不太可能，否则的话世界贸易就乱套了。

再则是近几年地缘政治关系越来越复杂，矛盾上升。中美关于南海问题的争执，美俄就叙利亚和乌克兰的对峙就是例子。最近美俄就在叙利亚到底谁炸了联合国人道主义救援车队，谁炸了叙利亚政府军问题上搞得一团乱麻，实际上是美俄大国博弈，利用叙利亚问题博弈。乌克兰问题一直解决不了也凸显了美俄的矛盾。

在这些背景下，G20怎么办？世界再一次把目光聚焦于中国，希望中国能够给世界经济发展指出方向，给全球治理发展指出方向，给由于大国政治日趋复杂的国际格局，提供新的思想、思路和解决方案，也就是习近平总书记讲的"中国的思想、中国的方案"。

现在西方的政治体制、经济体制都出了问题，经济指导思想已经信誉扫地，而这几十年中国国内治理的成功、中国的发展模式和道路取得了巨大的成功。这样的对比放在国际环境和全球治理的大框架里来分析，许多国家特别是发展中国家就希望学习中国的经验，希望中国能够引领全球治理体制机制乃至体系的改革。在这样的国际环境里，各国关注中国的发展模式和发展道路，希望了解为什么中国能这么成功，是必然的。因为中国的成功一定有政治和社会制度上的优势，除了中国人勤奋努力，中国能够融入全球化，在现有国际体系内发展壮大，其体制机制一定有优势。

也正是在这样的背景下，中国2015年接任G20的主席。G20有一个"三驾马车"的领导机制，"三驾马车"中有候任主席国、现任主席国、前任主席国，中国2015年作为候任主席国进入"三驾马车"。2014年澳大利亚布里斯班峰会决定2016年由中国主办峰会，表明国际社会再次将目光聚焦中国，寄希望于中国。这里很重要的一个因素是中国经济的稳定增长，一个13亿人口的大国能够保持政治稳定，社会和谐，经济持续发展，世界历史上没有过。这不是5年、10年的事，改革开放已经快40年了。这与全球治理的现实形成了一个反差，西方经济指导思想失灵了，经济新自由主义破产了，西方要引领世界经济也力不从心了。现在中国对全球经济的增长，保守估计每年是贡献30%，这就是说，2016年，如果全球经济增长3.1%，那么其中的一个百分点就是中国贡献的，如果中国经济下滑的话，那世界经济总体就会很快下滑，那就不是一个百分点的事，还会有其他的效应，世界经济可能就会负增长。所以各国对中国经济能够保持持续增长，中国经济能够顺利转型抱以很大的期待，因为这关系到整个世界经济的命运。

现在全球治理体系面临的困难是全球治理体系的改革问题。显然我们看到的这个体系存在一些不公正、不公平、不合理的地方，比如金融体系、货币体系。譬如美元体系，大家知道美元现在占整个世界货币体系的60%，就是说直接或间接使用美元的国家及其经济总量都在60%以上，美元是国际储备货币，这就导致全球金融体系风险。美联储近一年来一直在加息预期上做文章，因为加息预期，美元一路走强，国际资本纷纷流回美国本土。现在巴西、马来西亚等不少发展中国家金融出现了问题，不得不采取货币贬值等措施，这跟美元走势和美联储政策预期很有关系。

所以这次G20峰会一个十分重要的成果是，领导人决定要加强宏观政策的协调，以减少主要发达国家宏观政策的负面"溢出效应"。现在各国对于全球治理体系存在的问题怎么改，都寄希望于中国。中国也在身体力行，在推动包括货币体系在内的金融体系的改革。今年10月1日，人民币将正式成为国际货币基金组织特别提款权（SDR）的货币篮子的一部分。SDR是国际货币基金组织的计价货币，在人民币进入前由4种货币组成，分别是美元、欧元、日元、英镑。美元为主体，大概40%左右，欧元30%左右，后面是日元和英镑。现在人民币进去以后就排在美元、欧元后边，日元和英镑的前面。这个货币篮子里人民币占比多少呢，大概10.9%左右，如果看中国经济总量占全球经济总量的比例，大概12%—13%，这两个数字很接近，说明人民币在国际货币中的分量跟经济总量占比是一致的。当然，SDR现在还不是国际流通货币，只是计价单位，每个国家在国际货币基金组织有一定的份额，如果到国际货币基金组织去贷款，可以选择美元，现在也可以选择人民币。

中国正在推动全球治理体系改革，推动货币体系的改革，这就包括 SDR 更广泛的使用。第一步已经迈出了，世界银行在中国首次发行了以 SDR 计价的债券，所以我们的推动还是有效果的。全球治理体系的改革是世界各国面临的新挑战。

还有就是 G20 本身的转型问题。金融危机应该说已经基本结束了，那 G20 怎么能够从一个危机应对机制转变成一个经济长期治理的机制。德国曾经提过非正式的建议，说干脆成立一个经济上的安理会，但这个实现起来很难，因为涉及修改《联合国宪章》，很难做到。

这次杭州 G20 峰会习总书记强调，我们要推动 G20 的顺利转型，从危机应对转到长期治理，从注重短期政策转到注重中长期政策。我们高兴地看到，2016 年杭州峰会取得的 29 项成果里，已经体现了 G20 的转型。

我们讲 2016 年是 G20 的历史性转折，也是中国的历史性转折，它的意义在哪里？对 G20 来说，在促进全球经济增长、改革全球治理体系、G20 本身转型这三个方面都取得了丰硕的成果。对中国来说，习总书记在 G20 峰会期间讲得非常清楚，中国现在处在一个新的历史起点上，中国开始用自己的思想、智慧和具体的方案来推进 G20 的发展，来推进世界经济的增长，来推进全球治理体系的改革。我们开始发挥引领作用。用什么引领呢？如果 2008 年是中国"出钱出力"的话，现在更多是出思想、出方案，这就是引领作用的体现。

这两个历史转折点对 G20、对中国都意义重大，比如刚才讲的宏观政策的协调。主要大国宏观政策协调是非常困难的，都觉得很有必要，但协调起来难度大。你说去协调美国的财政政策、货币政策，美国能痛快同意吗？但宏观政策到了非协调不可的地步，美国的货币政策对世界都有溢出效应，不是只对美国产生影响，对整个金融体系都有影响。目前连发达国家之间也没有协调，美国货币量化宽松结束了，美元开始走强，利率提高；日本和欧洲国家则继续量化宽松，进入负利率。发达国家与发展中国家之间更是没有协调。巴西这么资源丰富的国家现在也遇到经济困难，其总统被弹劾有别的原因，但经济上出了问题是重要因素。这次G20峰会在中国的推动下决定要进行宏观政策协调，主要还要靠财政部长、银行行长这个财经渠道机制来办。同时G20做了件重要的事，G20委托经济合作与发展组织（OECD）来拟定一系列的指数。今后G20峰会可以按照这些指数来衡量各国对全球宏观政策协调的参与程度，执行力怎么样，做得怎么样。

中国还推动杭州峰会把发展问题列入G20正式议程，并取得具体成果。什么叫发展问题？现在有很多欠发达国家、发展中国家并没有得到全球化的好处，这些国家很多还处在工业化初期。记得从第一次G20峰会中国就提出发展问题，认为世界经济、世界金融出了问题，一个根本问题就是发展中国家没有真正发展起来，贫富差距在扩大，所以必须正视发展问题。经济增长靠什么？靠发展。怎么才能实现世界经济的可持续发展，就需要所有国家包括发展中国家的发展。这是全面发展的新理念。中国有"一带一路"倡议、中西部的发展战略，有京津冀协同发展和长江经济带发展的战略等等，以克服中国发展的不平衡。中国提出"创新、协调、绿色、开放、共享"五大发展新理念，其中创新和协调发展放在前面。我们提出建设"一带一路"的发展战略和国际合作倡议，核心思想就是共同发展，希望中国发展成果能惠及其他国家。习近平主席说得很明确，中国欢迎其他国家来搭乘中国发展的便车，搭乘中国发展的快车，我们愿意与大家分享中国发展的成果。中国古代有"达而兼济天下"的哲学思想，中国发达了，就要考虑天下。

所以发展问题第一次被列入议程，而且有一系列措施，包括基础设施建设的推动，是要真正给发展中国家一个机会，帮助他们一起来发展。这是过去 G20 没有做到的。这也是第一次把发展问题跟联合国的可持续发展议程联系在一起。联合国的可持续发展目标就是从 2015 到 2030 年，通过广大发展中国家的共同发展，实现世界经济的可持续发展。

中国推动 G20 转型，推动 G20 更多关注世界上存在的一些根本性问题，像贫富差距问题，并在其中发挥了重要的作用。作为主席国协调 G20 并非易事，因为涉及议题很多，大国又都有自己的想法。G20 升格为峰会机制之初，主要是就应对金融危机、加强金融监管、反对贸易保护主义等进行协调，现在协调的问题更多了。中国这次能够成功协调 G20 成员国，达成这么多重要成果，表明中国在国际上的动员能力、协调能力是比较强的，已经是全球性大国了。当然，中国不仅动员别人，更是自己身体力行来做这些事情。"一带一路"建设就是中国自己带头做，亚投行是中国牵头成立的，丝路基金是中国自己投入的，都是为了给发展中国家提供一个新的融资渠道。这一次杭州峰会大家看到的报道比较多，我就不具体讲了。概括起来，对中国来说，这是一个从积极参与到发挥引领作用的历史性转折，对 G20 来说，是从应对危机机制向长期治理机制转型的历史性转折。

现在中国确实站在一个新的历史起点上，我们从这个新的历史起点再出发，中华民族伟大复兴的中国梦一定能够实现。

（本文根据何亚非 2016 年 9 月 24 日在中央和国家机关"强素质·作表率"读书活动 2016 年第 9 期主题讲坛上的讲座内容整理）

历史

革命战争与革命英雄主义

主讲人：王树增

我是 1970 年入伍的，将近 40 年的军龄了，我除了海军军装没穿过之外，别的军装都穿过了。我当兵的时候头十年是伞兵。我终生为当过一名伞兵而自豪，因为我至少比没有跳过伞的人多个角度看这个世界，至少有机会俯瞰这块大地。这块土地是生我养我的土地。我们每个人都怀着这样的情结热爱我们的土地，热爱我们的国家，热爱我们的民族，这是我写作最根本的出发点。

我写过三部非虚构类的作品，即《朝鲜战争》《长征》和两卷本的《解放战争》。什么叫非虚构类文学？简单地说，就是你在翔实的资料的基础上，在无论情节和细节上都不允许虚构的原则下，阐述你的历史观。同时，非虚构类作品又是文学。文学是写人的，笔触更多地深入到人的精神层面。

今天，我所向大家汇报的题目是革命战争与革命英雄主义。英雄主义精神是一个很宽泛的概念，几乎可以涵盖人类追求社会进步过程中所呈现的各种不屈的精神，包括勇敢、永不言败和坚韧不屈等等。在人类的文明遗产当中，英雄主义精神是支撑人类发展的一个巨大的动力，没有这个动力，人类文明发展到今天是不可想象的。

一、革命英雄主义是在信念与理想旗帜下迸发出的生命激情

我原来是写虚构类文学的，90年代初我在广州工作，开始研读朝鲜战争的史料，这一研读就是三年，三年间我做了300万字的笔记。历史写作是不能够用简单的剪刀、糨糊拼出来的，尽管当时流行这种"纪实文学"的创作方式。我们的革命历史中迸发的人性的光辉，英雄主义的光辉，吸引住我欲罢不能，以至《朝鲜战争》这本书我整整写了6年，我想很少有一个作家用6年写一本书。

为什么我在革命战争题材上的非虚构类写作上花费如此大的精力？在写长征之前，我看到一本2000年出版的书，标题是"一千年以来影响人类文明进程的100件事件"，一千年是什么概念？是十个世纪。往前追溯的话，中国是北宋时期。这本书选的100件事包括了科技、文化、经济、军事等等所有门类。中国一千年以来被西方专家选为影响人类进程的三件事是：

第一件事，火药武器的发明使用。最早使用热兵器的是我国的宋朝。

第二件事，成吉思汗的崛起，东方铁骑曾经饮马于多瑙河畔。

第三件事，长征。当我看到长征这两个字的时候我非常惊讶，这些外国的顶级专家难道对中共党史感兴趣吗？或者说他们认为这是一次伟大的军事行动吗？我都不这么认为。从军事规模上讲，长征的军事规模小到了可以忽略不计，不能和一战、二战比。那么，他们为什么认为长征这件事情影响了人类进程？我想只有一个解释，就是精神层面的意义，中国工农红军长征的举动折射出了人类的伟大的不屈的精神。写长征的时候我曾经走访过很多战场遗迹。在昔日的长征路上我常常碰到年轻人，背着个背包，拿现在的话讲是驴友，在走长征路。但是非常遗憾，我看到的大多是外国青年。我也碰到过中国青年，在泸定桥边照个相就走人了。我在贵州境内碰到四个瑞典青年，衣服破了，鞋子烂了，

但还在严格按照当年长征的路线走。看着他们我在想,这是西方的经济发达国家的青年,他们几乎不知道中国工农红军是何许人也,他们可能根本就不知道中国共产党人的奋斗史,他们为什么要走这条路?他们在追寻什么?我想,他们在找支撑自己勇敢地、顽强地生活下去的理由。如果没有这个解释,你不可能理解他们为什么要这么走。

每个民族都在寻找自己的英雄,寻找历史上的一些闪光点,作为这个民族发展的一个精神的支柱。我去过的国家不多,每到一个国家我必须看的是纪念碑、博物馆,尤其是纪念碑。我看见一座纪念碑总要刨根问底,我问这是纪念谁,于是他们就非常自豪地说这是在纪念谁谁谁,这是我们的人民英雄。在新西兰,我看见一个士兵的纪念碑,长明灯在燃烧着,当地居民说这是他们的民族英雄。

在我们这块土地上,这样的纪念碑太少了,我们要立这样的碑的话,我们有多少英雄该矗立在这块土地之上?我们忘却了他们,忘却得太久了。

我认为,离开信念、理想旗帜引导的民族自豪感和英雄情结,民族的发展、社会的进步就是无本之木、无源之水,就是空中楼阁,没有后劲。一个民族如此,一个人也是如此。那些声称自己什么都不信的人,把什么都不崇拜当做时髦的人,是在掩盖内心的苍凉和苍白,是内心空虚的虚张声势。我没有见过一个内心苍凉空虚的人的人生会成功。一个民族如果不崇尚自己历史上的那些英雄,把这些英雄当做一种精神的范本来支撑内心,那么这个民族就是一个没有发展活力的群体,它永远也进不了强大民族的行列,这也是我写这几本书最基本的动力。

孤独与崇高是一个共生词。长征出发的时候中央红军号称 10 万,实际上是 8 万人左右,许多是机关人员,作战部队就 5 万人左右。我们当时全国有多少人?这些人所占全国人口的比例有多少?很小很小的一部分。当时红军的成分很奇特,由两极组成,一极是政治精英和精神精英，很多人学贯中西，国外留学多年，他们熟读马克思和列宁的著作，已经确立了坚定的政治信仰。另外一极是连自己名字都不会写的、最贫苦的农民，很难向他们解释什么主义。但是就这两极如此融洽地融合在一起，形成中国历史上极为独特的、高举着英雄主义的旗帜的一群人。湘江战役是场惨烈的战役，为了掩护军委纵队的安全，红一军团、红三军团为了保持通道的畅通，和敌人血拼到底。当时形势危急，南边是作战凶狠的桂系，他们的战斗力非常强，尤其擅长山地战，武器装备比中央嫡系部队还好。北边是湘军，湘军也是一支凶悍的部队。而且他们有飞机大炮助战。我们的子弹是打一颗少一颗的，最后咱们就拼大刀了，那个时候真正是血肉横飞。最后，我们的中央机关过去了，但后面还有掩护的部队三十四师没有过来，当时的师长叫陈树湘，我们要记住这个名字，这位二十几岁的英雄师长负伤被捕，湘军官兵用担架抬着他去长沙。陈树湘师长的腹部被打开，肠子都流出来了，两个士兵抬着担架的时候，后面的士兵差点没滑倒，低头一看是肠子，陈树湘师长他把自己的肠子给拧断了。年轻师长的头被砍下来，挂在长沙的城门上，年轻的红军师长的家就离这里几步之遥，他的母亲和妻子就在城门前小街的板房之后，这个师长就是用这样的方式回到了自己的家乡。

毛泽东诗词《十六字令》：山，快马加鞭未下鞍。惊回首，离天三尺三。写于1934年至1935年，正是红军过了湘江进老山界的时候。当时不少人对前途持悲观态度，悲伤的情绪肯定在部队当中蔓延，不知道往哪里走。但是毛泽东就在那一刻写下了这首词。我们细读一下就会知道什么叫英雄主义。天塌了，有我。有我像一根柱子一样把将要塌的天给顶住。这是一种什么样的胸怀？

这些年轻的、勇敢的红军指挥员、红军战士们，那股不屈的精神从何而来？我在我的几本书中都反复强调这个观点，那就是对生活的憧憬，拿句俗话说，就是心里有一份指望。什么指望？就是对未来日子充满了信心。我们总在说一句话，我们的人民军队官兵一致、同甘共苦，这几个字不是说着玩的。我们看一下历史旧照就知道了，我们从士兵到政治精英，他们的军装是一样的，身上的补丁是一样的，他们的菜金是一个标准。旧中国的农民生活质量之低，待遇之悲惨，世界少见。穷人的孩子生下来就不认为自己是人，什么时候才感觉到自己是个人？是参加了红军队伍之后。长官不打你，不骂你，长官和你平等，玩命的时候干部冲在前面，党员冲在前面。在革命战争当中我们的干部伤亡是最大的。"跟我上"这不是一句台词。

人活着不就是为了一种做人的尊严吗？最贫苦的农民只有加入到共产党领导的队伍当中才知道了什么叫做人。入伍的时候一个字不识，行军时一天认一个字，这个字写在前边人的背包上。第一个字是"人"，指导员说，人最简单了，叉开腿站着就是人，什么时候都不能趴下。我们这些贫苦的农民什么时候尝到像人一样站立的滋味？跟着这样的队伍明天我去死我也很快乐。红军通过的腊子口是个隘口，先头部队怎么打都打不过去，腊子口要是突不过去的话历史就得改写。是一个小红军救了我们的红军，也救了我们的历史。这个小红军没有名字，大家管他叫云贵川，是个十几岁的孩子，赤着脚，红军路过他的家乡的时候他跟着队伍，成了一个红军战士。他说我有办法，我能爬上去。杨成武不相信，拿自己的马亲自把他运到悬崖底下，说你爬一下我看看，这个贫苦的孩子居然一会儿就爬上去了，然后突击队就攀绳子上去了。腊子口就是这样被突破的。所以我永远怀念那个小战士，我不知道他叫什么名字，我费尽心机也没找到他的名字，但是我总惦记他，这个小战士后来怎么样了，是不是在哪次战斗当中牺牲了，早就被埋到某个山沟里了，或者负伤留在某个偏僻的山村里，或者现在还活着。但愿英雄长命百岁。

说到英雄主义来源的时候我们不要讲很多大道理。朝鲜战争一开始的口号是保家卫国，这几个字太准确了。新中国刚刚成立，农民刚刚分到了土地，刚刚获得了自由，看到了平等的希望，正在建设家园，忽然邻国的战火燃起，有点儿不牢靠了，这时父亲肯定跟儿子说：出去，跟着咱们的队伍打，保卫胜利果实。就这么简单的道理，保家卫国这几个字足以让我们的青年战士出生入死。

日本自卫队的教材当中有一段话，说到志愿军冬季作战的时候，联合国军在半夜的时候就怕听见一种声音，就是中国军队胶鞋的底子踩在冰雪上那种沙沙的声音，在零下几十度下胶鞋底子已经变得僵硬了，这种声音足以让联合国军的士兵魂飞魄散。零下三四十度，人很难活着在野外度过一个晚上，中国人活着，不但活着而且还冲过来了。因此日本自卫队的教材中说：难道他们不是人吗？不是血肉之躯吗？他们为了保卫自己的国家、自己的民族，为了荣誉而战，他们的信念已经深入到了他们的骨髓之中。朝鲜战争的东线战场很少有人提到，冬天零下三十到四十度，向这个地域进攻的是美国军队中的海军陆战第一师，这是二战当中的精锐部队，我们动用了三个军堵他的一个师。这三个军是从准备解放台湾的部队中临时调过来的，来自温暖的华东地区。在鸭绿江边这些部队匆忙配发军衣，有的人得到一顶棉帽子，有的人得到一双棉鞋，有的人得到一件棉袄。这些在风雪交加中行进的志愿军官兵抬起头来的时候，头顶着像一张白纸片一样的太阳。但是我们的部队还在往前走，而且还作战。在陆战一师撤退的路上每一个高地都有我们的部队，美军先用航空母舰上起飞的飞机轰炸，然后重炮轰击，坦克轰击。美国兵认为绝对没有活着的人了，这么低温一夜，什么也冻死了，况且还这么轰炸。但是雪地里居然能站起人来，英雄杨根思就站起来了，他拿着炸药包冲到美军陆战一师的队伍当中。他牺牲的时候口袋里的干粮是两个冻得快透明的土豆。杨根思是解放战争时期的著名战斗英雄，出席过全国英模代表大会，朝鲜战争中我们牺牲了很多这样的老战士。

在朝鲜战场，我们在和谁打仗？我们是在和一个高度工业化的国家打仗。在陆战一师撤退的路上有一个必经的隘口，上面有一座桥。我们志愿军的侦察部队把这座桥炸了三次，炸一次美军修一次，最后把那座桥的根基都给炸了。但是，美军从美国本土空运钢桥梁到日本，再从日本空运到朝鲜，还做了两次空投实验，然后把钢桥梁连工兵一起空投到预定地点，一夜之间把桥架起来了。这就是工业国家的实力。我们很多志愿兵官兵连飞机都没有见过，我们的武器叫做万国博览会，我们的后勤部门往阵地上送弹药的时候最头疼的就是枪支口径不一，什么子弹都有。我们吃炒面，炒面吃多了以后眼睛什么都看不见，夜盲，因为那个东西缺乏维生素。而我们的对手在对面的战壕里可以喝咖啡，感恩节可以吃到火鸡腿。战争是需要物质力量支撑的，而我们那时候还处于百废待兴的阶段。我们的官兵只有一条路，用血肉之躯跟敌人拼到底。

有人说你和美国军队在朝鲜打仗不就打了个平手吗，你也没打胜呀？这种说法忽视了对手是谁。有人还质疑朝鲜战争该不该打。我认为，不要站在今天的角度去对历史说三道四，要站在当时的历史条件下看问题。当时新疆、西藏还没有解决问题，西南还有100多万土匪，蒋介石刚刚撤到台湾随时可以卷土重来，如果让西方势力在我们北方1500公里的边防线上压上来的话，这个新生的共和国如何生存下去？要想让这个新生的政权生存下去就必须作战，没有什么退路可言。

解放战争时期，有一位外国记者问毛泽东，你凭什么就可以打败国民党军队。在毛泽东的回答中连军队二字都没提过，毛泽东反复说了一个词：土改。毛泽东说，就看我们的土地改革能不能成功，如果我们的土地改革成功了，我们的战争就胜利了。我们的农民靠什么？土地。你给了他土地，他可以春种秋收。他的孩子就不至于夭折，他的老人就不至于饿死，过节的时候可能有一些白面馒头可以供供祖先，如此而已。我们的农民生活标准很低，你把土地给他了，这是最大的一件事情。他跟他儿子说，跟咱们部队走，别让那帮人再回来。这不是很简单的事儿吗？

我们的战士的那种英雄气概让国民党官兵不可理解。淮海战役有个徐东阻击战，国民党两个兵团去解救黄伯韬兵团，最后中间也就相隔五华里左右，重炮都可以交叉射击了，但就是过不去。这两个主力兵团，每个兵团都是三个军，坦克大炮飞机都有，阻击他们的是我们华东野战军的一个纵队，就拿一些步枪、手榴弹、炸药包。李弥兵团抓到我们一个战士，说你们前面到底有多少人。战士的回答让李弥摸不到头脑，战士说，你们进攻的时候我们一个连，你们不进攻的时候我们一个营，只要我们还有一个人活着你们就过不去。济南战役时，毛泽东收到一封电报，电报内容记录了战场上国民党军队审问我军一个战士的对话。审问的人问：你到济南干什么来了？战士说：毛主席派我打你们来了。又问：你们打得过我们吗？战士说：我们的人多得很。我查不到这个战士的名字，电报上就说是一个战士。这样的例子还有很多，比如说辽沈战役中的塔山血战，那边是五个军，蒋介石在海边的军舰上亲自督战，舰炮飞机坦克都有，我们阻击他们的实际上就是一个纵队，他们就过不去。我们撤离塔山阵地的时候，国民党的将军们集合在一起专门到塔山阵地上察看，看到的也不过就是简单的野战工事，他们看到插在阵地上的很多小木头牌，上面写着"打倒蒋介石，建立新中国"和"共产党员誓死不退"。

二、崇尚英雄是人类的一种古老的激情，是健康社会的一种普遍的情绪，是人类生活中最具共性的精神图腾

英雄主义的普遍特征是为大多数人的利益而奋斗，英雄主义的核心就是为大多数人奋斗。为私利奋斗不是什么英雄，也成不了英雄。

解放战争的结局是不能用普通的军事公式计算的。解放战争是世界战争史上非常奇特的战争。战争爆发的时候双方力量不成比例。重庆谈判的时候，蒋介石面对毛泽东的时候踌躇满志，为什么？他有底气。他那时候部队至少有500万，这500万军队是用盟军标准装备起来的，二战时的中国战场是世界反法西斯战场的一部分。国民党的空军和海军是具有作战能力的。毛泽东走下飞机的时候兜里有一个实力统计表，我们的兵力是127万，这里其实有水分，因为这其中大部分都是民兵。所以蒋介石说我三到八个月消灭共产党，这句话不夸张，按一般的军事公式一计算也就是三四个月。但是，时隔短短几年，我们就占领南京了，怎么解释？

我的解释是：与其说是我们用军事手段打败了国民党军和推翻了国民党政府，不如说他自己把自己弄垮了。抗日战争之后，国民党军政大员内部的腐败与堕落到了不可收拾的地步。蒋介石退守台湾以后，多次讲话都讲到一个词叫"接收"，说我们失败就失败在"接收"二字了。什么叫"接收"？日本投降以后留下了大量的财产，国民党政府还都，第一件事就是接收这些财产，所接收的财产绝大部分都被接收人员中饱私囊了。腐败存在于专制政权当中由来已久，只不过八年抗战民族矛盾成为第一位的时候它还没有完全泛滥的可能性。抗战结束之后，国民党的军政大员们认为自己重得天下了，重生了，这时候不捞什么时候捞，一发不可收拾。

写《解放战争》的时候我发现了一个现象，就是作战双方的军事指挥员有不同的财产观。我们有俘虏政策，不搜腰包，把枪交出来就行，国民党指挥官身边总有一个秘书或者副官，都会提着一个小箱子，你打开那个小箱子看，里面无一例外都是一样东西——金条。为什么？当时货币不管用了。国民党的高级军事将领，大多数都有生意背景，都是有买卖的。淮海战役的时候，蒋介石为了保全国民党军的主力，命令海州方向的国民党部队向徐州靠近，当时海州方向的司令官是李延年，他并不知道将要命令他撤退，他还认为要死守海州呢，结果半夜里有人敲门，一个老板找到他，说李司令无论如何你要带我走，可不能把我搁在这儿。李延年大为吃惊，打电话到国防部问怎么回事儿，国防部被迫说是有这个命令，还没到你那儿呢。司令官不知道，老板凭什么知道了？因为这个人是给徐州剿总司令刘峙做盐生意的，刘峙知道撤退的命令。刘峙第一个通知的并不是李延年而是给他做生意的盐老板。还有徐州撤退。撤退是最容易受到攻击的时候，为了保密杜聿明做了很多假相，说我要死守徐州。但是天还没亮呢，他的警卫司令就告诉他说现在都乱套了，都跑了，银行家们全没影了，金库都空了。谁最有可能泄露军事机密？只有国防部的官员，因为那些高官们不少人在徐州有买卖。

在战争当中，我军无论多大的干部牺牲了，整理他的遗物是最简单的事情。十分钟他的遗物就能整理完毕，什么都没有，包括我们相当一级的高级将领也什么都没有，就是这身军装，两个大口袋，这边是一口袋烟叶子，可能还有一个小烟袋，那边是笔记本，大一点的干部有一支钢笔。解放战争中有很多外国记者在战场，他们有一个疑惑就是分不出共产党军队的官和兵，后来他们内部流传一个经验，说这个人背后拉着一匹马他就是当官的，如此而已。

淮海战役不好打，用毛泽东的话说这是一锅夹生饭，淮海战役是违反了我们一般的军事原则的，我们的军事原则是以优势兵力打歼灭战，在淮海战场上我们的军队总数从来没有超过对手，最高的时候我们60万对方80万，兵力不占优势。但是我们看到邓小平的一个动员，他说包括我和刘司令在内，我们都准备烧铺草。当地老百姓有一个习惯，人死了以后要把他睡过的铺草拉到野外烧掉。邓小平说到做到。刘邓在淮海的指挥部在战场的腹地，离前沿咫尺之遥。世界战争史上没有哪一个统帅把自己的指挥部设在这样的地方，那不是玩命吗，就是准备烧铺草了。

淮海战役中一位叫鲁瑞的营长牺牲了。他是知识分子出身，军装总是干干净净的，老百姓喜欢他，战士们更崇敬他。整理他遗物的时候，他身上有一个笔记本，一兜烟叶，口袋里还有一副扑克牌，这副扑克牌是他自己用硬纸片儿做的，梅花方块是他用抠好的萝卜自己印上去的，战斗间隙在坑道里要和战士们耍上几把。有一张扑克牌背后有一行小字，是这样一句话：我是淮海人，我将要在这次战斗当中贡献我的一切。这不是英雄主义精神吗？这不让我们今天还心灵震撼吗？

有一点我们要永远牢记，我们的胜利是人民给予的。没有老百姓的支持，共产党人得不了天下，这是一个铁的历史事实。谁是英雄豪杰？谁是我心目中最高大的英雄？人民。解放战争是人民支援军队的战争奇观，世界上任何一场战争都不会有这样的奇观。

在战场上，两军在互不知情的情况下往一个地方碰撞，这个时候保密尤为重要。我们保密保得极好。彭德怀说过一句话：你知道什么叫守口如瓶吗，在解放战争当中我们老百姓就是守口如瓶。美国有一位记者曾经说过这样一句话，说中国的穷苦百姓有这个本事，他能够让战争中的国民党军一无所知。毛泽东转战陕北的时候身边有200来人，指挥着全国的大战场的总指挥部简直就是一个小小的游击队，在山里转来转去，往往和追击的国民党部队就隔着一个小山包。毛泽东为什么心里踏实，毛泽东说：在老百姓中间最安全。清风店战役时，杨成武的部队和傅作义的三十五军打。耿飚那个时候是参谋长，三十五军的动向他一清二楚，为什么？不停地有老百姓上百里跑来给他送情报，国民党到哪儿了，进哪个村了，大炮支在哪边，有几门，有多粗；做的什么，吃的什么，无论什么都向我们报告。解放战争当中人民群众有一句话叫"毁家支前"，不要家了也要支持解放军作战。打临汾的时候有一个细节，为了攻城需要木材，老百姓就把自己家的门板卸下来了，给前线送去门板26万块。老百姓的家本来就一贫如洗，再没有门板那还叫家吗？那不门户洞开了吗？我们的官兵走过老百姓没有门板的家，说拼死也要把临汾城打下来，不然对不起乡亲们。淮海战役的时候我们60万人，支前的老百姓有500多万，平均九个老百姓支援我们一个战士。国民党军可享不了这个待遇，他们走到哪儿，水井都填了，不让你喝水；要不然就没影了，都见不到人了。而我们行军还没到村呢，村干部就迎上来了，我们的营房在老百姓家里，我们的病床在老百姓的炕上。

人民的信任，人民的支持，是革命英雄主义最可靠的来源。不为人民谋利益还叫什么英雄好汉？我再一次重申一个词，叫"公信度"。解放战争后期，国民党军队败局已定，于是国民党内部开始争论，找失败原因，众说纷纭，有一种舆论说是经济危机闹的。我看到一篇文章反驳说，你不是说经济危机导致你垮台吗？请问共产党有银行吗？共产党发行的钞票印得非常粗糙，有的干脆就是一个布条，想写上几块钱就是几块钱，这是他们的货币，但是这个布条得到了人民的信任，他们有政治和经济上的公信度，所以共产党人取得了胜利。

水可载舟亦可覆舟，这是永远的真理。现在不是流行精英二字吗，我说，不管你是什么精英，离开了老百姓你什么都不是。

三、英雄主义不仅仅是极端环境下的特例，也是健康社会的精神常态

英雄主义是一种生活态度，是一种人格取向，英雄主义就在我们生活当中。我们现在常常听到年轻人的抱怨，说的最多的话就是我郁闷啊。不愁吃不愁喝，但他郁闷，快乐二字在当今生活中是奢侈品。

心胸狭窄的人当不了英雄，不具备英雄气质，真正的英雄是生活的强者。

我见过快乐的人，他们的快乐是从内心流露出来的，就是我在长

征路上见到过的红军老战士。在藏区的土房子门口坐着个老人，一看就不是藏族人，但他至少有八十多岁了，一问是当年红军留下的小伤员，担架上有几块银元，留在藏民家里，从此给藏民当儿子了，一直到现在。采访的时候他什么都不知道，什么也想不起来，勉强想起来还是错的，甚至他家乡在江西、在湖南哪个村也搞不清楚了，忘了。但是有一样，唱起歌来的时候一点都不糊涂，歌词清清楚楚足以让我记录下来。没有牙了，哼哼唧唧地唱，那个时候脸上才有点笑容。我在想他年轻的时候尽管面临很多死亡、饥饿、困苦，但是他曾经快乐过，这种快乐的记忆在他人生当中刻骨铭心。

我赞同文化的多元化，但是有一个原则，多元化的文化当中必定要有主流，这个主流就是民族的自豪感、民族的共同的价值取向，就是我们现在说的核心价值观。不然的话，这个民族靠什么生存？

一个民族不追求民族的荣耀，不追求民族的精神，这个民族就很萎靡。我最近看了部叫《2012》的灾难大片，就这么一部片子美国人还忘不了他的主流文化，你看他把那个美国总统塑造得多么完美。他们要树立自己国家的形象、民族的形象。而我们的大片，我们的文学缺失的是什么，不言而喻。现在推崇娱乐至上，娱乐至死。娱乐我没有意见，但是健康的娱乐是什么呢？我觉得无论什么样的娱乐，它的主流必定是让心灵能得到某种滋养。弘扬道德这句话好像不太中听，但是我们细想一下，人类文明史上的经典哪一部不是具有这个内涵呢？人类道德的建立、延续、传承就是人类进步的一个动力，这还需要争论吗？可惜的是这样的基本原理到今天还争论不休，真是咄咄怪事。

经济发达不是现代化的唯一标志。我们不是老说要富强起来吗？我认为"富"和"强"是两个概念。富起来容易，强起来就不那么容易了，富而不强的先例世界史上比比皆是。很富有但内心脆弱，内心苍白，一击即垮。什么叫强？一个民族和国家真正的强，除了经济实力强之外，更重要的是民族精神的强大，是具有道德魅力的人文精神和集体意识的确立，是对内具有凝聚力、对外具有影响力的强大的民族价值体系，拥有了这个你才能说你强。

什么叫社会主义核心价值观，就是建立一个民族持续发展的精神支撑点。在汶川地震当中我受到了感动，老说一代不如一代，我不大同意这个观点，我看没有哪代垮掉。汶川地震当中，80后也好，90后也好，我们的青年人表现出的爱国主义精神，那种大情大爱令我很感动，我觉得我们民族有这些青年就有希望。但是有一点我们也不能否认，就是我们现代的软骨病依然存在，我们与英雄主义的情结在日益疏远。一个外国记者采访我们的大学生，问你们知道邱少云吗，有学生居然说我们知道这个傻冒，这件事让我感到非常难受。

我写的是战争，但我不希望发生战争。我希望我们的父老乡亲永远生活在和平年代。但是英雄主义应该充满我们的日常生活。一个人一旦把自己的命运和国家的、民族的命运联系在一起，树立起能够支撑我们精神不倒的英雄主义精神，你的人生必定是快乐的，你的人生必定能够成功，我们国家、我们民族的前程将充满希望。

（本文根据王树增2009年12月26日在中央国家机关"强素质·作表率"读书活动主题讲坛上的讲座内容整理）

在探索中前进的中国共产党

主讲人：张启华

非常感谢中央国家机关读书活动办公室的同志对我的盛情邀请，使我有这个机会来到这里和大家认识，并且能够就党史二卷的一些问题切磋交流。《中国共产党历史》第二卷今年1月出版，受到社会广泛关注。因为这段从1949年中华人民共和国成立，到1978年十一届三中全会召开前的29年历程，波澜壮阔而又曲折复杂，与今天及今后的探索直接关联，所以全面认识、准确把握、正确评价这段历史，非常重要。

一、探索，是29年历史的主题、主线

那虽然是一个发生过许多失误的年代，但也是一个创造了辉煌，取得巨大成就的年代。这种正确与错误、成功与挫折错综交织的情况，正是我们年轻的共和国刚刚踏上社会主义建设道路时艰难探索的写照。所以，确定这段历史的主题和主线非常重要。

主线是纲，纲举目张。主线在两方面起着纲的作用：第一，影响我们对这段时期事件、人物及历史全貌的认识，关系全书的面貌和基调，即对这段历史的评价是基本肯定性的还是基本否定性的；第二，决定全书布局、章节结构，主线一旦确定，全书各章即与之联系，成为主线的有机组成部分。需要说明的是，贯穿一个时期的主线，在各阶段呈现的

面貌和表现的特点会有不同，包括在有的阶段犯了错误、遭受挫折等，但其总方向、总目标一以贯之。

我们确定主线有两个评价的基本依据：

（1）1981年6月党的十一届六中全会通过的《建国以来党的若干历史问题的决议》第6条，对建国后32年（1949~1981年）历史的基本评价："总的说来，是我们党在马克思列宁主义、毛泽东思想指导下，领导全国各族人民进行社会主义革命和社会主义建设并取得巨大成就的历史。社会主义制度的建立，是我国历史上最深刻最伟大的社会变革，是我国今后一切进步和发展的基础。"二卷这29年，包括在这32年中。所以，这一评价适用于这29年。

（2）胡锦涛总书记2006年七一讲话中说，我们党在85年历程中干了三件大事：第一件，在新民主主义革命时期，历经28年艰苦斗争，领导人民革命取得胜利，建立了人民当家做主的新中国；第二件，在社会主义革命和建设时期，确立了社会主义基本制度，在一穷二白的基础上建立了独立的比较完整的工业体系和国民经济体系，使古老的中国以崭新的姿态屹立在世界的东方；第三件，在改革开放和社会主义现代化建设时期，开创了中国特色社会主义道路，初步建立起社会主义市场经济体制，大幅度提高了综合国力和人民生活水平，为全面建设小康社会、基本实现社会主义现代化开辟了广阔前景。"这三件大事，从根本上改变了中国人民的前途命运，决定了中国历史的发展方向，在世界上产生了深刻而广泛的影响。"这是对迄今90年党史的一个总概括。

二卷写的，就是第二件大事这个时期。其中两个重点，一是确立了社会主义基本制度，二是建立了独立的比较完整的工业体系和国民经济体系。这两个任务的完成，使古老的中国以崭新姿态屹立在世界东方。这是对我们党在这29年中取得成绩的实事求是的肯定，为我们研究这段历史提供了科学的指导思想。

由此，我们对建国后历史的主题和主线表述如下：

这60多年的历史，是中国共产党领导中国各族人民，把科学社会主义的普遍真理与中国具体实际相结合，探索适合中国国情的社会主义道路，逐步形成中国特色社会主义的理论和实践的历史。

这里的关键词有三，一是"结合"，二是"探索"，三是"逐步形成"。其中最重要的是"探索"二字。在探索过程中，我们犯过错误，但不是为个人私利；我们努力把马克思主义与中国具体实际相结合，但有时没结合好，对马克思主义作了教条化理解，脱离了中国国情，结果背离了马克思主义的基本理论。经过挫折，我们在改革开放新时期，总结经验教训，正确认识国情，科学对待马克思主义，终于逐步形成中国特色社会主义理论，找到了一条在中国建设社会主义的正确道路。总之，我们一直在探索，经过挫折，不断总结正反经验，直至找到一条正确道路。这就是我们党在建国后60多年历史的一条主线。

这样概括主线，除了上述两条基本依据，还有两个很重要的佐证。第一，小平同志在改革开放新时期讲到，我们现在从许多方面来说，正是把毛泽东同志已经提出但是没有做的事情做出来，把他反对错误的改正过来，没有做好的事情做好。第二，薄一波同志在领会小平同志这段话之后，用六个字做了一个概括，他说中国特色社会主义是"始于毛，成于邓"，这六个字很好地概括了我们党建国60多年的这条主线，也很好地说明了几代中央领导集体是一脉相承的。所谓一脉相承，是否说前后两个30年没有区别，是条直线，没有曲折呢？完全不是。两段历史的本质区别，即前30年由于对"什么是社会主义，怎样建设社会主义"这个根本问题认识不太清楚，所以理论和实践发生失误，探索遭到重大挫折，没能真正找到一条正确的建设社会主义道路。然而，正是失误造成的严重后果，使我们党深刻反思正反两方面经验，认识到必须解放思想，重新认识"什么是社会主义，怎样建设社会主义"这个根本问题，认识到必须实行改革开放。所以，从探索适合国情的建设社会主义道路这条主线来讲，两个 30 年，一脉相承。正是在这个意义上我们说，探索，是 29 年历史的主线。

二、探索中取得巨大成就，是 29 年的主流和本质

这 29 年探索，虽自 1957 年以后遭受重大挫折，但仍取得了经济、政治、文化等各项建设的巨大成就，为我国以后的发展奠定了最初的基础，提供了宝贵的经验。所以，探索取得的成就，是这段历史的主流和本质。

我们提出这个问题，也是针对这个时期犯错误比较多的情况。有个别作品谈到这个阶段的时候就是极力宣扬错误，认为这段时期就是无尽的灾难，甚至有人讲忆苦思甜就是忆这个时候的苦，我们说这样的评价是不符合实际的。当然这个时期有苦难，有错误，但是不能这样极尽渲染。有人觉得这段时期犯了这么多错误，你还要讲成绩，是不是想让错误再多一些呀？或者是不是想淡化错误呀？甚至有人问我说，你们是不是为了想从主观上说明什么，才去极力地挖掘成绩？我们说不是这样的。我们写作的时候，当时提出一句要求叫做"成绩写够"，有同志就问，犯了这么多错误，再要求成绩写够，我们是不是要尽量挖掘一些成绩？我说不对，不是我们尽量地挖掘成绩，不是我们主观上为了说明什么才去挖掘成绩，而是成绩就摆在那里，我们只要照实写出就可以了。我们不应该因为犯错误而讳言成绩，这才是科学的实事求是的态度，就和我们不回避错误的态度是一样的。

29 年的成就可主要从五方面考察：

（一）政治方面

1.奠定了基本政治制度。我们的基本政治制度，基本上是在这个时

期奠定的。一是建立和巩固了工人阶级领导的、以工农联盟为基础的人民民主专政的国家政权，这是中国社会主义政治的核心。人民民主专政，现在说得多了大家可能觉得没什么，其实提出这么一个概念，提出建立这样一个政权是中国历史上破天荒第一次，以前从来没有过一个人民当家做主的政权。在马克思主义著作当中也只有无产阶级专政这个概念，而没有人民民主专政这个概念，在苏联那里也没有，人民民主专政是我们对马克思主义国家学说的发展。我们的人民民主专政，在政权的阶级结构上、专政对象上、组织形式上都有自己的特点，特别是民族资产阶级在政权中的地位。同时我们用了"人民"这个概念，用了"民主"这个概念，应该说更加准确地表达出我国政权性质的内容。所以说人民民主专政是对马克思主义国家学说的丰富和发展，是中国特色的社会主义政治。二是我们选择了人民代表大会制作为人民民主专政的政权组织形式。当然人民代表大会制也不是建国后才有的，在民主革命时期我们就有人民代表会议这种政权组织形式，毛泽东同志当时就说："只有这个制度，才既能表现广泛的民主，使各级人民代表大会有高度的权力；又能集中处理国事，使各级政府能集中地处理被各级人民代表大会所委托的一切事务，并保障人民的一切必要的民主活动。"因此，建国以后只有人民代表大会制度对人民民主专政来说才是最适宜、最能体现国家性质的基本政权组织形式。三是确立了中国共产党领导的多党合作和政治协商制度。这也是由我们国家的国情决定的。在民主革命时期，我们国家就有各民主党派，它们同中国共产党在反帝反封建、为建立新中国而进行的斗争中形成了风雨同舟、患难与共的政治合作关系。建国以后，我们就确立了共产党领导的多党合作和政治协商制度。这个制度既不同于苏联的一党制，也不同于西方实行的多党制，是适合中国国情的新型政党关系的生动体现，是中国特色的民主政治建设，是我们的创造。第四是建立了民族区域自治制度。这些都是中国共产党人对马克思主义国家学说的创造性发展。这些基本政治制度延续至今，为实践证明是正确的。

2. 实现和巩固了全国范围（除台湾岛屿以外）的国家统一。包括实现了民族团结、阶层（包括工人、农民、知识分子和其他各阶层）团结、各党派（包括各爱国民主党派）团结，实现了广泛的统一战线等，从而根本改变了旧中国四分五裂的局面。

3. 基本完成了对生产资料私有制的社会主义改造，确立了社会主义基本制度。这为当代中国一切发展进步奠定了根本的政治前提和制度基础。

（二）经济方面

1. 提出过许多有重大意义的战略思想，对当时经济发展起了积极作用，有些至今仍有借鉴意义

第一，提出突破苏联模式，找到一条适合中国的建设社会主义道路。1956年社会主义制度建立后，我党面临的第一个重大课题，即是摆脱苏联模式找到一条适合中国的建设社会主义道路。此前，在毫无经验可循只有苏联模式可借鉴的情况下，许多体制只能模仿苏联。在实践中党中央和毛泽东逐渐发现了苏联模式的一些弊端。1956年2月苏共二十大风波后，毛泽东终于提出，搞社会主义建设不一定全照苏联那套公式，应该找出在中国这块大地上建设社会主义的具体道路。所以，突破苏联模式，建设适合中国的社会主义道路，这一思想本身，在当时的国际环境下，就是一个巨大的开拓和创造。

但这条道路是什么，没有现成答案，只能靠实践探索。于是八大前后，党中央和毛泽东带领全党在许多领域探索，取得的丰富思想成果，集中体现在毛泽东1956年4月的《论十大关系》讲话和1956年9月党的八大精神中。其主旨是，把党的工作重点从阶级斗争转移到发展生产力上来，以苏为鉴，探索在中国建设社会主义的道路。《论十大关系》

提出政治、经济、文化方面的许多重要思想,就是开始提出自己的建设路线,原则和苏联相同,但方法有所不同,有我们自己的一套内容。这种探索一直持续到"文革"发生前。

第二,提出中国工业化道路。毛泽东针对苏联东欧一些国家片面发展重工业忽视农业轻工业造成的市场货物不够、货币不稳定、粮食产量长期低下等教训,并从中国大农业国的基本国情出发,创造性地提出中国工业化道路,即以农业为基础,以工业为主导,以农轻重为序安排国民经济,以此为发展国民经济的总方针,实现由农业国向工业国的过渡。把发展农业放在重要位置,是中国工业化道路的重要内容和特点。

第三,提出建立独立完整的工业体系和国民经济体系。在当时的社会主义阵营中,苏联以"社会主义大家庭"为由,反对其他社会主义国家建立独立完整的工业体系,认为有他们就够了。其他国家大多响应,唯有中国没有就范。毛泽东针锋相对,提出中国一定要建立自己独立完整的工业体系和国民经济体系,实现经济独立以保障政治独立,并为此提出独立自主、自力更生的原则和自力更生为主、争取外援为辅的方针。在这一原则和方针指导下,我国成功克服了许多难以想象的困难,包括帝国主义封锁和苏联单方面撕毁合同、撤走专家等造成的困境,靠自力更生、艰苦奋斗取得了经济建设的辉煌成就。

第四,提出"四化"宏伟目标。毛泽东创造性地提出了社会主义四个现代化总任务及两步走战略步骤。即分两步走,20世纪内,全面实现农业、工业、国防和科学技术现代化,使我国国民经济走在世界前列。

第五,提出打破封锁,争取外援。在美国政府长期不改变对中国政治上敌视、经济上封锁的政策,且胁迫其他国家,对我实行了长达20年经济封锁和禁运政策的形势下,我们党一方面坚持自力更生方针,另一方面灵活巧妙地开展了一系列卓有成效的反封锁反禁运斗争,并提出要在坚持独立自主、自力更生,不损害国家主权的条件下,努力打破封锁，争取外援，学习外国一切有益的东西，吸收外国资金和科学技术，借鉴外国的先进管理经验等。但在当时的国际环境下，这很难实现。

第六，提出过一些改革经济体制的思想。在60年代前半期的国民经济全面调整时期，毛泽东还提出过对经济体制进行改革的思想，主要有：加强中央的集中统一，搞好综合平衡，克服无计划状态和分散主义；改变农村的管理体制和管理制度；注意运用经济杠杆的调节作用；制定各种管理条例，加强经济监督；加强财政、银行监督与检查等。在国民经济继续调整时期，又针对存在的问题，进行了一些探索性改革，主要有：试办托拉斯，用经济组织管理经济；改革企业管理体制；适当扩大企业和地方的管理权限等。

2. 取得许多实实在在的巨大成就

在以上经济方针指导下，我国经济建设取得了巨大成就。

建国头七年（1949~1956），我们在极低的起步基础上，仅三年就迅速恢复国民经济；之后在恶劣的国际环境下取得"一五"计划超额完成的巨大成就，为工业化建设奠定了初步基础。

之后十年（1957~1965），是开始全面建设社会主义时期。我们虽有许多失误，但总体看没有放松生产，特别是1961至1965年五年国民经济调整，经济有较大发展，我国独立的、比较完整的工业体系初具规模。我国的工业生产能力大幅度提高，新兴工业部门迅速成长，新产品、新品种不断涌现，工业布局也扩展到广大内地和边疆地区、少数民族地区。同时，资源勘探、交通运输、农业基本建设、科技教育事业等等，也都有很大发展。《决议》对这10年的结论是："我们现在赖以进行建设的物质技术基础，很大一部分是这个期间建设起来的；全国经济文化建设等方面的骨干力量和他们的工作经验，大部分也是这个期间培养和积累起来的。这是这个期间党的工作的主导方面。"

"文革"十年（1966.5~1976.10）"内乱"，使国民经济遭受极大损害。但党和人民与左倾错误进行了顽强斗争且始终未停止。例如1972年至1973年周恩来总理领导的国民经济调整，使经济形势有所好转，1973年国民经济计划主要指标都完成和超额完成；1975年2月邓小平任国务院副总理后，对国民经济进行全面整顿，使国民经济迅速回升。他们的努力，使"文革"对经济的破坏受到一定限制，国民经济虽遭巨大损失，但仍有若干进展。但与左倾错误势力的较量是艰难的。所以"文革"期间的经济呈现出曲折缓慢发展的状况，大致经历了从急剧恶化到缓慢恢复，又从畸形发展经过调整得以好转，之后再度受挫的过程。这从一个侧面反映出党和人民与错误斗争的顽强与执着，这是中华民族极其可贵的精神。如果没有"文革"动乱，国民经济会有更大发展。

"文革"结束至十一届三中全会前的两年，是"徘徊中前进的两年"（1976~1978）。这两年一方面确实有"左"的错误的继续，比如"两个凡是"；另一方面，正如《决议》所说，这两年中，广大干部、群众以极大热情投入各项工作；揭批江青反革命集团的罪行，清查其帮派体系，取得很大成绩；党和国家组织的整顿，冤假错案的平反，开始部分地进行；工农业生产得到较快恢复，教育科学文化工作也开始走向正常。所以邓小平同志说，这两年"做了许多工作，没有那两年的准备，三中全会明确地确立我们党的思想路线、政治路线，是不可能的。所以，前两年是为三中全会做了准备"。尽管不可避免带有旧的痕迹，但它是向三中全会过渡的时期，各方面逐渐在转变，直到三中全会完成历史的伟大转折。

（三）教科文卫体方面

这29年中，教育、科学、文化、卫生、体育事业有很大发展。

第一，教育方面。29年中，学校教育的规模、质量都大为提高。新建、扩建各类高校近30所，各类中等学校的规模和质量也提高许多，大大增强了各行各业职工的文化素质，科技和管理队伍也壮大起来。各条战线都培养了大批优秀领导者和骨干人才，为以后的现代化建设提供了人才基础。第二，科技方面。1964年，我国首次人工合成牛胰岛素结晶，在世界居领先地位。同年10月，首次核爆炸试验成功。1965年5月，第二次原子弹爆炸试验成功，打破了美、苏核垄断，提高了我国国防能力。就是在"文革"10年中，如前所述，在健康力量的作用下，科学技术也取得一批重要成果。如成功培育了籼型杂交水稻并加以推广，氢弹试验和人造卫星的发射和回收都获得成功，等等。第三，文化方面。这个时期出版了大批优秀文学作品，塑造了许多优秀的典型艺术形象。第四，卫生方面。一些烈性传染病被消灭或基本消灭，城乡人民的健康水平大大提高，平均寿命大大延长。第五，体育方面。这一时期，群众性体育事业蓬勃发展，不少运动项目取得出色成绩。

（四）外交方面

我国始终奉行社会主义的独立自主的外交方针，倡导和坚持了和平共处五项原则，同全世界124个国家建立了外交关系，同更多的国家和地区发展了经济、贸易和文化往来。我国在联合国和安理会的席位得到恢复。我们发展了同各国人民的友谊，支援被压迫民族的解放事业和新独立国家的建设事业，坚决反对帝国主义、霸权主义、殖民主义和种族主义，维护世界和平，在国际事务中发挥了越来越重大的积极作用。这一切为我国的社会主义建设创造了有利的国际条件。

（五）国防方面

人民解放军在这个时期得到壮大和提高，由单一的陆军发展成包括海军、空军和其他技术兵种在内的合成军队。野战军、地方军和民兵三结合的武装力量得到加强,部队的素质和技术装备有了很大的提高和改进。在保卫和参加社会主义革命和社会主义建设中,人民解放军发挥了坚强柱石作用,战胜了帝国主义、霸权主义的侵略、破坏和武装挑衅,维护了国家的安全和独立,胜利地进行了保卫祖国边疆的斗争。

总之,在短短29年中,我们取得的成就虽是初步的,却是宝贵的,为继续前进奠定了基础。

三、探索中发生的失误及原因分析

这一时期,我们党在工作上、指导思想上犯过错误,有些是严重错误。对此应着重分析主、客观原因,总结教训,避免重演,起到资政育人的作用。错误主要有三:经济建设急于求成,所有制结构急于求纯,阶级斗争扩大化。这些错误带来的损失巨大,但都是在探索中发生的。

(一)对经济建设急于求成原因的分析

从1955年下半年到1958年中期的冒进、反冒进、批评反冒进开始,经过1958年5月八大二次会议制定的"鼓足干劲,力争上游,多快好省地建设社会主义"总路线,直到1958~1960年连续三年大跃进,历时五年。总的来说,"大跃进"由于违反规律,不但造成人力、财力的极大浪费,而且打乱了国民经济正常秩序,导致国民经济比例严重失调。

分析"大跃进"的原因,从主观上讲,与我党建设经验不足,对经济发展规律和中国经济基本情况认识不足等有关;从客观上讲,与我国当时同西方发达国家在经济、科技、军事上的差距太大造成的压力有很大关系。落后就会挨打,毛泽东由此认为,建设速度对于社会主义中国是一个生死攸关的问题。同时,毛泽东、党中央都认为当时具备了高速度条件,主要是可利用当时出现的"国际休战时间"加快建设。这些都没有错。错在哪里呢？

从根本上说，就错在对什么是真正的高速度、怎样达到高速度，缺乏正确认识，加上过分夸大主观能动作用，又没有经过调查研究，没有经过试点，就在全国大规模展开"大跃进"，这种办法不科学。所以搞了三年脱离实际的高指标、高速度，严重违反经济建设规律，给国民经济带来严重后果。

那么为什么会犯这样的错误？我们认为，总的来说还是由于建设经验不足，对规律认识不足，对国情认识也不足，片面夸大了主观意志的作用。具体来讲，起码可以说有以下两点原因。

第一，是我们照搬旧经验，就是简单地沿用了革命战争时期群众运动的一些做法。在革命战争时期，我们发动了人民群众，搞人民战争，以弱小的力量战胜了强大的敌人。按照这一经验，在建设时期，也意味着只要发动群众，就能高速发展经济。我们发动群众是没有错的，问题就在于我们忽视了经济发展有它自身的独特规律，"大跃进"运动中千千万万的群众赤手空拳大炼钢铁就是一个最典型的例子。当时大家把家里只要是铁制的东西都捐献出来去炼钢，但是因为不懂技术，炼出来的是一堆废品。

第二，是当时我们把加快速度问题上的不同意见上升到阶级斗争，和阶级斗争联系在一起，这是"大跃进"能够发动起来又不容易纠正的重要原因。在批评反冒进的过程中，毛主席说了，大跃进是促进，促进就是马克思主义的，你反对大跃进，你就是促退，促退就是反马克思主义的，就是右派、右倾，就是反党反革命。这样就导致大家都不敢讲真话。讲到这里大家就会联想到庐山会议了。我们讲"大跃进"造成的严重后果是毛泽东先发现的，所以他提出要纠"左"，纠"左"纠了9个月，1959年7月份召开庐山会议，这个会议开始是个纠"左"的会议，但后来怎么就变成了反右倾的会议了呢？就是因为彭德怀的一封信。就是庐山会议快结束的时候，彭德怀着急了，他觉得纠"左"不彻底，就给毛主席递了一封信，民间俗称"万言书"，这封信批评我们党犯了小资产阶级狂热症的错误，否定"三面红旗"。这封信递上去以后马上这个会议的性质就变了。毛主席当时说，现在不是纠"左"的问题了，现在右派开始向我们进攻了，现在要开始反右了。接着就把彭德怀打成了右派分子，把支持彭德怀的人打成了反党集团，然后在全党展开一次持续半年之久的"反右倾"运动，"反右倾"运动的结果就是继续大跃进，造成了三年困难时期。

大家奇怪的是，为什么这个会议会从纠"左"变成了反右？有些人说毛泽东只许他自己说"大跃进"不对，不允许别人说。其实不是这样的。毛泽东纠"左"并没有反对"大跃进"，而彭德怀的这封信是整个批判了"三面红旗"。可见，原因就在于把速度问题上的分歧上升到阶级斗争层面了。

（二）对所有制急于求纯原因的分析

所有制急于求纯，指不切实际地提高公有化程度，以为公有化程度越高就是越纯。先是1956年三大改造在总体成功的情况下，有些具体工作过急过快的缺点偏差，导致农业方面高级社规模过大，工业方面不适当地搞大厂、全能厂，商业方面盲目追求大店，手工业方面合并过快过急、形式过于简单划一。后是1958年人民公社化运动搞"一大二公"，"大"指规模大，"公"指公有化程度高，不但把经济核算单位提高到公社，而且把生产队以至社员的部分财产无偿收归公社所有，还要"割资本主义尾巴"、刮"共产风"，结果损害了社员利益，影响了生产积极性，破坏了农业生产的发展。

造成这种情况的最根本原因是超越阶段，即当时的纲领、路线、方针、政策，超越了社会主义初级阶段。我国现阶段处于社会主义初级阶段，是党中央在十一届三中全会以后对国情做出的基本判断，是对社会主义认识的极大飞跃。但在此之前，我们没有这个认识，所以容易在理论和实践中超越阶段。

超越阶段的原因之一：实践经验不足，思想准备也不足。在阶段问题上，毛泽东有过正确判断，提出过我国正处于"不发达的社会主义阶段"，并说从"不发达"到"比较发达"要相当长时期。邓小平后来说，所谓"初级阶段"，就是毛泽东说的"不发达的阶段"。但由于实践经验不足，感性认识尚未充分，就不具备上升到成熟理性认识的条件。

超越阶段的原因之二：对社会主义建设的艰巨性认识不足。中国社会主义建设特别艰难的原因之一，就是毛泽东在全国解放前夕说的，以往熟悉的东西有些快要闲起来了，不熟悉的东西正在强迫我们去做，在严重的经济建设任务面前，"我们必须学会我们不懂的东西"。但学习是一件艰苦的事，要有一个很长的过程，才能真正学懂。在此期间，就不免犯错误。

超越阶段的原因之三：对马克思主义的一些重要原理作了教条化的理解。比如，马克思说的"社会主义是全社会占有全部生产资料"这一结论，是马克思恩格斯运用高度理论抽象方法，即把社会主义作为纯粹、成熟社会形态研究概括出的社会主义基本特征，与高度发达的生产力相联系。我们当年只着重了结论——要建立单一全民所有制，却忽视了前提——必须有高度发达的生产力作基础，于是在生产力较落后的情况下希望建立起单一的全民所有制，这就不能不对生产力发展造成消极影响。

（三）对阶级斗争扩大化原因的分析

阶级斗争扩大化主要指1957年反右斗争扩大化，1959年在全党发动反右倾斗争，1962年9月八届十中全会提出整个社会主义历史阶段资产阶级都将存在和企图复辟，并成为党内产生修正主义的根源，从而提出阶级斗争要"年年讲、月月讲、天天讲"。由此导致1963年至1965年间在部分农村和少数城市基层开展的"四清"运动，把干部作风和经济管理等方面的问题都当作阶级斗争或阶级斗争在党内的反映，从而提出整"党内走资本主义道路的当权派"；在意识形态领域，也对一些文艺作品、学术观点和知识分子代表人物进行了错误的、过火的政治批判；最后发展到提出"无产阶级专政下继续革命的理论"，并以这一理论为基础，发动了"文化大革命"。导致阶级斗争扩大化的主要原因有：

1. 理论认识上的错误

首先，社会主义时期阶级斗争不可能始终存在，不是说不存在，而是说不可能始终存在。因为列宁讲过社会主义就是消灭阶级，如果始终存在说明我们永远建不成社会主义，这是荒谬的。其次，社会主义时期一定范围内存在的阶级斗争不是全局性的，但是以阶级斗争为纲就把它当作全局性的了。再次，阶级斗争不是社会主义社会发展的动力，社会主义社会发展的动力只能是生产力。最后，"无产阶级专政下继续革命的理论"是一种落后于阶段的理论。总之，对社会主义时期阶级斗争问题，我党在理论上准备不够。

2. 国际环境的影响

毛泽东从正确认识社会矛盾滑向"以阶级斗争为纲"，有国际环境的恶化反映到国内生活和经济建设里面的因素。例如1956年10月匈牙利反革命暴乱的发生，对他阶级斗争理论的形成有很大影响。

3. 制度方面的原因

邓小平说过："最重要的是一个制度问题。……因为过去一些制度不好，把他（指毛泽东）推向了反面。"一些制度不健全，这也是一种时代、环境的客观因素。我国封建历史很长，封建专制主义在思想政治方面的遗毒没有完全肃清，加上种种其他原因，使党和国家政治生活在民主制度化、法律化方面存在一定缺陷，也为党的权力过分集中于个人、党内个人专断和个人崇拜现象的滋长提供了一定条件。这也是许多失误发生且不能及时纠正的重要原因。

总之，对我们发生过的错误，要采取历史主义的态度，即把问题放在一定的历史条件下去观察和衡量，着重分析历史背景，而不应该着重个人责任，尤其不能着重从个人品格、个人恩怨方面找原因。这样分析犯错误的原因，才能比较客观、公允。

四、正确评价在探索中发生失误的毛泽东

（一）毛泽东的失误

毛泽东的失误，是探索中的失误。新中国建立后，毛泽东在理论和实践上的探索一刻都没有停止。他一直在努力探索如何在中国这块土地上建设社会主义、如何保卫国家安全、如何赶超发达国家、如何维护劳动人民的利益和权利等一系列重大历史课题。他的成功与失误，他的光辉与瑕疵，大多与此相关，而丝毫不是为了个人私利。

（二）毛泽东有历史的局限

毛泽东的许多局限是历史的局限。建设社会主义，在世界历史上都是开天辟地第一次。所以对建设社会主义的规律的探索，肯定要受到时代的和知识的限制，要求他超越一切限制是不公道的。

（三）党中央的结论

邓小平同志首先作出表率。他没有把对毛泽东功过的评价留给后人去评说，而是及时做出了符合实际、符合党和国家根本利益的历史性决议。小平同志在决议起草一开始就提出三项基本要求，明确指出：这个

决议要确立毛泽东同志的历史地位；要对建国后 30 年历史进行实事求是的分析，做出公正的评价；要统一全党的认识，引导大家团结一致向前看。他还说，如果决议不阐述或阐述不好毛泽东思想，这样的决议不如不做。在此之后，江泽民同志在纪念毛泽东诞辰 100 周年、胡锦涛同志在纪念毛泽东诞辰 110 周年的讲话，都为我们指明了研究党史、评价领袖人物的方向。

（四）要有公正的态度

我们作为党史工作者，撰写党史，总结经验，要实事求是，着眼大局。要以总结经验教训、鉴往知来，以利于推进党和人民的社会主义事业为出发点；以实事求是地判断历史是非，得出规律性结论，提高党的执政兴国能力为目的；以客观公道的态度评价历史和领袖人物的功过，而不应该苛求于前人。

五、探索中前进的 29 年与改革开放的关系

（一）探索，贯穿整个 60 年这 60 多年中，发展最快、最健康的是改革开放后的 30 多年。但历史不能割断，这 30 多年的发展与前 29 年的发展分不开。前 29 年，虽历经挫折，但整个看来成绩是主要的，为以后的社会主义建设打下了制度的和物质的基础，提供了许多正反两方面的经验。党的十一届三中全会以后，我们党正是在深刻反思前 29 年经验教训的基础上，与时俱进、开拓创新，才创造性地解决了什么是社会主义、怎样建设社会主义、建设什么样的党、怎样建设党等重大理论问题和实际问题，才成功开辟了中国特色社会主义道路，走上了充满希望、充满活力的社会主义现代化伟大征程。

所以，胡锦涛总书记在党的十七大报告中指出："我们要永远铭记，

改革开放伟大事业,是在以毛泽东同志为核心的党的第一代中央领导集体创立毛泽东思想,带领全党全国各族人民建立新中国、取得社会主义革命和建设伟大成就以及艰辛探索社会主义建设规律取得宝贵经验的基础上进行的。新民主主义革命的胜利,社会主义基本制度的建立,为当代中国一切发展进步奠定了根本政治前提和制度基础。"这为正确认识新中国前29年与后30多年的关系指明了方向。

所以,中国特色社会主义道路的选择,不是对前29年的否定,而恰恰是在前29年奠定的基础上,继承其正确的,改正其错误的,与时俱进地创新发展的结果。

(二)毛泽东思想与邓小平理论的关系是在探索的道路上继承与发展的关系前面我们讲到六个字,"始于毛,成于邓",我说这六个字很好地概括了建国以后的主线,那么还有一句话我希望大家记牢,就是党的十四大指出的,邓小平建设有中国特色社会主义理论是毛泽东思想的继承与发展。我认为,继承与发展是对毛泽东思想和邓小平理论二者关系的根本规定。继承说明了它们的一致性和连续性,发展说明了它们的差异性和阶段性。邓小平理论把毛泽东思想发展到一个新阶段,我们说这种阶段的差异是历史使然。"始于毛,成于邓"对毛与邓关系的概括,我个人理解可以归结为三句话:一曰继承,继承毛泽东正确的;二曰纠正,纠正毛泽东错误的;三曰创造,创造毛泽东所没有的。这样理解我想也体现了把60多年的历史看作一个整体的思想。

(三)我们党历来在探索中前进

在探索中前进,在纠正失误中前进,是我们党的重要执政能力之一。正确地总结教训,失误就能成为前进的先导。正如邓小平所说,没有"文化大革命"的教训,就不可能制定十一届三中全会以来的思想、政治、组织路线和一系列政策。

我们党是一个伟大、光荣、正确的党。伟大、光荣、正确，不是说永远不犯错误——这对任何政党、个人都是不可能的，而是说犯了错误能自己检讨、自己纠正。而自己发现，自己纠正自己犯的错误，正是一个郑重的、伟大的、以为人民服务为宗旨的党的特质。我们党从来是在纠正失误、总结经验教训中发展壮大的，也是在这个过程中不断深化对规律的认识，不断深化对马克思主义精神实质的理解，从而在把马克思主义中国化的道路上实现了一次又一次的飞跃。我们的结论是：在探索中前进的中国共产党是不可战胜的！过去是这样，今后也是这样！

最后，我用自己学习党史的一点感受结束这次发言。29年，在历史长河中只是短暂的一瞬间。如果我们看得很长远的话，我们可以看到在历史的长河中活动着一代又一代人的身影，每一代人都有他们自己的探索，每一代人都有他们独特的使命，每一代人都有他们的局限，每一代人都有他们的辉煌！作为后人，我们不仅要记住前人的失误和教训，更要牢记他们的经验和成功，前人的经验和教训都是留给我们的最宝贵的遗产，也是今天最好的鉴戒！正因为有这样的遗产，有这样的鉴戒，才使我们在今后的漫漫求索中能够更加坚定、更加自信、更加不可战胜！

当我们回首往事的时候，我们丝毫没有理由觉得这段犯了错误的历史羞于见人，更没有任何理由因为这些失误而否定我们党的这段历史的全部。我们说正确认识和正确对待党的历史关系党的执政基础，关系国家长治久安，所以我们永远不要忘记、更不要轻率地否定我们年轻的共和国刚刚起步时的艰难探索，对这段艰难而光辉的历史和创造了这段历史的我们的前辈们，我们应该永远充满敬意！我们不能忘记、更不能否定我们的人民为争取美好未来而付出的艰辛劳动，对领导人民走过这段辉煌而又曲折的道路的领袖人物也不能采取一笔抹杀的不公正态度。我们应该永远站在人民的立场上，运用历史唯物主义的科学方法，正确地说明党的社会主义革命和建设这段历史，为我们继续探索适合中国国情的社会主义道路,为提高党的执政能力提供历史的依据。只有这样,历史才会成为我们最好的老师,我们也才能从历史这座宝库中汲取无尽的智慧!

(本文根据张启华 2011 年 6 月 25 日在中央国家机关"强素质·作表率"读书活动 2011 年第 6 期主题讲坛上的讲座内容整理)

从辛亥革命到中国共产党的建立

主讲人：金冲及

我今天讲的题目是《从辛亥革命到中国共产党的建立》。今年是辛亥革命一百周年，也是中国共产党成立九十周年。它提醒我们注意到一个事实，就是从辛亥革命到中国共产党的成立中间只有十年时间，其间还发生了五四运动。这十年事实上是一个前后相续、一环紧扣一环的发展过程。

毛泽东在1942年《如何研究中共党史》的讲话里有这样几句话，他说："研究中国共产党的历史，还应该把党成立以前的辛亥革命和五四运动的材料研究一下。不然，就不能明了历史的发展。"

所以我今天想讲三个问题：一个是辛亥革命；一个是五四运动；一个是中国共产党的建立。这三个问题里一些具体事实和经过不详细讲了，主要是讲这十年中间，历史是怎么一步一步发展过来的。某种程度上也可以说，就是要讲一下中国共产党为什么会在这个时候在中国出现？其中，对辛亥革命大家可能相对生疏一点，而且辛亥革命一百周年再有一个多月就到了，所以对辛亥革命我稍微多讲几句。

一、辛亥革命

大家知道，在中国共产党第十五次全国代表大会上，有一个重要的论断，就是说辛亥革命是二十世纪中国发生的第一次历史性巨大变化。这个报告把辛亥革命与中华人民共和国成立和社会主义制度建立、改革开放摆在一起，这是三次历史性的巨大变化，每一次变化都使中国向前跨上一个新的大台阶。这对辛亥革命是一个非常高的评价，事实上，也解决了辛亥革命的历史定位问题。但在此之前很长时间里，我们对辛亥革命的了解是很不够的，特别是对它的历史意义的认识很不够。我想这既有认识上的原因，也有时代的原因。

1941年辛亥革命三十周年的时候，革命前辈林伯渠同志在《解放日报》上发表了一篇文章，其中讲到这样两句话，他说："对于许多未经过帝王之治的青年，辛亥革命的政治意义是常被过低估计的，这并不足怪，因为他们没有看到推翻几千年因袭下来的专制政体是多么不易的一件事。"他这话是70年前讲的，他讲的"青年人"，现在在的话也都90来岁了，他们尚且认识不足，今天的青年人就更不用说了。

前辈学者任继愈先生去世前一两年在《人民日报》上发表过一篇文章。他讲：只有历尽灾难、饱受列强欺凌的中国人，才有刻骨铭心的"翻身感"。经历百年的奋斗，几代人的努力，中国人终于站起来了。这种感受是后来在新中国成长起来的青年们无法体会到的，他们认为中国本来就是这样的。从任老的话中，我们也能感受到没有经历过几千年因袭下来的专制政体的人，要真切地了解辛亥革命的意义确实很不容易。

这讲的是认识上的原因。

另外还有时代的原因。那就是说，辛亥革命不仅推翻了清朝政府，而且结束了已经统治中国几千年的君主专制制度，它的历史意义是非常重大的，但辛亥革命仍没有改变中国半殖民地半封建社会的社会性质，也没有改变中国人民的悲惨境遇。在那个时候，不光是共产党，孙中山也是一再地讲：革命尚未成功，同志仍须努力。共产党着重要讲，辛亥革命毕竟还没有解决中国社会的根本问题，以此来鼓励大家继续努力，把中国半殖民地半封建的社会推倒，建设一个新中国。以前把侧重点放在这方面，是当时时代的需要。

现在，辛亥革命已经过去一百年了，今天来谈辛亥革命，应该也可能更全面地、客观地论述它在历史上起过什么作用？它的不足又在哪里？它对中国历史以后一步一步向前发展究竟起了什么作用，处于什么地位？这是我主要想讲的问题。

生活在今天的年轻同志，恐怕已经很难想象和体会到100年前的中国处在怎样的状况下。那时候，中国人的苦难实在太深重了。辛亥革命前，1894到1895年发生了中日甲午战争，中国在这次战争中遭到很大的失败，签订了《马关条约》，把台湾割让给日本，日本本来还要把辽东半岛割走。结果，赔款是两万万三千万两白银。这是一个什么概念呢？那时清朝政府的全年财政收入基本上稳定在八千万两银子左右，两万万三千万两白银就等于国家三年的全部财政收入。日本在甲午战争以后迅速发展起来，从财力来说，很大程度上就因为得到了那么大一笔赔款。

另一位革命前辈吴玉章同志在回忆录里面曾经这样讲过，"这真是空前未有的亡国条约！它使全中国都为之震动。从前我国还只是被一些西方大国打败过，现在竟被东方的小国打败了，而且败得那么惨，条约订得那么苛。这是多么大的耻辱啊！"当消息传到他的家乡，那是四川一个比较偏僻的地方荣县，他和他的二哥都痛哭不止。他说："我们当时悲痛之深，实非言语所能表达。"

但是，事情并没有完，隔了两年多，从1897年年底开始，西方列强在中国纷纷划出势力范围，以租借地的名义，强占了中国很多重要口岸，这里包括香港的新界，包括香港土地的90%，说租期是99年。那时候在西方列强眼里面99年以后，还不就是它的了吗！到1997年期限到了，我们就收回了香港。

到了1900年，也就是进入二十世纪的时候，八国联军进攻中国，世界上所有强国联合起来向一个国家发动进攻，在以往世界历史上还没有过。那时候，八国联军2万人占领了中国的首都北京，并且在北京进行分区统治。在内城，就是最近北京行政区调整前的东城区和西城区，以故宫为中心，东边是沙俄的占领区，西边是英美的占领区，北边是日本的占领区。家家户户门口都要挂那些国家的国旗，它们的士兵可以随便闯进任何人家为所欲为。侵略的时间整整持续了一年。今天我们几乎很难想象那时的悲惨状况。

八国联军侵华后，签订了《辛丑条约》，赔款四万万五千万两银子。就是说为什么你们中国要反抗外国的侵略，你们中国不是四万万五千万人吗？让你们每人赔偿一两银子。《辛丑条约》签订以后也不是事情就完了，沙俄当时出兵占领了中国的整个东北，而且一直到1903年还不撤退，还在报纸上扬言说，要把中国的东北变成"黄俄罗斯"。那时，它跟日本发生矛盾，因为日本也要占领东北，所以，1904年到1905年发生了日俄战争，这场战争在中国的东北进行，但清政府竟宣布两国都是友邦，所以保持"局外中立"。也在那时，英国军队进入西藏，一度占领拉萨。到1910年，日本正式吞并朝鲜，这对中国也是一个很大的刺激。中国和朝鲜是唇齿相依的邻邦，看到朝鲜人成了亡国奴，立刻就想到下一步等待着中国的是什么？所以那时候，摆在中国人面前最大的问题，就是说中国会不会亡？这是压在当时中国人心头最沉重的问题。

当时的清朝政府是个怎样的政府呢？它在《辛丑条约》签订后，对外可以说是一切听从外国的支配。现在我们已很难想象，在那个时候，我们的国家的命运不是掌握在中国人自己手里，而是听任外国列强任意摆布和宰割。英国的记者曾讲到，当时中国甚至连地方官的任命都需要得到外国人的同意，比如说东北任命地方官要得到沙俄的同意才行；在山东任命地方巡抚，这不是一般官员，是山东的最高官员，要得到德国的同意才行。所以陈天华当时说，列位，你以为今天的朝廷还是满洲的吗？它早就是洋人的了！难道我们连"洋人的朝廷"也不该违拒吗？"洋人的朝廷"这个根本问题，被他一语道破，立刻在全国民众中产生广泛的影响。所以，当时的中国，谁能够领导人民抵抗外来的侵略、挽救民族的危亡，谁就能够得到人民的支持；谁不能做到这一点，甚至跟这一点相反，它就会被人民所抛弃。为什么辛亥革命把矛头集中地指向了清朝政府？首先因为清朝政府已经把自己跟外国侵略者紧紧地勾结在一起，所以，中国人民要得到民族的解放，要反抗外国的侵略，就必须把它跟推翻清朝政府联系在一起。

还有，当时中国的一切权力全都集中在清朝政府手里。中国古代政治制度演变的一个重要特征就是中央集权在一步一步加强，到了清朝，雍正年间成立了军机处，每天几个军机大臣都要到皇帝面前，请示事情该怎么办，最后一切都是皇帝说了算，这叫乾纲独断。1908年，清朝政府已到了摇摇欲坠的地步，但它对自己的权力一点儿都不肯放弃。不像有些人所说的那样，那时候根本没有宪法，也没有立宪，它宣布的叫"预备立宪"，公布了一个《钦定宪法大纲》。第一条就是：大清皇帝统治大清帝国，万世一系，永永尊戴。它还规定，国家的一切权力，包括议会的召集、开闭、停展及解散议院、对外宣战讲和、司法制度、外交等一切权力都归皇帝。后来到面临崩溃的时候，也就是1911年辛亥革命爆发的那一年，清朝政府说要改变军机处，成立内阁，实行内阁制度。这个内阁一共13个人，有8个是满族，而且有5个是皇族。这批皇族是什么样子？我举一个小例子：宣统即位后，他的父亲是摄政王载沣，载沣的弟弟载涛管过陆军，武昌起义爆发，隆裕太后问载涛，说你看我们的兵怎么样？载涛连连磕头，说奴才只练过兵，但没有打过仗，这个我不知道。

一个政府已到了这种程度，但一切权力仍只高度集中在它的手里。

所以大家觉得要是这样一个政府不推翻，中国就一点希望都没有了。所以，从当时情况来看，革命确实是不可避免的。这几年，一部分人中间流行着一些说法，说革命干嘛？中国人为什么要打中国人？要是不革命，让清朝政府的改革推行下去，中国的情况会更好一点，等等。1995年我到西班牙马德里参加第十七届国际历史科学大会，那次大会的中心就是讨论革命和改良的问题。当时出现一股世界性的潮流：全盘否定革命在历史上的作用，包括法国大革命和以后的各次革命。我那次是中国代表团团长，在会上作了一个发言，专门谈了怎么看待革命的问题。孙中山讲过一句话，说革命是万不得已的事情，而且不能一直革下去。你想，要千百万人起来抛头颅、洒热血，不惜作出最大的自我牺牲，这样的革命会是无缘无故地发生的吗？是少数人或者几个人就能鼓动或制造出来的吗？这一点可能大家生活在和平年代没有那种体会。我是在上海复旦大学参加地下党的，熟悉我的人可能都了解我是一个比较温和的人，但是我1948年初参加了地下党，为什么？是因为看到当时那个政府不推翻的话，我们的国家民族一点前途和希望都没有了，这才会豁出命去干。如果说能够用和平的方式解决这些问题，谁还会去干那些准备抛头颅、洒热血的事情呢？所以，经历过的人都知道，革命是万不得已的事情，照以前的老话说那就是逼上梁山才会干的事情。

辛亥革命，在某种程度上可以说，它的发生，就是我们这个民族、我们中国人民在饱受列强侵略、饱受专制势力压迫之下，长时期积聚起来的愤怒和仇恨的大爆发。为什么说辛亥革命是一个历史性的巨大变化？我想至少有三点。

第一，它开创了完全意义上的中国近代民族民主革命。这句话，是十五大报告里讲的，我觉得到今天好像还没有引起人们足够的重视或注意。为什么这样说呢？从近代以来，为了挽救垂危的民族，中国人曾经进行过各种各样的尝试，包括太平天国、戊戌变法、义和团运动等等，但是，这些并没有能给中国指出一条新的道路。孙中山第一个响亮地喊出了"振兴中华"的口号。我还记得刚改革开放的时候，有人曾问我，"振兴中华"这个口号是什么时候第一次提出来的？我查了一下，最早还是孙中山在1894年11月兴中会成立的宣言里提出来的。孙中山一个很重大的历史贡献，是他提出了民族、民权、民生三大主义，用今天的话来讲，就是说要民族独立、民主政治和民生幸福。而所有这些，怎么来实现？要靠革命的手段来实现。这是一个很重要的论断。这样一来，孙中山提纲挈领地把近代中国面对的种种矛盾中的三个基本问题提出来了。这样的主张，在中国历史上还不曾有人这样提出过，它深深地影响了不止一代的中国人。同一时期的其他思想家和政治家，在某些问题上可能比他说得更深刻，但要作为站在时代前列、代表一个新时代的伟大人物，当时没有人能同他相比。

当然，我们可以说，孙中山讲的这三条，跟我们今天的理解并不完全相同。他提出了这些目标以后，怎么来实现？也没有一下子找到一条正确的、具体的道路，而且没有更长远的目标，就是实现社会主义和共产主义，这些都是他的不足。但无论如何，在中国人面前提出这三大问题，这是一个历史性的贡献。所以今天可以说除了极少数人以外，我们中华儿女都把自己称为是"孙中山开创的事业的继承者"。事实上，我们也是为了追求民族独立、民主政治和民生幸福，把孙中山提出但没有完成的事业继续完成，并且在内容上又有新的重大发展。

第二，辛亥革命不仅推翻了清朝政府，而且一举结束了统治中国几千年的君主专制制度，建立了共和政体。这也是了不得的贡献。这一点，生活在今天的人恐怕也不大容易感受得到，正如刚才我引的林伯渠同志讲的话那样。中国的封建社会在世界上可以说是相当发达的，它不仅在经济上、政治上实行统治，而且在意识形态上也形成了一套严密的思想体系，比如说"三纲五常"，就是"君为臣纲，父为子纲，夫为妻纲"等等这一套东西，把人的头脑牢牢地束缚住。现在大家旅游去参观很多古老的房子，一进房子，堂屋里边中间常常有个牌位，上面写的就是"天地君亲师"，那时到私塾去上学，也先要对这个"天地君亲师"的牌位磕头。这是人们从幼年起就被灌输的根深蒂固的观念。

　　皇帝，人们把他称为"天子"，带有一种神秘的色彩，好像他是代表上天的意志来进行统治的，对他是不能反抗的。《红楼梦》里王熙凤有一句话：舍得一身剐，敢把皇帝拉下马。这句话反过来读，还可以读到另外一层意思，就是说那个时候你如果想把皇帝拉下马，就得要舍得一身剐，就是准备身上的肉被一片片割下来，凌迟处死。一般人不要说不敢做，连想都不敢想。但是辛亥革命把君主专制制度推翻了，这是非常了不得的。中国高度发达的封建社会，形成了一个非常严密的统治网络。这个统治网络的中心、最高点，就是皇帝。辛亥革命一下子把这个头砍掉了，整个旧的社会统治秩序一下子就乱了套。所以，清朝政府被推倒以后，整个旧社会势力的统治，再也建立不起一个统一的、稳定的秩序来，从袁世凯到蒋介石，像走马灯一样，一个接一个地替换，但是，谁都做不到像清朝、明朝那样统治200多年。这为以后革命的发展创造了十分有利的条件。

　　有一种说法认为，辛亥革命虽然把清朝推翻了，接下来的却是军阀割据、军阀混战，如果没有革命还好一点。这种说法，讲客气一点，是肤浅的、目光短浅的说法。事实上，军阀割据、军阀混战当然给中国人带来深重的苦难，但是，这也说明旧社会势力的统治已没有办法再像以前那样维持下去了，只能靠赤裸裸的、野蛮的军事统治来维持，而这种统治终究是不能长久的。另外，为什么国共合作的北伐能那样顺利地发展？也跟北洋军阀处于四分五裂状态、分裂成张作霖、孙传芳、吴佩孚三股力量互相牵制有关。直到解放战争时期，蒋介石对很多地方，如广西、山西、以至四川某些地区，实际上仍不能指挥自如。所以，辛亥革命以后，那种极端野蛮的军阀统治引起人民痛恨，注定是不能长久维持的，统治势力又处在那种四分五裂的状态，如果用历史发展的长时段的眼光来看，它为下一步革命的进展创造了重要的条件，只是新生儿诞生前的阵痛罢了。

第三，从思想领域来讲，辛亥革命至少带来两个变化，一个是民主精神的高涨，另一个是思想的一次大解放。

首先是带来了民主精神的高涨。本来，国家的事情只能由皇帝"乾纲独断"，老百姓连发言的机会都没有。当时很有名的"公车上书"，上书的人都是有功名的举人，举人当时很了不得，看过《儒林外史》范进中举的都知道，但是他们还不能直接向皇帝上书，而是先送给都察院，由都察院转呈，结果都察院不给他们转呈，没有到皇帝的眼前。那时候，老百姓被称为"子民"，只能乖乖地听话，国家的事情轮不上老百姓来插嘴。但在辛亥革命之后，成立南京临时政府，孙中山曾经讲过，整个《中华民国临时约法》里面，只有一句话是他加上去的，就是"中华民国之主权属于国民全体"。这对每个老百姓来讲，他就感到自己不再是子民，而是国家的主人了。

有人说民国不过是块招牌，这也对，但有这块招牌和没有这块招牌还是大不一样。老百姓开始意识到自己应该是国家的主人，虽然在事实上没有真正成为国家的主人，到中华人民共和国成立老百姓才真正成为国家的主人，但人们有了这样的认识还是一个很大的变化。所以辛亥革命以后，社会风气发生了明显的改变，大家发表各种议论，报刊、社团活动非常活跃。五四运动的发生离辛亥革命只有7年多，如果没有辛亥革命后造成的这种社会氛围和民众心理，五四运动是不会发生的。这是辛亥革命带来的人们思想上的一个重大变化。

另一个变化是人们的思想得到很大解放。新文化运动中，《新青年》上面陈独秀写过一篇文章，叫《偶像破坏论》。他说，就拿皇帝来讲吧，其实皇帝本没有什么神奇的、出众的地方，不过因为人们迷信他、尊重他，所以，他才能够成为元首号令全国，一旦被打倒了，就像现在俄罗斯的尼古拉二世、清朝的溥仪，比平常人甚至还更可怜。他说的可怜不是同情的意思，而是说好比一个菩萨塑像，把它拉下来扔在粪坑里，即使再拿起来，它还有什么神奇、出众的地方吗？他讲的这些非常重要，因为过去很长时间内，皇帝都被认为是至高无上的、神圣不可侵犯的。现在连皇帝都可以打倒，那么还有什么过时的、不合理的东西不能怀疑、不能抛弃呢？

所以说，五四新文化运动也是在辛亥革命的基础上发生的。可以说辛亥革命思想是那个时代、那个历史条件下最进步的思想。我们中国共产党中老一辈的、年龄比较大的一些革命家，比如说董必武、林伯渠、吴玉章，甚至朱德，他们都参加过同盟会，在同盟会的旗号下进行过革命。比他们年轻的，像毛泽东，他第一次发表政见是在学校的墙上贴了一个东西，主张共和国应该让孙中山做大总统，后来辛亥革命的时候，他参加了湖南的新军，当了半年兵。比他更年轻的周恩来、刘少奇等等也都是经过辛亥革命的洗礼，在思想认识上有了很大提高，后来又发现光停留在这个地方不行，于是又继续前进了。

辛亥革命在二十世纪的历史上跨出了一大步，但它仍没有从根本上改变旧中国的社会性质和人民的悲惨遭遇。这是为什么？除了当时新旧社会势力的力量对比外，当时的革命党人确实也存在严重的弱点：

第一，它没有科学的理论作指导，没有提出一个明确的反帝反封建的政治纲领。当时在很多人头脑里，最强烈的革命目标就是推翻清朝政府，认为中国为什么那么落后？原因就是在清朝政府的统治，只要把这个政府推倒了，就能够实现民族独立，而且当时很多人对西方的民主那一套十分崇拜，又害怕反对帝国主义会引起帝国主义的干涉，造成革命的失败。当把清朝政府推倒了，很多人就认为革命的目标已经实现，失去了继续前进的方向和动力,大家就各奔前程了。

　　第二,它没有能够依靠和发动全国最广大的民众,特别是下层的民众起来革命。辛亥革命在一定程度上也发动了群众,比如会党在租界里边进行了很多宣传和组织工作,而且在《民报》与《新民丛报》上展开对要不要进行革命的大论战,再加上本身一次次的革命行动,如徐锡麟、秋瑾的牺牲,黄花岗七十二烈士等等,都起了巨大的宣传作用。但是它始终没有真正依靠社会底层的最广大的劳苦民众。毛主席曾经讲,缺乏一个农村的大变动,这是辛亥革命失败的重要原因。因为它在一定程度上发动了群众,因而能够取得成功,而它又没有能够充分地发动和依靠广大群众,这又成为它失败的原因。帝国主义势力、封建势力在中国是盘根错节、根深蒂固的,不把最广大的人民群众发动起来,要想推倒它是很难的。没有做到这一点,在强大的帝国主义势力和封建势力面前,就觉得自己力量单薄,孤立无援,所以在达到一定目的后,很容易走向妥协。

　　第三,中国同盟会是一个相当松散的组织,成员复杂,意见分歧,很快出现争权夺利的现象。而在当时中国那么一个复杂和艰苦的环境下,没有一个坚强有力的革命政党作为团结群众的核心,也难以将革命进行到底。清朝政府推倒了,好像革命已经完成了,革命党本身内部事实上已经是四分五裂,各奔前程。没有那么一个核心,怎么能够把革命推向前进?

　　一句话,缺乏一个能够提出明确的科学的革命纲领,能够发动并依靠全国最大多数民众、由有共同理想和严格纪律的先进分子组成的革命政党的领导,这是辛亥革命留下的根本教训,又是当时中国不成熟的社会条件决定的。

二、五四运动

五四运动是从旧民主主义革命到新民主主义革命的一个转折点。对五四运动通常有两种理解。一种理解是广义上的，就是从1915年陈独秀创办《新青年》（最初叫《青年杂志》）开始，一直到1920年中国共产党成立前夜。另一种理解是狭义上的，就是指1919年5月4日因为巴黎和会上的山东问题引起的五四爱国运动。这两种理解，人们通常使用的是前者，但很容易忽略一个重要问题：在这个时期中包括着以五四爱国运动为分界点的前后两个阶段。这两个阶段在历史上都有重要作用，特别是重要的启蒙作用，并且有着延续性，但性质并不相同。

先讲第一个阶段即早期的新文化运动。它的发生是以对辛亥革命的反思为起点的，也可以说是对辛亥革命在思想领域里的一次补课。大家知道，陈独秀是五四新文化运动的重要领头人，他在辛亥革命时候，是一个坚定的革命派，曾经参加留日学生的革命活动。回国以后，他在安徽成立了一个"岳王会"，在安徽、南京成立了分会，曾领导1908年安庆的新军起义。辛亥革命后不久，他当了安徽都督府的秘书长，是辛亥革命的积极参加者。但是，辛亥革命的果实被袁世凯篡夺了，人民的生活依然很悲惨，国家的状况仍旧那么黑暗。毛主席在《论人民民主专政》里面也曾清楚地讲到，辛亥革命这样全国规模的运动都失败了，国家的情况一天一天坏，环境迫使人活不下去，于是怀疑产生了，增长了，发展了。当时许多人在思考，为什么辛亥革命以后这些问题仍没有得到解决？陈独秀提出一个重要看法，认为辛亥革命是推翻清朝政府的政治行动，而在思想文化领域里，还缺少一场彻底扫荡旧思想、旧文化、旧礼教的运动。所以，人们的头脑仍被这些旧思想牢牢地束缚着，所以共和政体不能得到巩固。他提出了"科学"和"民主"的口号，民主的对立面是专制，科学的对立面是迷信和愚昧。他想用"科学"和

"民主"对旧的思想文化进行一次彻底的扫荡,他把它称为"吾人最后之觉悟",起了巨大的启蒙作用。

白话文也在这时得到有力的提倡,有助于把文化从少数人占有下解放出来,能够为更多平民所理解和接受。鲁迅的《狂人日记》,是第一篇真正以白话文从事小说创作取得的巨大成果。大家都熟悉里面有许多很有名的话,比如,"我翻开历史一查,这历史没有年代,歪歪斜斜的每叶上都写着'仁义道德'几个字。我横竖睡不着,仔细看了半夜,才从字缝里看出字来,满本都写着两个字是'吃人'。"这些话听起来令人惊心动魄。所以,初期的新文化运动,我们也应该给它一个非常高的评价。

但初期新文化运动仍是在西方资产阶级民主主义旗帜下进行的,把以个人为中心的"独立人格"和"个性解放"放在最重要的地位。它强烈地反对"奴隶道德",起着重大的进步作用。陈独秀在文章里讲,国家是一个一个的个人组成的,世界万事,都应该以自我为中心。这个不讲,还有什么别的可说。"奴隶道德"就是抛弃了自我这个中心,屈从他人。胡适当时有一篇很有名的文章,叫《易卜生主义》。易卜生是很有名的作家,当时对中国影响很大。胡适说我写《易卜生主义》,就是要培养一种健全的个人主义。易卜生有一个剧本叫《娜拉》,在中国上演时,另外起了个名字叫《玩偶之家》,讲的是娜拉在家庭里事实上是丈夫的奴隶,最后她觉醒了,离家出走。许多人把它捧得很高,认为它表现了妇女的自觉。鲁迅还是了不得,他做了一篇演讲:《娜拉走后怎样》。他指出:"从事理上推想起来,娜拉或者也实在只有两条路:不是堕落,就是回来。因为如果是一匹小鸟,则笼子里固然不自由,而一出笼子,外面便又有鹰,有猫,以及别的什么东西之类;倘使已经关得麻痹了翅子,忘却了飞翔,也诚然是无路可以走。"鲁迅这个见解很深刻。如果社会没有改造,到处还充满了鹰和猫之类的东西,即使妇女离家出走，难道就解决了中国的妇女问题了吗？

可以看出，初期新文化运动强调的仍在个人的解放，而不是整个国家民族的解放，着眼点重在个人权利，而不是人民的整体利益。这样，仍不能给苦难深重的中华民族指明真正的出路。许多人开始认识到：如果整个社会没有得到改造，个人的问题是不能真正得到解决的。于是，初期新文化运动的中心口号"个性解放""人格独立"，逐渐被另一个口号代替，那就是"改造社会""建设新社会"。

但是，社会应该怎么改造？需要建设的是怎样一个新社会呢？大家最初还不清楚。正在这个时候，俄国的十月革命发生了，把社会主义从书本上的学说变成生活中的现实。于是，一些中国的先进分子受到影响。其中，首先是李大钊。他写了两篇很有名的文章，一篇是《庶民的胜利》，一篇是《布尔什维主义的胜利》，成为在中国传播马克思主义的先驱者。但是，说实在的，这种思想在五四前的整个思想界，接受的人是很少的，并不处于主流的地位。而五四爱国运动的发生是一个转折点。它为什么成为一个转折点呢？因为对近代中国人来说，最敏感的问题就是中华民族的命运。第一次世界大战，中国是参战国，当时确实派了劳工到法国去参加支援战争，所以是战胜国之一，而德国是战败国，战后它在山东从中国夺去的特权当然应该归还给中国。中国人原来抱着很大的希望，认为第一次世界大战的胜利是"公理战胜强权"。陈独秀的文章曾讲，美国的总统威尔逊是世界上第一等的好人。但是现在怎么样？巴黎和会成立一个"十人会议"，由美国、英国、法国、意大利、日本的代表组成，每个国家派两个人，关起门来商量做决定。做出的决定中国代表团表示抗议，但他们说，这是不能改变的。这样，原来对西方象征自由民主或者代表公理所充满的希望一下子破灭了，中国的民众极大地愤怒了，五四爱国运动爆发了。先进分子们不再把西方看作学习的榜样，要走新的路——俄国人的路。而且，这是中国历史上以前从来没有过的规模如此巨大的一次群众运动，群众的力量前所未有地显示出来。这个运动中涌现的一些积极分子，也改变了原来比较消沉的心态，大家常常聚在一起，议论中国下一步该怎么办？今后中国该怎么走？

瞿秋白身体不好，有肺病，在五四前思想很消极。鲁迅更早一点的时候，因为辛亥革命以后那个局面，也很苦闷，天天在庙里抄碑。经过五四运动之后，人们的心情不一样了。志同道合的人聚集在一起，大家越来越感觉到，现在我们要走十月革命的道路。

这样是不是抛弃了初期新文化运动的"科学"和"民主"的口号呢？不是，相反是把这个口号的内容更加深刻化、更加准确地表达出来了。民主，不能只是少数人的民主，而是要有绝大多数民众的民主。科学，也不只是一般地主张反对迷信和愚昧，而是要用科学的理论来指导、观察和分析中国面对的各种各样的问题。所以，五四以后，"科学"与"民主"实际上被赋予了马克思主义的解释，比原来更加全面、深刻。

这时在北京以李大钊为首，成立了马克思学说研究会。马克思主义的著作那时完整地翻译成中文的很少，1920年陈望道才译出了《共产党宣言》全书。李大钊是北京大学图书馆馆长，馆里有很多英文书，北大许多学生可以阅读英文书，就可以共同阅读和研究了。陈独秀到了上海后，也成立了马克思主义研究会。那时候从日本回来一批留学生，像陈望道、李达、李汉俊等人接受了马克思主义，从事这方面的传播和宣传工作。我同陈望道先生很熟，曾问他，你怎么会想到翻译《共产党宣言》？他说是在日本受到影响，带回来的也是日文的《共产党宣言》，从日文翻译的。

所以，五四运动实际上为中国共产党的成立，在思想上和干部上都做了准备，马克思主义开始广泛地传播了，集结了一大批倾向于共产主义的知识分子。

我们每隔十年要隆重纪念一次五四运动。我刚才说五四运动分为两个阶段：1919年5月4日是一个转折点。这两个阶段是有内在联系的，而且都发挥了重要的历史进步作用。但是，这两个阶段在性质上是有所不同的，前期它在反帝反封建方面起了很大的作用，但毕竟是资产阶级民主主义性质的，以个人为中心的；而后期是马克思主义思想逐渐在中国先进分子中成为主流。以前我看到不少书和文章，谈五四运动的历史意义，好像讲的都是早期的新文化运动，对"科学"与"民主"的解释也都是早期的，当然，这些也都起了巨大的进步作用。但我们应当讲完整，而且更主要的是要讲：五四为什么成为一个转折点？因为这一点好像注意的人比较少。

三、中国共产党的建立

五四运动为中国共产党的成立，作了思想上和干部上的准备。也就是说，中国共产党的成立，这时已经到了瓜熟蒂落、水到渠成的时候了。当时全国的中心是北京和上海，现在可以最早查到共产国际保留下来的档案记载：1920年5月的时候，上海陈独秀等五个人发起成立中国共产党，并建立起了共产党早期组织。李大钊接着在北京也建立了共产党的早期组织。这以后，陆陆续续在山东、湖北武汉、湖南、广东，甚至在海外诸如日本、法国都建立了早期的党组织。这已经形成一种趋势。

据革命前辈吴玉章回忆说："处在十月革命和五四运动那伟大时代，我的思想上不能不发生非常激烈的变化。当时我的感觉是：革命有希望，中国不会亡，要改变过去革命的办法。虽然，这时候我对中国革命还不可能立即得出一个系统的完整的新见解，但是通过十月革命和五四运动的教育，必须依靠下层人民，必须走俄国人的道路，这种思想在我头脑中日益强烈、日益明确了。"这并不是他一个人的思想经历，是有一定代表性的。但当时，虽然一些地方的早期党组织相继成立，但还没有中央机构和全国的统一组织。1921年7月23日，党的一大在上海召开，标志着中国共产党的诞生。

在党的建立方面，陈独秀和李大钊是最重要的两个人。对马克思主义的研究和宣传最早的是李大钊，而且他对马克思主义的理解和论述，也比当时所有其他人都更深刻。他对马克思主义的接受至少比陈独秀要早半年，他对马克思主义的了解也比陈独秀深刻得多。但陈独秀确实有一个长处，就是他的性格，好像烈火一样，他一旦接受了一个新的东西，尽管对它本身的理解还不那么深刻、准确，但立刻就要付诸行动。所以，当李大钊在更深入地研究马克思主义的时候，陈独秀则更直接地把力量放在推动建立党的组织上。所以毛主席称陈独秀是五四运动的总司令。在建立党的组织方面，陈独秀的功劳是不可否认的。

从中国共产党的一大到五大，陈独秀一直是党的主要领导人，这并不奇怪。过去我们对陈独秀的批判，是有过分的地方，一个是把很多不是他说的归于他，比如说，在大革命时期，很多错误是从共产国际来的，但那个时候，中国党不便批评共产国际，所以最终只批评了陈独秀。另一个是对他有时讲的太过分了，说他参加托派是汉奸，其实陈独秀一直到死，还是主张反对国民党的统治，主张民主，所以我们对陈独秀应该有一个正确的评价。但是，后来也出现了另外一种情况，从一个极端走到另一个极端，认为陈独秀一切都好，一切都对，这恐怕也是过分的。大革命失败，陈独秀作为中国共产党的总书记，他也有他的责任，他确实也说过一些不正确的话。我们可以理解他为什么会去参加托派。但当时中共中央为什么要把托派的成员开除出党啊？因为在大革命失败后，国民党极端残酷地实行白色恐怖，党在上海的很多优秀的领导人，像陈延年（陈独秀的儿子）、赵世炎等等都被杀害了。在那么一个严酷的白色恐怖的情况下，陈独秀反对中央，搞小组织活动，如不坚决制止会导致党的灭亡。所以说，他确实有自己的责任。所以应该实事求是地讲，对的就肯定，不对的就否定。不要一说好就什么都好，一说不好就什么都不好，应该是肯定好的东西，否定不好的东西。现在对于陈独秀，有些人片面地去讲，反而产生了不好的效果。

当时党的建立，也不是孤立的现象。就在那时候，在法国的蔡和森给毛泽东写信说："我以为先要组织党——共产党。"恽代英等在湖北成立"波社"（波尔什维克的意思）。吴玉章等在四川成立"中国青年共产党"。可见，在中国建立共产党，决不是少数几个人的想法，也不是只依靠外来因素造成的，而是许多中国先进分子的共同要求，是客观局势发展到这一步时的必然产物。历史历来是处在矛盾中间，历史的发展，内因是变化的根据，外因是变化的条件，外因通过内因来起作用。

中国人经过了辛亥革命，又经过五四运动，最后走上了这样一条道路。《毛选》最后一篇文章中写道："中国产生了共产党，这是开天辟地的大事变。"这句话分量很重，令人印象深刻。因为中国共产党的成立，确实是具有了中国历史上任何政党从来也没有过的一些全新的特点，最重要的有三条，而这三条也正好是针对辛亥革命的三条教训所涉及的问题。

第一，它旗帜鲜明地以科学的理论——马克思主义作为自己的指导思想，自觉地用它来观察和分析中国的问题。应该说，没有马克思主义就没有中国共产党。1920年11月，上海的早期党组织起草的《中国共产党宣言》，就阐明了实现共产主义新社会的理想。党成立后，最重要的任务就是要用刚刚学到的马克思主义科学理论来观察和分析中国的实际问题。1922年2月党的二大通过的决议明确提出："我们共产党应该出来联合全国革新党派，组织民主的联合战线，以扫除封建军阀推翻帝国主义的压迫，建设真正民主政治的独立国家为职志。"

中国沦为半殖民地半封建社会已经八十多年了，但中国人长期对这一基本国情缺乏正确的判断，对革命的对象和目标也缺乏科学的认识。中国共产党成立不久便破天荒第一次明确提出反帝反封建的民主革命纲领（虽然最初还没有提到反对封建的土地制度），实际上阐明了党的最高纲领和最低纲领的关系。这就使在黑暗中摸索的中国人对当时的国情有了基本的了解，有了明确的奋斗目标，并且知道要分两步走。隔了近一个世纪回头来看，我们不能不赞叹这种全新的认识是何等充满智慧，它的影响是何等深远！

　　第二，走向社会底层，发动并依靠占中国人口绝大多数的劳动民众，成为中国共产党不断前进的力量源泉。1922年，党在《第一次对时局的主张》中就明确宣布："中国共产党是无产阶级的先锋军，为无产阶级奋斗为无产阶级革命的党。"党的一大通过的《中国共产党第一个决议》中，用了一半以上的篇幅谈怎样到工人中去做工作。许多接受了马克思主义的知识分子党员，纷纷脱下长衫，到工厂里去创办工人夜校和工人俱乐部，开展工人运动。前面提到的陈望道先生，是中国共产党最早的党员之一，是上海区委的第一任负责人，他曾对我说，最初建党的时候大家都是知识分子，他跟茅盾（就是沈雁冰），每天工人放工的时候，到工厂门口，站在一个高的地方，进行演讲。但是工人放工后，根本没几个人理睬他们。后来他们慢慢地摸索到了一些经验，就是先办工人夜校，教他们文化，也给他们讲些新的思想，从里面发现积极分子，以后又搞工人俱乐部，从工人的生活福利等一些不平等的待遇入手，慢慢提高他们的政治觉悟，工人运动就是这么发展起来的。

　　这里我还想说一个比较重要的问题，大家知道，中国革命胜利走的是"农村包围城市、武装夺取政权"的道路。但中国共产党并不是在农村产生，而是在上海这样的大城市里诞生的。毛泽东、周恩来、刘少奇这些党的领导人，都是先在城市里从事工人运动，然后再到农村中去领导农民运动和游击战争的。他们的思想是代表社会先进生产力的工人阶级的思想，有着远大的眼光和很强的组织力。这一条十分重要。没有它，就只能产生旧式的农民战争，中国革命也不可能胜利。这是为几千年来的中国历史一直到太平天国农民战争的事实所反复证明了的。

顺便我想说两句，工人阶级领导，从根本上讲是一种社会分析，它是从整个阶级来讲的，不是说一个一个工人来领导。工人阶级有三个特点，第一个，它是跟现代化的大生产联系在一起的。这一点把它和地主阶级、农民这种落后的生产方式区别开来了。第二点，在生产领域里，它是有着高度组织性的，这就把它跟农民、手工业者，以及一般的自由知识分子、自由职业者等等区别开来了。第三个，它是依靠劳动为生的，没有剥削，这就把它跟资产阶级区别开来了。可以说，人类发展到最后，别的阶级都消灭了，只剩下一个就是工人阶级。这个是从根本上来看的。

第三，把党建设成一个由有着共同理想和严格纪律的先进分子组成的坚强有力的革命政党，成为领导革命事业的核心力量。革命事业要在极端艰难而复杂的环境中取得胜利，必须有一个能够团结最广大人民共同奋斗的坚强有力的核心力量，否则是难以想象的。事实上，我们党的队伍的建立不是一帆风顺的，也经过了不断的分化和重新组合。中国共产党成立的时候，中共一大有十二个代表，这个问题我想也再说两句，现在有争论，说中共一大究竟是十二个代表还是十三个代表？其实是多了一个包惠僧。包惠僧确实参加了这次会，但是，包惠僧是武汉的，而武汉有了两个代表，一个是董必武，一个是陈潭秋。包惠僧当时到广东去，陈独秀叫他代自己参加会议，所以他不是正式代表。我有两个最有力的根据，一个是在共产国际保留的1921年的档案里边有一个俄文的档案，是中共写的报告，说明第一次全国代表大会出席的有十二个代表，这是档案的根据。另外，胡乔木在对毛泽东的诗词进行注释的时候，给毛泽东写过一封信，因为当时就有十二个跟十三个两种说法，当时李达说是十二个代表，他不但是一大的参加者，而且还是重要的组织者。究竟应该写十二个还是写十三个，毛泽东在旁边批了一句话说，是十二个。所以我想这个问题应该可以做结论了。我感到很遗憾的是，我有一篇文章，写的是十二个代表，发表的时候，编辑出于好意，可能觉得不少人都讲有十三个代表，就给我改成十三个了。这不是我的意思，我觉得就是十二个代表。至于参加的有十五个人，因为还有包惠僧和共产国际的两个人。拿出席一大的十二个代表来说，有的始终坚持下来，成为党的领导人，如毛泽东、董必武；有的英勇地牺牲了；有的中途脱离了党；还有的成为叛徒，被清除出党，如陈公博、周佛海、张国焘。这就像大浪淘沙一样，党正是在这个不断洗刷和筛选的过程中变得越来越坚强有力。只有这样的党，才能在任何艰难困苦的环境中，甚至在遭受严重挫折的状况下，始终摧不垮、打不散，直到夺取胜利。

中国共产党成立就具备了这三个特点，而这三点又确实是针对了辛亥革命时候的三个弱点。而这三点，可以说是中国共产党的三条基本历史经验。第一条要有正确的理论为指导。在当前就是要以马克思主义中国化的两大理论成果，一个是毛泽东思想，一个是中国特色社会主义理论体系为指导，来观察分析中国的问题。第二条是一定要依靠民众。就是以全国最广大人民的根本利益作为我们一切工作的出发点和归宿，也就是说一切为了人民，一切依靠人民，改革开放的成果应该由人民共享。第三条是要不断地加强党的建设，保持党员的先进性。小平同志讲，要培养"四有"新人，其中最重要的是两条，一条是有理想，一条是有纪律。一个党组织，如果没有共同的理想和严明的组织纪律，这个党是站不住的。在新的历史条件下，党还有一个执政能力建设的问题。胡锦涛在党的十七大报告中指出："必须把党的执政能力和先进性教育作为主线，坚持党要管党，从严治党。"这是在新的历史条件下对党的建设提出的重要要求。这三条就是共产党区别于一切其他政党的不同的地方，是共产党能够胜利前进的保证。这确确实实是历史的经验。

最后，我再简单地说几句。回顾这样一段历史，有一种很强烈的感觉，历史是一个发展的过程，好像就是一场接力赛跑。后来的人总是以前面的人跑到的地点作为他的出发点，接过棒，然后再跑，跑到更前面去了。历史就是这样不断地前进的。人们常常容易有一种错觉，好像历史都是从自己开始的，都是从现在开始的，而忘掉了事情是怎样一步一步走过来的，其实没有昨天也就没有今天和明天。为什么中华人民共和国刚成立就建立了人民英雄纪念碑，而且毛主席当时就说要从一百一十年前讲起，纪念一代又一代为中华民族复兴作出贡献的先人。我们永远不能忘记，中华民族这一百多年走过来的路是多么不容易。

（本文根据金冲及 2011 年 8 月 27 日在中央国家机关"强素质·作表率"读书活动 2011 年第 8 期主题讲坛上的讲座内容整理）

长征——中国革命的柳暗花明

主讲人：徐焰

今天我讲的题目是"长征——中国革命的柳暗花明"，回顾长征的历史意义，同时也讲一下它的现实启示，因为长征确实是中国革命史上最光辉的一环。我们国家现在进入几个"期"，既是一个伟大的历史复兴期，也是一个社会转型期。回过头去看，我们中国能取得现在这么伟大的成就，就说明当时老一辈的革命家为长征奋斗和90多年前中国人民的历史选择是正确的。老一辈革命家的奋斗是正确的，要不然哪有我们今天？我们说长征是永远发掘不尽的宝藏，它可以为我们后人提供很多的精神启示。今年我们纪念长征胜利80周年，这80年来长征精神教育了几代中国人，我记得我们小的时候有一个经常喊的口号"苦不苦，想想红军两万五"，那个时候把长征精神简单化了，也就是吃苦耐劳。其实我觉得长征精神它有很多内涵：强调党的先进性，强调群众路线，强调思想解放，这些都是长征精神。长征精神、延安精神，二者都是博大精深的，不单单是一个吃苦的问题。

长征精神最早在世界上弘扬，还真是美国记者斯诺的《红星照耀中国》（Red Star Over China）引起的，这本书曾在美国上了畅销书的榜首，后来翻成中文书名改成了《西行漫记》。对美国人讲长征精神他们是不相信的，因为他们不相信共产主义，他们觉得人类怎么能够有这样的壮举呢，但是他们认为长征是不得了的。1975年美国国务卿基辛格访华的时候，正好赶上长征 40 周年的纪念，当时他还专门向长征英雄致敬，认为长征是历史上人类坚强意志的体现。美国人将其称为意志，我们共产党人则将其称为革命精神。

中国共产党 90 多年的奋斗，可以说是分为三个阶段：解放前是"救中国"；解放后、改革开放之前是"强中国"；改革开放之后是"富中国"。应该说"救中国""强中国""富中国"这三个阶段的努力都是成功的。当然我们国家现在还面临着很多复杂的形势，外部内部的情况很复杂，所以习近平总书记强调我们要"不忘初心"。"不忘初心"指什么？"不忘初心"是我们共产党人当年入党宣誓时，发誓要为我们整个中国的解放和建设事业奋斗，这个是我们的初心。你不能光看我们怎么发展经济，我们要不忘初心。现在我们国家发展很快，国内生产总值排名从 2000 年世界第六位，2005 年世界第五位，直到 2011 年到了世界第二位了；另外我们中国进入了一个多元化的社会，过去思想是单一的，现在什么思想都来了，多元化社会面对不同的价值观挑战，那么我们现在该怎样对待过去的革命经验呢？

我国现在处在一个社会转型期，新一代的思想观念跟过去不一样了，有新的价值和新的追求。所以你要讲发扬革命传统，拿老的那一套给人家灌输，很多年轻人没法接受。我们需要用现代人所需要的视角回顾历史，并按照现在新时代的要求，努力创新，按照新时代的要求，对大家进行教育。

下面我想讲一下长征对我们现在的启示：

一、在革命战争"马鞍型"发展中严重受挫实行战略转移

对新一代人进行政治教育，我觉得关键是要突出正能量，突出党的领导、群众路线、革命英雄主义，同现实教育相结合，不能像现在的一

些文艺作品，尤其是有些电视剧里，充满血腥，充满痞气。当年那些人奋斗是为什么呀？是要推翻黑暗的旧中国和腐朽的国民党统治。当然了，人类要打仗也是由当时的社会历史造成的。战争是人类发展过程中的一种社会现象，也是必然现象，人类有了阶级，有了不同利益集团的冲突，口头解决不了，只能靠武力了。战争与人类发展史相伴，将来实现了共产主义，才能实现真正的和平。

中国近代史，也是遭受外国侵略的历史，所以反帝、反封建是中国革命的基本任务。国民党创建时也是人才济济，却因脱离民众而不能救国，国民党内部派系林立、相互争权夺利，有"一个党名，两个政府、三个党部、四分五裂"之称。尤其是蒋介石统治中国二十多年，与军阀豪强相结合，搞得民不聊生，最终国民党被人民推翻。蒋介石执政22年，没有解决两个问题：统一问题和民生问题。而且他是典型的杀贫济富，少数官僚权贵家庭搜刮了十几亿美元存入美国，可却有几亿人饥寒交迫。国民党统治时期，连中国有几亿人都搞不清楚，腐败的国民党政权从未做过人口统计，就连估计的4亿人口都是以卖盐为入口做的调查；解放后人口普查才知道，我国人口已达6亿。这样的政府是什么政府？国民党统治中国二十多年，山河破碎，民不聊生。蒋介石在抗战中丢失了领土，是中国近代对外战争中损失最惨重的。如今社会上一些人过分吹嘘国民党，其实是敌对势力舆论信息攻势的一部分。否定中国革命的合理性，就是否定中国共产党的合法性，它其实是敌对势力阴谋的一部分。先进的中国人在1921年建立中国共产党，就是要解放受苦受难的中国人。中国共产党是接受马克思主义理论的先进政党，建党宗旨是彻底改造社会而不是为个人谋私利。

34年前，我在中国人民大学读研究生时，采访过中共"一大"代表刘仁静。在1921年召开的一大上，便可看出真正革命者与好奇、投机分子的差别。追逐做官和名利享受的陈公博便不赞成党的纲领，不参加闭幕会，会后又脱党。陈公博最关心的是中国共产党能不能让自己在政府当官。周佛海同样在会后也不再参加党的活动。毛泽东才是真正的共产党人，在"一大"后便投身艰苦的工人运动。1924年孙中山召开国民党"一大"，决定要"以俄为师"及"联俄联共"，后来创办了黄埔军校，一些共产党员也参加了国民党军校。但是我们讲，与国民党合作是暂时的，国民党与共产党最大的分歧就是谁能站在工农群众一边，国民党孙中山强调"辅助农工"，孙中山是反对阶级斗争的。国共能够合作，在于共产党的最低纲领与国民党有共同之处：反对北洋军阀、反对帝国主义。为什么蒋介石要发动"4·12政变"？因为你一发动国民革命运动国民党就要跟你翻脸，因为国民党内的很多人是地主阶级，与工农群众没有密切的关系。你看当年的报道就知道，国民党大多数人要求反共。1927年春，国共合作的北伐战争推进到长江流域，双方在工农运动中的矛盾爆发，国民党发动"4·12政变"进行反共屠杀，毛泽东在党的"八七"会议上提出"枪杆子里面出政权"的思想。

应该说在不同的历史时期，中国共产党人完成了不同的任务，土地革命战争主要解决生存问题，打破国民党"围剿"，取得了胜利；抗日战争解决了发展力量问题，抗战不只是打日本，抗战是双重任务，毛泽东讲抗战是民族革命和民主革命的结合，民主革命就是发展人民的力量建设新中国；解放战争则解决了决战和全胜的问题。中国共产党人刚开始发动南昌起义、秋收起义、广东暴动，都是夺取大城市，毛泽东的伟大之处在于他受挫折后马上带部队上井冈山，改变了革命的道路。

毛泽东上井冈上之前，进行了"三湾改编"，这是有伟大意义的，建立了党对军队的绝对领导。上井冈山之前，军队2000多人中共有20个党员，根本没有掌握基层军队。兵源问题仍没有解决，因军饷缺乏，军官和士兵逃亡的现象仍很严重，秋收起义的5000多人，打了几天后只剩下1700人，然后向井冈山前进。走了10天后，最后只剩700人。为什么跑？因为是雇佣军，不给你拼命。所以到了三湾之后决定改编了。在井冈山下毛泽东破天荒地废除了雇佣制，以土地革命动员农民参军以解决兵源问题。军队不再由长官领导，而是由党组织、党委领导，部队中的一切事情由党委决定，这是解决党对军队绝对领导的问题。黄克诚对毛泽东印象最深的第一件事，就是他在井冈山下发布说，军队不能发饷了，令黄克诚和其他干部都大吃一惊，军队不发饷还能维持吗？改编之后的人民军队，官兵一致，这样战士才能为了胜利去拼命，为了获得土地去拼命。

实行党的群众路线除了生活上与群众打成一片，更重要的是为全中国谋利益，当时的军队内部为了保障官兵一致，毛泽东完善了三大民主：政治民主，士兵有发表意见和监督干部的权利；经济民主，士兵可以监督部队开销；军事民主，下级官兵可以对作战提出自己的意见。为了保证官兵一致，毛泽东逐步完善了三大民主制度。另外就像毛泽东讲的，"全心全意为人民服务"，首先军队要服务于人民，给农民解决土地问题，农村90%的人是农民，农民大部分是贫困的，没有土地，上井冈山建立革命根据地、建立红军靠什么？靠的是打土豪分田地。但是当时分田地的办法是苏俄的模式，苏俄模式是土地国有，不分给农民。井冈山也学这个办法。

到延安后毛泽东说井冈山时期的土地政策有三点问题：第一，没收一切土地，而不是只没收地主的土地。第二，土地所有权属政府而不是农民。第三，禁止土地自由买卖。1929年1月毛泽东率军从井冈山突围东进，随后到达江西兴国，制订了《兴国土地法》，改变了苏俄土地公有的方式，将土地分给农民私有，发动群众解放自己，发动农民打土豪、分田地，然后发动农民让他们参加军队。后来我们讲，共产党征兵从何而来，你又不给人家发饷，你就是给他分土地，毛泽东提出了《兴国土地法》，真是把农民的斗志一下子就激发起来了。当年兴国28万人口，8万人参加红军、赤卫队，长征开始时，中央红军8万人中有2.7万兴国人，到陕北只剩下不足2000人，新中国成立后只剩200人，这些人中有54人在1955年获得将军军衔。另外湖北黄安县（现称红安）诞生过我军四支主力，出了202名省军级干部，两位国家主席。

1945年党的七大报告中提出，土地革命、农民战争、共产党领导，这三者相加就构成了中国革命。

毛泽东从上井冈山到和他的战友们艰辛探索，最后开辟了中央苏区，成立了中华苏维埃共和国，其他地方也纷纷效仿，陆续创立了十几块根据地。当时中国共产党的领导人还是共产国际指定的，中国共产党中央是共产国际的一个支部。中共六大上强调共产党的工人成分，选了一个工人出身的向忠发担任总书记，但他后来被捕叛变了。

后来共产国际意识到早期选的领导人存在错误，派王明、博古回来当领导，这就把苏联那套又搬到中国的实际里，成为"洋房子先生"。博古曾在中央苏区工作，他根本不懂中国国情，并深受王明路线影响。政治上他主张打击一切军阀，造成肃反扩大化，土地政策完全过火，斗完地主斗富农，斗完富农再斗中农，搞得一塌糊涂；经济上他把工商业者当成资产阶级打击，"竭泽而渔"，忽视经济建设。

历史证明，中国革命的规律要靠中国革命者自己来探索，跟着别人的指挥棒转，照抄照搬他国的模式必败无疑。另外，国民党一开始对红军不重视，1927年蒋介石定都南京后，依靠江浙财团的支持和德国的军事技术援助，建立了一支规模庞大的中央军，在1932年以后迫使其他各派国民党军阀服从自己，因此能够集中力量"围剿"革命根据地。

1933年国民党对中央红军进行第五次"围剿"，前四次"围剿"长驱直入遭遇埋伏吃了亏，总结失败教训的蒋介石制定了一个"堡垒政策"，在苏区周围驻扎好，再逐步压缩红色根据地，最后决战。当时红军第五次反"围剿"陷入困境，但是也可以采取其他办法，例如可以打到国民党后方去。当时有"左倾"思想的领导人学苏联的正规战，堡垒对堡垒，跟他们硬打，毛泽东曾总结说："在没有广大兵力，没有弹药补充，每一个根据地打来打去只有一支红军的条件下，阵地战对我们基本上是无用的。"你修碉堡，人家一炮给你掀翻了，他的碉堡你却打不透。毛泽东称之为"乞丐同龙王比宝"的方式，将红军的人力物力几乎消耗殆尽。

1934年广昌战役失败后，中央红军已完全陷入被动防御。当时他们准备突围，但是突围还需要共产国际批准，第五次反"围剿"前，中央苏区的人口才250万人，红军不到10万，却要抗击国民党50万军队的进攻，一年中，国民党军以碉堡政策逐步压缩，21个县的面积被压缩到仅剩7个县。当时红军利用了广东军阀与蒋介石的矛盾，向西突围，中央红军长征就此开始。当时红军只能突围，再不突围就全军覆没了。

现在有一些歌曲电影等艺术作品歌颂红军，我问过一些参加长征的老红军，说你们那个时候怎么走的呀，他们说那时候没有电影里歌里唱的那个场面，因为他们是隐蔽行军，选择晚间行走，就是为了不让别人发现，国民党军一个月后才知道中央红军主力已经走了。项英、陈毅等人留在苏区，坚持三年游击战，虽遭受重大损失，但在八个省、十四个地区仍保留了近万人的游击队，后来编为新四军。留下来的人比参加长征的人更苦。

二、克服千难万险、四路红军会聚陕甘宁

红一方面军长征离开了中央苏区，行程近二万五千里；红二十五军长征走得比较少；红四方面军长征在雪山草地走了1万里，最后到了会宁会师；红六军团转了一大圈，一直转到云南昆明。当时来讲，红军撤出中央苏区和湘赣、鄂豫皖、湘鄂西、川陕苏区进行长征，放弃了全部

南方根据地，向西北实施战略转移，这是中国革命战争史上最大的挫折。中央红军（一方面军）长征冲破四道封锁线，四渡赤水，转了一大圈，最后雪山草地过了之后，到达陕甘。刚开始突围的时候吃亏最大的就是湘江之战，中央红军86000人出发，一路上掉队的很多，到了湘江已经不到7万人了，结果国民党左右夹击，红军遭湘军侧击和中央军尾追，最后突破封锁时只剩下3万多人，损失太惨了。湘江战役成为红军战史上损失最大的一役。

过了湘江之后，按照原计划是到湘西会合二、六军团，但国民党已经在湘西布下十几万兵力的封锁线，如果这时再往湘西走，难免要全军覆没。所以毛泽东主张不能再往湘西走了，去贵州。贵州的国民党军队都是双枪兵（步枪、烟枪），没什么战斗力，红军就往贵州走了，到了贵州之后突破乌江、占领遵义。占领遵义12天，部队得到休整了，也给红军将士做了衣服。另外召开了一个遵义会议，当时遵义会议着重解决军事问题，但政治问题也展开了。1935年1月召开遵义会议，当时电台跟共产国际已经失去联络了，完全是中国共产党人自主决定命运的第一次中央会议。在会上确立了毛泽东的领导地位，结束了照搬苏联教条的博古、李德的领导。

据遵义会议历史记录原件（陈云记），会上规定"以毛泽东同志为恩来同志军事指挥上的帮助者"，那怎么说"确立毛泽东的领导地位"？他不是"帮助者"吗？大家就奇怪了，遵义会议领导人没有换，军事上还是周恩来指挥，毛泽东是帮助者，政治上还是博古。但我们说的是事实上，毛泽东进入中央政治局作为常委，周恩来对毛泽东的意见是完全接受的，所以我们说事实上就确立了毛泽东的领导地位。遵义会议上解除了共产国际顾问李德的指挥权，此后又成立了毛泽东、周恩来、王稼祥三人组成的军事小组。遵义会议改变了黎平会议作出的以黔北为中心来创建根据地的决议，改为争取在成都建立新根据地。因为中央看到国民党中央军的追兵已渡过乌江，又看到当时贵州地瘠民贫，"烟土多，粮食少"。1月20日，中央红军经过半个月休整后北上，在三省交界的鸡鸣三省村，张闻天接替博古。

遵义会议后，国民党中央军和川军、滇军、黔军十几万人对中央红军围追堵截，在险恶环境中，毛泽东率领红军四渡赤水，以灵活运动调动敌军，最终跳出包围圈，后来他自认为这是"平生得意之笔"。其实四渡赤水的时候也打了两次败仗，1956年在八大第二次会议的讲话中，毛泽东说："我是犯过错误的，比如打仗，高兴圩打了败仗，那是我指挥的；南雄打了败仗，也是我指挥的；还有长征时候的土城战役是我指挥的，茅台那次打仗也是我指挥的。在井冈山的时候我提出的那个土地法很蹩脚，不是一个彻底的土地纲领。"毛泽东的伟大之处在于他不傲，犯了错误马上纠正，人怎么可能是神仙不犯错误？后来彭德怀回顾讲："在鲁班和土城两役又打得不好，伤员无法安置，也增加了部队疲劳、困难和减员。……由于上述两战打得不好，就不能不放弃在湘、川、黔、鄂四省边区建立根据地的正确决定。被迫的带着极大冒险性的长征，幸赖红军英勇和巧妙的侦察工作才免于覆灭到达陕北。"

红军向金沙江前进，用7条破船在7天之内巧渡金沙江，把国民党疲惫不堪的追兵甩到后面。红军过了金沙江后危险仍然存在，前有大渡河，后有金沙江，国民党中央军已从金沙江追来，南返不可能，只有迅速北上。当时红军的少数民族政策好，到了这里后和小叶丹结拜了，解放初刘伯承回忆说："如果不结盟，再推迟三天，蒋介石的重兵就调到大渡河堵住我们了，就有可能走石达开的下场了。"当年还真是惊险，1935年5月24日，担任先遣队的红一军团第一师第一团赶到安顺场，只夺得一只小船。团长杨得志马上命令营长孙继先率领17名勇士组成渡河奋勇队，在神炮手赵章成操作的迫击炮和重机枪掩护下，奇迹般抢渡成功，控制了渡口。另一路顺着大渡河，抢夺泸定桥，"大渡桥横铁索寒"的英雄壮举，是红军英勇无畏精神的突出体现，把尾随的国民党中央军彻底甩掉，又一次转危为安。

过了铁索桥之后，就要过雪山了，红军三个方面军都曾多次翻越雪山，体现了以革命精神向生命极限的挑战。爬雪山时，周恩来患了感冒，下山后咳嗽不止，差点送了命；朱德患上了支气管炎，留下了后遗症终生未愈。

1935年5月，红四方面军放弃川陕苏区，开始西征。6月18日，在懋功地区与翻越雪山的红一方面军会师，此时红一方面军已不足2万人，四方面军则有8万人。红军一、四方面军会合后，由于在发展方向上产生争论，在川康边区停留两个月之久，因粮食供应极为困难，部队减员很大。张国焘的逃跑主义方针，是向川康边的羌藏少数民族区域发展，这只能使红军陷入绝境。

中央红军过草地的七天行军，是长征史上最艰苦的一段路途。因缺衣、缺粮和宿营环境恶劣，部队牺牲严重。后来统计，三个方面军过草地时因饥饿、疾病牺牲的大约在万人以上。张闻天的夫人刘英回忆说："打仗还是一部分人的事，过草地却是每个人的事，红军过草地时的牺牲最大，走出草地后，我觉得仿佛是从死亡的世界回到了人间。"过草地时最大的困难是粮食不足，尤其是中央红军最困难，红四方面军因为刚离开根据地，人的体力和身体状况比较好。

1935年9月17日红军突破腊子口，18日进入哈达铺。当时红军进入雪山之后就没有看到报纸了，在哈达铺找到报纸，得知陕甘边区有刘志丹领导的红军，徐海东的红二十五军也抵达该地，于是"一张报纸定方向"，部队向陕北前进。当年也真是走一步看一步，这个时候中央红军已经是疲惫不堪了。1935年7月，徐海东等人得知红一、四方面军已由川西北上，便决定主力继续长征迎接红军。因没有电台得不到确切消息，便决定先到陕北，于9月进至陕西永坪，同红二十六、二十七军会合，合编为红十五军团，军团长徐海东，政委程子华。红二十五军长征历时 10 个月，行程约 9000 余里，被称为"小长征"，并且在行军途中人数不减反增。红二十五军最先到达陕北，为随后到达的中央红军落脚奠定了重要的基础。毛泽东后来一再称赞徐海东，说他是"对中国革命有大功的人"。

1935 年 10 月 19 日，中央红军到达陕北苏区，终于有了立脚点。毛泽东后来讲，没有这块地方，我们下不了地。当年陕北刘志丹他们开辟了根据地，但是到了陕北发现一个问题，有人有极左思想，他们把刘志丹、习仲勋等人抓起来。毛泽东纠正错误肃反，释放刘志丹、习仲勋等人，并强调"人头不像割韭菜"，规定党内斗争不许杀人，错了可平反。同时，毛泽东把红十五军团编入了刚刚恢复番号的红一方面军，加强了红军力量的统一。

1935 年 11 月，红军进行了到达陕北后的第一仗——直罗镇战役，这仗是彭德怀在前线指挥，胜利之后毛泽东非常高兴，给彭德怀写了一首诗：山高路远坑深，大军纵横驰奔。谁敢横刀立马，唯我彭大将军！红军的这一战役，给立脚陕北奠定了基础，如果这仗败了，再往北走就是沙漠了，这仗赢了才能在陕北立脚。而且打完了这仗之后让张学良非常震惊，张学良后来回忆说："红军经过二万五千里长征非常疲惫，还能击败东北军，这个问题值得深思，我常对我的部下说，都是带兵的，这万里长征你们谁能把部队带成这样？"这么强大的战斗力是不能想象的，所以他们后来就谈判，停止"围剿"了。

中央红军到了陕北，长江以南就剩下一支红军主力了，就是红二、六军团，这个时候再不走就晚了，所以这个时候就赶快突围，然后从湖南西部到贵州西北，到那边一看，红军主力又北上了，然后他们也就赶快北上，后来他们跟红四方面军会合，编成红二方面军。

1936 年 10 月，红军一、二、四方面军在甘肃会宁县会师，长征胜利结束，全军还有近8万人。前边为什么说长征只剩下3万人呢？因为会师后在西路军损失了2万人，另外留下的人里面有一部分是路上或者是到陕北扩充的，真正经过长征是3万人。

三、长征的胜利，迎来中国革命的柳暗花明

刚才讲长征的"山重水复疑无路"，到了陕北之后迎来了中国革命的"柳暗花明"。1936年10月间，红军三大主力会师陕北后，正式成立了中央军委主席团，毛泽东任主席，从而成为全军的最高统帅。

1935年12月，中共中央在陕北召开瓦窑堡会议，传达了共产国际抗日民族统一战线的政策，周恩来会见张学良，提出停止内战，共同抗日，并且想办法说服蒋介石停止内战，这就是中国革命的"柳暗花明"，从此中国革命走向新局面，走向团结抗日的道路。但是蒋介石还不想抗日，红军会师陕甘宁之后，蒋介石又调兵准备发动新"围剿"，中共中央准备东进山西，结果"西安事变"发生了。"西安事变"主要由杨虎城谋划，张学良指挥发动。当时他们把蒋介石扣了，蒋介石也只好同意停止内战，中国革命的大本营最后留在陕北，这是中国革命的落脚点也是胜利的新起点。

"西安事变"的出现也标志着长征完满胜利，红军三大主力到了，杨虎城和张学良敢发动"西安事变"，是因为有红军在后面做依托，要不然他们敢扣蒋介石吗？"西安事变"促进了全民抗战。我们讲国共合作，它是在民族大义面前，国共两党的暂时妥协。但双方还把对方视为最大的潜在敌人，蒋介石根本不承认国共合作，他想要收编共产党，融化共产党。但是共产党人更高明。1937年夏，北方红军的主力改编为八路军，南方红军游击队改编为新四军。但是为防国民党暗算，八路军、新四军由共产党领导。当时蒋介石也同意了。所以我们说中国共产党在长征结

束后进行的抗日民族统一战线需要同时完成民族、民主两个革命的任务。民族革命反对日本帝国主义，民主革命发展人民力量，现在我们讲抗日战争往往带有片面性，只宣传民族革命，没有重点宣传民主革命，其实它是中国民主革命的一个重要部分。

从上世纪80年代中期开始，颂扬国民党正面战场抗战的文艺作品越来越多。但是，国民党毕竟是一个腐败无能的政权，在正面战场上节节败退；共产党建立敌后根据地，共产党军队就占领广大面积，根据地马上就发展起来了。为什么共产党能站住脚而国民党不行呢？共产党会打游击，为什么国民党打不了？因为它脱离群众。共产党抗战的时候土地政策也有变化，蒋介石同意停止内战的条件就是你不能再进行土地革命了，你不能再打土豪了。那共产党不打土豪了怎么发动群众呢？一个折中的办法就是减租减息（二五减租），什么是"二五减租"呢？旧中国农民给地主交租子，一般要交50%，我收1000斤交500斤给地主，共产党来了之后减少25%，只交25%；另外，利息三分以上的按照高利贷算，全部免除。还有就是公粮还是让地主交。农民的负担减轻了，要不然他们不会唱"解放区的天是明朗的天"。

抗日战争最重大的成果，是中国的革命力量得到空前发展。抗日战争刚开始的时候，八路军4万人，新四军1万人，一共5万人，到抗日战争结束时发展到127万，解放区人口从150万人发展到1.3亿人。抗战期间共产党发扬艰苦奋斗、群众路线的精神，极大地发展了军队和根据地，这为中国革命力量同反革命力量总决战准备了雄厚的力量，也准备了广阔的战场。这也是长征之后总结经验教训和抗战时期实行正确路线的成果，真是"柳暗花明又一村"。中国共产党赢了，国民党输了，关键是共产党赢得了以贫苦农民为主体的广大人民的拥护。

毛泽东到延安之后在政治上提出了新的思想——新民主主义革命理论，这是他一生中最伟大的政治思想，也是经过土地革命的教训总结出来的。《新民主主义论》标志着毛泽东创立了完整的新民主主义革命理论体系，毛泽东当时在延安指出："在真正的资本主义国家，资本主义文化提高了生产技术。现在我们建立新民主主义社会，性质是资本主义的，但又是人民大众的，不是社会主义……"毛泽东在《论联合政府》报告的原文中强调："需要资本主义的广大发展，又以反专制主义为第一。……拿资本主义的某种发展代替外国帝国主义和本国封建主义的压迫，不但是一个进步，而且是一个不可避免的过程。……"

1944年美军观察组到延安时，毛泽东曾表示愿意访问美国，并说中国革命的目标是建立林肯那样的"民治、民有、民享"的政权，他有一个题词："美国人民是中国人民的好朋友，我党的奋斗目标，就是推翻独裁的国民党反动派，建立美国式的民主制度，使全国人民能享受民主带来的幸福。我相信，当中国人民为民主而奋斗时，美国人民会支持我们。"延安时期是毛泽东思想解放的探索时期，当时毛泽东阐述的新民主主义思想：政治上主张联合政府，反对一党专政；经济上保护私有制，多种经济成分并存，公私兼顾，劳资两利；主张对资产阶级又团结又斗争的政策。这个政策一直延续到新中国成立。

1931年中华苏维埃共和国的国旗跟苏联一样，共产党领导，工农联盟；1949年我们的五星红旗就不是这样了，我们共产党领导，四个小星星是什么？工人阶级、农民阶级、小资产阶级、民族资产阶级的合作建国，说明新中国承认民族资产阶级的地位，这正体现了新民主主义的思想。

四、物质变精神，精神变物质，靠政治优势赢得长征胜利

长征精神是中国共产党人联系群众、艰苦奋斗精神的最光辉的典范，几十年来教育了几代人。长征精神接着就是延安精神。中国革命有三个

最艰苦斗争的阶段，分别是红军长征、南方三年游击战、东北抗日联军的苦斗。美国记者斯诺看到刚刚经过长征的红军，第一印象便是"这是一支终日唱着歌的队伍"。"铁流两万五千里，直向着一个坚定的方向"，长征中虽然人员不断减少，但是留下来的那都是经过千锤百炼的。中国工农红军基本上由两种人组成：一种是政治军事精英，他们大都受过系统的革命理论教育，很多都有在外国留学的经历，懂得一两门外语。这些人他们可不是无产者出身，但他们的社会理想是属于无产者的，那就是推翻旧中国剥削和压迫的统治，谋求无产阶级在政治上和经济上的彻底解放。另外一种人是来自旧中国赤贫阶层的人，许多是不识字的农民，他们从来没有过过"人"的生活，当共产党人带领着他们改变命运的时候，没有任何东西能阻挡他们的步伐。他们信念极其坚定，意志格外坚强，除了对新中国的向往之外，他们在这个世界上无牵无挂。

妇女解放也是社会解放的尺度之一。过去的妇女裹小脚，大门不出二门不迈的。一个社会的解放的重要方面就是妇女解放。参加红一方面军长征的有32名女同志，红二方面军有20多名女同志，红二十五军只有7名女同志，红四方面军参加长征的女同志最多，有2000名，到达陕甘的有400余人。红四方面军中还有一个妇女独立团，沿途还参加作战，长征的实践证明，组织女性参加革命是对的，但是建立独立的女性部队是不合适的。

红军到达陕北，当时真是一支朝气蓬勃的军队，当年美国记者斯诺写了《西行漫记》，把它称之为"东方魔力""兴国之光"，美国总统罗斯福看了《西行漫记》之后，专门把斯诺夫妇请到白宫聊了一天，就问红军到底是一些什么人，这些人是美国的敌人还是美国的朋友？斯诺说他们可能成为美国的朋友。为什么后来罗斯福要求美军向北观察，跟这些人接触呢，因为他觉得这些人不得了。所以斯诺的作品影响了当时中国一代青年人，看了《西行漫记》就觉得共产党太好了。当年共产党人为什么能号召起那么多人,就像马克思的一句名言:"人们奋斗的一切,都与他们的利益相关。"人们要求的还是实际的利益,共产党给人们带来土地,所以那么多人舍生忘死参加革命,政治工作是红军的生命线,核心是官兵一致,军民一致和瓦解敌军。

"经过政治教育,红军士兵都有了阶级觉悟,都有了分配土地、建立政权和武装工农等项常识,都知道是为了自己和工农阶级而作战","好在苦惯了,而且什么人都一样苦",这是当时毛泽东的话。国民党军队中,军官是金戒指、金手表、皮鞋,士兵是布衣烂鞋;但是红军中间军装一样,头上的红星是一样的,官兵一致,人人平等;军阀军队中校尉起居饮食不同,红军中官兵一样。长征中牺牲的领导人很多,光师级以上干部就80多人,冲锋时,红军指挥员和政委喊的是"跟我上",国民党军官喊的是"给我上",一字之差,勇怯立判。

红军最终能胜利,还有重要一条就是侦查的优势。红军当时侦查主要靠无线电侦查。第一次反"围剿"歼灭张辉瓒师时缴获半部电台,红军就用这半部电台开始了技术侦查工作。1931年1月6日,王诤用"半部电台"侦听敌电台信号,成为我军技侦工作的开端。第二次反"围剿"时,毛泽东称赞无线电队:"你们是科学的千里眼、顺风耳。"国民党在哪里,他们的驻地和他们的情报我们都知道,所以第二次反"围剿"就是"七百里驱十五日,赣水苍茫闽山碧,横扫千军如卷席"。连战连捷主要就是靠侦查。但是后来国民党建立密码了,当时二局局长曾希圣就想办法破译了密码,周恩来后来讲,搞侦查密码破译,曾希圣是当时党的稀有的神人。毛泽东后来讲:"没有二局,长征是不可想象的。有了二局,我们就像打着灯笼走夜路。"《长征组歌》里面有这么一句:"毛主席用兵真如神",但是他也是以情报作为基础的。

破译敌军密码的意义在于:第一,能及时得知敌人部署和战略意图,情报数量、质量和时效性大大提高;第二,我军培养出一批破译高手,奠定了我军技术侦查工作的基础；第三，有利于我军密码安全，使我军编码的水平也相应提升。因为我方能破译敌方密码，就说明我方的密码水平高，我方密码就大体安全，反之如果敌方密码破不开，我方密码就可能被敌方破译。鉴于国民党电台严重泄密，红军从一开始就建立起最严格的保卫制度，而且最根本的问题是我们共产党人的奋斗精神比国民党强。1948年，周恩来对军委二局的报告批示：以科学战胜科学，应加上政治。就是说，我们掌握了科学，一定能战胜敌人使用的科学，而且不管敌人以后怎样精益求精，其制度中的技术内在矛盾及工作中的漏洞，是敌人无可挽救的致命伤。周恩来曾形容说："我们党的机要工作在科学技术上是正50分，我们的政治也是正50分，两者相加得100分。而敌人在科学技术上是正50分，政治则是负50分，正负相加等于零。"当年红军长征胜利还可以用《孙子兵法》最后的一句话来总结："非圣智者不能用间，非仁义者不能使间。"隐蔽战线的胜负也取决于你的正义性。

五、现代人如何继承长征精神？

历史跟现实的对话也不容易，现在的人怎么继承、发扬长征精神？我们现在讲长征精神是我们中国人民的"软实力"，现在我们的GDP都是硬实力，但是人要有精神，精神就是"软实力"。全国解放后毛泽东认为已经解决了"头顶上的问题"，下一步需要"解决脚底下的问题"，解决脚底下的问题首先要搞好党跟群众的关系，党群关系搞不好就必然会失败。毛主席进北平之前就提出"不要学李自成"。党的七届二中全会提出"两个务必"：务必使同志们继续地保持谦虚、谨慎、不骄、不躁的作风；务必使同志们继续地保持艰苦奋斗的作风。现在我们看确实是这样。毛主席讲夺取全国胜利这只不过是万里长征走完了第一步，开国元勋们创建新中国不容易，但解放后要走的路程更漫长，更不容易。长征伟大，长征之后的路程更伟大。

我们军队的光荣传统还是要坚持，解放初期解放军内部一度强调对苏军"全面地学，不走样地学"；毛泽东则要求"科学技术要全学，行政制度半学，政治工作不学"。苏联"一长制"我们不搞，坚持政治工作"两长制"。而且为了防止干部滋长官僚主义和脱离群众，1958年毛泽东要求军官下连队当兵。解放初期刘少奇曾经提出，新民主主义社会至少要持续二三十年，现在看应该是"五十年不变，一百年不动摇"。

我们改革开放之后取得了伟大的成绩，1950年我们的国内生产总值占全球1.4%，1978年占全球1.8%，但是2015年我们已经占全球的13.8%。改革开放之后我们国家经济的高速发展，证明了我们的指导思想总体上是正确的，但是现在也出现了新的问题。党的十八大以来，以习近平同志为核心的党中央采取了一系列措施，使党风军风大有好转。我们共产党人相信马克思主义，马克思主义的理想是人类摆脱剥削压迫，实现物质丰富、社会公正，最终实现共产主义，这个理想一百多年来一直具有强大的生命力，激励了无数人为之奋斗。

我们现在还面临着复杂的对外斗争的环境，我们还是要大力惩治腐败，把那些大老虎给打掉，不然党和军队就会丧失群众基础。习近平总书记提出，党的群众路线教育的根本问题还是制度问题，把权力关进制度的笼子这才是根本。在新的历史时期，人们的价值观念已有很大改变，政治教育不能局限于过去的做法，所以我们今天要弘扬长征精神，绝不是要穿着红军服装照张相，最重要的还是注重它的精神，不能拘泥于形式，必须与时俱进。

现在我们崛起的中国更加开放，更加面向世界，这是我们继承革命传统最有力的保障，也是我们基本的要求。我们奋斗的目标是实现中国梦，这是我们全党、全军和全国人民为之奋斗的目标，这个目标是一定能够实现的，对此我们应该充满信心。

今天就向大家介绍到这里，谢谢大家！

（本文根据徐焰 2016 年 8 月 27 日在中央和国家机关"强素质·作表率"读书活动 2016 年第 8 期主题讲坛上的讲座内容整理）

文化

儒家思想与当代社会

主讲人：陈来

今天我讲的题目叫《儒家思想与当代社会》。我觉得老子和庄子还好讲一点儿，老庄的思想比较另类，它刺激你从一些你想不到的地方想问题，比如说我们都从正面考虑，他提示我们从反面考虑。这样的思维是反向的、否定的，但它往往能挑战我们的习惯思维，给我们以新鲜感。

儒家思想不是这样，它可以说是平淡无奇的，我们讲起来也常被认为是老生常谈。但是为什么这些平淡无奇、老生常谈的东西今天还要讲？这其中包含着一个中庸的道理。大家可能认为，中庸不就是中庸之道吗？其实，"中庸"这个词有其哲学上的解释，"中庸"的"庸"字在我们今天看来，主要就是平庸，但汉朝人解释：庸者，用也。就是指你怎么用它，把中的道理拿来用就叫中庸。"中"是指根本的原则，它是中国很古老很重要的智慧。怎么用这个"中"，就是中庸。宋朝有个大哲学家朱熹，今年是他诞辰880周年，他对"庸"字进行解释，认为：庸，平常也。其实，古书上的"庸"不仅有平常的意思，还有恒久恒常的意思。朱熹很强调平常的意思，认为平常的东西才能恒久，平淡无奇的东西才能长久。他举例说只有粗茶淡饭可以顿顿吃、天天吃、月月吃、年年吃而吃不出毛病，所以最平常的东西就是最永久的东西，这就是一个哲理。同样，儒家思想看起来都是一些平平常常的道理，例如尊师重道、父慈子孝，这谁不知道啊，但是这个道理是有永恒性的。儒学这一讲为什么又好讲又难讲,就是我们要把平淡的东西不断地加以分析,这是不容易的。比如,我们这个读书活动的主题叫做"强素质·作表率",这就是一个儒家的题目,表率就是儒家的概念,这个题目本身就已经标示了在我们的思维和价值信念中包含了很多儒家的东西,只是大家不自觉而已。

一、儒家文化

儒家文化是一个源远流长的文化,儒家是指孔子开创的一个学派。孔子生于公元前551年,卒于公元前479年,距今2500多年了,因此,儒学学派也有2500多年的历史了。这样一个传承久远的文化传统,在世界文化史上也是罕见的。一般认为,一个能够传承久远的文化传统必然包含着一个经典的内核,具有一套经典的体系,而这套经典体系也决定了这个学派的主要特质和性格。我想这应该是适合儒家传统的特点的,所以我们讲儒家文化的特点就从它的经典体系开始。

儒家经典体系的第一部分是"五经"。"五经"的第一部是《诗经》,大家比较了解,特别是《诗经》里面的一些爱情诗,比如"君子好逑"之类。第二部是《书经》,就是《尚书》,它主要涉及的是夏商周三代的政治文献,后来就成为大家所看到的上古历史。第三部是《易经》,二十年前大家很少知道,但今天街头巷尾书摊上摆着许多关于《易经》的书,这是古代占卜之书,也包含了古代的哲学思想。第四部是《礼经》,"礼"在当时主要是礼仪、礼节和社会规范。第五部是《乐经》,这个大家了解的更少,因为《乐经》到秦始皇焚书坑儒以后就失传了。"乐"是一个广义的概念,不仅包括音乐也包括舞蹈。《乐经》主要从理论上肯定了礼乐文化中"乐"这个部分的重要性。最后是《春秋》,也可以叫《春秋经》,记载鲁国的历史,大家知道,关于孔子的很著名的文化事件，就是他除了把《诗》加以整理删改以外，还删定了《春秋》。这六部文献不就是"六经"了吗？的确，从先秦到两汉之间本来是有"六经"概念的，到了汉武帝的时候，《乐经》没有了，所以汉武帝立"五经"博士，以国家的力量正式肯定我们这个国家有一套文化经典，而且设立专门的专家来研究它。

"五经"或者"六经"跟儒家有什么关系呢？夏、商、周三代的诗歌、乐舞、政治、历史，包括在《易经》里面所体现的古人的思维，这些东西跟儒家有什么关系呢？为什么算作儒家的经典呢？因为这些经典经过孔子的整理，孔子教授弟子把这六部经典作为核心和精华。如果将儒家与其他学派进行比较，你会发现一个非常重要的特色，就是儒家是以传承"六经"作为最重要的文化责任和使命的。老子和庄子没有。老子和庄子有一点反文化的色彩，不是说他们的思想完全不可取，比如说他们主张"返朴还淳"，是有值得肯定的地方，但他们认为文明越发展就越失去了纯朴的本性，因此他们反对代表文明发展的《诗》《书》《礼》这些东西，可见道家是不讲文化传承的。先秦各家里只有儒家讲文化传承，孔子带着他的弟子每天都讨论六经这些东西。以前我们了解得不多，最近二十年发现的大量出土文献证明了这一点，例如九十年代发现的竹简就记载了孔子和子贡以及其他的学生讨论《易经》。后来上海博物馆公布的从香港买回来的出土战国文献，第一篇就是孔子的《诗论》，即孔子和他的学生讨论《诗经》的问题。

儒家是传承三代文明的主要学派。儒家早期的七十子及其后学，每天讨论什么？就是文化的传承问题。这个很重要，文化如果没有传承，你这个国家的历史怎么写？所以一个国家有历史，最重要的不是说国家不断地在这块土地上有生息的人群，而是说有一个连贯的历史记忆，这是我们中国历史的特色。在世界文化史上没有第二个国家能像中华文明这样有这么长久的、连续的传承。跟这个连续性相匹配的是，这个不间断传承的文明和文化的载体所依存的政治实体，在几千年来基本维持统一。这两项成就在世界史上独一无二。有人说中国文化长远，世界上还有一个例子就是犹太文化，它也一直延续到今天。但是，犹太文化有它依存的固定的政治实体吗？没有。犹太人在世界上各个地方流动，直到1948年才有犹太复国主义。我们中国以长江和黄河流域为基础的中华民族政治实体，不断扩大，不断融合，虽饱受战争之苦，但从未完全被外族侵占或长久分裂。这是很难得的。一个文明只有具有巨大的融合力和凝聚力，才能达到这样的结果。融合力、凝聚力从哪里来？就是从我们平淡无奇的儒家文化中来。所以，大家不要小看儒家讲仁义礼智，讲父慈子孝，讲家庭亲情，这正是中华民族的凝聚力、融合力的根本性的东西。儒家经典跟其他学派的经典相比还有个特点，就是儒家所传承的以"五经"或者"六经"为核心的经典体系，不是一家一派的、一个宗教的经典，而是一个文明的经典，即中华文明的经典，这一点具有非常重要的意义。

"五经"的体系到汉代以后逐渐扩大，从"七经"、"九经"直到"十三经"，在这个过程中增加了《礼记》。《礼经》在汉代以"仪礼"的形式保留下来，汉朝人又搜集了先秦时期对《礼经》的解释，结集成了《礼记》。叫"记"的东西就不叫"经"，它是辅助经的读物。《春秋》则有三种传，传就是解释、说明的意思。后来，春秋的"三传"也慢慢地进入到经典体系。另外，《论语》和《孝经》在汉代虽然不是经，但是已经有了"经"的地位。《尔雅》是一部字典，因为研究古经必须借助古代的字典，所以也进入经典体系。到了宋代，《孟子》也入经了。今天我们看"十三经"，除了前面的"五经"以外，还有《礼记》《春秋三传》《尔雅》《论语》《孝经》和《孟子》。其中，《礼记》是对《礼经》的一些解释，《春秋三传》是解释《春秋》的，《论语》《孝经》《孟子》是先秦儒学的东西，虽然有一些新内容，但它们还是以"五经"的文化作为根本核心的。

这种情形到了宋朝以后有点变化。从2500年前一直到唐代，我们的经典体系是以"五经"为主的儒家经典体系，与其相匹配的人格特征和人格代表我们叫"周孔"。今天我们讲儒家常说"孔孟之道"，这是后来的说法。从汉代到唐代，不讲"孔孟之道"，而讲"周孔之道"，"周"就是周公，孔是孔子。周公的大部分思想保存在《尚书》里面。可是到了宋代以后，在儒家经典系统里面有一套新的经典体系开始跟"五经"并列，其地位甚至超过了"五经"，这就是"四书"。"四书"就是《论语》《大学》《中庸》《孟子》，这样排次序是有原因的，《论语》是孔子的教导，《大学》一般被认为是孔子学生曾子发挥了孔子的思想写成的，《中庸》是孔子的孙子子思的一些基本思想，而孟子本人则是子思的学生的学生。南宋朱熹第一次把四本书合起来称"四书"，到元代以后都没变。朱熹自己就写了那部有名的《四书集注》，成就很高，但他晚年很凄惨，因为当时的朝廷打击他，说他是伪学之魁。他死后十几年，宋理宗把他的儿子招来，说你父亲写的书太好了。到了元朝正式把他的《四书集注》作为科举考试的答案，一直到明清还是这样。不仅在我国这样，在朝鲜也是这样。一直到十九世纪整个朝鲜朝的统治思想都是朱熹的《四书集注》的解释。在宋元明清这四个朝代"四书"的地位越来越高，道理在什么地方呢？我们看《圣经》，知道有《旧约》和《新约》之别，其实"五经"和"四书"的区别就有点儿像《旧约》和《新约》的区别。《旧约》里面包含许多诗歌、礼仪和历史的东西，《新约》则完全集中在道德的教诲。"四书"就是完全集中在道德教诲。朱熹讲过一句话，他说"五经"好像是粗禾，"四书"是熟饭，"五经"还要加工才能吃，"五经"带有很多不是精华的东西，而"四书"是精华的东西。任何宗教都有这样一个变迁，就是越来越突出它核心价值的部分，而把那些跟核心价值没有直接关系的部分在经典体系中慢慢淡化，这就是

"四书"为什么能取得这样地位的原因。因此，我们可以说"四书"体现了中国人的核心价值观，这个核心价值观扮演了这样一个角色，就是中国人有一套传统的成体系的价值观念。

儒家思想代表了中国人的核心价值观，这套核心价值观是跟中国人的历史文化处境和生存条件相符合的，它和中国人生存的历史环境、历史条件、生产方式、交往方式是弥合在一起的，因此符合当时中国社会的需要，所以它就成为了中国文化的主体部分。那么，什么是不适合中国文化的需要？有些文化也不能完全说不适合，但是可以做一些比较。比如说，佛教作为外来宗教进来的时候，首先它不是一个本土的东西，但不是本土的东西不等于就不能够被本土文化所接受，但它要经历一个选择的过程，看适不适合这个社会的需要。因为中国社会长期以来是一个农业社会，而且是一个乡村宗法共同体的社会，是以家族为主要形式的生活共同体。中国又是一个中央集权的国家。佛教是一个出世的宗教，中国人把佛教弟子叫出家人，就是说他要出离家人的共同体，这对中国文化来讲就是一个挑战和冲击。因此佛教进入中国以后，始终跟本土文化有冲突，但也有融合，其中最重要的一部分就是佛教慢慢地向中国文化低头，就是它要承认"孝"和"忠"。"孝"所代表的家庭文化的价值，佛教起初并不承认，因为所有入世的价值它都不承认，它是要出离此世的，这个"世"就是你的社会关系。人的本质就是社会关系，它就是要你脱离所有的社会关系，你要离开你的父母，抛弃你的妻子、儿女，脱离政治社会，到山林修行。当然，它有它的道理，即你只有摆脱了这些社会关系才能够清静地修行，达到最高的境界。这是从修行的角度来讲，如果从本体来讲，佛教认为这些关系都不是实在的东西，都是虚假的东西，甚至人生都具有虚假性，是空的。这样一套思想适不适合中国社会的主流需要？能不能成为中国社会的主流价值？如果中国社会原来是一片空白，也许它就可以进来成为这个社会的主要思想，但是中国社会有自己本土的文化，主要就是儒家，儒家一直在强烈地批评佛教，强调我是讲修身齐家治国平天下的，你讲的最多只是修身而已，你这套东西不适合中国社会。所以我刚才讲，儒家适合中国社会的需求因而成为了中国文化的主体部分。从先秦两汉开始儒学就不断地传承中华文明的经典，一直到十九世纪后期，所以，儒家对中国文化的传承起了重要作用。如果我们从民族精神的角度来看，中华民族的民族精神可以说是由不同的兄弟民族的文化共同构建的，但如果从中华民族精神的主导方面看，我们不能不说儒家的文化和价值在塑造中华民族的民族精神方面起了不可替代的重要作用。

最后一点，儒家的创始人孔子在几千年的中华文化发展中，特别是在近代以来中华文明的重新建构中已经成为了中华文明的精神标志。我们看看海外几千万华人，如果你问他们什么是中华文明的精神标志？我想这个答案基本是一致的，那就是孔子。孔子已经不是一个个人的问题了，他在历史中已经被赋予了中华民族精神标志的含义。所以我们今天对待孔子就要很慎重，不能仅仅简单地把他当作一般的历史人物来对待。

二、儒家的治国思想

儒家的治国思想，我们分五点来讲，即以人为本，以民为本，以德治为本，以修身为本，以家庭为本。

第一点是"以人为本"。"以人为本"这四个字其实并不是儒家最早提的，而是见于《管子》，《管子》这个书比较杂，里面也有很多儒家思想。我们可以说至少从西周以来，"以人为本"的思想就在不断发展，而且包含不同的含义。首先是讲人和神的关系，这是一个很重要的发展，因为在那么早的时代，人文主义的思潮就能够战胜宗教的力量，这是中华文明能够不断发展的重要根源。所有的古代宗教都讲尊天敬神，天和神是第一位的，但是在从西周到春秋的几百年中，已经不断发展的思想却是人比神更重要。在春秋时代有句话讲："夫民，神之主也。"就是说人民是神的主体，神要依赖于人，要按照人的要求和意愿行事，这正体现了人神关系中的"以人为本"思想。其次，在早期儒家思想里也讨论了制度跟人的关系，最典型的是《荀子》里面讲的"有治人，无治法"，就是说法再好还是要看人；"法不能独立，类不能自行"，就是法律这个东西不能自动被执行；"得其人则存，失其人则亡"，再好的法度也要有君子执行才能发挥好的作用。这也是一种"以人为本"，我们叫人治。今天我们说人治的思想需要从很多方面加以批判，但是你不能不说它也是一种"以人为本"的思想。最后，"以人为本"的价值取向倾向于重视人际关系，而不是仅仅讲个人。也就是说一个人不仅要管自己，而且要考虑人际关系。以上三条就是儒家治国思想中"以人为本"包含的三层含义。

第二点是"以民为本"。只讲"以人为本"还比较抽象，比如说人和神是宗教的关系，人和制度是政治的关系，人际关系是社会学的关系，而在中国古代是非常讲究实际的，特别是政治管理方面，所以"民"的问题更突出。今天这个问题大家仍然在讲。我们新一代中央领导集体这些年的讲法里面就有很多"以民为本"的思想，比如说"情为民所系"的提法，最近大家非常重视的民生问题、亲民政策等等，就体现了现在的领导集体强调的政治价值跟传统的儒家民本主义思想有直接的联系。这个民本思想来源相当古老，在《尚书》里面有一篇叫做《泰誓》，是商朝人的思想，可能经过周朝人的改造，说"民之所欲，天必从之"，就是说人民的欲望，老天爷一定要顺从。我们承认有个老天爷，可是这个老天爷没有它独立的意志，它是以人民的意志为自己的意志的。这样一种对天的宗教理解，已经把天民意化，这是中国人的特点。在《尚书》里面更古老的有一篇叫《五子之歌》，说"民惟邦本"，国之本在民，也体现了民本思想。

儒家继承了三代文明的民本思想，在《孟子》里面讲得最突出。大家都知道有个故事，就是朱元璋看《孟子》非常生气，因为《孟子》里面有很多地方都是讲民本的，而相对来说把君放在很次要的地位，最典型的就是那句话，"民为贵，社稷次之，君为轻"。朱元璋一看，这还得了，找一个大臣把《孟子》里面的这话都给删去了。他本来想把孟子牌位请出孔庙，满朝大臣都跪在地上不起来，说这可不行。这就是政治权威跟道德价值的对比，《孟子》所代表的是中国传统的道德价值，你现在用这个政治权威把道德价值铲除是不行的，所有的士大夫都不接受，最后只好重新编一个新的《孟子》，叫《孟子节文》，当然这个长久不了，到了明朝后来的皇帝就不太把这个当回事儿了。可见，"以民为本"的思想作为儒家治国思想的一个根基，有很深的历史根源，并且深入人心。

在《孟子》里面把善政和善教分开的思想也体现了儒家的民本思想。他说善政不如善教得民，善政就是管理得井井有条，善教就是善于教化人民，这是两种不同层次的政治管理方式。善政的"善"就是有效的管理，能使民畏之，能使民服从，而善教则是能使民爱之。他说善政得民财，善教得民心，我们的法令政策有效的执行能够得民财，但是只有善教才能得民心。有句老话说，得民心者得天下，这个是老生常谈，平淡无奇，但这也正是儒家所坚持的非常重要的信念。它始终把得民心、得到人民的拥护看成是政治的最高境界和成就，而不是说仅仅从工具的意义上把人民管住，建立一套秩序。我们今天当然不必凡事都按孔子、孟子所讲的做，但是他们这套思想对中国人有很大影响，人民也会从这个角度来衡量政治的成败和高下。这就是政治文化作为价值对政治的一种影响和制约，所以不能小看了传统文化的意义。

第三点是"以德治为本"。"以人为本","以民为本"的思想在西周到春秋的时候已经出现了,而"以德治为本"则是从孔子开始才明确提出。如果说政治管理模式有一个大的转变的话,我认为这个转变从思想上就是从孔子开始提出的。孔子讲为政以德,又说"道之以政,齐之以刑,民免而无耻。道之以德,齐之以礼,有耻且格"。这个"道"就是领导的意思,道之以政,就是用政策政令来领导。"齐"就是整齐划一、规范的意思,齐之以刑,就是用刑法来规范社会,什么结果呢?民免而无耻。"免"就是人民可以不去做那些出格的事,"无耻",就是没有羞耻心。可见,孔子始终认为一个好的社会治理不仅仅是靠政策法令和刑法来使这个社会有序,而是要使这个社会的人们有羞耻心。这样的社会怎样达成?他说"道之以德,齐之以礼,有耻且格",就是说用道德领导,用教化的方法去引导。礼就是礼俗,它可以慢慢内化,用它来做这个社会的规范,使人们有耻且格,也就是行为上不出格,同时有羞耻心。孔子的治国方法是以德治国,以礼治国,就是诉诸一种非法律手段,以礼俗和道德教化为主要途径的社会管理方式。为什么用这种方式?因为他的理想的政治不是一个单纯的秩序,而是一个有羞耻心的社会。这个说起来也是平淡无奇的,但这就是儒家的理想,这个理想更重视精神文明在一个政治社会中的意义。

这个思想大家现在听起来是老生常谈,但在当时有一个转型的意义。就是孔子以前的政治理解一直是以政令和刑法治理社会作为主要的思路,到孔子这儿变了,所以孔子的话是有针对性的。商朝以来,大多数情形是以政令为主导,以刑法为禁止手段的一种管理社会的模式,碰到问题就改,但是在理论上没有提出一个典范,孔子就提出来了,你是"以德治国"还是"以刑治国"?我们看中国历史,特别是到了孔子的时代,春秋后期,很多国家的改革都是朝着一个以刑治国的方向进行,越来越变成靠成文法来管理社会,在孔子看来,这就是使人们没有羞耻心了。因此孔子的思想不仅具有现实意义，而且有超越意义，超越了以前"以刑治国"的典范。更广义地看，这种思想里包含有一个德和力的关系，就是"以德服人"还是"以力服人"的问题。《孟子》里讲，"以力服人者，非心服也"，"以德服人者，中心悦而诚服也"。从前《论语》里也讲，"何为则民服？"就是说怎么样使老百姓服从。西方政治学说认为服从是政治学的重要问题，命令与服从的关系是政治上的主要关系。但是儒家的思路是挑战把命令和服从看成主要政治关系的思路，它的思路始终围绕的是善政不如善教，"以力服人"不如"以德服人"。荀子后来也讲"以德兼人者王，以力兼人者弱，以富兼人者贫"。这是早期儒家关于"以德治为本"的政治思维，在当时确实有典范转移的意义。

第四点是"以修身为本"，也具有典范转移的意义。《论语》里有句话，"政者，正也"，好像是对政治下定义，政治就是纠正，规范。"政者正也，子帅以正，孰敢不正？"帅就是表率，率先。跟他对话的人是一位诸侯国的君主，所以他的意思是你作为君主，你先做到正，那么谁敢不正呢？后面说"其身正，不令而行，其身不正，虽令不从"，"苟正其身矣，于从政乎何有？""何有"是说没有什么困难，你能够正身的话，你从政就没有什么困难了，"不能正其身，如正人何？"你自己都不能正，怎么正别人呢？

这个思想我们说起来也是老生常谈。孙中山先生对政治下过一个定义，说政治就是管理众人的事，政就是众人的事。我们古代有类似的讲法，《左传》里说"政以治民"，但这跟孙中山先生的讲法不完全一样，孙中山是说管理众人的事，而"政以治民"说的是管理人民，这是两个不同的概念。管人就是要把人管得服服帖帖的，管理众人的事是要把他们的事情办好，有点服务型政府的意思。但是孔子以前古代的政治，就是"政以正民"和"政以治民"。《左传》这两句话讲的是春秋中期和前期的东西，孔子讲的是春秋后期的东西，孔子在这里就有一个转变，"政者正也"这几个字其实不见得是孔子的发明，而是孔子在陈述已有的对政治的理解，春秋时代对政治的理解就是"政者正也"，正什么呢？政以正民。政治就是要正老百姓的。所以"政者正也"，本来是传统的政治学概念，认为政治的本质就是规范、管理、纠正人民，孔子则对它做了一个相反的诠释，认为正是要正自己，是君主正自己。从正人变成正己，这是孔子对为政之道的一个新的诠释。在孔子这里，政治的本质不再被理解为是正人，而是正己，正己就是首先要作表率。"以修身为本"，这在《大学》里讲的更清楚，说"自天子以至于庶人，一是皆以修身为本"，从天子一直到老百姓，都要修身，修身是最根本的。因为儒家对这种表率和示范作用有一个最根本的信任，他们认为领导者能够以身作则起表率作用，被领导者自然就会按这个方式去做。可见，"以修身为本"这个思想看起来平淡无奇，但是从它的历史发展的角度来讲，它在历史上是有革命意义的，当然经历革命以后就沉淀为儒家政治思想的传统了。

第五点，"以家庭为本"。在政治管理方面，儒家也注重家庭的作用。孟子讲，"天下之本在国，国之本在家"，就是始终把家、国和天下看成是一个连续性的结构，家庭的原则适用于国家，国家的原则适用于天下。在古代，特别是春秋战国时代，家是一个很大的家，古代实行分封制，天子分封给卿，卿分封给大夫，大夫分封给士，士分给家，因此家也是一个分封单位，跟其他大的结构相比，也具有同样的政治结构。从前的家是对上一级的贵族负责，到了汉代以后，每个家庭就变为直接面对中央政府，但这种文化基因不断被强化，家庭始终被看成国家的根本。在古代的政治思想里，不是把家看成私的领域，把国看成公的领域，公私严格分开，而是把家始终看成跟国有同构性的东西。我们常说"忠臣出于孝子之家"，你对父亲都不孝，怎么能期待你在国家的活动中忠于君主、忠于国家呢？虽然孝子只是实践家庭道德，但说明这个人有更普遍的道德意识，表面上是对家庭的忠诚，实际上是对道德承诺的那种献身，所以换了不同的场合，他同样能对道德奉献自己的承诺。

我们就讲儒家治国思想这五个特点，我刚才讲，我们也要呼应一下道家的治国理念"无为而治"。我想"无为"并不是儒家排斥的概念，但是儒家有自己的理解，孔子就说过"无为而治者其舜也与？"认为舜就是"无为而治"。儒家把尧舜作为圣王的典范，尧舜有仁心，这个舜是"无为而治"；下面又说"夫何为哉？"他做了什么呢？"恭己正南面而已矣。"可见，儒家讲的"无为而治"不是什么都不做，而是要恭己，恭己就是敬德，不是让你到处干涉老百姓。那种正民的思维才是干涉老百姓，孔子是要你从正民转到正己，在不扰民的情况下发挥表率的积极作用。这就是儒家所理解的无为。另外，孟子也讲，"无为其所不为，无欲其所不欲"，这个显然是对道家的一种回应。"无为"是不要做那些你不应该做的事，而不是什么都不做。这就是儒家对无为的理解，一方面是恭己正己，修己敬德，做道德的表率，另一方面，不应该有的欲望去掉，不应该做的事情不做，如此而已。这是一个对比。

再一个对比，儒家对于君主的说法，很多人有一种庸俗的理解，认为儒家就是讲君君臣臣父父子子，就是崇拜君主的思想，这个是不对的，要作历史分析。君君臣臣父父子子其实是孔子面对当时一个诸侯国国君的提问所作的回答，实际上里面包含了对这个国君的批评，就是在那个时代，君不君，臣不臣，父不父，子不子，整个政治秩序和伦理关系都受到破坏，跟他相答问的这个君主本身就是非法打破既有的政治、伦理关系当上君主的，所以孔子在这里包含了一种讽刺。在《论语》里也谈到一些跟君主关系的言论。例如，定公问他有没有"一言丧邦"的情况，孔子讲，"言不可以若是其几也"，"几"是简单的意思，说话不能那么简单，要看什么情况。比如说有一个君主，他说我并不觉得当君主有什么快乐的，"唯其言而莫予违也"，就是我说话谁都不敢违背我的意愿，这个我觉得好。孔子就说："如其善而莫之违也，不亦善乎？如不善而莫之违也，不几乎一言而丧邦乎？"你说的这是个好话，对国家有利的话，别人不敢反对这个当然可以。如果你说的话对国家不利，臣子都不敢反对，这不就是"一言丧邦"吗？孔子就借着"一言丧邦"批评了这种君主的心态。我就用这两个例子来呼应道家的治国理念和他们对儒家的批评。

三、儒家的人生观

在中国历史上，儒家对理解中国的政治制度、政治实践、政治文化起了很重要的作用，同时，也为中国社会和中国人提供了基本的价值观，而价值观很多都体现在人生的态度、人生的理想上。我们举几个例子。

第一，人生态度，我们有几句话，叫刚健有为，宽容和谐，中庸之道。刚健有为，这是跟其他思想相比较而言的，比如说老子，他不讲刚健，而讲柔弱，是另类思维，也有意义。但是儒家讲的人生态度确实是刚健有为。例如，《周易》里有两句话就是"天行健，君子以自强不息。地势坤，君子以厚德载物"。天的运行是很刚健的，君子要仿照它，要刚健有为、自强不息；地势坤就是地的厚重，厚德载物，就是要宽容和谐。这都是儒家所讲的人生态度。当然儒家也讲中庸之道，中庸之道就是不偏不倚，不走极端，这是儒家所讲的人生态度和思维的另一个特点。有些思想很深刻，我们叫片面的深刻，而儒家的思想是在平淡中深刻，平淡中持久。我想片面的深刻其实是比较容易做的，而要在平淡中讲出深刻则需要有更高的水平。儒家讲的这种中庸思想在文献里也有体现，例如，"中也者，天下之大本，和也者，天下之达道。"本就是根本，达就是最广、最普遍化的，达道就是普遍的原则。中、和这是儒家人生观很重要的概念。中庸就是不走极端，不追求片面，要在平实、正大、宽容中体现自己的人生，这是儒家的人生观。这个人生观我想它能够成为主流的人生观，也就是我们可以期待全社会的人都这样做的人生观，另类的人生观我们不能期待全社会的人都这么做，这就是普遍化的程度不同。

第二，道德理想，我们也有几句话，公私义利，志士仁人，君子理想。第一句话，公私义利。儒家认为道德最重要的就是怎么处理公和私，义和利的关系问题。义代表道义的原则，利是利益的整体。公是更大的集体利益，也是我们公务员的义务，私是我们个体的，小家庭的利益。宋朝人讲什么是公私？公私就是义利；什么是义利？义利就是公私。我想公私这个问题不是每个人都会碰到的义利问题，它更多的是我们国家公务员和领导者会碰到的问题。古人为什么讲公私讲得很重，把公私之辩看得很重，因为它的对象是士大夫。什么是士大夫？"士"就是你有知识分子的一面，"大夫"是说你是有官职的，有管理责任的，这样的人最容易碰到公私的问题。我们看古代的官德，基本上就是"以公灭私"，这句话在《尚书》里面就出现了。公私义利在古代主要是对士大夫讲的，不是对人民讲的，不是说人民不要有私，不要有利。孔子也讲，"尧舜不能去民之欲利"，就是尧舜当圣王也不能让老百姓没有私心，没有利益。这是很深刻的，以往我们在一大二公的时代，把自留地都取消了，就是不让人民有欲利，但是实践的结果，这个路是走不通的。正确的方法是"因民之所利而利之"。"因"是顺随，人民有这种利益的要求，你要根据这种利益的要求让他能够得到利。所以儒家讲公私义利之辩就说儒家反对私利是不准确的。

第二句话，志士仁人，这个标准比较高，孔子讲："志士仁人，无求生以害仁，有杀身以成仁。"这个仁就代表道德理想。这是道德领域的一种普遍规则和要求，就是我们要能够在面对重大道德选择的时候敢于把自己的生命奉献出来完成道德理想。这是儒家的精神，是正面的精神。在道德理想方面，儒家非常讲究自由独立的人格，它不是像我们有人讲的，只是让人君君臣臣当个顺民顺臣。孔子讲，你当臣子，你对你的上级、你的君主只是以顺从他作为根本的原则，这叫妾妇之道，不是大丈夫之道。什么是大丈夫之道？就是孟子说的"居天下之广居，立天下之正位，行天下之大道。得志，与民由之；不得志，独行其道。富贵不能淫，贫贱不能移，威武不能屈，此之谓大丈夫"。大丈夫之道跟妾妇之道是不一样的，把妾妇之道当作为臣之道这是孔子、孟子反对的，作为一个臣子一定要保持大丈夫的人格。

第三句君子理想，是讲普遍价值。最普遍的价值是什么呢？我想就是仁的价值和伦理。仁的伦理在《论语》里面往往被表达为忠恕之道。《论语》里是这样说的，孔子有一天对曾子讲，"吾道一以贯之"，就是说我们有这么多思想，但是有一个贯穿其中的根本原则，曾子说我知道了，孔子就出去了，但是其他的门人不知道，曾子解释说"夫子之道，忠恕而已矣"。这一贯之道就是忠恕。后来，子贡问，有没有一句话我可以终身奉行实践的？孔子说："其恕乎！己所不欲，勿施于人。"又有一次子贡说，有这样的人，博施于民而能济众，把好处都广泛地施加给民众，这个叫仁吧？孔子说，这个不止是仁，他已经快接近圣了，尧舜恐怕也不能做的这么好。然后说，仁是什么呢？仁就是"己欲立而立人，己欲达而达人"。这三句话体现了我们所说的忠恕之道，仁的普遍原理。具体讲，恕就是"己所不欲，勿施于人"，忠就是"己欲立而立人，己欲达而达人"。在伦理学上，特别是恕道"己所不欲，勿施于人"叫做伦理学银律。金律是己所欲而施于人。这个观点近二十年来有很大的转变。上世纪八十年代末，有一个天主教神学家提出一个看法，他说二十世纪以来的热点事件，最重要的还是战争与和平的问题，而所有战争的热点背后都有宗教问题。因此他提了一个口号，说没有宗教的和平就没有世界的和平。宗教之间怎么能够达到和平？就是我刚才讲的宗教学的思路，从经典入手，先看看不同宗教的经典里面有什么东西是我们大家最基本的共识。这个最基本的共识也就是普适的价值，我们能不能找到这个共识，从这个地方开始，来扩大宗教的和平合作，达到世界的和平？因此，他就跟美国一位伦理学家合作，想召开一次世界宗教议会。历史上，1895年在芝加哥就开了世界第一届宗教议会，100年以后，1994年在美国召开了新一届世界宗教议会，100多个宗教组织把他们的宗教经典都拿出来，结果找到了共识，并且通过了一个世界宗教伦理宣言。这个共识就是"己所不欲，勿施于人"，成为了世界宗教的金律，或者叫世界普遍伦理的金律。

"己所不欲，勿施于人"好像有一点被动的意思，但是今天我们从新的角度看，文化间的关系，国家间的关系，民族间的关系，那种强加于人的态度是非常危险的。能够己所不欲，勿施于人，在宽容中求和谐，这是最可取的。把所有记载这一原理的宗教经典排开，排在第一位的是伊朗的拜火教，拜火教在公元前800年有一个表述，但这个表述比较含糊，最清楚的表述就是排在第二的《论语》，"己所不欲，勿施于人"。这位西方天主教神学家就开始大胆地用"仁"字，他自己在神学里讲"仁"，讲仁学，而这个"仁"是跟人关系密切的一种仁学，这代表了近代思想里很重要的一个转变。这就是儒家思想对现代思想的一种重要影响。当然，除了"己所不欲，勿施于人"之外，"己欲立而立人，己欲达而达人"也有重要意义，我们今天碰到东西部发展巨大差距的问题，我们就从发达地区的角度提倡己欲立而立人，己欲达而达人。这个表述，我们叫做"忠"，但是它同样属于"仁"，所以"仁"是忠恕之道，不仅对孔子来讲是一个一以贯之的根本原则，而且也应该是最有能力普遍化的普适法则。

第三，儒家的实践取向，就是知行合一，在明代哲学家王阳明的思想领域里得到最完整的表述，我们也引了他的一段话。他说现在的人把知和行分成两件事做，以为先知后行才是对的，我先去求知，等知求好了，然后再去行。他说这个不行，实际的结果是终身不行，终身不知，因为知是永远求不尽的，所以实践就永远不能实现。他是批评朱熹的，朱熹讲先知后行，知先行后。他针对明朝的情况说朱熹的这个思想有不好的结果，所以他要把行放在前面，知行合一，王阳明说我今天说知行合一是要对症下药，社会有这种病，不是我杜撰。知行合一正是中国儒家实践里面一个很重要的传统。

第四，儒家的终极关怀。第一点，就是天人合一。自然与人的和谐，宇宙、万物和人类有共通的本质、共通的法则，都是天人合一的内容。古代不仅是儒家，包括道家也是这样认为，大的宇宙跟人类小的宇宙的原则始终是相通的。因此，天和人不是分裂的而是统一的。我们不像西方人那样认为天和人有一种超越的割裂，天代表超越人生和这个世界的创世者，它跟被创造的世界完全不一样。我们所理解的天跟人始终是贯通一体的。第二点，万物一体，到了宋代、明代的时候，这种观念越来越强烈了。如北宋哲学家程颢讲的，这不是一个存在论的表达，不是说宇宙是这么结构的，天和人是同构的，这是从一个境界上来讲，就是每一个人都应该把万物看成和你是一体的。比如说，别人掐你的手指时你感到痛，你知道手指是你身体的一部分，但是另外一个人受苦受难，你没有感受到他的疼痛，就是麻木的。只有你看到他的痛苦，并且能够感同身受，这才叫做万物一体。这已经不是存在论、宇宙论的概念，而是一种非常高的人生境界。第三点，叫"保合太和"，这是《易经》里面的话。保合太和就是最广泛的、最永久的和谐。儒家有这样的终极关怀是有针对性的。我们曾经有一个最崇尚斗争的时代，我们把实然的、实存的矛盾看成是合理的，主张我们应当通过斗争去解决，去发展。那样一种行为模式曾经造成了很多惨痛的事件，它跟儒家的价值理想、终极关怀是相反的。在崇尚斗争的概念里面，和谐没有它的地位。今天我们讲要建立和谐社会，这是符合儒家思想传统的，而儒家思想不仅是一个社会的和谐，它是小到人的身心和谐，大到家庭、社区、国家的和谐，更大变成整个宇宙的一个永久的广大的和谐，这才是儒家的理想。所以，宋代有一个哲学家张载说过一句话，很合乎辩证法，他说"对必反其为，有反斯有仇"，就是毛主席讲的矛盾就是对子，对子就是相反相仇，但是张载后面又有一句话，代表了儒家的理想，说"仇必和而解"，相对立的双方终究要和解。这就是儒家的保合太和的人生理想。

四、儒学与当代中国

我们刚才讲了儒学的人生观、治国观，也用了很多经典上的话给大家证明。我想回到现代社会，我们不用这种引经据典的方法，而用一些现代的观察，从现代的角度来看儒学价值观的特点。我想用对比的方式，用现代的一些表达来强化我们对儒学的价值与当代社会关系的认识。

第一句话：道德比法律更重要。刚才我们引证过一些话，归结到今天的说法就是道德比法律更重要，不是说不要法律，而是说道德更重要，对士大夫尤其是如此。

第二句话：社群比个人更重要。个人只是个个体，社群小一点来讲是家庭、家族、宗族、社区，更大的则是国家、民族。

第三句话：精神比物质更重要。儒家不是一个折中主义者，它要突出一些重点。物质也不是不要，特别是老百姓，要因民之所利而利之，但是精神更重要。

第四句话：责任比权利更重要。这个责任可以是对家庭的责任，对团体的责任，对社会、对民族的责任。这个权利，今天在西方政治学的领域里更多的是指个人的权利，儒家不是不讲权利，但是它更突出责任的重要性。为什么我们叫价值观的特点，特点就是优先性，不是说儒家不要法律，不要物质，不要权利，而是要有优先性，一个价值观体系的特点就是表现在优先性的安排上。

第五句话：民生比民主更重要。老百姓要有温饱生活，其他东西才能去谈。民主的发展是按阶段走的，不能把民主看成是绝对的、在社会发展的任何阶段都是首要的价值，而民生才是更基本的价值。

第六句话：秩序比自由更重要。这个不同的学派有不同的看法。庄子可能觉得自由比秩序更重要，法家只要秩序不要自由。但是儒家应该说更强调秩序，但不是不要自由。

第七句话：今生比来世更有价值。儒家是积极的现实主义者，重视今生，而佛教说到底是摆脱轮回，把来生看得比今世重要。

第八句话：和谐比斗争有价值。对必反其仇，可是"仇必和而解"，这才是儒家的方向。

第九句话：文明比贫穷有价值。用这两个词作对比不一定准确，道家不推崇文明，它推崇原始状态，儒家始终对文明有高度的肯定，早期的礼就是一个文明的标志，儒家是最保守、发展和传承这个礼的。它的文明意识非常突出。

最后，家庭比阶级有价值。这是儒家的一种思想，我们从前所理解的一种马克思主义是认为只有阶级斗争才是有价值的，今天时代已经变化了。儒家思想提供给我们一个新的思考，家庭是不是一个有根本价值的东西？古往今来总有一些消灭家庭的想法，像柏拉图，还有一些共产主义者认为共产主义社会没有家庭，但今天回到我们中国人的现实生活，家庭确实是一个非常有价值的东西，儒家对这一点给予了高度的肯定。

我们今天谈中国的问题，用以上十点将儒家思想跟其他一些思想做了区分和对比，比如说与个人主义、自由主义、自由民主主义的对比，都是有针对性的，都跟现代社会相关，这样我们可以整体的了解儒家价值观的特点。当然这还是粗略的，每一条你也可以叫做本位，可以说儒家是道德本位主义、社群本位主义、责任本位主义、民生本位主义，而儒家不仅仅是一种主义，它是由这么多的主义体现的价值观所构成的整体。

回过头来看整个当代中国的变化过程和儒学在其中的角色，我们可以做一个简单的历史回顾，分为几个阶段：1949年到1965年是第一阶段，叫政治建构阶段，共和国成立；第二个阶段，"文化大革命"，1966年到1976年，十年浩劫；第三阶段是经济改革，我们的改革是多方面的，但突出的主导是经济体制改革，这在十四大以后更明确；第四个阶段叫协调发展，这是新世纪以来开始的新阶段。

第一个阶段，政治建构阶段，它本质上是政治革命的继续，是国内革命战争的继续。革命时代，在文化上是反对儒家的，要以革命的意识形态来批判各种非革命的日常生活文化。儒家是平淡无奇的、日常生活的文化，是日用常行的道德伦理和生活规则，因此1949年以后的一段时间，它受到革命文化的批判。毛主席讲得很清楚，革命不是绘画，绣花，不能那样温良恭俭让。虽然儒家思想的确不是政治革命的意识形态，但要补充说一句，儒家是允许革命、肯定革命的，特别是中国的儒家。中国的儒家承认革命，但是革命不是常态，非要革命不可的时候才肯定革命。日本的儒学是反对革命的，他们有一个假设，说如果孔孟带着革命到日本来，我们要把他打回去。他们不能理解儒家的革命思想，日本人怎么能推翻天皇呢？但在中国，改朝换代的革命很多，中国的儒家在原则上不是不肯定革命，而是不把革命看作常态，它始终认为常态是日常生活。

第二阶段，1966年到1976年，叫继续革命，是无产阶级专政下的继续革命。继续革命在文化上批孔，认为法家是革新的，儒家是保守的，要用斗争的意识形态来批判守成的文化理念，因此要批判儒家。毛主席讲，安定团结不是不要阶级斗争，阶级斗争是纲，其余都是目。西方学者在这里把"保守"翻译成"守成"，就是说文化的传承本身就是一个保守的过程。儒家不是一个崇尚斗争的文化，而是一个崇尚安定团结的文化，因此它受到批判。

第三阶段，十一届三中全会后我们发起经济体制改革，取得了经济的高速发展，但也存在问题。在整个邓小平时代，因为最关注的是经济体制改革，要摸着石头过河，所以他的论述里很少谈文化。我想这跟这个时代的使命有关系，这个时代突出的特点就是体制改革，因此，比较忽略文化，特别是传统文化，当然包括儒学。从儒学跟这个时代的关系来讲，儒学不是给经济改革提供精神动员，因为它是道德秩序的维护者，它的角色在另外的地方。但是这个时期在知识分子中间有人开始注意提儒家了，因为道德秩序的变化使得大家不断关注儒学的角色。

第四阶段，叫协调发展，这可以说是文化秩序的重建阶段，我们开始更加重视那种安定团结、治国安邦的思想，而且，中华民族的伟大复兴和中华文化的伟大复兴这样的口号也越来越被大家所接受。我没有做过文献调查，但是中华民族的伟大复兴、中华文化的伟大复兴出现在我们的历史文件中应该是1995年到2000年之间，还是相当早的。民族的复兴、民族文化的复兴必然带来中国文化包括儒学的复兴。最近七八年来，我们已经看到特别是在民间兴起的老百姓和企业家对传统文化和儒学的那种高度广泛的热情。所以说在这个协调发展和文化重建的阶段，儒学开始复兴了。我们看一百多年来儒学发展的历史，它经受住了现代化和西方文化的冲击，经过了一系列的转化之后，在现代中国焕发了生机，迎来了新的发展前景。

第三，我想今天儒学的复兴有两个重要的原因，一个就是我们现代化经济发展的成功所带来的全民族文化自信的增强。这从1993年、1994年就开始了，十几年来我们那种由于现代化不成功，将满腔愤懑喷向自己祖先的八十年代的情感有了很大的改变，这体现了整个民族文化信心的一种恢复，这要归功于体制的改革。所以我把它叫做现代化的初步成功和民族文化的恢复。我前年有一个讲法，说2008年的北京奥运是中国现代化初步达成的标志，现代化有初级阶段、中级阶段和高级阶段，虽然我们现在仍然是发展中国家，但是这个现代化的初步成功确实是国民文化心理得以改变的重要原因。第二，就是我们国家政治文化的变化，特别是以执政党为核心的政治文化的变化。我刚才讲，邓的时代是不太关注文化的时代，但是从邓以后，就开始有变化了。比如说"以德治国"就是儒家式的口号，"与时俱进"也是儒家宇宙观的发展，"以人为本""以和为贵""执政为民"都是儒家的看法，现在这些都是我们公开的提法。我们的好几位领导人，从江泽民、胡锦涛到温家宝在海外讲演的时候，都是从自强不息、以人为本、以和为贵这些概念作为一个核心来宣示中国政策的基础。这就是从中国文明来宣示中国政策的中国性，来阐明我们中国政策的文化意义，呈现我们中国的未来。我想，我们执政党最近十多年来开始重新吸取儒家的治国理念和价值观念，来应对我们碰到的各种问题，这并不是说领导人就是喜欢儒家思想，而是他们负责任地面对我们的文化资源，面对我们的问题。这种变化，用学术话语讲，我把它叫做执政党执政文化的再中国化。再中国化，不是说我们以前的东西不是应对中国问题，没有中国性，而是说我们现在更自觉地运用中国传统文化的资源，更自觉地站在传承中华文明的角度来全面增强我们的合法性。我觉得这就是我们现在儒学复兴的两个重要根源。

郭沫若同志1926年写了一篇文章叫《马克思进文庙》，因为我们很多人都是中央国家机关的负责同志，所以我就讲这个故事。我们现在面临着什么问题呢？就是马克思与中国化的问题。中国化跟马克思主义、跟儒家思想传统是什么样的关系？怎样处理这个关系？按"左"的思想就是马克思跟中国传统文化没关系，势不两立，我想现在很少有人这样看。郭沫若在他的文章里编了个故事，说这天孔子带着他的三个弟子正在上海的文庙里享用祭祀，外面大门推开，四个大汉抬着轿子进来了，也没有通报，子路很不高兴说什么人进来了，孔子说来者都是客，要有礼貌。轿子停下，下来一个人，满脸胡子，说是卡尔·马克思。孔子很好学，谁有专门的知识，他都向人家学习，他也向老子学习过礼。孔子听说马克思名气很大，就请他到台上问，你到敝庙有什么见教？马克思说，我来领教了，我听说我的思想在中国流传很广，可是有人说我的思想跟你的思想是对立的，我今天想了解了解我的思想跟你的思想有什么对立？我的思想在你的国家能不能推行开来？孔子说，我还没怎么读过你的书，是不是你先说说你的思想？马克思说，我有几个基本的思想，首先我跟西方历史上的宗教家不一样，我有一个强烈的现实世界的关怀，我就是要改造这个世界，变成一个幸福的、美好的世界。孔子说，我就是这个思想，我不是走出世主义的道路，我也是现实感很强，这个是相合的。马克思又讲了社会主义的理想，孔子说我的《礼运·大同篇》也是这样讲的。他们又谈论了对财富的看法。马克思说想不到在中国这么远的地方两千多年前有我的这么个老同志，两个人谈得很开心，后来孔子把他送走了。这是郭老写的一个小小说一样的杂文。

　　郭老是第一代的马克思主义史学家，他对马克思主义的态度和中国文化的态度值得我们深思。那个时候他已经看到中国的儒家文化传统跟马克思主义的文化可以融合，不是对立的，所以他在"文化大革命"中受到毛主席的批评，毛主席说，"十批"不是好文章，因为《十批判书》是讲孔子的。我们走过这个时代来，我觉得怎么样处理这个关系，仍然是我们时代的课题，但是，我想我们的前辈史学家、文学家已经做了很多很有意义的工作，我们今天应该重新学习他们的一些有代表性的、有价值的思考，来充实我们当代关于马克思主义与儒家关系的思考。

（本文根据陈来 2010 年 7 月 28 日在中央国家机关"强素质·作表率"读书活动 2010 年第 7 期主题讲坛上的讲座内容整理）

考古学与古代文明

主讲人：李学勤

一、中国有五千年的文明史

中国是世界上很少几个有独立起源的文明古国之一。我说这句话是有几个限制词的。大家知道人类历史上产生的文明，特别是古代文明，数量并不少。英国一个很著名的历史学家叫汤因比，他有一部很重要的著作《历史研究》，在这部书里他把全世界的文明划分为21个。当然这个说法我们不一定完全赞成，可是无论如何人类历史上所产生的文明是比较多的。但不是所有的文明都是有独立起源的，有些文明是在其他的文明影响、扶持之下产生的。比如大家都很熟悉的日本文明，这也是汤因比所列的21个文明之一。可是日本的文明，包括日本的多数学者也承认它是在中国文明影响之下产生的。其实西方文明的一个重要来源——古希腊文明，也不能说是完全独立产生的文明，它是在近东地区一些更古老的文明影响之下产生的。

真正完全独立产生的文明，而且是时代特别古的，数量并不多。欧亚大陆一般认为有四大古代文明，包括我们中国文明、古代埃及的文明、两河流域也就是现在伊拉克一带的美索不达米亚文明，及古代印度的文明。而这四个大的古代文明里面，古代埃及文明、古代两河流域的文明和古代印度的文明，后来都断绝了。只有我们中国的古代文明一直绵延不绝，传流到现在，这是非常特殊的现象，应该说在世界历史上是罕有的。我们今天所有的中国人都是中国古代文明的继承者。

我们常常引以为自豪的一句话是"我们有5000年的文明史"。有很多人，特别在学校里有很多学生问我，为什么说我们有5000年的文明史？这个问题需要回答。

大家知道我们国家有一套正史：二十四史，第一部是《史记》。《史记》的一开始是《五帝本纪》，《五帝本纪》是从炎帝、黄帝开始的。炎帝、黄帝是在什么时代？按照在中国历代的史书记载来推算，离我们今天大约5000年左右。明年是辛亥革命一百周年，辛亥革命的时候，很多革命的先驱者，他们为了不用清朝光绪、宣统这样的年号，就用黄帝纪元。黄帝纪元不能算得很准确，大致上有几种不同的算法，但都在1911年以前的4700年左右，再加上前面的炎帝，所以炎黄时期就距我们今天是大约5000年的时间。我们常常说我们是"炎黄子孙"。炎黄子孙这个词和5000年的文明史是一回事。因为我们是炎黄子孙，所以有5000年的文明史。大家如果到陕西的黄帝陵去看，那儿有很大的一块匾，匾上写着"人文初祖"。人文初祖，就是文明起源的意思。5000年的文明史就是这么来的。

二、现代考古学及其在中国的建立

我们中国有这么悠久的文明历史，那么这些历史究竟是什么样的？它是遵循什么样的演变发展的规律，有多少惊心动魄的历史事实？这是我们大家都需要知道的。了解中国的文明起源，也是非常必要的。可是，正和其他的远古文明一样，越古的时代遗留给我们的信息越少，这是一条规律，特别是那个时代文字还没有发明或者还没有普遍使用，那么给我们留下的信息非常少。我在学校的时候常常打比喻，比如在空间上,今天我坐在这里,第一排的各位首长、各位先生什么样子、穿的什么衣服,我看得非常清楚;可是五排以后我就看不很清楚,到最后一排连男同志、女同志我都看不清楚。这就是距离远了,能够给我们的信息就少了,越远就越不清楚。时间上也是一样。所以,对于古代特别是上古时代的文明,它的状态、当时发生的历史事实,我们迫切需要知道,可是非常困难。那么依靠什么呢?应该说很多年代以来,只有一个依靠,就是古书,通过古书我们了解历史上的情况。可是,如果我们仅仅依靠古书,不能完全论证古代的文明。因为古书经过多少年的传流,比如现在我们看的《史记》是现代的印刷本,不是司马迁当时写的,有很多问题就由此而产生。因此,对于古籍里面的记载,需要进一步论证,怎么论证?要在古书之外再找途径认识古代,最重要的就是考古学。考古学是认识古代文明的途径,是书籍以外的途径。

什么是考古学呢?考古学是以古代的物质文化遗存为基础,通过古代遗留给我们的遗址、墓葬、各种器物和遗物里的文字,根据实物来研究,是我们在书籍以外,能够印证古代书籍,探寻5000年文明史的重要途径。

下面我想给大家简单介绍一下现代考古学在中国建立的过程。这里有一点要特别说明一下,就是有一种流行的误解,觉得考古学在中国是非常老的学问,有很长的历史。为什么呢?中国在很早的时候,就有收藏、著录和研究古代器物的传统,这是不是事实呢?这确实是事实。比如说,通过考古我们知道,至少在商朝的时候,就是离现在3000多年以前,已经有人收藏古物。我们在安阳发掘的商代墓葬,比如著名的妇好墓,妇好是商朝一个王的妃子,在她的墓里出土了一些玉器,都是很漂亮的,可是这些玉器中有一部分并不是商朝的,有的玉器比商朝早了2000多年。这说明当时的后妃已经在用古代传流的文物来装饰自己,还作为很珍贵的东西。这样的例子在历史上很多,所以中国从商周时就有收藏古物的传统。

从汉代起，就有人研究古物。特别是到了宋朝，吕大临编了一部书叫做《考古图》。吕大临是北宋晚期的文人、著名的思想家，是陕西蓝田人。吕大临的家族在蓝田的墓葬今天还存在，就在前几年，当地有人盗了他们家族里的一个墓，在这个墓里出土了好多青铜器，证明在宋朝的时候吕大临他们一家是收藏青铜器的。我个人一直认为我们今天说的"考古学"这个词在很大程度上受这部书标题的影响。这部书里面主要记录的是当时发现的青铜器。书里对每一件青铜器不但写明了它的名称、出土地方、由谁收藏，每一个器物都配有图，如果器物上有字，还把拓本用木版刻出来。每件器物都记有尺寸，还有一点是我们现在图录书很少有的，就是器物的重量。可以说，和咱们今天的考古图录书来比较，除了没有照相以外，它什么都有。所以中国到了宋代的时候，对于古物的研究是很发达的，再往后到清代就更不用说了。

可是虽然如此，但这仍然不是现代意义的考古学，只能说是考古学的前身，为什么呢？因为现代意义的考古学有它最重要的思想基础——进化论。现代意义的考古学是在进化论思想的指导下建立的。古代人不是这么想的，比如宋朝的理学家常常说，越古的时候，越是黄金时代，越是美好。指出物质文化是发展前进的，这种进化论观点是在近代才产生的。所以中国虽然有着很好的考古学的基础，可是现代考古学的传入是很晚的事情。

现代考古学在欧洲出现，是在19世纪的初期。那么什么时候现代考古学传入中国？是在1900年前后。当时著名学者，包括梁启超、王国维等先生，把现代考古学的观念引入中国。特别是后来在清华大学教书的王国维先生说，1900年前后是中国的一个"发现的时代"。那个时候有很多的重要发现，王国维在当时曾特别加以阐述。当然了，我想在座的同志能够理解，由于历史的原因，1900年前后有一些发现是外国人做的，外国人在中国境内做了一些考古或者所谓探险的工作，在我国的西部东北甚至在香港都有。1900年，在香港有英国的神父做过发掘，那个遗址一直到近年还又发掘。但这些发掘都不能叫做中国自己的考古学，是外国人进行的。

中国自己进行考古工作是什么时候开始的？一个先行的重要标志是1899年河南安阳殷墟的甲骨文的发现。这是中国现代考古学的先声，并不是考古学从那时开始，但它带来了重要的影响。大家知道甲骨文的时代是商代晚期（公元前13世纪到公元前11世纪），甲骨文的发现使当时的学术界大为震惊。当时很多人怀疑中国的古史，说中国哪有5000年的文明史啊，都是史书上的神话记载。夏商这些朝代到底是不是存在，并没有明确证据。而甲骨文的发现，至少把商代的历史存在完全确定了，没有人再敢否认。特别是王国维对于甲骨文的研究，确定了商朝的世系，成为当时震惊世界的一件事。

这还不是以田野工作为基础的考古学的真正开端。真正的田野考古学开端的标志要在1926年。1926年，李济先生主持了中国人自己的第一次田野发掘。李济清华毕业后到美国留学，在哈佛大学学习了，他是人类学家也是考古学家。1922年他回到中国，先在南开待了一段时间，1925年他到了清华大学，跟王国维在一起。1926年，李济在山西省南部的夏县西阴村发掘，这是中国人自己主持的第一次田野发掘，是非常值得纪念的，离现在已经84年了。如果从今天的考古学标准来说，这个发掘只能说是小规模的，不是真正大规模的发掘，因为当时的物质条件和技术条件都不可能做大，可是还是有重要的发现。在这个仰韶文化遗址里面出土了一个蚕茧的壳，蚕茧的上端像一个口袋一样，古代的人是用石刀、也可能是用一个蛤蜊壳做了切割，这说明什么问题呢？就是当时已经有人养蚕，而且经过鉴定这是家蚕。这件事情当时震动很大，因为它证明了在距今七八千年的时候，我们中国已经有人养蚕，这和黄帝妃子养蚕的传说有点接近了——虽然后来有学者对这一点也有怀疑。这个蚕茧现在保存在台湾。

大家知道，1927年大革命失败之后，国民党在南京成立了国民政府，也设立了中央研究院。中央研究院下有历史语言研究所，历史语言研究所有一个考古组，组长就是李济，这样第一次有可能用政府的名义来组织考古发掘——刚才说的西阴村的发掘是以清华大学的名义进行的。发掘什么地方？当然是殷墟。

殷墟发掘是自1928年开始的。从1928到1937年抗日战争爆发，在殷墟进行了15次的发掘，主要由李济主持，有很多重大的发现，其间也发现了大量的甲骨文。有一个坑的发掘，在甲骨文的发现上是空前绝后的，这个坑出土了一万多片的甲骨文，数量非常之大。殷墟的发掘真正震惊了世界，把中国古代完全可信的历史、从考古学得到证明的历史，一直上推到商代。从那以后，商代的存在就再没有人能够否认了。

1937年，抗日战争爆发，殷墟发掘被迫停顿。建国后的1950年，中国科学院成立，并成立了考古研究所，继续进行了发掘，有更多的重大发现。比如前面提到的妇好墓，出土的一种青铜器，在过去从来没有看到过，它下面像一个桌子，有三个火口，上面有三个盆一样的东西，是蒸东西用的，你可以想像蒸馒头、蒸包子都行。这样的青铜器只在殷墟出现过这一次，其他的地方从来没有看见过，是商朝后妃用的东西。刚才我们已经介绍过妇好墓出土的玉器，有的就不是商代的，按考古学的名称属于石家河文化，石家河文化的分布在湖北省，它的时代比商代早了许多。这些不是今天要介绍的主要内容，只是想告诉大家，现代考古学的产生是在上个世纪20年代。所以现代考古学在中国的历史并不是太长，到现在还不到100年。

考古学真正发展是在建国以后，在建国以前虽然有以殷墟发掘为代表的一系列的考古活动，可是规模都不很大，而且分布范围也不广。真正有条件开始考古学普遍的调查和研究，以及在许多的地点同时进行发掘，是我们建国以后。特别是在改革开放以后，在全国普遍开展了田野考古工作，我们的考古学才开始大跨步发展。大家知道，很多年以来，每一年都有一个活动，由国家文物局组织、评选全国十大重大考古发现，在报纸上公布。但最近几年不叫"十大"了，叫"重大考古发现"，因为十个不够，我们的重大发现非常多，这个进步是非常快的。关于我们中国现代考古学的发展历史，我们就介绍这些。

三、中国考古学的重大贡献

（一）上推了中国古代文明的历史

刚才说了，殷墟的发现就把考古学上确定的商代历史推到了商代的晚期。还有甲骨文的研究，甲骨文虽然是商代晚期的，可是它记载的很多内容涉及商代前期，所以商代历史就不容怀疑了。换句话说，中国古代历史推到了公元前16世纪或17世纪，就是商代开始的时间。那么再往前怎么办呢？所以，这是考古学上一个重要的任务，同时也是建国以来考古学上的重要成果之一，即上推中国古代文明的历史。

怎么找古代文明？在国际上从考古学看古代文明，一般有四个标准：

第一个标准是城市。人的群落很早就开始了，实际上猿也是有群体、有一定组织的，可那些不是我们讲的社会。怎么样叫做一个城市？目前在国际上一般认为能够叫城市的，大的要有5000人以上的居住面积。不一定需要城墙，很多的城市是没有城墙的，可是一定要有相当于5000人居住的面积。

第二个标准，也就是最重要的一点，要有文字。虽然现在有人说中美洲地区有的国家没有文字也达到了文明阶段，这个问题还有争论。一般说起来，文字是文明社会的重要标志。没有文字，文明社会是很难想象的。

第三个标准是有礼仪性建筑。什么叫礼仪性建筑呢？礼仪性建筑是一种建筑物，规模比较大，可是这个建筑物不是为了人的一般生活需要，它是为了礼仪，这反映了阶层和阶级的存在。我们举一个具体例子，很多人去过埃及，到金字塔去看一看，你看金字塔就会觉得它一定是属于文明。为什么呢？一个法老的陵墓为什么要那么大啊？法老的个子怎么也超不过2米吧，挖一个小墓就可以了，为什么要那么大的工程呢？那是代表着阶级、代表着阶层、代表着他统治的权威。希腊雅典娜的神庙有好多根柱子，很辉煌，可是根本不能住人，因为只有柱子是不能遮风雨的，它就是为了显示神的权威。这些礼仪性的建筑是一个必要的标准。

第四个标准是冶金术。在西方流行的标准就是前面三条：城市、文字和礼仪性建筑，但中国和日本等方面的学者都认为不够，还应该加上冶金术，强调生产工具在社会发展里面的重要意义。所以我们来评论古代文明是这四条标准。在这四条标准里面，最集中体现的是城市，为什么呢？在城市里面才可以发现文字，可以发现礼仪性建筑，可以找到冶金术遗存。所以，中国的考古学多年以来，很重要的一个工作就是寻找我们的城市（都邑）的发展历程。

下面我介绍一下我们是怎么上推中国古代文明历史的？从1899年发现甲骨文，到1928年开始了殷墟发掘，殷墟这个地方已经成为连续发掘时间最长的一个遗址，不但是中国发掘时间最长的，在全世界也是发掘时间最长的之一，而且殷墟发掘现在看起来，恐怕再做50年也不会有什么最终结果，发掘一定会长时间地继续下去。可殷墟本身的时代是商代晚期，它的时代的上限也不过是公元前 13 世纪。在殷墟发掘的时候，很多人就希望我们再找一个比殷墟更早的城市遗址，殷墟已经很大了，早期划殷墟保护范围是 24 平方公里，实际上现在看比这个还要大的多。

在 50 年代初，连续在两个地方，发现了比殷墟更早的商代遗址，一处在河南郑州，另外一个在河南辉县。50 年代后期确定了郑州有一个商代的城址。郑州的明清古城相当一部分的城墙就在商代的城基上，这简直是想象不到的，而且商代的城比明清的城要大，明清时代的郑州旧城就是商朝城南面的一部分。近年又有非常令人惊奇的发现，在这个城外面还有城郭，究竟有多大还有待继续探查。完整的郑州商城的面积和安阳殷墟的面积差不多，这个城是早于殷墟的，它的时代是商代前期，它的规模一定是个都城，我们看它的出土的东西就知道了，像大方鼎。这个方鼎从青铜器技术来看比殷墟早，它的高度达到了 1 米，这样的大方鼎，连续发现了好几个。我们可以说，郑州商城的发现可以把商代前期基本确定了。

郑州商城的发现和论定不是一帆风顺的。郑州商城发现之后，很多学者不相信。河南省的考古学家，费了很大的力气来论证商城。他们为了可靠，把商城各个方向，都做了剖面，进行分析，做了一个报告，在"文革"以后才发表。大家看，考古学是很科学、谨严的，确定这么大的遗址不是很容易的事情，实际是经过几十年的工作才做到的。

上世纪 50 年代末，中国科学院考古研究所徐炳昶先生提出一个建议，他说，既然殷墟已经发现了，肯定是商代的首都，那么我们能不能找找夏墟啊？古书上有夏墟，它在什么地方呢？在山西的南部、河南的西北（从洛阳以北一直到山西南部，都有有关夏墟的名称）。徐先生的这个建议当时受到了一些学者的反对。可是徐先生带着一批人员到那里做了调查。调查过程中，在河南的偃师找到了二里头遗址，它的时代早于郑州商城，又往前迈了一步。

二里头出土了青铜器，例如铜爵。其实这种器物过去不是没发现过，很早就有发现，但是大家不重视，因为它又简单又薄，当时这种东西在北京的古玩行里面起名叫"野造"，野地造的，没人要的，可是后来发现它的重要性，它反映了中国青铜器原始的情况。二里头遗址还发现了很大的宫殿，有很大的面积。

二里头遗址的年代，现在用碳-14的科学测量，大约是在公元前1750年到公元前1550年，就是公元前的18世纪到公元前16世纪，这就进入了夏代。我们古书上讲的夏代，现在一般认为在公元前21世纪到公元前17世纪。所以二里头遗址也是古代都城，而这个古代都城从各方面与古书上对照，应属于夏代，是夏代中晚期的都城。大家看一看二里头出土的玉器，就可以看到当时的文明发展情况。大家知道这些玉器不是实用的，都是礼器，是中国礼乐文明重要的组成部分。在二里头出土了我们叫牙璋的玉器，是夏代有代表性的东西，到了商代以后很少存在。它的影响非常广泛，一直往南影响到了广东、福建，最后到了香港。90年代，在香港的一个小岛上出土了一个墓葬，里面也有这样的玉器。越南的北部也出现了这样的东西，是对境外的影响。

刚才我们说了，二里头遗址的时代是夏代的中晚期，那么我们还是要往前找，特别是，大家知道夏代的第一个王是夏禹（大禹治水的禹），很希望知道禹的都城在什么地方。70年代，河南省的一些考古学家，带头的是安金槐先生，就根据古书记载"禹都阳城"进行调查。阳城在什么地方呢？是在河南登封，大家都知道的少林寺就在登封。他们在登封这个地方进行发掘，一开始发现的是战国时代的遗址，这个遗址出土了一些陶器，证明它就是阳城。陶器的底上盖着一个玺印，有四个字："阳城仓器"。"阳城"是地名，"仓器"是仓库里面的东西。可见在战国的时候这个地方确实是叫阳城。阳城在这儿，那夏禹都城是在什么地方呢？当时安金槐先生带着考古队发掘出这个遗址后，周围的老百姓就说，你在这里找不对，要到王城岗去找。到王城岗就挖到了比二里头还早的遗址。遗址有一个小城，时代上已经是非常早了，可以到夏代的早期，甚至要更早，可是这个城太小，它每边长100米，就相当于足球场的400米跑道。90年代后期，在王城岗作了新的工作，在小城外头发现了一个大城，这个工作还没有结束。王城岗遗址的发现，虽然还不能确定是夏朝的首都，但提供了很多线索。

山西襄汾的陶寺遗址，是近年考古学上的一大发现。陶寺遗址的特点是什么呢？刚才说禹都在阳城，禹以前就是尧舜，尧都在什么地方？传说是平阳。平阳在什么地方，平阳就在临汾，靠近襄汾这一带，而陶寺是在襄汾。襄汾陶寺这个遗址，可以说是中原地区最大的一个城址，它中间有一个小城，是早期的，然后在外头有一个大城。整个大城是不规则的，它是沿着周围的小山丘来建设的。整个大城遗址，南北最长达到2150米，东西的长度是1650米，整个面积达到200万平方米以上。因为它不规则，所以不能够计算得太准确。规模非常大，可不止是5000人口的面积。这个古城的时代根据碳-14测定，是公元前2500年到公元前2200年。里面的小城是先建的，大城要比它晚200年，小城可以早到公元前2500年左右，大城就在公元前2300年左右。这个城的内外有1300多座墓葬，跟小城的时代是一致的。这些墓葬有明显的等级差别，阶层关系非常清楚，里面有很多的礼器、乐器等等。最重要的是在这里发现了文字。有一个背壶，陶质的。什么叫背壶？就是一面是圆的，另一面是扁的，像军队的水壶的样子，上面有一个用毛笔写的"文"字，在反面也有字。这些字一定是用毛笔写的，毛笔的笔锋也看得非常清楚。所以陶寺遗址的时代，也就是古书里相当于尧舜的时代，已经有了文字，这是确切的证明。有人说反面的符号是"尧"字，这个说法是否可信，在学术界没有定论。

还有其他的发现。如墓葬里出土有陶盘，盘里面有一条盘龙，龙头还吐出舌头。这种盘里面有盘龙的图案，一直到商代的青铜器、周代的青铜器都是常见。这个龙比二里头的龙更原始，它没有脚。也有金属制品，比如红铜做的铃。这种小型的铃作为一种乐器，从这个时期到二里头时期，一直到商代前期都有。更令人惊奇的是一个齿轮状的东西，非常奇怪，它有29齿。古代的历法，一直到今天的农历，每月有29天到30天。29这个数字是非常特别的，因为很难画一个29齿的东西，这个东西不是简单的红铜的，而是青铜，不过是砷青铜。砷青铜就是含砷的青铜，是原始的青铜。我，还有一些考古学者，第一次看到这个东西，都觉得实在是想象不到，当时怎么可能会有这样一个东西，做得多么规整、多么讲究。我们可以猜想，如果能挖到大墓的话，还可以发现比这个更好更精美的器物。所以更惊人的发现还在后面。

在小城里面，有一个可能是天文台的特殊建筑基址，当然这是我们的一个推测，但这是唯一的解释。它是一个扇面型的建筑，当然今天地上的建筑不存在了，可基部还存在，上面有很多直立的缝。这个建筑物没有办法解释。因为用夯土做成这么一个有缝的墙，它又不能挡风遮雨，是干什么用的呢？大家觉得非常奇怪，所以就把它复原起来看。复原起来突然就发现，在冬至的那一天，正好从一条缝里看见太阳升起。然后隔一段时间，到另一节气的时候也看见太阳在另一个缝里面升起。当然已经有些破坏了，不能每一个缝都证明，可是基本上，它是可以和节气相对应的。这会不会是一个有关天文历象的建筑？大家知道类似的建筑在外国也有过发现。但是要确定这一点就要有一个用来观测的基点，结果真的在那个地方找到一个圆的白石片，有一个标志在那儿，这真是奇妙得很。当然今天还有人不太相信这件事，可是这件事情非常有启发性。为什么这样说呢？大家知道讲尧舜时代最主要的一个文献就是"十三经"里面《尚书》的第一篇《尧典》，一开头讲的就是天文，讲尧在当时怎么派人去观察星象，制定历法等等，而在这个遗址里面，真有一个跟天文历法有关的建筑物，至少非常有这个可能，这个发现是非常重要的。

所以，我们已经从殷墟的商代晚期说到郑州的商代前期，然后二里头的夏代中晚期、王城岗的夏代前期，一直追溯到相当于尧舜的时代，这些和我们的文献都是可以互相参照的。我们对于古代文明的起源和发展，比过去的认识多多了。这是我讲的第一个问题。

（二）拓展了中国古代文明的地域

我们中国考古学的起步在1926年、1928年，在建国以前，虽然有很多能够振奋人心的重大发现，可是当时主要的一些工作是在中原地区。这有一些原因，一个是中国传统上有一种认为中国的文化主要是中原的，从中原向周围散播的观念，这是一个很普遍的传统观念。同时，由于当时历史、政治的条件，在其他地方做工作比较困难，也没有那么多的考古力量。建国以后的情况就大为改观了，各地区的考古队伍逐渐成长，特别是改革开放以后，全国的考古工作普遍开花，大家认识到中国的古代文明，不是只有中原的，中国辉煌的古代文明是中国境内的各民族、各地区共同缔造的。各民族、各地区对中国古代文明都有所贡献，而且中国古代文明的中心也不总是在中原地区。这个观点是很重要、很有意义的。不但在考古学上，在历史学上、在其他的一些学科方面都有很重要的影响。所以改革开放后的30年以来，大家非常注意在中原以外地区的考古。

我举一个例子，就是良渚城址的发现。良渚城址在什么地方？良渚城址在杭州，过去是余杭，现在余杭属于杭州市。这一带地方从清代以来，一直就有很重要的文物出现，特别是玉器。传说在晚清的时候，曾经有人就在良渚这个地方发现了一坑玉器，雇人挑担，把这两担玉器挑到上海。这个地方一直在出土各种各样的文物。良渚反山出土的大玉琮（玉琮是一种祭祀用的礼器，传说是祭地神的），这个玉琮非常大，而且花纹特别精细，实际上是一个神像。这个神像的特点是什么呢？上面有一个冠，有一个脸，下面也有一个脸，脸是两重的。这一类的花纹一直传到商代还存在着。开始我们并不知道后来那些花纹的起源在哪儿，现在知道这种特异花纹起源于良渚文化。良渚文化的时代比刚才讲的陶寺的时代又早了，良渚文化的时代是公元前3300年到公元前2500年。大家可能想象不到，离中原这么远，在杭州这个地方它的文化有这么高。而且良渚古城的面积是290多万平方米，比陶寺还要大一些。当然这仅仅是一个例子，有关这类的发现，我们还可以举出很多，也就是说中国古代的文明不是仅仅在中原地区发生、发展，而是同样在一些当时非常边缘的地区发生、发展。

在座很多人都去过四川广汉的三星堆遗址，三星堆是1986年发现的，三星堆这个地方也有一处商代古城。它那儿有一条河，把城的北边给冲没了，只剩下中部和南部，估计这个城址有22平方公里。三星堆的发现是非常早的，在1929年的时候就已经有文物出现，可是到1986年才震惊世界，因为它出了两坑器物。三星堆出土的器物给我们的印象和中原非常不同，所以有人说这是境外文化的影响。刚刚发现了器物坑之后，要我去看这些东西，当时我做了思想准备，想看看它到底有没有跟东南亚有关的东西，所以我到图书馆去找东南亚的考古材料。可是我到那儿看了全部的东西之后，得了一个结论，就是没有，真正影响它的是什么呢？是中原的文化，这是最奇怪的。三星堆出土的面具，眼睛是突出的，耳朵是伸出的。还有的面具的鼻子上面有一个云气形的装饰。这在人类学上是常见的，突出的眼睛，伸长的耳朵，就是千里眼、顺风耳，它表示一种神力，表示能看得远、听得远。可在中原华夏文化里没有这个东西。还有三星堆最著名的大铜人，这个大铜人上面的人像身高

1.8米，下面还有一个底座，整个高2.62米。可是你看这个铜人有很多特点，脸的结构、帽子的形状等，确实是本地的文化。可是如果我们看下面底座的夔龙纹，一看就是商代的样子；再看它衣服上的花纹，一看就是商代的作风。经过清华大学美术学院专家所做研究，它的衣服一共有四层，可是铜人是光着脚的，像东南方的人。三星堆出土的青铜尊、罍和中原的相似，这些更明显地证明了三星堆文化和中原地区的关系。所以三星堆的文化，实际上是一个在强烈的中原地区的商文化影响之下的本地文化。它有自己的特色，同时也受中原文化的影响。所以，中国的古代文化是多民族、多地区共同建造的，都是我们中华文明不可缺少的组成部分。

（三）揭示了中国古代文明的特色

中国古代文明的特色，我想介绍几点，由于时间的关系我讲的比较简略一点。

第一点，中国古代文明是绵延不绝的。所谓绵延不绝，就是说我们后来很多的思想文化的要素，可以在很早的考古材料里面发现。举个例子，公元前13世纪的一块甲骨文，是商朝武丁时代的，上面记载："东方曰析风曰协，南方曰因风曰凯，西方曰彝风曰韦，北方曰宛风曰役。"它是讲四方神和四方风的名字。而《尚书·尧典》里说春天"厥民析"，夏天"厥民因"，秋天"厥民夷"，冬天"厥民隩"，就是宛。析、因、夷、隩和析、因、彝、宛其实是一回事。这就说明，商朝讲的一些神和风的名字，实际上在我们今天还在读的《尚书》里就有。这是什么意思？"厥民析"，就是春天的时候老百姓都分开下地了；"厥民因"，就是在夏季继续干活；"厥民夷"就是去收粮食，把地弄平了，夷，是平的意思；隩是藏，把谷物藏起来了。所以这就是我们常说的春生夏长、秋收冬藏。而把它变成神的名字，在商朝的甲骨文就有，一直传到了现在。

西周中期的青铜器遂公，铭文有"天命禹敷土，随山川"。就是说天让大禹当王，让他来安排九州，"随山川"，把山开辟了，把河治理了（大禹治水）。我们读的《尚书》里面的《禹贡》和序，说"禹敷土""随山川"，跟铭一样，这说明在西周时候的神话故事，也保存到今天我们还在读的古书之中，所以中国的古代文明是绵延性的。

第二点，中国古代文明是包容性的，它能够综合各种文化。我们举一个例子。河北平山发掘的战国时期中山国王的墓葬里面，有一个器座，它是一个老虎，老虎嘴里叼着一只鹿，浑身都错金银。还有一个器物，也是这个墓里出的，形状是有翅膀的兽，这些造型的来源都不是中国的。这种有翅膀的兽，跟刚才那个一个动物咬一个动物的艺术主题是北方草原民族文化的元素，从中亚、西亚、一直到欧洲都有类似的主题。中山国是白狄，是从草原民族来的，他们带来的文化和中国的错金银技术结合在一起，造出来这些文物，足见中国的文明，从来是一种包容性的。

第三个特点，就是我们重视礼乐。礼乐本身体现和谐的观念。我们自古以来以礼乐施教，不管是礼仪还是音乐，强调的都是和谐。陕西宝鸡眉县杨家村出土的列鼎就是代表礼，有9件，从大到小。还有湖北出土的战国时期曾侯乙墓编钟，一整套的编钟，可以用来演奏现代的乐曲。这些都是礼乐和谐的体现。

最后，很重要的一点就是我们强调以民为本，强调中道。2008年的7月，清华大学收藏了一批战国竹简，是由校友捐赠，从香港抢救回来的，将近2500枚的竹简，里面有一篇记载周文王的遗嘱。周文王在位50年，他病重的时候把太子（周武王）叫来，给他讲了遗嘱。这个遗嘱里面不是讲怎么去打仗，而是讲了两个故事。其中一个是舜的故事，说舜原来是小人，不是贵族，是种地的，而他要求自己力求中道，要"不违于庶万姓之多欲"（"庶万姓"，就是老百姓），就是说舜的修养和民的要求是一致的，就是因为他有这样的德，所以他继承了尧的帝位。当然这是一个传说，但其中说周文王在临死的时候对他的儿子交代了这样的故事，所强调的思想正是一种以民为本的思想传统。

结语：新世纪中国考古学的展望

中国考古学的历史并不很长，很多人说中国考古学目前处在一个黄金时代，我认为这只说对了一半，最好的一个说法是，我们处在黄金时代的开始。为什么这么说呢？因为更重大的发现、更深入的研究应该在未来。中国的现代考古学从 1926 年、1928 年开始，只有 80 多年的历史，这相对于我们中国的古老文明、广阔疆域，是很短促的。文明史上的诸多问题，应该在今后解决，特别是在二十一世纪。我自己可能是看不见，可是在座的很多朋友一定会亲自看到它的辉煌的成绩。

我们中国考古学的贡献，我想不只是研究中国的古代文明。中国自古以来，人口在世界中占相当大的比例，因此中国文明诞生和发展的历程，对于整个人类历史规律的探讨，是重要的，或者说是不可缺少的。在这方面，中国考古学及古代文明研究可能对世界做出贡献。我有一个在美国多年的老朋友——张光直教授。张光直教授是在台湾出生的，是李济先生的大弟子。他多年来在美国的哈佛大学担任考古人类学系的主任，他也是美国科学院的院士。他就讲过，中国古代历史的研究对于"社会科学的普遍法则"——就是我们说的"历史规律"，应该有所贡献。我想是对的，我们在这方面的研究也一定会有更多的贡献。

中国考古学已经有它自己的体系，培育自己的人才，而且正在加强与历史学、古文字学等学科的联系，吸取有关科学技术的成果。我们的考古工作有它独特的风格，相信它的优秀传统还会得到继续发扬。而且，我个人觉得，现在国力渐强之后，我们也应该走出去。实际上，中国的考古学家已经在考古工作方面建立起自己的一套技术和标准，这套技术、标准可以用到外面去。比方说日本的考古学家就在中东做过很多的发掘工作，西方考古学家在各国做的工作就更不用说了。我们中国的考古学家将来也一定有机会走向世界。

（本文根据李学勤 2010 年 12 月 25 日在中央国家机关"强素质·作表率"读书活动 2010 年第 12 期主题讲坛上的讲座内容整理）

古典诗词的阅读和欣赏

主讲人：葛晓音

中国古典诗词的成就极其辉煌。由于历史悠久，题材内容丰富、形式风格变化多样、表现艺术也是千差万别。因此怎样阅读和欣赏古典诗词也不能一概而论。要欣赏古典诗词，最基本的问题是理解。这里主要想从几个方面来谈谈如何提升理解和欣赏古典诗词的水平

一、作品的内容、风格和题材类型的关系

中国古典诗歌的题材是从少到多逐渐增加的，在题材的形成和扩大的过程中，会形成某类题材作品的内容主题以及艺术风格的传承性。像感遇言志、咏史怀古、边塞游侠、山水田园、赠人送别、乡思羁愁、闺情宫怨等等，几乎是永恒的题材，这当然和古代社会历史的过于悠久，造成人们的生活方式和感受大同小异有关。此外中国古诗又有一种拟古的传统，使他们在学习前人创作的过程中，把前代相沿已久的题材主题继承下来，这就促使诗歌在表现艺术上不断进步。了解这个规律，对于我们理解诗歌很有帮助。比如许多脍炙人口的名句，有时要经过好几代人的提炼。

如：

春蚕已感化，丝子已复生。——《子夜歌》
思君如明烛，中宵空自煎。——王融《赋得自君之出矣》
春蚕到死丝方尽，蜡炬成灰泪始干。——李商隐《无题》

像这样将前人最初的一点创意发挥到透辟无余、乃至成为名句和警句的例子非常多，所以对名句的欣赏，要结合这种题材和表现艺术的传承性来认识。对名篇的理解，也是一样。因为后人在写作时，往往融化前人同类题材的意思。有时不了解之前的作品，就不理解诗里的用意。比如送别诗，从汉魏到唐宋，数量极多。李白《送友人》看起来很容易懂：

青山横北郭，白水绕东城。此地一为别，孤蓬万里征。
浮云游子意，落日故人情。挥手自兹去，萧萧班马鸣。

这首诗写送别友人的情景，是古代送别最常见的。地点在城外：城北青山横卧，城东白水围绕。一山一水既是写山清水秀的景色，也是为了与下一句强调"此地一为别"形成对比：山水似乎都依恋着此城，而人却如孤蓬开始了飘游万里的征途。浮云是眼前景，但也是比兴，游子正如浮云，无法掌握自己飘游的去向；落日点出送别的时间，但也隐含着光阴流逝、人生聚短离长的悲哀。这样理解是因为中间两联化进了汉魏古诗中许多类似的意思。比如孤蓬比游子，有曹植的《杂诗》其二："转蓬离本根，飘飘随长风。何意回飙举，吹我入云中。类此游客子，捐躯远从戎。"浮云比游子，有李陵诗："仰视浮云驰，奄忽互相逾。"了解这些前人的送别诗和游子诗，才理解浮云比游子的"意"不仅指飘游万里，更有感时不遇，不能掌握自己命运的人生感慨。在落日中告别，故人的情又是什么情呢？看曹植《箜篌引》："惊风飘白日，光阴驰西流。盛时不可再，百年忽我遒。"就可以理解了，落日使人想到光阴的迅速，人生百年的短暂。游子的盛年不再，然而仍然飘游在前景暗淡的旅途中，分手时心情如何就可以想见了。所以最后说从此挥手告别，连两匹将要分道扬镳的马儿也禁不止发出了悲鸣。了解意象中包含的前人诗歌里积累的意思，才能看出这首诗的好处。前人称赞这首五言律诗有古诗的格调，因为以浮云比喻游子，因落日感伤光阴，是汉魏游子诗里常用的比兴意象。萧萧马鸣也是《诗经·小雅·车攻》中的诗句。诗里所用的意象都是人们送别时最常见的，同时又有深厚的历史内涵，这就以很高的概括力写出了古往今来人们送别友人时常有的感慨。

宋词以伤春感别为基本主题，对于离别这类题材的表现就更复杂多变了。周邦彦《夜飞鹊》：

河桥送人处，良夜何其？斜月远堕余辉。铜盘烛泪已流尽，霏霏凉露沾衣。相将散离会，探风前津鼓，树杪参旗。花骢会意，纵扬鞭亦自行迟。

迢递路回清野，人语渐无闻，空带愁归。何意重经前地，遗钿不见，斜径都迷。兔葵燕麦，向残阳影与人齐。但徘徊班草，欷歔酹酒，极望天西。

这一首写送别，上下片各选取残夜清晨送行和与黄昏落日归来的两段时辰分别写景。上片写河桥送人时斜月已落，烛泪滴尽，在细雨般沾衣的凉露中，散了离筵。"良夜何其"令人联想到苏武诗："征夫怀往路，起视夜何其"。津鼓是渡口报时的更鼓，用李端《古别离》："月落闻津鼓"。参旗为星名，《史记·天官书正义》："参旗九星在参西，天旗也。"同时也关合到苏武诗里的"参辰皆已没，去去从此辞"。打探津鼓和参旗，本是问时辰的意思，但旗鼓的字面容易引起戎事的联想，与骢马相连系，行者或许是从戎赴边的人，即使不是，也多少渲染了几分出行的豪气。下片写行人从远方归来，从"何意重经前地"一句，方才悟出上片所写的其实是昔日送别这人的回忆，遗钿不见，指当初送他的女子已经不在，河桥送别处只剩下兔葵燕麦、草迷斜径。可见当初送别的地方已经一片荒凉。"向残阳影与人齐"一句，真切地写出归者茕茕独立于残阳斜照的葵麦之间、形影相吊的形象。而藉草而坐，把酒酹地，极望天西的结尾也余味无穷。白日西驰，迟暮之悲自在言外。由此可进一步体味上面李白所说的"落日故人情"的意思。这首词或许是作者亲身的经历，但更容易令人联想到汉魏唐宋的古诗中，常常写到的征人思妇送别的情景和行人归来后故园荒芜的场景，因而词里的内容又有了包容历史传统主题的更深意义。作者将送别选在清晨，将归来选在黄昏，这两个时段又各与少年的豪气和老年的衰暮相应，从而使世事的沧桑之感与人生的盛衰之感交织在一起，清真词的深厚往往由此见出。

再比如边塞诗。边塞诗的题材与战争有关。虽然诗经、楚辞中早就有描写战争和士兵的诗歌，但是，文人借边塞题材抒写立功理想的诗歌，是从建安时期曹植的《白马篇》才开始的。南朝的鲍照继承了这种传统，又在诗歌中增加了边塞风物和征人思妇等内容，并把捐躯报国的高昂斗志和边塞征戍的艰苦结合起来，确立了边塞诗的题材范畴。盛唐的边塞诗成就最高。总的说来，盛唐边塞诗歌颂了广大战士英勇抗敌的精神，描绘出祖国边塞辽阔壮丽的风貌，揭露了汉族和外族、统治者和被统治者、将军和士卒之间的矛盾，反映了进步文人重振国威的理想和各族人民渴望和平的心愿。比起以前的边塞诗来，内容更加丰富深广。欣赏盛唐的边塞诗，要特别注意其思想感情的复杂性，这种复杂性造成了盛唐边塞诗善于将悲壮高亢的基调和雄浑开朗的境界融为一体的特点。

白雪歌送武判官归京

北风卷地白草折,胡天八月即飞雪。忽如一夜春风来,千树万树梨花开。散入珠帘湿罗幕,狐裘不暖锦衾薄。将军角弓不得控,都护铁衣冷难着。瀚海阑干百丈冰,愁云惨淡万里凝。中军置酒饮归客,胡琴琵琶与羌笛。纷纷暮雪下辕门,风掣红旗冻不翻。轮台东门送君去,去时雪满天山路。山回路转不见君,雪上空留马行处。

这首诗以咏白雪为主线,在八月飞雪的绚丽奇观中,抒写了诗人客中送别的愁绪和久戍思归的心情。诗一开头,就展示出边塞萧瑟的秋景:北风席卷大地,原野上枯萎的白草被纷纷吹折。这还不是寒冷的冬季,刚到八月,胡地的天空就飞起了大雪,在"春风不度玉门关"的西域,一夜北风使白雪凝结在万千枯树的枝头,竟使诗人恍然如见千万树梨花在一夜之间开放。春风梨花的比喻虽然给诗人带来了温暖的幻想,但很快就回到了严寒的现实:军中的营帐挡不住外来的寒气,雪花散入珠帘,打湿了罗幕。说明风雪之大,一直侵入到帐幕的最深处,所以穿着狐皮衣服也不觉得温暖,锦缎做的被子更显得单薄。将军因为冻得僵硬,以至无法拉开角弓,都护身上的铁甲更是冷得穿不上身。这四句写的都是军队长官幕中的情形,他们虽然住在重重帷幕之中,有狐裘锦衾遮盖,尚且如此苦寒,更何况身处冰天雪地中的战士和归客呢?诗人没有直接表达这层意思,而是用两句外景的渲染将这层言外之意带过:大漠如瀚海般极目无边,上有百丈坚冰纵横交错;而雪意犹浓的云层凝聚在万里天空,如同惨淡的愁云笼罩在人心头。下面紧接着描写军中饯行的场面:在主帅的营帐中设置酒宴送别归客,不免触动自己的思乡之情,再听到伴奏的是胡琴琵琶和羌笛这些异乡的乐器,就更伤情了。与军中宴乐的热闹相对的,是辕门外暮雪纷纷、风掣红旗的静态描写。这幅无声的画面可以令人想见座中人送客出门时默默无语、凝视帐外的情景：雪还是纷纷下个不停，风还是那么强劲，以至于帐外凝雪结冰的红旗被风拉直之后再也不会翻卷。这两句和"瀚海阑干"两句呼应，再次渲染帐外的严寒，因为被送的同僚就要在这样的天气中出发，而留下的人们还要继续在这艰苦的环境中戍边，所以无论去者留者，面对这场风雪，都是分外伤情的。这首诗的最后六句写目送同僚渐行渐远的情景，由于雪上的脚印特别清晰，使人想到从今虽然分隔两地，彼此之间却有行人走过的一道踪迹相连。这条路又正是通向长安的道路，所以诗人不觉随着这道踪迹而神驰故乡了。写惜别，也是写思乡，二者交织在一起，更是一往情深。这就是"雪上空留马行处"所包含的言外之意。

这首诗始终从描写雪景的角度表现诗人复杂的情绪变化，句句写景，句句有情。大雪成为贯穿全篇、牵引诗人感情发展的主线。诗中的情调虽然苍凉悲壮，但又表现得极为奇丽豪放，可说是充分体现了盛唐边塞诗的特色。

二、联系体裁的因素来理解古典诗词的创作特色

中国古诗中有古体近体两大类，古体包括五古、七古、五七言古绝、三言四言六言、乐府；近体包括五律、七律、五言排律、五七言律绝等等；词有小令、长调等等。不同的体式有不同的鉴赏标准。比如歌行长于铺叙，要求层次复迭，有波澜起伏。欣赏时或取其气势奔放跌宕（如李白《将进酒》），或取其叙情委曲尽致（如白居易《长恨歌》），以酣畅淋漓、婉转曲折、摇曳多姿为佳。而绝句则以含蓄为上，讲究主题和意象单纯，留有不尽之意。而每一种诗体在它的发展阶段也有不同。举七律为例，崔颢《黄鹤楼》：

昔人已乘黄鹤去，此地空余黄鹤楼。

黄鹤一去不复返，白云千载空悠悠。

晴川历历汉阳树，芳草萋萋鹦鹉洲。

日暮乡关何处是？烟波江上使人愁。

这首七律是令黄鹤楼享誉天下的传世名作。传说黄鹤楼有辛氏卖酒，因道士在墙上画鹤能舞而致富。十年后道士重来，乘鹤飞去。诗人对这一传说的神往，在诗里转化为对时空悠久的遐想，又与楼前远眺历历可见的晴川树和芳草萋萋的鹦鹉洲形成过去和现在的虚实对照，便更能触发人们关于宇宙之间人事代谢的感慨和怅惘。正因为这首诗既合典故，又切合景观，能将古今登楼之人所见所感都概括无余，所以连李白到此都觉得无从落笔："眼前有景道不得，崔颢题诗在上头！"这首诗的主要好处在于其声调美和意境美是不可复制的，在七律处于盛唐刚刚成熟的特殊阶段才可能出现。声调美，指的是它的歌行句法，前四句一气流注。分两层递进，三次重复黄鹤，回环复沓，更增强了民歌般悠扬流畅的声调。当然仅仅声调美还不足以成名作，原因在哪里呢？就因为崔颢诗这种悠扬的声调和诗里黄鹤杳然、白云悠悠的意境特别协调。悠远的意境和悠扬的音调相配，相得益彰。而这种声调美是天然而非人为的，因为有其历史原因：七律从六朝末年源自乐府，声调和写法一直和乐府歌行分不开。这种意境美，也来自初唐乐府歌行的常见内容，即往往感慨宇宙的永恒、人间的沧桑，引起人无穷的遐想和淡淡的惆怅。《黄鹤楼》只是把这种感慨通过黄鹤的故事表现出来而已。所以两者的结合，正体现了七律从初唐过渡到盛唐的特殊风貌。随着七律的发展，诗人们要求发掘它自身的表现潜力，和乐府歌行区别开来，这种声调就渐渐消失了。在这个发展的过程中，杜甫所起的作用最重要。他探索了七律的很多表现方式；七律的完全成熟是由他完成的。因此，杜甫七律变化极多。我们举他一首声调同样流畅的七律《登高》来看看它和崔颢七律的不同：

风急天高猿啸哀，渚清沙白鸟飞回。
无边落木萧萧下，不尽长江滚滚来。
万里悲秋常作客，百年多病独登台。
艰难苦恨繁霜鬓，潦倒新停浊酒杯。

这首诗是杜甫晚年旅居夔州时所作。写他登高所见江上秋色，抒写了晚年到处漂泊、艰难潦倒的处境和无限悲凉的心情。开头两句突出了一种动感：风急、天高、猿声哀鸣，渚清、沙白、鸟儿来回飞旋。这种动感与声调的讲究有关：字和音节安排得密集而紧凑，每句各包含三景，一字一顿一换，便使句式结构与所写景物达到契合无间的程度，以一种快节奏渲染出秋气来临的紧迫之感。为缓解节奏的迫促感，又采用了流畅的"灰"韵，造成了声调的回环流转。这就令人强烈地感受到：风之凄急，猿之哀鸣，鸟之回旋，都在受着无形的秋气的控制，仿佛万物都对秋气的来临惶然无主。于是，本来写不出形态的秋意，便借风、猿、渚、鸟所构成的这种飞旋回荡的动态表现出来了。

秋气来得是那样急速，自然会使诗人想到人生的秋天也是来得那样急速，而不由得产生惶然之感。所以，"无边落木萧萧下，不尽长江滚滚来"这一联，就不止是单纯写景了。这两句用叠字对偶，节奏放慢，是歌行式的声调。使第一联的急促节奏转换为滔滔滚滚的气势："无边"则放大了落叶的阵势，"萧萧下"，又加快了落的速度。无边落叶就像无处不在的秋气，它是那样无情，催促着注定要消逝的事物快速逝去，使人联想到一切有限的生命。同样，写滚滚而来的长江，也有意加快了江水的流速。与上句相对，未免含有逝者如斯、时不待人的悲慨。但同时也包含着哲理的启示：尽管春后有秋，万物遇秋都要衰落凋零，但宇宙和生命又是永恒的，正如这长江，水不停地滚滚流去，却永远也没有流尽的时候。这就构成了气象壮阔、富含理趣的意境。

秋气来临的快速令诗人想到自己一生所经历的寒暑变换之快速。所以下联说："万里悲秋常作客，百年多病独登台。"这两句意思层层递进，总结诗人毕生的悲秋之苦，末二句"艰难苦恨繁霜鬓，潦倒新停浊酒杯"则是抒写眼前的处境之苦；也是层层递进，以逐渐低沉的声调，写出独立于秋气之中的诗人贫病交困而孤独寂寞的形象。

前人赞此诗"一篇之中，句句皆律，一句之中，字字皆律"，"而有建瓴走阪之势"，指出如此精密的对仗和严格的声律，却能形成如此流畅的气势，实属不易。首联密集的音节安排与写景的急速变换相对应，构成动荡回旋的意象；次联的对仗极为精工而采用歌行式句法，又增加了流畅的韵味。后两联连用递进句法，一意贯串，遂使全诗一气呵成，回荡着飞扬流转的旋律。充分调动文字在意象和声调等方面的特点，通过精心的结撰组织，使字句所形成的节奏声调体现出字面意义所不能充分表达的感受，从而使诗境的内涵得以开扩，显然是这首七律在艺术上最难的地方。可见这种声调是巧妙安排句式节奏的结果，与《黄鹤楼》那种自然形成的声调美不同。

再以词体来说，林庚先生对于词的特点，有一段很精彩的说明："词以表现女性美的生活基调和儿女风流作为其主要内容，生活的情调便由关塞江湖的广大缩小到庭院闺阁之间。所表现的只能是对青春消逝的感伤，这就限制了词的境界和气派。然而词到底为诗坛创造了一次新的诗歌语言，从句式到语法到词汇都出现了再度诗化的新鲜感。它唤起一片相思，创造了画桥、流水、秋千、院落、小楼、飞絮、细雨、梧桐等一系列敏感的意象，支持了词长达百余年的一段生命。"

所以词的本色当行是婉约的，善于含蓄地表现细腻敏锐的感受，意象多富有暗示性。不妨看一首晏殊词：

鹊踏枝

槛菊愁烟兰泣露。罗幕轻寒,燕子双飞去。明月不谙离恨苦,斜光到晓穿朱户。

昨夜西风凋碧树。独上高楼,望尽天涯路。欲寄彩笺兼尺素,山长水阔知何处?

这首词是晏殊表现相思离情的名篇。上片开头"槛菊愁烟兰泣露"一句语意浓缩:栏杆外的秋菊笼罩着一层烟雾,好像很忧愁,兰花上挂着露水,像是在哭泣。"愁烟"、"泣露"用的是移情手法,即把人的主观情感转移到景物上去。这一句看似写菊和兰,实际是写闺中少妇被愁云笼罩、对着栏杆外的兰菊哭泣的情状。随后两句写景逐渐从外向内转移,并点出少妇如此忧愁的原因:"罗幕轻寒,燕子双飞去",一阵阵轻微的寒意透进罗幕,燕子也离开屋梁上的巢穴,双双飞走了。借燕子的成双成对反衬人的孤单,从六朝以来古诗词中常见,这里同时照应上句"槛菊",暗示季节已经到了秋天。以下直抒离愁:"明月不谙离恨苦,斜光到晓穿朱户。"抱怨明月不懂得人心中的离愁别恨,直到天亮,月光还透过窗户照进来。这个为离愁所苦的人为什么要怪罪月光呢?这是因为明月会让人想到月圆人不圆,而且从"斜光到晓"一词可以想见,思妇被相思之情折磨了一夜,不能入寐,只能将无可奈何的愁苦化为对明月的埋怨。这就是词的暗示手法。

下片和上片之间正是通过"昨夜"和"到晓"的时间承接联系在一起的。"昨夜西风凋碧树。独上高楼,望尽天涯路",这个失眠的人听了一夜的西风,到天明的时候,便看到树叶都被吹落了。秋天仿佛在一夜之间突然来临,天地之间变得十分空旷。站在高楼之上,可以一直看到通向天涯的道路。登楼远望当然是因为所思念的人远在天边。但是虽然可以望尽天涯,其实真正要找的却什么也看不见:山远水长,音讯难通，即使想给远方的人寄一首诗、捎一封信，又该寄到哪里去呢？从字面看，只是极写离情的阻隔，然而也包含着人生会短离长、漂泊无定的落寞之感。

这首词语言精美，带有一种富贵气息，但表现温柔含蓄，境界空廓高远。抒情看似直白，用意却曲折婉转，并辅以移情，以及景物的烘托、暗示和反衬等手法，因而具有婉约派词委婉含蓄的典型特征。

三、通过学习中国古典诗学和词学的理论来提高欣赏水平

中国古典诗学从秦汉时代开始，到清代末年，逐渐积累起一套自成体系的欣赏理论，至今仍在运用。因为古代的欣赏家本人都是作家，他们对作品的评论偏重在感性的和印象的，以及创作经验方面的，特别贴近作品，审美感受细腻准确。他们不仅提出了许多总结创作规律的概念，如比兴、气骨、兴象、意象、意境、格调、神韵、法度等等，而且还善于用大量的比喻来说明其对作品的感觉。由于现代人对古典诗歌的疏远，古人的感觉就特别值得我们珍视，在许多情况下，成为我们今天理解文本、感受诗词艺术的重要依据。

例如自然和人工的关系，是中国诗学中的一个重要话题。中国古代鉴赏理论往往强调好诗应该是天然浑成，没有人工痕迹的，对于这种观点我们要懂得辨析。实际上，除了信口而出的民歌以外，所有的文人诗都是要经过构思的。差别只是在于有的看不出构思痕迹，有的比较明显，但即使思理很清楚的诗也有很多好作品。所以唐宋以后的诗学理论普遍认为由巧思而达致自然，是诗歌的很高境界。陶渊明的诗向来被誉为自然的典范，但陶诗也有构思很特别的好诗，例如：

《拟古》其八

少时壮且厉，抚剑独行游。谁言行游近，张掖至幽州。饥食首阳薇，渴饮易水流。不见相知人，惟见古时丘。路边两高坟，伯牙与庄周。此士难再得，吾行欲何求。

这首诗写陶渊明少年时的人生抱负。诗里所写的都是北方地名。他并没有去过。行游到张掖和幽州，说明他曾有过立功边塞的雄心壮志。首阳山的薇菜是避世的伯夷叔齐吃的，易水是荆轲刺秦前诀别燕太子的地方。伯牙和钟子期是一对懂琴的知音。庄周思想是超脱世俗的哲学。一座座坟丘象征自己钦慕的先贤和知音在现实中都已经找不到了。全诗把这些古人的遗迹集中在一起，化成他虚拟的壮游途中所见的景物。表现了少年时志在四方的豪气，对避世的节操和除暴的义气的向往，以及自己在人生长途中坚持以古人的节义作为精神食粮的意志。这首诗的构思原理是把抽象的理念化为虚拟的情境，全诗一气呵成，语言十分朴素，没有刻意求奇的痕迹。

杜甫的诗往往含意很深，表现变化很多，因此阅读杜诗一定要搞清他的思路，才能体会其中的妙处。比如《曲江》二首其一：

一片花飞减却春，风飘万点正愁人。且看欲尽花经眼，莫厌伤多酒入唇。

江上小堂巢翡翠，苑边高冢卧麒麟。细推物理须行乐，何用浮名绊此身？

这是杜甫在两京收复之后回长安的翌年（758）暮春重游曲江所作七律，"一片花飞减却春"，构思新奇：春光似乎是万点花片叠加而成，所以飘落一片就减掉一片春光，妙在用加减法把不可计数的春光实物化了，天天在计算着多少春光被减，风飘万点自然更要愁煞人了。那将要落尽的花都一一经过诗人之眼，为解春愁不怕伤酒照样滴滴入唇，那么可以想见诗人几乎是一片落花一杯酒地在计算着还有多少春光残留了。

江上小堂寂寞无主，翡翠巢筑于其中。苑边高冢无人祭扫，石麒麟卧于其旁。从字面来看是写曲江乱后荒凉景象，感慨人事兴废。前人的注解都这样讲这两句诗，但我们可以再深入一层思考，曲江可写的景物很多，杜甫为什么用这两个意象来对仗？它和前面四句又是什么关系？翡翠鸟的美丽娇小和石麒麟的庞大无情，在形象上造成对照，清晰地昭示了青春的短暂可爱和死亡的冷酷永恒。这就是杜甫要细细推求的"物理"：万物兴废本是自然之理，帝王宫苑也不免变成高冢荒坟，又哪来永久的功名富贵呢？因此不必为浮名所羁束，及时享受青春才不辜负有限的人生。这样才能进一步理解前四句写伤春的内在含义，看到整首诗的意脉贯穿，才能更深刻地体会杜诗意蕴的丰富和构思的新颖。

又如形神关系，推崇写意，贬低写形，也是中国古典美学的重要主张。苏东坡较早提出绘画要传神写意的理论，传神的手法不但在宋代以后的诗词创作实践中被发展，而且相关理论到了明清时，最终形成非常重要的"神韵说"。那么写意和写形各有什么特点呢？我们也可以通过具体的作品分析来理解。

试比较苏轼和章质夫的两首杨花词，可以看出二者各以写形和写意为主的明显区别，这也是苏轼词品之高胜过许多正宗婉约词人的原因。

宋神宗元丰四年（1081）春夏，苏轼正谪居黄州。当时章质夫（名章楶jié，浦城人）任荆湖北路提点刑狱，与苏轼常有书信往来和诗词唱酬。他的《水龙吟·咏杨花》，在当时很有名：

燕忙莺懒芳残，正堤上柳花飘坠。轻飞乱舞，点画青林，全无才思。闲趁游丝，静临深院，日长门闭。傍珠帘散漫，垂垂欲下，依前被、风扶起。

兰帐玉人睡觉，怪春衣，雪沾琼缀。绣床渐满，香球无数，才圆却碎。时见蜂儿，仰粘轻粉，鱼吞池水。望章台路杳，金鞍游荡，有盈盈泪。

苏轼看到这首词，便和了一首《水龙吟·次韵章质夫杨花词》，"次韵"就是依照别人的词原来的韵脚来和作。词的全文如下：

似花还似非花，也无人惜从教坠。抛家傍路，思量却是，无情有思。萦损柔肠，困酣娇眼，欲开还闭。梦随风万里，寻郎去处，又还被、莺呼起。

不恨此花飞尽，恨西园、落红难缀。晓来雨过，遗踪何在？一池萍碎。春色三分，二分尘土，一分流水。细看来、不是杨花，点点是离人泪。

杨花在大江南北的春天常见，白色如飞絮，像雪花般到处飘舞，遇物就被粘住。章质夫词将杨花的这种特点把握得十分准确，而且借杨花所飞到之处，将视线从春光烂漫的郊外逐渐移向深闺的庭院和佳人床前，最后写出闺中少妇望游子不归的愁苦。词中写杨花到处飘坠沾惹的动态，以及堆积起来滚成轻球又容易散碎的情状，都很生动真切，加上词藻华丽，可以说在物态的描写方面是很成功的。苏轼的和作，如果还是在描写杨花的形态方面下工夫，就很难超过原作的水平。以咏物为题材的作品，固然首先应该做到形貌刻画的逼真，但是如果单纯追求形似，不能算是上品。苏轼这首词正是吸取了咏物诗的经验，全从比喻和写意落笔，因此在构思的巧妙和写物的传神方面远远高出于原作之上。

全词分上下两片，上片写杨花的飘荡，全从思妇的角度去看：先说杨花像花又不像是花，一语道出杨花的基本特征。因为不像花，所以并不受人珍惜，任其飘落。杨花离开了枝头，落在路边，似乎是无情之物，但是细想起来，也有它的深意。"抛家傍路"一句，看似把杨花飞离本枝比作抛开家庭，流落路旁，但其字面又令人联想起游子的同样情景，这正是作者的用意所在。因此下文都从思妇的"思量"上着想：闺中少妇在家中因思恋游子而愁坏了柔肠，困倦之极时，娇美的眼睛欲开还闭。这是直接写思妇的忧愁不眠，却又是以美人的柔肠比喻杨柳枝条的细柔，以美人睁不开的睡眼比喻细长的柳叶。柳枝柳叶是杨花所抛离的"家"，深闺也正是游子所抛离的家。妙在笔带双锋，人花双绾。这就是"无情"的杨花令思妇"有思"之处。游子思妇是中国古代诗歌的一个古老主题。在外飘荡的游子，有的是被征发到边塞的战士，有的是在仕途上奔走的文人。唐代著名的《春怨》诗说："打起黄莺儿，莫教枝上啼。啼时惊妾梦，不得到辽西。"写思妇渴望在梦中见到远在辽西征战的丈夫。"梦随风万里，寻郎去处，又还被、莺呼起"几句，活用了这首诗的意思。由于上句柳枝柳眼的比喻写出了一个思妇悲愁的容貌，所以这里直接进入思妇的梦境，连接非常自然。而随风万里飘荡又正是杨花的特点，被黄莺呼起的是思妇的梦，杨花的易碎也正像梦一般轻飘易碎。上片的后半部分都是以思妇的愁态和春梦引起对杨花形态的联想，这就是写意的笔法。

下片由梦的追寻自然转到追寻杨花的遗踪："不恨此花飞尽"，与上片开头呼应，既然无人可惜杨花，当然飞尽也没有遗憾，恨的只是西园里满地落花无法收拾。这里"恨"与"不恨"的主语都是思妇。通常人们怜惜的都是花园里的姹紫嫣红，"满园落红难缀"，意味着红颜衰老难以恢复青春。由于古诗里以鲜花比喻女子红颜已有悠久的传统，因此这里不需要再直接写出思妇自伤老大的心情，为什么只恨落红的意思也就清楚了。杨花虽不可惜，但是杨花飞尽就意味着春天已尽。既然春天随杨花一起离去，那么追寻杨花的遗踪也就是追寻春天的踪迹：一夜风雨过去，清晨只见落红满地，哪里还能找到杨花的遗迹？只有一池散碎的浮萍还能令人忆起它的前身，因为古人认为杨花落入水里就化成浮萍。如果说杨花在风中飘荡还能见出三分春色，那么就连这最后的三分，也因为大部分杨花委于泥土，小部分随水流去，而全部消失了。这里直接用"三分春色"指代杨花，既点出了寻找杨花遗踪的深意，又因为把不可分割、不可计量的春色实体化，而使构思修辞格外新颖。那么追寻杨花遗踪的是谁呢？当然还是上片所写的思妇。在她的眼里，杨花已经不是杨花，每一点都是离人的眼泪了。这一结尾又是一个新颖的比喻。直到这时，作者才明确地点出全篇将杨花和思妇合二为一的匠心：随尘土流水而去的既是杨花，也是思妇无法挽回的青春。

以苏词和章质夫的原作相比，可以看出，两首词的内容虽然都是咏杨花，写思妇，但是章词中的杨花和思妇是分离的，作者跟着杨花飘游的踪迹由远及近、由里到外地摄取景和人的情状，贯穿全篇的是杨花的种种形态。而苏词则从思妇的视点来观察杨花，以飞舞凋零的杨花与思妇的泪眼春梦互为比喻，花和人融为一体，贯穿全篇的主要是柔婉幽怨的惜春之情，这就是咏物词写形与写意的高下之分。所以宋末大词人张炎《词源》称这首词"真是压倒今古"，决非过誉。

到南宋姜夔手里，咏物词写意的手法又有新的发展。他的特点是善于大量运用典故来写意。我们来看一首他最著名的作品：

暗香

辛亥之冬，予载雪诣石湖。止既月。授简索句，且征新声，作此两曲。石湖把玩不已，使工妓隶习之，音节谐婉，乃名之曰《暗香》《疏影》。

旧时月色,算几番照我,梅边吹笛?唤起玉人,不管清寒与攀摘。何逊而今渐老,都忘却春风词笔。但怪得竹外疏花,香冷入瑶席。

江国,正寂寂。叹寄与路遥,夜雪初积。翠尊易泣,红萼无言耿相忆。长记曾携手处,千树压、西湖寒碧。又片片、吹尽也,几时见得?

  词的开头有一节小序,说明创作这首词的缘起。这首词和另一姐妹篇《疏影》都是咏梅词,取自宋初诗人林逋《山园小梅》诗中"疏影横斜水清浅,暗香浮动月黄昏"两句诗意。《暗香》则重点写梅的清香。

  上片开头从"暗香浮动月黄昏"的诗意化出,回忆从前与情人在黄昏月下赏梅的韵事,"旧时"和"算几番"点出旧日曾多次经历过这样美好的情景:黄昏的月色下,自己的笛声唤起了美人,一起冒着清寒去攀摘梅花。这里暗用贺铸《浣溪沙》"玉人和月摘梅花"的意思。吹笛暗用汉代乐府横吹曲《梅花落》的典故,在咏梅诗里常见。但用在这里,不但令人想见悠扬的笛声在月色和花树间回荡的韵味,而且使吹笛成为昔日爱情故事中的一个小插曲,表现出男女主人公的雅趣,用得很有创意。由此自然令人联想到梅香随着笛声在月下清冽的寒气中飘浮的情景。

  接着是从回忆转到现实,感叹如今年纪渐老,风情才思已经减退。"何逊"两句用南朝齐梁时代的诗人何逊自比,是因为何逊在任扬州法曹时曾经做过一首有名的《早梅诗》,这首诗描写了梅花从盛开到凋零的过程。后代诗人咏梅花时常用这个典故,以何逊比喻写梅花诗的人。所以姜夔在这里用何逊自比,又说忘记了当初春风得意时的词笔,不必提到"梅"字,就包含了当初曾经写过多少梅花诗的意思了。这就令人通过典故联想到早梅盛开的情景,梅花之清香自可想象。

  以下借"但怪得"三字从回忆转到眼前在宴席上赏梅的正题,用苏东坡《和秦太虚梅花》诗中"江头千树春欲暗,竹外一枝斜更好"的句意，说竹林外的一枝稀疏的梅花，在冷风中将香气传到了酒席上。"但怪得"三字的言外之意是：自己本来渐渐忘记了旧事，也没有才思了，但梅花的冷香又勾起了自己对梅花的思念和咏梅的冲动。这就巧妙地将回忆和现实自然地连成一气，从"梅边吹笛"到"疏花"，暗示了梅花盛期已过、逐渐稀疏的过程，昔日的"春风词笔"和今日的"渐老"又包含着无言的盛衰之感。

下片紧接上片，宴席上的情景和回忆交错出现：江南水乡在大雪之中，一片沉寂。不由得感叹自己想寄一枝梅花给远方的情人，却为遥远的路途所阻隔。寄梅的想法来自南朝陆凯的一首小诗："折梅逢驿使，寄与陇头人。江南无所有，聊赠一枝春。"姜夔把这首诗的意思和眼前夜雪渐渐堆积的景色糅合在一起，眼光又转回宴席。却觉得杯中之酒进入愁肠，令人更容易伤心。而红梅默默无言，又像是一片相忆之情耿耿在怀。这两句移情于酒席上所见之物，使令人"易泣"的"翠尊"和"耿相忆"的"红萼"，仿佛幻化了旧时情人的影子。所以下面紧接着又沉入了对往事的回忆：永远记得当初携手赏梅的地方，那里是西湖岸边，千树梅花层层迭压在清冷碧绿的水面上。"压"字用形容重量的动词来形容梅花极盛时期花团锦簇的景象，极其生动形象。这里强调西湖，还因为宋代西湖梅树以孤山为多，而林逋就住在孤山，他一生不娶，种梅养鹤，号称"梅妻鹤子"。所以这里写到西湖，又正是照应这首词的取名来自林逋诗句。然而正当沉浸在梅花极盛的回忆中时，作者突然又回到了现实：纵然是如此繁盛的梅花，又还是一片片被风吹落了，几时还能见到？以眼前凋零景象对照当初盛况，又是一次盛衰的对比，最后所问的既是何时再见梅花，更是何时才能再见伊人。余音袅袅，令人怅惘不已。

这首词在咏梅中融入了对昔日恋情的美好回忆和深沉感伤，梅开与梅落都在与恋人共赏梅花的优雅意境中展现，在人生聚散的盛衰之叹中又隐隐可以体味诗人的身世之感。全词只有一次提到"香冷"，但月下的清寒、湖畔的千树，都能令人想见弥漫在寒风、月色、碧水之中的清香，这就将梅花的神韵传达出来了。而词里所用的典故又都是前人常用的熟典，这就令人很容易从典故的含意联想到梅花的各种情态，如何逊的咏梅、陆凯的寄梅、苏轼的爱梅、林逋的种梅，既表现了梅花由盛到衰的不同情态，又赋予梅花以历代文人赏梅的高雅情趣。正是这种传神写意的表现手法，使这首词达到了韵致高绝、含蓄无限的境界。

四、联系相关的宗教哲学思想和古代文化知识，加深对诗词内涵的理解

虽然一般的注本对于字词的意思都会注出来，但是对其文化背景了解的深浅，也会影响到对文本的理解。例如从六朝到唐代，很多山水诗都包含着玄学佛学的理趣。我们要理解山水诗的意境美，必须初步了解老庄哲学思想以及佛教思想对审美思想的影响，才能看得懂其中包含的理趣。

山水田园是中国古代诗歌最重要的题材类型之一。从南朝到中唐，是中国山水田园诗的高峰期，其审美方式和精神旨趣都在这一时期形成，并且确立了山水田园诗的基本主题，这就是表现人对大自然活跃生命的深沉体悟，向往回归自然的淳朴和纯真。这种天人合一之美是中国传统文化的重要特色之一，其深厚的文化内涵就与这一时期老庄思想和禅宗的发展有关。

我们知道盛唐山水诗的最大特色之一是具有空静的意境美。这与山水诗的审美观照方式和禅宗性空的观念有关。澄怀观道、静照忘求，是中国山水诗独特的审美观照方式。"澄怀观道"是晋宋时期宗炳说的："老疾俱至，名山恐难睹，唯当澄怀观道，卧以游之。"（《宋书·宗炳

传》)所谓"澄怀",是说诗人要让自己的情怀、意念变得非常清澄,没有一丝一毫的杂念,在这样的状态下才能体会山水中蕴藏的自然之道。所谓"观道",指观察自然存在和变化的规律。"静照忘求"是王羲之在一首诗里说的:"争先非吾事,静照在忘求。"(《答许询诗》)意思是在深沉静默的观照中忘记一切尘世的欲求,甚至忘记自己的存在,这样就能达到心灵与万化冥合的境界。这种静照是吸取了道家和佛家的"虚静""灵鉴"综合而成的。当心灵精神变得十分清澈透明的时候,就像一面晶莹的镜子,从虚明处映照出完整的自然。这时人们便认识到自然景物是以各种不同的形态姿貌客观地反映在人的心神中。宗白华先生曾经指出晋人特别欣赏清朗澄澈、明净空灵的美,(《论世说新语与晋人的美》),这正与其观照方式有关。在"虚明朗其照"(庐山诸道人《游石门诗序》)的审美视野中,一切自然的景象都是清朗明净的。由澄怀观道而获得的空明清澄的意象,几乎成为早期山水诗的共同特点,这种静照忘求的审美方式一直延续到盛唐,特别是王维、常建、王昌龄、柳宗元等唐代诗人,都很擅长描写空静的意境,这又与静照和禅的性空相结合有关。禅宗在初盛唐已经很流行。禅宗的性空之说就是悟出自己的心性本来就是空无的,这样才合于大道。我们来看一首盛唐诗人常建的名作《题破山寺后禅院》,可以帮助我们理解这种空境:

清晨入古寺,初日照高林。竹径通幽处,禅房花木深。
山光悦鸟性,潭影空人心。万籁此都寂,但余钟磬音。

这首诗写诗人游览破山寺所见的幽静景色,以及从中领悟的理趣。开头两句境界开阔高朗:清晨进入古寺,初升的太阳照耀着高大的树林。从诗题可知,诗人欣赏的重点在寺庙的后禅院。所以第二联略去进入古寺所经过的多进院落,直接取道于竹林深处的小径,进入后院的禅房。"竹径通幽处"是很平实的陈述，却被后人稍加改动而产生了"曲径通幽"这一著名的成语。虽然是在花木深处，但后禅院的天地显然十分宽广：这里可以看到远山，听到鸟鸣，还有清澈的潭水倒映着蓝天。"山光"是指阳光照耀下明亮的山色。所以鸟儿叫得分外欢畅，这正是山光给鸟儿带来的喜悦。而潭水悠悠，与天空相映，显得特别空明，人对着这潭中的天光云影，内心也变得一片空明。这两句是写诗人由山色、鸟鸣、潭影得到的感悟：当面对潭影变得心地空明以后，排除了尘世间的一切杂念，就能更清晰地体会鸟性与山光相悦的自然之趣，这正是大自然内在的活跃生命。

最后两句是对上面两句的进一步发挥：自己的心性在进入了如此空明的境界以后，才体会到了万籁俱寂的空静。"万籁此都寂，但余钟磬音"从字面看也是对古寺的实写，但是诗人在"空人心"之后，听不到任何声音，只感觉钟磬之音在回荡，就不仅仅是写听觉，而是表现内心对整个世界的感悟了。盛唐山水诗常常写到寺庙里的钟磬，这不仅是因为钟声悠长，能够引起惆怅的共鸣。而且是因为钟声更像是宇宙间的韵律，可以洗净尘俗的杂念，令人悟出心性的空净。因此，最后两句是写诗人在面对潭影、听到寺里的钟磬之时，恍然进入了虚空的世界，感受到了从宇宙深处传来的大自然的节律。所以人虽在"幽处"，而内心却像开头描写的"初日照高林"一样，进入了一个极其高远清朗的境界。

再比如"独往"最早见于《庄子·外篇·在宥》："出入六合，游乎九州，独往独来，是谓独有。"《列子·力命》也说："独往独来，独出独入，孰能碍之？"这种独往独来是指在精神上独游于天地之间，不受任何外物阻碍的极高境界，后来逐渐被神仙道家坐实为游仙的行为。《淮南子·精神训》说："若此人者，抱素守精，蝉蜕蛇解，游于太清，轻举独往，忽然入冥。"《抱朴子·论仙》把独往说成是在深山里修炼成道。由于这种修道和隐逸往往联系在一起，后世诗文中，关于"独往"也就有了两种使用语境，一种专指道士修炼，唐代连僧人出家也可称独往；另一种语境是表现隐居的心迹或行为。事实上暂时的游憩于山林，也可以称独往。盛唐人山水诗多取这种意思。

"独往"不仅概括地表现了盛唐诗人在山水中体悟的自然的玄理，而且常常不露痕迹地化入艺术表现之中。诗人在体悟独往的境界时，往往有意无意地突出诗人独往独来的形象，"忽然入冥"的行迹，从而创造出清空幽独、令人神往的意境。如果从这一角度来重读某些山水诗名作，会有更深一层的理解。如王维的《终南别业》：

中岁颇好道，晚家南山陲。兴来每独往，胜事空自知。
行到水穷处，坐看云起时，偶然值林叟，谈笑无还期。

《诗人玉屑》评此诗："此诗造意之妙，至与造物相表里，岂直诗中有画哉！观其诗，知其蝉蜕尘埃之中，浮游万物之表者也。"倒是真正理解了诗中的"兴来每独往"的深意。《玉屑》所说的正是《淮南子·精神训》"若此人者，抱素守精，蝉蜕蛇解，游于太清，轻举独往，忽然入冥"的意思。这首诗直接用了"独往"一词，说兴致来了每每独往，并且具体描写了这种独往的意趣：随着流水走到水尽头，便坐下来观看白云生起，水穷云生的景物变化是大自然的安排，同样，人的行和止也随水流云起，任其自然，说明无论内心还是形迹同样都没有任何牵挂和障碍，这不正是《列子·力命》所说"独往独来，独出独入，孰能碍之"的境界吗？随水流任意而行，与林叟谈笑而无还俗之期，这不正是"离群以独往"（《抱朴子·明本》）"浩然得意""漱流忘味"（《抱朴子·辨问》）的玄趣吗？此诗之妙，正在于没有任何玄言和佛语，只是展现了水与云的自然变化与主人公独游其中的自得之乐，便让人领悟了其中无穷的理趣。

明清诗论称赞盛唐的山水诗是"妙悟"的典范。一般认为妙悟借用禅宗的语言，指盛唐诗人写山水诗的感悟是直接来自对眼前景物的会意和一时兴致的触发。但是如果我们领会了盛唐山水诗意境中的这些理趣，就可以进一步了解诗人的妙悟不仅仅是对山水之美的欣赏，而是他所遇情景恰好触发他对某种自然之理的体悟，并且能在意境构造中自觉地融入这种领会，从而令识解的读者在诗境中也能体会出更深的一层意蕴，这也应该是"妙悟"的另一种含义。同时，性空、独往这些虽然是玄理和佛教的概念，但由于其意象在盛唐山水隐逸诗中的广泛使用，其含义为众所周知，可以自然地转化为一种幽适之境和自在之趣，即使没有刻意寄托，也能引发有关哲理的联想。因此这类理趣在诗境中犹如水中之盐，不见其迹而唯有言外之味，使盛唐山水诗在优美的意境之外别具神韵。

古人有一句话："诗无达诂。"读者对于同一首作品可以有不同的理解，但是大体上还是有一个欣赏的客观标准的。首先应用心揣摩作者的用心，然后才能在此基础上引申发挥，加入自己的理解，不能牵强附会，生拉硬扯。也就是要以理解的确切作为欣赏的基础。欣赏需要一定的理论修养，但是一切欣赏的理论分析都来自生动的创作实践，读诗者先要用心感受作品，然后再思考作者是怎样表现其思想感情的，这样才能追求理解的精准和深度。而欣赏水平的提高，归根结底还是要大量阅读名作，长期培养对艺术的敏锐感受。

（本文根据葛晓音2013年2月23日在中央国家机关"强素质·作表率"读书活动2013年第2期主题讲坛上的讲座内容整理）

科技

百年科技的历史回顾与哲学反思

主讲人：吴国盛

19世纪是第一个科学的世纪，20世纪是第二个，当然也是离我们最近的一个。科学的社会化和社会的科学化是科学的世纪里两个基本的标志。科学的社会化是指科学家不再是个人关在屋子里头自己拍脑袋想，相反，科学研究成为大规模的集体协作的行为，即所谓的大科学，这里面包含着全社会的支持以及科学共同体大规模的系统运作。社会的科学化则是说社会的运作按照科学的模式进行，例如流水线生产、工厂和学校里严格的作息制度、交通秩序等等，都按照科学在实验室里所规定了的秩序来进行。

今天要讲的主要内容就是20世纪是如何完成科学的社会化和社会的科学化的。我们分前半叶和后半叶两段来讲，每一段再讲两个部分，先讲理论科学后讲应用科学。20世纪整个的一百年里，理论科学的发展基本上可以概括为两次科技革命和四大理论模型；应用科学也可以概括为两大超级能量和两大生活技术。

两次科技革命的第一次指的是在19世纪20世纪之交物理学领域发生的科技革命，包括相对论和量子力学的出现。第二次科技革命，在我看来还是一个正在进行中的、尚未完成的革命。这场革命发生在20世纪后半期，就是非线性科学的革命。四大理论模型是在20世纪快结束的时候基本形成的。这四个模型包括宇宙学中的大爆炸模型、粒子物理学中的夸克模型、分子生物学当中的 DNA 双螺旋模型、地学中的大地板块模型。也有人说还可以再加一个计算机领域的冯·诺伊曼模型。这四个模型或者五个模型大体可以表达 20 世纪最重要的一些理论成就。当然不是说其他的成就不重要，而是说这几个成就格外重要，因为它们构成了 20 世纪理论科学发展的一个平台。

应用科学的两大超级能量，第一个能量就是核能量的释放，包括核武器的研制、核能量的释放和利用等。这个可以称之为超级能量的释放。第二个是登月工程。登月工程之所以能够称为一种超级能量，是因为它代表了人类对地球引力的征服，代表了人类走向太空。这是人类自古以来从未想象过的一种现实，可以称它为一种超级能量的开发。

那么什么是两大生活技术呢？这指的是 20 世纪后期发生在我们眼前的两种技术。第一个就是生物技术，第二个是信息技术。人有两方面的存在，一个是社会学存在，一个是生物学存在。人类的生物学存在正在经受生物技术的改造和改变，这是一种生活技术。人作为社会学意义上的存在，是一种交往性的存在。人是通过交往来认同自己的，每个人都要跟人家交往，把一个人关在屋子里老不让他交往，他最后不是发疯就是变成非人。但是交往是要依靠技术的，基本的交往技术就是信息技术。所以今天的信息技术就是我们的第二大生活技术。

我今天就要给大家讲这些内容，内容相当多，我只能相当简略地把其中一些有意思的事情给大家讲一讲。

我们先来看物理学革命。物理学革命分为相对论革命和量子力学革命。相对论基本上是家喻户晓的了，因为爱因斯坦是 20 世纪最大的科学明星。爱因斯坦曾经跟卓别林说，为什么所有人都喜欢你，是因为他们都理解你；为什么所有人都喜欢我，是因为他们都不理解我。这就反映了爱因斯坦的相对论非常难理解，不要说一般大众，就是学物理的要真正地理解相对论也是很不容易的，所以爱因斯坦就开了这么一个玩笑。

大家知道相对论分为狭义相对论和广义相对论。狭义相对论主要是在时间空间问题上的一场革命，关键是引出了同时性的相对性。比如说现在我们正在宣武门搞讲座，此刻天安门那儿有一场隆重的仪式，那么在什么意义上说，此刻天安门和宣武门的两个事件是同时的呢？你可以说我们看表看到是同时的，都是9点钟开始，那边也9点，我们这儿也9点。可是这毕竟是两块表，如何才能知道它们是一致的呢？的确，我们不能肯定现在这块表定的时间和天安门广场那块表的时间完全一样，因此讲同时性就需要对钟。爱因斯坦说，你必须告诉我你是怎么对钟的，他要求同时性要有一个操作的定义。由于要对钟，所以需要信号。最快的信号是光，可以用光来对钟。但是光的速度仍然是有限的，这就意味着在对钟的过程中光信号从天安门传到宣武门是需要时间的，这就会遭遇一种相对性效应。一个静止的人看你对钟和一个运动的人看你对钟，对出来的是不一样的。爱因斯坦借此提出同时性的相对性，也就是说，对于一个参照系中的观察者来说是同时的，对另一个参照系的观察者就不是同时的。根据这个同时性的相对性，爱因斯坦就推出了他所谓的狭义相对论。同时性的相对性还比较好理解，但由此出发得出了很多很古怪的结果。

第一个古怪的效果叫尺缩钟慢。在不同的参照系里的人看来，尺子的长度是不一样的。一个运动的尺子会比在静止时短，这个叫尺缩；运动的钟要慢一点，这是钟慢。这个尺缩钟慢效应不是任何外力作用造成的，就是参照系本身造成的，是运动学效应不是动力学效应。由于运动是相对的，你看见我的钟慢了，我看见你的钟也慢了，那么到底是谁慢了呢？由于处在不同的参照系，这个问题是没有意义的。但是，要是让一对双生子派一个人先出去跑一圈再回来，由于他们都会发现对方时钟慢了，生命的生长也慢了，于是对方都比自己年轻了，这样再次碰面就会出现悖论：到底是哪一个更年轻？这就是著名的双生子悖论。这个悖论在狭义相对论里解决不了，只有在广义相对论才能解决。大家知道，一个宇宙飞船飞出去又飞回来，它必然要经历一个加速运动才能飞出去，飞出去之后要想再回来，它又要经历一个减速运动。一加速一减速就不符合狭义相对论的条件，就是广义相对论处理的问题了。经历了加速场的人，按照广义相对论来说，他应该是绝对地变年轻了。因此按照广义相对论，这个双生子悖论是可以解决的，答案是坐宇宙飞船出去转一圈的那个人变年轻了。这是我们要说的尺缩钟慢效应。

还有一个很重要的推论，就是很多人都知道的质能转化公式，$E=MC^2$，E是能量，M是质量，C是光速。根据这个公式，稍微有一点点质量的损失，可以变成巨大的能量。过去分别有质量守恒和能量守恒，现在两者是一回事，合起来叫质能守恒，这也是狭义相对论所得出的结论。

接着我们说一说广义相对论。广义相对论处理的是加速问题。牛顿力学里面有两个质量，一个是牛顿第二定律规定的那个质量，我们称为惯性质量；另外一个是万有引力定律里面的，叫引力质量。在牛顿时代，引力质量和惯性质量被认为当然是同样一个质量，但是这个并没有予以说明。爱因斯坦认为，这两个质量的同一性实际上表明了引力场和加速场的等效性。说白了就是，引力场和加速场本质上是一回事。爱因斯坦最喜欢用电梯做思想实验，历史上称为爱因斯坦电梯。比如说你坐在封闭的电梯里，并且用台秤称自己的重量，现在你发现台秤上显示你的重量大于你的体重，那么爱因斯坦说，你不能肯定究竟是你所在的电梯正在向上加速运动，还是地球的引力突然增大了。这就是加速场和引力场两者不可分的意思。根据这个等效原理，他推出了广义相对论。

广义相对论也有很多重要的预言。其中最有意思的一个推论就是，他认为物质和空间之间不能够像过去那样看成相互外在的两个东西，比如说空间是一个篮子，物质就像篮子里的菜；空间是那个书架子，物质就是书架上的书。爱因斯坦说这是不对的，实际情况是，空间变成了物质的某种几何性质。广义相对论主张，有什么样的物质，就会有什么样的空间。就好比篮子装了菜，篮子就发生变化；书架装了书，书架会发生变化。任何有质量的物质都会引起周围空间的弯曲，质量越大、引力场越大，空间弯曲得越厉害。过去我们认为月亮绕地球转，是因为有地球的引力在拉着它，现在，按照广义相对论的说法，恰好是因为地球的引力场让地球周边的空间变弯了。月亮某种意义上是在走一个直路，只不过空间弯了，它走的直路在我们看来也是一个弯路。

空间弯了，一向走直路的光线当然也会弯曲。这个说法当然是非常奇特的，一般人觉得不可思议。爱因斯坦说只有在特别强大的引力场之中，光才能发生弯曲。我们地球周围最大的引力场就是太阳，太阳质量最大，可是白天太阳很亮，没有办法用它来判定光线在经过它时是否发生了弯曲。但也有办法，就是等日全食，月亮正好把太阳全部遮住的时候，我们再来看一看处在太阳背后的那个恒星的光，能不能绕过太阳被我们看见，如果能的话就证明爱因斯坦说得是对的。这件事情正好发生在第一次世界大战之后，英国的爱丁顿率领一个考察队专门去考察日全食的时候光线是不是发生弯曲，考察的结果居然是真的发生了弯曲。当时就一下子轰动了，爱因斯坦从此成为家喻户晓的科学家。

我们讲这些基本的东西，是想说明爱因斯坦的相对论，对人类关于时间、空间、宇宙的基本观念产生了一场革命性的转变，因此我们说爱因斯坦是20世纪的一个科学革命家。下面我们再来讲讲量子力学。量子力学从某种意义上说，比爱因斯坦的相对论还要深刻，它所包含着的革命性因素还要多，主要表现在几个方面。

第一个是微观领域里物质的波粒二象性。微观粒子既表现出波的特性，又表现出粒子的特性。粒子的一个特点是它有个定义明确的界限，有自己独一无二的位置。波则是一个弥散的东西，不能说波在什么位置，波是处在整个空间之中。这本来是两种完全不一样的物质形态，但量子力学发现，微观粒子既像是粒子也像波。比如说这间屋子有两扇门，我们每个人进来的时候只能从一扇门进来，你不能说我同时从两扇门进来的。可是量子力学发现，微观领域的粒子就是从两扇门进来的；同样，它也是从两扇门出去的，因此，你就不好说它出去之后究竟在什么地方。

第二个叫做测不准原理。一个粒子的能量和时间、质量和动量不能够同时精确测定，也称为不确定性原理。为什么量子领域会发生这个事情呢？主要的一个原因是我们对量子领域的现象必须通过实验才能了解，可是实验总是会对对象有干预。比如说一间黑屋子里面有一个球，现在我们来问这个球在什么位置，当然我们不知道在什么位置，因为屋子太黑了我们看不见。为了知道它在什么位置我必须把灯打开。可是把灯一打开之后，那盏灯的光线就对那个球产生作用。对一个宏观的球来说，光线不大可能对它产生什么明显的影响，可是在量子微观领域，这个光子跟这个球差不多，它就完全有可能把球打到不知道什么地方去了。即使你打开灯之后看见那个球在某个位置，你也不能说没打开灯之前那个球在什么位置。如果你不开灯你看不见，一开灯球又变了位置了，这就是为什么量子力学说搞不清楚它在什么位置的一个根本原因。

量子力学还有很多这类稀奇古怪的现象。经常有物理学家自嘲说，如果你在学过了量子力学之后没有意识到自己根本不懂量子力学，那么你就真是不懂量子力学；只有当你知道自己不懂量子力学之后，你才能说自己稍微懂得一点量子力学。量子力学在20世纪初产生后，与实验符合得非常好，成了整个20世纪科学的一个基本的平台。今天诸位都用了手机，用了电子设备，其实里面都包含着量子力学的理论成就。量子力学我们就讲到这里。

下面我们讲讲四大理论模型。

四个理论模型里面宇宙学和相对论联系最深。牛顿以来的宇宙学基本上就没了,因为宇宙被认为是无限的,无限的宇宙没法研究。爱因斯坦相对论提出来之后,他发现可以把宇宙整体作为一个研究对象,建立方程。这个宇宙方程导出的解都表明宇宙不是稳定的,但他当时觉得宇宙总体上应该是一个稳定的东西,所以他加了一个宇宙学项,强行从相对论宇宙学中导出了一个静止的宇宙模型。也有一些数学家试解爱因斯坦的宇宙方程,提出了好多数学方案,这些方案都表明宇宙是不稳定的。由于没有观测证据,数学家自己算着玩,也没有人当真。

有意思的是,大概在上个世纪20年代末,美国的一位天文学家叫哈勃——哈勃望远镜就是以他的名字命名的——发现银河系外面的星系都有红移现象。红移就是光谱向红端移动,向低频段移动,人们马上联想到多普勒效应。多普勒效应很简单,说的是一个运动的振动源在观察者看来,振动的波长和频率都是要发生改变的。我们都有这个经验,一列火车鸣着汽笛向我们开来的时候声音越来越尖锐,离我们而去的时候声音越来越低沉。这不是因为它这个汽笛声调发生了变化,而是因为我们和火车之间的运动关系发生了变化。它向着我们来的时候是越来越尖锐,声音的频率发生了蓝移;离我们而去的时候声音越来越低沉,发生了红移。河外星系都有这样的红移现象,这就意味着所有的星系实际上都在离我们远去。如果所有的星系都离我们远去,这就意味着整个宇宙都在膨胀。

这个观察证据发现之后,立即就被人联想到那些数学家所给出的宇宙膨胀模型。理论与观测相遇了,现代宇宙学就这样成长起来。如果说宇宙在膨胀的话,那么往回追溯它应该越来越小,小到一定地步应该就变成一个点。从点状如何膨胀出一个宇宙?点之前又是什么东西?这就是一个大问题。宇宙学家提出一个理论说,宇宙是从高温、高压、高密度的起点状态爆炸过来的,爆炸瞬间之后,是一团宇宙雾,或者说一锅宇宙汤，随着温度慢慢变低，依次产生现在我们看到的这些物质，核子啊、电子啊这些东西，后来慢慢再出现星系、星云，出现行星，整个宇宙就出来了。在冷却的过程中实际上还有一点点雾没有彻底冷却，这个很稀薄的一层雾始终还在，大概相当于绝对温度三度这样的辐射，是早期宇宙汤的一个遗迹。这个遗迹后来居然也被发现了，这个发现也是非常巧的。几个搞射电天文的人做了一个射电望远镜，怎么调试也不能复零，老有一点本底噪音。这个本底噪音当时被认为是望远镜没做好的一种表现，他们很苦恼，在普林斯顿大学吃饭的时候跟同事们谈起来，说者无心听者有意，旁边的理论宇宙学家一听，这个本底噪音不就是宇宙背景辐射吗？他们于是结合起来研究，证明那个本底噪音就是宇宙汤在冷却过程中留下的那一点点雾，称为微波背景辐射。这个辐射的发现就成了对热大爆炸宇宙模型的一个有力的支持，这个模型从此就有力地确立下来了。这个模型也很受理论物理学家喜爱，因为很多高能物理实验在地面上不好做，做不出来，但有了这个模型，我们就可以虚拟地在宇宙早期去做。因为宇宙早期温度又高，密度又大，成了理论物理学家很钟爱的一个模型，他们可以在这个模型的基础上做思想试验。

第二个模型就是所谓的夸克模型。大家知道一分为二的思想。所有的物质都是由分子构成，所有的分子都是由原子构成，所有的原子都是由原子核和电子构成，原子核由质子和中子构成，质子和中子由基本粒子构成，还能不能接着分下去呢？过去我们说一尺之棰，日取其半，万世不竭。可是问题是，你想是可以这么想，但能不能真的分得下去要靠科学来说话，要做实验。实验结果却表明，这个夸克模型分不下去了。因为到了量子领域之后，质能转换关系开始起作用了。打个比方说，你用刀去切苹果，在宏观领域里，苹果是苹果，刀是刀，是两个不同的东西。可是到了微观领域，代表着分解方的刀和代表着被分解方的苹果是可以互相转换的，相当于说，你切着切着，刀切没了，变成苹果了。本来应该是苹果越切越小，由于刀切没了，转化成了苹果，因此苹果被切之后有可能变成两个更大的苹果。由于质量和能量可以相互转化，高能粒子在切割的过程中并不是越变越小，这样一来，所谓的无限可分就变得没有意义了。夸克模型认为夸克实际上根本打不开，一个很重要的原因是你敲击的能量越大，它禁闭的能量也越大，所以根本就打不开。这是夸克模型。

DNA 双螺旋模型大家都很熟悉了。今天我们处在一个生物技术的时代，基因的时代。基因时代之所以能够到来，与 DNA 双螺旋模型的发现是有关系的。过去我们只知道有基因，基因在染色体上，那么具体来说基因是什么样，有什么样的内在结构，过去都不知道，现在都搞清楚了。50 年代有两位英国的年轻人，在前人工作的基础上最终发现了 DNA 实际上是两个链缠在一起，缠成的一个双螺旋，有了这个双链条模型后人们才能精细地对基因进行研究和加工。今天我们知道的基因复制、基因修补、基因重组，都是建立在这个 DNA 双螺旋模型的基础之上。所以这个模型对于今天生物科学的发展，对于我们生物技术的发展都是功莫大焉。但是大家也要注意到，DNA 双螺旋模型的发现是与微观物理学的发现有直接关系的，刚才我们讲的量子论和相对论都是有贡献的。因为 DNA 这个东西很小，必须用电子显微镜来看。电子显微技术实际上是建立在当时量子力学这样一些物理学基础之上的。所以从某种意义上说，这个 DNA 双螺旋模型的发现，理论物理学也是有很大功劳的。

我们过去只知道大地有纵向的运动，地震就是典型的纵向运动，上下动。人们从来没想到大地还有水平的运动，地那么大的东西怎么会水平运动呢？但是有些人就注意到了，我们的世界地图几大块之间的关系，实际上暗示了它过去可能是一个整体。有一位地质学家叫魏格纳，有一天他躺在床上看世界地图就发现，非洲大陆跟美洲大陆边界好像能接上，他就想是不是早期它们是一整块的，后来才分开的。这个思想当然过于大胆了，人们很难设想地球那么大的玩意儿还能够水平运动。他有了这个设想之后，就想去验证它，而且写了书，但是得不到大多数人的认同。所以这个大地水平运动理论，一直经历了大概半个世纪的争论，反复地研讨，最终在60年代得到了地质学界的认同，被认为是地质学中的一场革命。这场革命确立了大地的板块模型，以及这个板块的漂移运动。有了这个板块模型，所有的关于地质、地球物理的研究就有了一个崭新的面貌。所以板块模型也被认为是20世纪最重要的一个模型。

第五个模型我们讲的是冯·诺伊曼模型。冯·诺伊曼模型是计算机领域的一个模型，今天我们用的电脑基本上都属于冯·诺伊曼机。冯·诺伊曼机的一个基本原理就是把操作程序代码化，把数据和程序储存在一起。大家知道我们今天的硬盘里既存数据，也存软件。软件就是操作程序，数据是我们用的，比如说文字、图像等。冯·诺伊曼发现把它们混在一起可以提高效率，过去这两个部分是分开的，操作是操作，数据是数据，但是运算速度很慢。冯·诺伊曼提出来把两者混在一起，统一编码，这样就大大地提高了计算机的运算速度。今天我们用的电脑依然属于这个范畴。因此有人认为冯·诺伊曼模型也是20世纪最重要的理论模型之一。

20世纪理论方面的一些成果，我们就讲到这里，接下来我们要讲一讲技术了。只有在讲技术时，我们才真正地领悟到科学与社会之间一些复杂的关联。

我们先来讲一讲核能量的开发。核能量的开发非常典型地表达了科学的社会功能，科学与社会之间的相互作用、相互关系。核能的开发直接根源于核物理学的发展，没有核物理学就绝无可能有核能量的开发。而核物理学、粒子物理学、高能物理学，都奠定在20世纪初相对论和量子力学的革命之上。因此，从某种意义上说，核能的释放是20世纪前期物理学大发展的一个必然的产物。核物理学发展早期的人们并没有意识到，核能量真的可以开发。当时的一些新闻记者问爱因斯坦，$E=MC^2$这个公式意味着质量的微小损失就可以带来大量的能量，你觉得它将来能不能造福于人类。爱因斯坦说这根本不可能，完全只是理论上的可能性。爱因斯坦这样的伟人都没有意识到，其实核能的开发已经近在眼前。

但是事情进展很快，到了30年代初期的时候，核裂变以及通过高能粒子轰击造成链式反应的机会就有了。链式反应就是指用一个高能粒子撞击一个核，撞的过程中损失一定的质量带来巨大的能量，撞击的结果是出现了更多的适合做轰击炮弹的粒子去轰别的核，这样一来就像滚雪球一样，轰击过程越闹越大。这个链式反应一旦成立，核能的释放和开发就成为可能。大家知道，30年代初正好是第二次世界大战的前夜，那时候希特勒刚刚上台不久，叫嚷要振兴德意志民族，排斥犹太人，叫嚣着要报第一次世界大战的仇。人们很担心，因为当时德国的物理学非常发达，可以说是世界第一物理学强国，所以欧洲其他国家的物理学家就很担心，实验室里核能的释放最终可能会变成核武器，而德国人优先拥有这个武器对人类来说不是个好事。所以当时就有科学家很着急，希望物理学家是不是能够放慢研究的速度。放慢一点科学研究的步子，这是人类历史上第一次科学家主动站出来说的。过去认为科学总是好的，科学总是在造福于人类，科学家总是在做好事，我们要把它做得越快越好。可是核能的释放一开始就遭遇了这么一个难题，当时就怕被坏人所利用，所以反而希望不要搞或者搞慢一点。但是这个设想没有得到认可，因为近代科学的一个基本的原则就是学术自由、出版自由、研究自由。研究没有禁区，不能够轻易破坏这个自由研究的原则，所以核物理学还在飞速地发展，特别是那些德国物理学家都很厉害。转眼间就到了

30年代中期了，纳粹排犹更加厉害，很多有犹太血统或者背景的物理学家都跑了，大部分跑到美国去了。爱因斯坦也跑到美国去了。美国人在战后之所以成为世界强国，很大程度上是发了战争大财，特别是发了人才财，希特勒把一些优秀的科学家都挤到美国去了，所以美国战后立即成为世界的科学强国。当时一些科学家到了美国之后，继续担心德国人会抢先把核武器造出来，就希望美国人也抓紧造。美国人如果抓紧先造出来的话，就可以遏制德国人。但是核武器是个新玩意儿，谁都搞不清是个什么东西。美国当时的总统罗斯福也搞不清楚。那时候马上要打仗，国家的事情很多，所以那位希望美国人尽快研制原子弹的匈牙利籍犹太物理学家希拉德就到处找人签名。他先找爱因斯坦，爱因斯坦那时候已经到了美国，他的名气很大，而且他也很爽快地签了。有人说爱因斯坦是原子弹之父，其实算不上，他那个质能转化公式离造核武器还远着呢，至于他在信上签了名，其实那封信并没有引起美国总统的注意。

后来真正发挥作用的是美国的总统科学顾问。美国的总统科学顾问给罗斯福总统讲了拿破仑忽视蒸汽机驱动轮船这项发明的故事，对罗斯福说，你看看由于军事家、政治家缺乏远见、缺乏想象力，结果就没有把蒸汽机用在军舰上，你设想一下如果当年拿破仑用了富尔敦这个军舰的话，那英国很可能就没了，现在的世界格局就完全不一样了。这个故事打动了罗斯福总统，罗斯福当即就说立即上马这个事。这就是大家知道的著名的曼哈顿工程。

曼哈顿工程大体分成三个部分。第一个部分是物理学家去搞反应堆，即可控的链式反应。你得让它反应起来，还要可以控制，别最后不可控制把整个地球都炸了，必须把它控制住，让它反应它就反应，让它不反应它就不反应。这个事情是在芝加哥大学由一位来自意大利的物理学家叫做费米的来主持。第二个工作就是要提纯大量的铀，铀就是用来做核武器的原料。天然的铀矿不纯，需要把它提纯。据说为了铀的提纯，花了美国当时全国电力的三分之一。为了造一个核武器，把美国一个国家的用电量三分之一都耗掉了，可以想见造这个核武器是一个大规模的协作行为。没有政府的投资，没有政府下那么大决心，是不可能做出来的。第三个部分就是组装炸弹。当时一下子造了三颗炸弹出来，第一颗炸弹先在戈壁上试爆了一下，结果威力无比，当时的核物理学家都吓得浑身发抖，腿都软了，没想到能量这么大。

这个核武器造出来的时候，时间已经到了1945年初，这时的德国已经不行了。盟军的特工到了德国境内去侦查他们的核武器的研制点，发现德国人根本搞不出来。这个消息传回美国之后，美国科学家就慌了，说过去我们造核武器是怕德国人抢了先，我们要遏制它。现在知道了德国人根本造不出来，我们还造不造那个核武器呢？物理学家多数说不造了，可是国家不同意，现在由不得你了，我们美国已经花了这么多钱、花了这么多人力物力，全国那么多电力都被你耗掉了，现在不造也得造了。科学一旦引入政治和军事领域，科学家的发言权就变得很有限了。结果还是造出来了。造出来以后又争论，究竟要不要扔这个东西。当时的科学家都说我们是不是不要扔了，能不能组织全世界的人来看一下，威慑一下就行了，看看能量有多大。美国说不行。当时德国已经投降了，但日本还在顽强地抵抗。在太平洋的诸岛上美日之间是一个一个地角逐。虽然当时的科学家们反对对日使用核武器，但军方说我们的美国青年每天都在对日前线上牺牲，早一点投核武器对我们是有好处的，可以早一点结束战争。结果美国就发布了一个最后通牒，通牒说得也比较含糊，说你再不投降我就给你毁灭性打击，没有说毁灭性打击是什么意思。日本人当然不听它这一套。8月6号美国就在广岛投了第一颗原子弹。投了之后日本国内的核物理学家到广岛去勘察究竟是不是核武器。他一去就知道是核武器，当时就吓坏了，但消息没有及时地返回来。日本军方还是很强硬地不肯投降。结果两天之后美国又在长崎投了一颗。这颗投下去之后，日本人立马就在当天宣布无条件投降。

从核武器研制到运用的过程中可以看到科学技术和社会中包含着多种因素，犬牙交错在一起。核武器出现了以后，立即变成了一种超级能量，并且最终转化为一种政治权力。所以战后各国竞相研制核武器。所谓核军备竞赛，就是美苏两个超级大国之间为争夺世界霸权搞的。谁掌握的核能量越多，他就越厉害。我们中国也要研制核武器，两弹一星里面有一弹就是核弹，包括原子弹和氢弹。过去那个时候联合国安理会五个常任理事国，正好是五个有核国家。你没有核武器根本就没有发言权。有了核武器之后，我们才真正成为一个大国，才真正成为一个在安理会有发言权的国家。许多海外华侨听说我们核武器研制成功，那是非常激动的。知识就是力量，科学就是力量，这一点在20世纪表现得最充分。核能量的开发充分表达了科学成为一种超级能量的过程。

讲完核武器，我们再讲讲航空航天计划。重要的科技进展都和战争有关系，这一点是耐人寻味的。航天计划也和二战之后的冷战有关系。二战之后没有出现第三次世界大战，但有冷战。冷战就是两个超级大国互相背对背，也不喊打，但是都互相较劲。冷战里面最重要的一个工程就是阿波罗计划。阿波罗计划就是登月计划，是一项重大的航天计划。美国在二战之后有了核武器，又有了高速飞机，挺洋洋得意的，开始时对这个火箭不是十分关心。航天需要火箭，因为普通的飞机是在空气里运动。空气有两个用途，第一个是提供浮力，飞机靠两个大翅膀可以浮在空中；第二个可以作为助燃剂燃烧。但是进入太空就没有空气了，靠飞机是不行的，需要火箭。火箭技术最厉害的本来也是德国，德国人冯·布劳恩是一个火箭奇才，20来岁就成为德国火箭总监。当时德国用V2火箭打英国，把英国人打得没有办法。德国失败以后，苏联人想起找火箭，结果把火箭工厂包围了，但冯·布劳恩跑掉了。苏联人就把那些东西都给缴获了运回苏联。美国这边更厉害，他把人给抓住了。美国把人抓住以后也是运回美国。冯·布劳恩到了美国之后，很快就效忠美国帮美国干。开始美国人不重视火箭技术，又让苏联占了先。我们知道第一颗人造地球卫星、第一次载人上天都是苏联人占先的。在苏联人把加加林送上太空又把他安全运回来之后，美国国内一片哗然，纳税人纷纷谴责政府。所以当时的美国总统肯尼迪就发狠，宣布美国要在十年之内把一个美国人送上月球，而且让他安全回来，借此平息一下民间的愤怒，于是就上马了著名的阿波罗计划。

阿波罗计划分几步走。最终是没花十年，从1961年到1969年，八年时间它就实现这个计划了，宇航员柯林斯、阿姆斯特朗还有阿尔德林三个人完成了人类首次的登月任务。阿姆斯特朗第一个踏上了月球的土地。他说了一句名言：这一步对一个人来说是一小步，对人类是一次飞跃。这次登月之后，美国又有好几次登月活动。苏联为什么后来始终没有上去，因为它的火箭技术始终不太过关，经费消耗太大也是一个原因。阿波罗计划一方面是高科技，另一方面是高耗费，没有国家的支持和介入，这么大的工程根本就搞不下去。

大家可以注意到，这两次超级能力的开发有几个共同的特点。第一个它是与科学理论上的高度发展直接相关的，核物理学尤其典型。第二个它是与政府和国家的大力支持密不可分，没有国家力量的介入是根本不可能的。国家为什么会卷入这件事情，也是因为这个超级能量本身就代表着这个国家的实力。所以今天的科学技术已经不单纯是一个科学家个人的事情，而是一个国家一个民族一个社会的事情。每一个公民都有权利、都有义务来参加科技决策，参加关于科技发展战略的一些讨论和思考。这是我们就这个问题所获得的一个结论。

下面我们再谈一谈20世纪下半叶的一些重大的技术运用。第一个先说一说所谓的第二次科学革命的问题。这场科学革命在我看来是比相对论、量子力学更加深远的一场思想变革，它要打破近代自牛顿以来的一些对世界的看法，参与这场科学革命的学科很多，非线性科学、复杂性科学、系统科学、生态科学都卷入其中。

这些新的科学都想破除传统科学里面的机械决定论思想。牛顿力学世界观的一个理想是，给定全部的初始条件我就能告诉你世界的过去、现在和未来。法国科学家拉普拉斯对此有一个形象的表述。他说只要有一个万能的计算者，你告诉他这个宇宙的初始条件，他就能算出宇宙的过去、现在、未来。在他看来，难题只在于有没有这样一个万能的计算者，世界的决定论特征是没有问题的。拉普拉斯的这个形象的说法，现在看来是有问题的。决定论的信奉者也是征服自然、改造自然的信奉者。我们因为能够精确地预言、预测，因此我们什么都不怕，我们可以无所顾忌地改天换地。因为我们能够精确地知道，我们对自然界的改造会造成什么样的后果。如果你不能够知道后果，那么人类对自然会有所敬畏。新的科学认为人类对自然的研究，并不能够获取完全的确定性。我们只能或然地了解世界，我们对于世界长远的后果没法了解。这就是所谓的非线性效应、复杂性效应、生态效应。过去有一个箴言说人算不如天算，就包括这个意思。历史上的许多原始文化、传统文化都强调要敬畏自然，主张自然的很多后果是我们难以预料的。但是，这个论调是近代科学所不理会的，近代数理科学传统认为自然界是一个确定的体系，现在看来这个信念过于理想。新的科学发现了路径依赖和初始条件敏感，就是说初始条件微小的变化将会非线性放大，放大到不成样子。通俗的讲法就是所谓的蝴蝶效应，说的是北京的一只蝴蝶扇一下翅膀，结果在纽约造成一场风暴。一个玩笑说，坏了一只马蹄铁，损失一匹战马，损失一匹战马带来一场小小战役的失败，小小战役的失败带来一场大战役的失败，大战役的失败带来战略性的失败，战略性失败带来国家的灭亡。这每一步都是非线性放大，结果是一只马蹄铁坏了导致一个国家灭亡了。非线性效应在现在看来不是个别的、孤立的，而是普遍的，处处都存在。过去认为整个宇宙尺度上，还是牛顿力学说了算，现在看来牛顿力学只能是小范围说了算，大范围反而都是非线性系统。我想这是一个很重要的观念革命。

第二个方面是整体论的出现。过去的科学都主张对世界进行分割、切割，把宏观的东西还原为微观的东西，把整块的东西切割成小的东西。我们先对小的、简单的东西进行研究，研究了小的东西，那么大的东西自然就可以拼出来了。所以近代以牛顿力学为代表的世界观，基本上是一个拼装、拆拼的世界观。我们做什么事、看什么问题，都先是把这个事情拆开了、分解了，模块、板块化。现在我们管理学里面经常搞模块化、板块化，其实就是来自经典科学里面的原子论思维。这种拆拼世界观、原子论世界观有个问题，就是忽视了世界、事物本身是个有机的整体，拆和拼的过程中肯定会损坏或者忽略掉有机的部分。我们都知道有许多东西是拆不出来也拼不出来的，这就是整体的东西。比如我们说一个和尚挑水吃，两个和尚抬水吃，三个和尚没水吃，这就是一个整体论效应。如果按照线性相加的原则，一个和尚挑一担水，两个和尚就挑两担水，三个和尚挑三担水。但这是原子论的思维，实际上并不是这么回事，和尚越多越没有水吃。这个效应你通过拆分拆不出来，拆出来之后的东西就像我们刚才讲的量子效应那样，有可能越拆越大，越拼越小，这就不是线性效应。

还有一个方面是，新科学确认了世界的不可逆性。牛顿力学根本上认为，一个物理系统是可以反演的。时间变成负的无所谓，反正牛顿方程里面的时间都是以平方的方式出现的。不可逆性早在19世纪后期热力学第二定律出现的时候就已经认识到了。人们发现一杯热水放在空气里面，它只会越来越凉，一直凉到和空气温度一样为止。从来没有一杯冷水放在桌上，能从空气中吸热把自个儿烧开了。可是按照牛顿力学，这种逆转原则上是可以的。宏观上看一个物理系统总是按照一个不可逆的方向发展，一杯水总是慢慢地变冷或者变热和室温保持平衡，从来没有越来越偏离室温的情况出现。这种不可逆现象让很多科学家很苦恼。因为所谓的热力学定律不过就是微观定律的一个宏观表现而已，微观领域的粒子肯定都是符合牛顿定律的，因而是可逆的，可是为什么微观里面是可逆的，宏观就不可逆呢？当时有一位奥地利的物理学家叫玻耳兹曼，一直在试图解决这个问题，结果到死也没有解决。最后他是自杀的，没解决这个问题很苦恼，自杀了。这个问题到现在也没有完全解决，但是新科学，就是非线性科学、系统科学、复杂性科学、生态科学都试图把这个不可逆性作为一个基本的现象来处理，而让牛顿力学的东西作为一个次级的现象。这是新科学的一个崭新的变化，这个变化将更加符合我们的日常生活经验。

科学与人文在现代之所以分裂，一个重要的原因就是古典物理学、古典科学不再关注价值问题，只关注事实，造成了事实和价值的二分。事实和价值之所以二分，是因为古典力学、古典物理学、古典科学所面对的对象是一个机械。机械本身是没有目的的，没有目的就没有价值。如果你把世界本身看成个机械，那么这个世界本身就谈不上什么价值，价值只属于人。于是，人和自然、事实和价值、科学与人文之间就发生了分裂。可是新科学认为世界本质上不是一个机械，而是一个有机体。这个有机体有自身的目的，有自身整体的效应。机械论理想局部是合理的，但是它是有限度的。因为根据特定的目的、特定的目标，我们可以把世界看成个机械，但是从根本上来看，世界并不是一个机械，而是一个有机体。这个有机体有整体效应，有非线性效应，它的变化过程是不可逆的。一个人只能由小孩长成青年，青年长成中年，中年变成老年，最后死掉，不可能倒着长，倒着长不是有机体的模式。想倒着长恰恰是机械自然观的一个必然后果。从这个意义上说爱因斯坦的相对论，特别是狭义相对论总体上看也还属于机械自然观的范围。爱因斯坦相对论是允许时间倒流的,逻辑上它允许时间倒流。其实可逆性思想已经遭到了新科学的质疑。

人生在世一个基本的东西是,过去和未来是不对称的。我们能够回忆过去,能够展望未来。你不能说我回忆未来,展望过去。过去和未来的不对称也是人生意义的根本来源。如果人没有这种不可逆性、不对称性的话,也就没有后悔问题、没有憧憬问题,就谈不上人生的意义了。所有人生意义和价值都根源于人生的不可逆性。可是,这个不可逆性恰恰在过去是不被科学所承认的。因此我高度评价新科学所代表的发展方向。当然,我们现在也很难说新科学是不是已经成熟了,是不是可以替代旧的科学了。从历史上看,新的科学从诞生到成熟需要好几百年。近代科学在西方也经过了大概二三百年的时间才确立自己。但是,总的来说,新科学的成熟将导致人类一种新的存在方式、新的生活方式。

我们最后来讲一讲目前还在方兴未艾的生物技术和信息技术。生物技术刚才说过了,来源于DNA双螺旋模型的建立,它本身也代表了物理学思维向生命科学的一种扩张。目前所采用的生物技术基本上都在使用物理学的方法,用的是还原论的方法,用的是拼和拆的方法。生命虽说是一个整体,但今天的生命科学仍然想尝试一下机械的方法,对它进行拼装。现在的基因重组、基因移植、基因复制,统统都是按照机械论的方案来进行的,很有效而且很有用。但是另一方面,生命技术的出现也遭遇一个很大的问题,就是会挑战我们日常的一些价值观。我们可以举几个例子来说明。像勇敢、顽强、勤奋都是很好的道德价值,可是现在突然有生命技术告诉你,说那些玩意儿可能和你是否努力没关系,可能是你基因造成的,这样一来,就瓦解了我们这些伦理价值。过去我们崇拜一个人特别勇敢,后来发现没什么可崇拜的,就是基因好。如果我能够把自己的基因改一改,我也能变得勇敢。包括基因技术在内的所谓生命扩展术,肯定会挑战一大堆我们通常所说的伦理上的东西。过去赞扬人的后天努力具有可贵的道德价值，比如说一个人笨鸟先飞，虽然笨但是很勤奋，一样可以取得很好的成就。在生命扩展技术看来，改一改笨基因就可以实现这个目标。所以一个尖锐的问题摆在人类的面前：是不是我们仅仅通过基因修补术，从广义上说，通过一切高技术，就能解决人类的所有问题。过去人类的许多道德高尚的东西还有没有用？会不会有一天，你的孩子回家哭着跟你说，我的同学基因都2.0、3.0版本了，我才1.5，赶紧花钱给我刷新吧，再不刷新，我的学习成绩不好别怪我。当然现在我们讲这个故事仍然是未雨绸缪，但它的可能性已经很清楚了。因此，我们要在发展基因技术的过程中及时地调整，及时地为这些难题的到来做准备。

信息技术也很重要。信息技术改变了人类的社会交往模式。目前由于带宽限制，很多信息交往还不能完全依赖网上。但是，如果将来带宽瓶颈一旦突破，我们完全可以想像，将来社会交往的很大一部分会在网上进行。电视、电影院、电话，都可以统一起来，都在网上进行。但是网络上的交往行为与我们传统的交往模式有很大的不同。传统的交往模式是身体出场的。脸部是一个伦理学器官，是一个道德器官。脸怎么红了，你心虚了不是，做了对不起人的事了，是不是害羞？所以说，脸是一个非常丰富的伦理学器官。我们经常说有话当面谈，因为见面就包含了一种确定性。但是网络交往一个大的问题是脸不出现，是蒙面交往。

除了面部的在场外，通常当面交往要握手，可以感受体温，可以感受对面是个活人，因为生活就是跟活人打交道。总而言之交往中要有身体出场。身体的出场对于我们交往来说很重要，因为我们交往过程中有很多是身体语言。当面说话比较容易沟通，有时不用讲几句，一个眼神就可以眉目传情。身体的缺失将会使我们的交往出现僵硬化，丧失人作为有机体的那部分信息，这一部分信息往往无法通过数码化的方式传递出去。数字化生存（been digital），必定要丧失很多信息。没有身体的介入，人性里面很多信息是要丢失的。所以我们说在信息技术时代，我们在拥抱高科技的同时也要注意如何捍卫、维系和守护人性化的那部分信息，这一部分信息最终只能靠身体的出场，只能靠面部的出场才能保持下来。

（本文根据吴国盛2010年1月30日在中央国家机关"强素质·作表率"读书活动主题讲坛上的讲座内容整理）

信息科学技术漫谈

主讲人：梅宏

信息科学技术是一个覆盖面很广的学科，讲座的标题用的是"漫谈"，是为了少些约束。我今天主要从以下三个部分来讲：

第一，从人类社会的发展来看信息技术起到的作用

经济学家费歇尔，第一次比较明确地把人类的经济活动分为三类产业。第一类产业是指以农业为代表，利用自然力生产粮食、增加人口；第二产业是指以工业为代表，利用机械生产有形产品来创造物质财富；第三产业，叫做服务业，是利用智力生产无形产品来满足我们的精神需求。第一产业经济发展主要反映在劳动力资源上，我们称之为劳动力经济时代；第二产业经济发展主要取决于自然资源的占有和配置，称为资源经济时代；第三产业经济发展主要取决于智力资源的占有和配置，我们把它称之为信息时代，也叫知识经济时代。

人类社会发展史上生产方式发生了两次重大转变，而不论处在何种时代之中，人类经济活动的三类产业在我们生活中都一直存在，只是比重不同。比如从第二产业到第三产业转折时，第二产业仍然重要，只是占有的比重度大大降低。现代西方发达国家，他们的现代服务业占到 GDP 的 70% 到 80%，这就证明工业不重要吗？实体经济不重要吗？仍

然是重要的。到目前为止，我们中国的服务业占 GDP 约 40% 左右，所以说我们的工业化还没有完成，我们要迈入以现代服务业为主的产业时代，还有漫长的一段路要走。在这个进程当中，材料、能源和信息成为我们现代社会发展的三个支柱。在知识经济时代，我们认为信息尤为重要，历史上很多战争也与材料、能源和信息是紧密相关的，特别是现在，和信息紧密相关。

既然谈到知识经济，我们就要谈到知识经济和信息技术的关系。知识经济基本的理论形成于 20 世纪初期，有位经济学家叫熊彼特，他提出了技术创新与经济发展的长波理论，阐述在时间上均匀分布的技术创新群是造成经济波动的一个原因。1962 年，美国的一个经济学家出版了一本书叫《美国的知识生产与腾飞》，提出了知识产品对社会经济发展的重要作用。1983 年美国加州大学保罗·罗默提出了新经济增长理论，认为知识是一个重要的生产要素。

知识经济真正开始起步，比较公认的看法是美国微软公司的诞生。微软作为一个典型的软件公司，让真正通过智力、知识来挣钱成为一个现实，创造了一个新的产业。按 1999 年底的数据，比尔·盖茨从大学毕业开始建立微软公司起的 20 多年间，拥有了 540 多亿美元财富，并仍以每周 4 亿美元的速率增长，微软公司产值超过三大汽车公司产值的总和。美国当时经济增长主要来源之一为 5000 家软件公司的产值。硅谷市场价值已达 4500 亿美元。而以底特律为中心的美国三大汽车公司市场总值约为 1130 亿美元。

而从现在最新的数据来看，信息产业仍占有很大的比例。比如说互联网公司，不管是在国际上还是在我们中国，都是信息产业中的"霸主"。今年 8 月 20 日的最新数据显示，苹果公司市值达 6235 亿美元，创造了历史新高，并刷新了微软创下的 6163 亿美元的纪录。当然这个还存在争议，有专家认为，虽然从数字讲它刷新了纪录，但要把通货膨胀因素考虑进去的话，还没有超过微软。

第二个视角是从15世纪开始的人类全球化的进程。2006年，《世界是平的》这本书成为世界范围的畅销书。它里面谈到了全球化的问题，全球化是西方一直在努力鼓吹的趋势。所谓的1.0版本是从1492年到1800年，哥伦布远航开启了新旧世界的贸易，那时候以欧洲为中心，通过西方对新世界的探索、地理大发现，使世界的规模由大号变成中号，这是第一次全球化，它取决于国家实力以及它的应用形式。这时候面临的问题就是，国家在全球竞争中处于什么样的位置？怎么样走出国门，利用国家的力量和其他人合作？

全球化2.0版本，是从1800年到2000年，由19世纪到20世纪。这时候代表性的是铁路和蒸汽机带来的运输成本的下降，以及电话、电报、卫星和初期互联网等带来的通讯成本的下降，使我们世界的规模从中号变成小号。这时候主要力量是跨国公司，这些公司到国外去的目的是寻求新的市场和劳动力资源。全球经济的诞生，使各国之间具有充足的商品和信息的流通，出现了真正的全球市场，商品和劳动力在全球范围内实现套利。这时候所有面临的问题就是，我所在的公司在全球竞争中处于什么位置？哪些机遇是可以使用的，公司怎么样和他人去开展合作？

第三个就是新世纪，21世纪开始之后的所谓全球化的3.0版本，这个时候由以互联网为代表的新型的信息技术，带来了合作成本急剧下降，使得世界规模从小号"缩水"为微型。如果说全球化的主要动力在1.0版本时是国家，2.0时是公司，3.0时就是个人，是我们每一位，所谓的草根。信息技术所带来的草根力量不可忽视。那么在全球竞争中间，我们自己在什么位置？我能不能和别人进行所谓的全球合作呢？现在的世界是个人计算机、光缆、工作流程软件等形成的，以个人之间关系连接的平坦的世界，"世界是平的"是这么来的。所以在2006年《时代周刊》评选的年度人物，是"你"，是我们每一个人，这是世界变化的一个很重要的方面。这是我们谈的第二个视角——全球化。

如果我们探讨信息技术和信息产业的未来，从熊彼特的经济长波理论来看，在未来的较长时期，信息技术仍然会是经济发展主要驱动力。这里有一个表，罗列了历史上的几次长波，每一个长波大概是50年。第一次从1780年到1840年，是以纺织品工厂化生产为代表的产业革命；第二次是1840年到1890年，主要代表的技术因素是蒸汽动力与铁路时代；第三次是1890到1940年，这一个长波是电力与钢铁时代；第四次是1940年到1990年，这50年是汽车和合成材料的出现，特别是以福特汽车这种工业化生产所开启的一个新时代；第五次从1990年开始算起的话，它就是信息的时代，其代表性的东西就是微电子学以及计算机网络给世界所带来的深刻变化。每一个时代有一个主要的技术特征。如果从1990年再往后推算，应该到2040年，还有几十年时间可以走。也就是说，信息技术目前还处于鼎盛时期。

再一个视角就是第三次工业革命。第三次工业革命现在谈得比较热，美国趋势学家杰里米·里夫金新出版了《第三次工业革命》一书，这里列举他的一些主要观点，他认为"经济和社会变革总是来自于新能源和新通信方式的交汇"。这本书的观点是，在21世纪第二次革命开始走向终结，我们要走出经济危机，就需要新的结合，这就是新能源和互联网的革命。当然，对这些观点，目前还存在争议。

我们来看看到底什么是新能源的分配模式？首先传统的能源、集中式的能源，是不可再生的能源。我们需要向新的可再生的能源过渡。传统的以煤、石油为主的能源，是集中式的、国家掌控的能源。而太阳、潮汐、水、风、生物、地热等属可再生的能源，但它的持续能力不够，我们就需要新能源的分配方式。杰里米·里夫金认为互联网提供了这种可能。互联网创造了一种完全不同的经济模式，新型能源生产和传输方式，将互联网上的分布与共享的模式推到了能源领域。比如说互联网的知识传播，大家在创造知识，也在分享、共享知识，这是互联网带给我们的好处。同样，我们能不能够在自己家、办公室、工厂生产所谓的绿色能源，并且通过智能的互联网把这个能源分享出去，就像我们在互联网上创建和分享信息一样。所以说第一次和第二次工业革命时候，能源是集中生产控制的，社会组织结构是自上而下的纵向结构。那么第三次工业革命，权力的等级结构就开始横向发展。但是事实是否就此定论，尚存在争议，需打个问号。但我个人相信，互联网带来的奇迹，可能在能源领域再重新来一遍。

第二，信息科学技术的内涵及发展现状

什么是信息技术？我们简单描述一下，信息技术基本上是看不见、摸不着，特别抽象的一个东西。

说起信息需要从数据开始。我们写在纸上、存在计算机里的东西就是所谓的数据和信息，它是人类对自然世界了解的"数字化"形式。在计算机的数字化模式中，数据就是某一个具体的物理对象，或抽象对象的一个表示，而信息是指人们按照已知的约定对数据赋予的含义。这二者是紧密相关，或者说信息是数据的一种语义表示。我们把一个客观世界、现实世界的数据数字化，放到计算机的空间里面，作为数字化的信息来处理，处理完之后再反过去来影响和改造现实世界，这就是所谓的信息技术。

信息科学技术和信息产业指的是什么？信息科学技术主要是指研究信息的产生、获取、存储、传输、处理及其应用。它是以微电子、计算机、软件、通信技术为主导，微电子是基础，计算机及通信设施是载体，而软件是核心，也是计算机的灵魂。信息产业，就是进行信息的收

集、整理、存储、传输、处理及其应用服务的产业。信息技术目前是世界第一大产业。

信息技术有一个很重要的特点，在世界新技术革命中，它既是一项独立的技术，也广泛渗透到其他领域，渗透到传统的生产、经营、管理等过程中，成为发展的基本依据和重要手段。也就是说，在某种意义上信息技术是催化剂和倍增器，它能够和传统的产业技术产生融合，融合以后形成一种新的东西。

就现状而言，信息产业整体上增长平稳，其中软件和移动通信的增长较快。从 2008 年金融危机开始，几乎所有的行业都在下滑，而只有信息产业稳中有升。

下面我们回顾看一看，信息技术到底改变了我们什么？它深刻地改变了我们的世界。

第一，电话改变了人类的通信方式。电话从 19 世纪末开始使用，到现在的 21 世纪不断发展革新。从最早的人工接线，到自动交换，程控交换，到光交换，一直与我们的生活息息相关。

第二，个人计算机的出现，改变了人类学习、工作和娱乐的方式。个人计算机真正开始普及是在 20 世纪 80 年代，它已经深入渗透到了我们生活的方方面面。当时在施乐公司工作的 Charles Thacker 研发了首台个人计算机，后被称为"个人计算机之父"，在 2009 年获图灵奖。历史上，图灵奖大都颁发给在基础理论方面有重要突破的人，时隔那么久以后颁奖给他，也是为了凸显个人计算机对整个人类世界的重要作用。

游戏机也可视为一个专用的个人电脑，它从上世纪 80 年代开始流行，现在成为年轻人的主要娱乐方式，改变了我们娱乐的方式。

第三，网络改变了人类共享合作的方式。电子邮件现在已经是我们写信交流的主要方式。1990 年出现的浏览器改变了我们上网的信息共享，到现在的搜索引擎、即时通信等等一系列都深刻地改变了我们的生活方式。

人类学习方式实际上也在改变。过去我们读书，老师要求每本书都要精读。而现在的年轻人已经正在改变这种精读的方式，一切变成了泛读，脑子里面有点印象就行，需要的时候上网一查，敲两个关键词临时去找，这样的学习方式的改变我不知道是好是坏，但至少我们得接受这个现实。

网络深刻地影响着我们生活的方方面面，特别是微博。微博的特点是用户众多，简短，大家可以随时发上去，图文并茂，即时分享，传播快。2012年7月发布的数据显示，中国的微博用户已经达到2.74亿，网民的使用率到了50.9%。微博的负面消息不少，特别是通过微博的谣言传播，对社会的影响很大。但微博事件正面的消息也有很多，比如北京的"7·21"特大暴雨，微博的及时报道，引发了大量的网友关注，网民通过微博开始自发组织各种各样的救助活动。

第四，智能机器与人工智能。各种各样的机器人大量出现，有的可以做一些工业的生产（工业机器人），有的具有一定的智能能力。

第五，生活中无处不在的信息技术。比如说电子设备，电控抽水马桶，电子血压计等。

第六，军事领域的应用。比如说微纳电子技术在军事领域的应用。大家可以看到微纳卫星、GPS制导导弹。还有昆虫间谍，科学家做实验的时候把芯片装在飞蛾的蛹里面，通过这个芯片，就能控制飞蛾的飞行，能够指挥它到想要去的地方，相当于半机半兽。无人机也是信息技术在军事上应用的综合体现，比如美国的捕食者无人机，已成为美国反恐战争的利器。

第七，信息技术在综合国力体现方面，也非常重要。比如航母里面有大量的信息技术应用，飞机的制造现在已经脱离图纸完全数字化，气象预报如果不靠计算机根本完不成，这些都是在国家战略性综合国力里面的一个体现。

我们简单回顾一下信息技术对人类社会的改变，真的是很快，特别是电子器件技术的发展，改变了人类社会最基础性的东西。信息技术领域有一个很重要的定律——摩尔定律：在集成电路芯片上，集成晶体管的数量每18个月就翻一番，而同时微处理器的性能每隔18个月就提高一倍，但是价格下降一半。

2000年以后，我们进入一个所谓的互联网时代，而互联网也催生了一个创新的时代。这里我罗列了大量的新术语，那这些新名词到底是什么？比如说用得很多的，智慧地球、社交网络、数字经济、门户网站、电子政务、电子商务、网格计算、云计算、普适计算等等。这些新术语意味着什么？

我有时候在想，2000年以前，计算技术发展大体上每一个术语的出现，基本上都有一个严格定义，那种术语大部分是技术导向。2000年以后出现了一个很重要的变化，我把它称为概念创新时代。大量概念、术语的出现往往不是技术导向，而是应用导向，是用户导向，我们不断地要去"忽悠"用户，让用户去了解，去听懂这个概念，这是一个很重要的分界线。

在这么一个创新的时代就产生了很多的东西，我不研究经济，没仔细分析过，但至少就我知道而言，2000年以后的所有短时间致富的公司几乎都在互联网行业，传统的行业没有长期的积累，不可能暴富，而这个互联网公司发展会很快，因为它有巨大量的用户积聚在那里。

我们可以看看以下两个案例。

第一个例子是谷歌。谷歌由两个大学生创立，他们在大学里所从事的研究是关于自动搜索技术，做得不错。发明了显著提高搜索准确率的Page Rank方法，1998年创立公司，并迅速发展成最大的搜索引擎。后来谷歌又扩展到各种应用领域，比如说 Gmail、地图、在线文档等。原来的应用软件要安装到本地电脑上，但现在你可以到他那里用，不需要安装应用软件。进一步，云计算也由谷歌公司的工程师较早提出，此后，谷歌与 IBM、Amazon 等公司一起成为云计算的积极倡导者。

再一个就是把握住 3G 带来的机遇，2007 年底的时候，谷歌成立了一个开放手机联盟，现在的联盟企业有 84 家，共同推动开源智能手机操作系统 Android 的发展，短短时间之内市场份额就达到 68%，远远超过第二名的苹果。

另外一个例子就是苹果公司。苹果早期的时候是做个人计算机的，它对计算机进入寻常百姓家起了很重要的推动作用。1976 年乔布斯与他的合作伙伴，创建了苹果公司，就做出了苹果 I 代微型计算机，当时的售价是 600 多美元，而当时的计算机至少是上万美元，这使得它可以为个人和家庭所接受。后来研发了第二代苹果，就是 Macintosh 电脑，这个是它第一次在个人计算机上运行图形用户界面、使用鼠标。由于苹果奉行封闭的技术路线，独自打造从硬件到应用的整个产业链，企图独吞 PC 市场，受到以微软与 Intel 为核心的"Wintel"IBM PC 兼容机联盟激烈竞争，市场惨淡，1985 年苹果董事会决议撤销乔布斯经营大权。1998 年，苹果几近破产，苹果董事会重新召回乔布斯，苹果开始走向复兴之路。回来之后他做了两件事，完成了苹果的"华丽转身"。

第一，改变过去封闭的技术路线，采用 Intel 通用芯片，将苹果打造成高端品牌。后来苹果打造 iPod，用于 MP3，形成一个新的增长点。90 年代时，音乐大量在网上传播，开始出现在网上下载音乐，但是产品上没有支持。所以苹果就抓住了这个机遇，用 iTunes+iPod 实现了音乐交易、下载、播放"一条龙"解决方案，广受欢迎，所以一下子就火起来了。

第二，打造出新一代智能手机。在 2007 年时，智能手机的领跑者是诺基亚，它占据了先机，但并没有形成独占。后来苹果利用了软硬件技术的整合，还有功能设计、外观设计的优势，使得 iPhone 取得了巨大成功。仔细一分析，它里面到底什么样的技术特别好，专家也说不出太多，它就是一个集成，一种新的应用方式。接下来，iPad 也应运而生。这种触摸型的平板电脑具有 PC 的大部分功能，这使得笔记本的体系受到了严重挑战。

苹果还有一个很重要的创新，就是 App Store，可以通过智能手机在网上下载不同应用软件。现在的数据说是 65 万多个应用，这 65 万多的应用软件，大家可以去下载，很多是要钱的，也有的是免费的。有的 1 美元，有的几美元，有的可能十几美元，这个积少成多的收入方式不得了。应该说，苹果成功的过程是和互联网紧密相关的。

下面，我介绍信息技术领域的几个热点：

云计算

什么是云计算？有人觉得很抽象。它描述了一个愿景，就是我们能不能像用水、用电那样，按需使用计算能力。现在的应用模式是每个人有一台计算机，我们家里有一台 PC 机，单位有自己的机房。那么能不能够我们任何时间、任何地方都能使用计算机资源？互联网给我们带来了这种可能性。我们有互联网的连接，就可以在任何地方，像用水用电一样，拿个插头一插上，把无线连上，就可以使用，这就是它的一个理念。

现在云计算很热，过去我们有很多技术术语，都有明确的定义，而在云计算时代没有。所有的企业都在从自己的角度来谈自己的事情，所以我把它称为众说纷"云"时代。

所谓的云计算大体上有三类：

第一类：IaaS，就是我把机器摆在这里，然后你通过互联网使用这个机器，你不需要再有自己的机房，在我这租用就可以了。

第二类：PaaS，我给你提供软硬件平台的解决方案，把你的应用部署到我这里。

第三类：SaaS，你可以连应用都不用管了，应用我都给你做好了，你直接用我给你提供的软件能力，就可以了。这就是目前云计算的三种模式。

当然了，现在很多的人，把这种信息稍稍集中就叫做云。我个人不是特别认同这种叫法，我觉得云一定是和互联网紧密结合在一起的，使我们方便地使用各种计算机能力。

云计算起来以后，确实带来一种新的模式，成为世界关注的热点，它有很强的市场潜力。比如说，Gartner 预测，2011 年仅有 7% 的消费者数字内容被存到云中，到 2016 年的时候会增长到 36%。

现在事实上真正成功的云都是公有云。比如以谷歌为代表，它所提供的信息服务；还有亚马逊所提供的机器租用服务，我国的阿里云，也在提供这种服务，有很多创业的小公司，已经把自己的机房建立在阿里云上面。这样的服务是公众性的，搜索引擎也是属于这一类。除了企业界很火之外，各国政府也有大量的云计算战略。2011 年美国发布了联邦云计算战略，希望政府项目能够优先使用云计算；2011 年 11 月，英国也启动了政府云计划；2009 年，日本的 IT 战略部制定 I-Japan2015 的计划，随后发布了"云计算与日本竞争力研究"的报告，推动云计算；韩国也有全国性的云计算计划；我国《国家十二五规划纲要》和《国务院关于加快培育和发展战略新兴产业的决定》都把云计算列为重点发展的战略性新兴产业。2010 年 10 月，工信部与国家发改委联合下发《关于做好云计算服务创新发展试点示范工作的通知》，确定了北京、上海、杭州、深圳和无锡五个城市先行开展云计算服务创新发展试点示范工作。

到底什么是云？刚才我谈到，现在中国的问题是云太热了，本来这个云，是一种基于互联网的集中计算模式，而现在咱们从中央、从省到县，到镇长都在谈云的时候，肯定是出了问题。全国那么多的云，还有价值吗？过去我们完成计算任务都得到计算中心机房去，好处是什么呢？很简单，成本分担，你不需要买机器了，你不需要再维护机器了；缺点是什么呢？过去为什么集中计算不行呢，是因为它不好用，难以个性化，满足不了我们每个人的要求。比如隐私需求，我个人的数据不想让别人看到，这些它都很难保障。这样情况下怎么办？这种集中运算它的好处缺点都是很明显的。

云计算是现在新的一种集中运算，它和过去有本质性的不同。但是它也不应该是唯一的模式。我们说，在个人、组织内部的计算，仍然是有必要的，这是由几个属性决定的。首先，任何一个组织、个人都期望私有的计算资源和信息资源随时可以用到。第二，我们的隐私问题。就算我们现在有法律法规，但并不是很健全，怎么能保护隐私，技术手段也不能解决。第三，有一些专业的应用不是一种集中计算能够完全满足的。所以个人计算、组织计算还是有必要存在的，当然有人把这类东西称为私有云、或者称为个人云。我觉得叫不叫云不重要，现在终端能力这么强，我为什么一定要所有东西放在云上去呢？有些应用也必须在终端执行，没必要放在云上去，不需要完全去追求这种特定模式。

物联网

物联网和国际上 IBM 倡导的智慧地球，是紧密相关的，和温总理在无锡谈的"感知中国"也是紧密相关的。所谓的物联网是要把我们的物理环境、物理基础设施和我们的信息基础设施相结合，实现我们机与物、物与物之间的即时信息通讯和交互。物联网是什么呢？大体上就是一个更为深度的、更为全面广泛的信息化进程。所以现在一谈物联网，所有东西都会在里面，比如智能电网、智慧城市、智能家居、智能楼宇、智能交通等等。极端的情况是什么？我们恨不得把地上的任何一个东西，哪怕每一粒沙子都贴上电子标签，然后把这些信息收集起来，这就是一个彻彻底底的物联世界，但现在各种东西还只是初步。

这中间有几个主要热点，其中一个就是智慧城市，与政府的推动紧密相关。这里主要的动因是国家推动城镇化、城市化所带来的机遇和挑战。我们国家要从一个农业社会走向工业化、走向信息化，所以这时候我们要大力推进城镇化。人口的增长带来了改善教育和公共服务的机会，城市越大，人均财富和革新就越多，工资的增长也就越快。但也使城市的就业、居住、能源、基础设施面临更大的挑战。怎样减轻城市的贫困，以及城市面临的压力？例如垃圾问题，北京每天产生垃圾1.8万吨，并且还在按8%的速度增长。中国怎么样在城镇化过程中间解决这些问题，毫无疑问就需要城市的信息化，这是很重要的。信息化是解决城市化过程中面临的诸多难题与挑战的基础之一。

现代信息技术的运用，是城市信息化的原始动力，信息化是不断发展的过程。有统计显示，全国47个副省级以上的地方，有43个已经明确提出智慧城市、智能城市或者数字城市的说法，这又是一个新的浪潮。但是总体上，不能脱离过去的信息化，所谓的智慧城市，只不过是更为广泛深入和综合的一个城市信息化工程。过去我们做了很多工作，现在需要突破现有信息系统固有边境，实现多系统、多领域的综合性的融通。

实际上现在来讲，技术是有很大挑战，但是技术真还不是唯一的挑战。例如，以前大家总说信息不共享，但实际上有一个挑战，就是管理挑战，各个部门不愿意共享数据，这是最大的问题。所以未来要解决很多问题，才能达到我们所谓的智慧城市。有时候我想，如果北京真是智慧城市的话，那么我们"7·21"大暴雨就是可以预报的。

物联网的另一个热点是智能电网，建立在集成、高速双向通信网络的基础上，通过应用先进传感和测量技术、设备技术、控制方法和决策支持系统技术，实现电网的可靠、安全、经济、高效、环境友好和使用安全的目标。目前就是两种类型，像美国做的智能电网是集中式的，集中发电，分散感知，智能配送，这是美国模式；分布式就是欧洲型，德国做的智能互联网，就是分散发电，把各种分散"绿色能源"集中在一起，实现余电存储、点网协作，智能配送。这个难度很大，要由集中控制型走向一个分布控制型。

移动互联网

所谓移动互联网不是我们重新建一个互联网，它是由互联网加上一个宽带的移动无线接入，还要有一个相对能力比较强的智能终端，例如手机、平板电脑。

移动互联网肯定是诞生在所谓的 3G 时代。早期的模拟手机 1G 到 2G，都很难上网。到 3G、4G 时，互联网和移动通讯就开始形成一个整体了。这里可以看到 2007 年到 2012 年中国移动互联网市场的规模，总体增长的速度真的很快，移动互联网会是一个新的热点。据预测，全球用户使用的 90% 的新设备将是智能手机和平板电脑，4/5 的软件产品中将用于移动设备。

刚刚提到，苹果的应用软件有 65 万个，Android 的应用也是几十万个，有时我就在想，把这 65 万个应用都用一遍，这一生大概就没了。把它全用熟了你的时间就耗费掉了，怎么找到自己想用的东西，这对技术也提出了很大的挑战。2011 年有 109 家从事移动互联网的公司实现了融资，总投资额超过以往。2011 年 6 月底中国网民数量达到 5.38 亿，其中手机用户达到 3.8 亿。所以未来的移动互联网，实际上核心就是一个强大的互联网通讯服务，还有宽带的无线或移动的接入，再加上我们手上有一个足够计算能力的智能手机或者访问终端，这样就构成了我们整个移动互联网的框架。

社交网络

在信息时代，信息网络上由社会个体集合和个体之间连接关系构成的社会性结构就是社交网络。现实社会中也有由社会个体集合和个体之间连接关系构成的社会性结构，即人际网。社交网络是互联网和人际网络的融合。

我们看一下数据，Facebook 有 9.5 亿用户，Twitter 有 5 亿用户，腾讯有 7.2 亿的用户。社交网络是典型的用信息技术来构建社会网的东西。现在社交网络真的对人类方方面面形成影响，政治、购物、教育、生活都受到影响。比如 2009 年摩尔多瓦的 Twitter 革命，2011 年的利比亚 Facebook 革命。

这是在互联网时代我们面临的一种新的挑战，2011 年伦敦骚乱以后，很多人通过 Twitter、Facebook 号召老百姓出来清理残骸。2011 年、2012 年中国的两会代表开微博的也很多。

2009 年美国国防部长罗伯特·盖茨表示，Twitter 等在伊朗德黑兰抗议活动中起到重要作用的社交网络是"美国的重要战略资产"。2011 年 2 月，美国国务卿希拉里在乔治·华盛顿大学就互联网自由问题发表讲话，强调以 Twitter 为代表的社交网络，是美国政府的一种重要战略力量。把社交网络提到了一个很高的高度。现在我们国家对微博这类东西也非常重视。

大数据

现在数据进入一个快速增长的时代，全球数据 2005 年的时候为 135 个 EB，2010 年达 1227 个 EB，2015 年将达 7910 个 EB。现在，全球数亿社交网用户，每天数千万次状态更新，每月新增数亿照片，数千万视频；环保领域数百万传感器的实时数据传输，"平安"城市中日新增约 1PB 监测数据，大型公共场所的密集人流监测；全国电子商务网站达到 1.56 万家，年访客数达 2.67 亿，年交易额约 2500 亿元。

怎么从这些大数据中挖出有价值的东西？过去我们每个单位都会有个数据库，管理人事、工资等。我们把这个称之为结构化数据。那些东西是放在数据库里面的，分类整理好，然后我们随时就能检索到。现在根本来不及，产生那么多的数据怎么处理？这样的挑战就会很大。大数据有几个特点，一个是量大，一个是多样性，一个是价值密度低，大量是垃圾数据，只有少部分数据有用。还有就是时效性，必须尽快处理，就是刚才谈到北京"7·21"大暴雨，如果那些数据不能及时分析出来，过一天就没有价值了。现在的数据管理和处理技术相对难以满足这样的挑战，要及时地完成这么大量的各种信息的管理、处理与利用，难度是极大的。

文化创意

文化创意是影响我们精神层面的东西。以软件为核心的信息技术推动了高科技和传统文化相结合，产生了数字化、虚拟现实等新的展示方式，互联网、移动等新的传播平台诞生了更多创新的商业模式，形成了现代文化创意产业。文化创意产业已成为部分城市的主导产业，2009年北京市文化创意产业逆市飘红，全年实现产业增加值1497.7亿元，占北京市GDP比重为12.6%。

举个例子来讲，前几年热播的《阿凡达》，播出之后大家都感到很震撼。这里有一些数据：其中60%的画面是由图形学的相关技术来完成的，包括：场景渲染技术、动作和表情捕捉技术以及基于虚拟现实的拍摄技术；使用了1280台惠普服务器，其累积峰值高达205万亿次浮点运算/秒，与部署在上海超算中心的曙光5000运算能力相当。虽然运算能力大幅提高，但是最长的一帧仍然用了92小时才绘制完成；最终完成的影片大小为3TB，而在电影制作过程中产生的数据大约有3PB，是影片的一千倍。整个投资3.1亿美元，全球的票房是27亿。未来依靠信息技术，甚至可以让电影连演员都不要了，全由虚拟人物出演。

现在信息技术面临什么挑战呢？第一，当前的信息技术，正在趋向物理极限，我们需要新的原理的发展和突破。第二，随着广泛深入的信息化进程，把大量的现实世界的复杂性实现到软件中来，怎样控制软件的复杂性，怎样把大数据有效地利用起来？还有能耗问题、安全问题等。

什么叫做物理极限？我们现在每18个月集成电路晶体管数翻一番，但这不能永远无止境，总会有逼近物理极限的一天。

软件规模、复杂性越来越大。宝马7系轿车，软件总量是2亿行，占到总成本的40%。空客380的软件总量超过10亿行。这些软件系统中复杂的调用关系已经完全是在人力控制范围之外。

信息产业已成为第五大能耗产业，Gartner的数据显示，广泛应用于通信、医院、银行、机场等设施的数据中心占到了全球IT行业总能耗的40%。IT行业排放的二氧化碳已经占到了全球的2%。谷歌2010年的耗电量为226万兆瓦时（相当于22.6亿度）。《纽约时报》的消息称，这一数量相当于一座核电站产量的四分之一左右。信息产业的能耗是我们未来必须面临的问题。

现在开放的互联网谁都可以进去，由此就产生了信息安全、公共安全的问题。比如说美国花旗银行2011年6月8日被黑客侵入银行系统，盗取了大批信用卡持有者的信息，约21万用户信息可能泄露。2011年12月21日，国内最大的程序员社区CSDN上600万用户资料被公开，同时黑客公布的文件中包含有用户的邮箱账号和密码。

互联网上的自由信息传播涉及社会经济安全问题。如日本福岛核泄漏之后，民众受微博谣言蛊惑而抢盐，影响社会稳定；邪恶势力通过社交网络鼓动青年人崇尚暴力，鼓吹破坏性的个人英雄主义；低俗团伙利用社交视频、即时通信等渠道传播色情等等。因此，建立一套科学高效的互联网信息传播监管机制是互联网时代面临的重要挑战。

这也涉及国家安全。比如说从互联网获取情报。美国情报机构统计，在各国情报机构获得的情报中有80%左右源于公开信息，而这其中又有将近一半来自互联网。2009年，美国成立网军司令部，并将对其网络的攻击，视为对其国家的侵犯，已经把这件事提到了国家安全高度。

第三，信息技术未来的发展趋势

60年代以来，信息技术主要是渐进式发展，前面我们谈到的摩尔定律，在现有CMOS技术和工艺下，摩尔定律仅能持续到2020年。2020年前后，会遇到靠渐进式发展难以为继的一些重大障碍，这将成为信息时代未来需要解决的问题。

未来之路怎么走？一个是追求质变。比如我们去探讨DNA计算、分子计算、量子计算等各种新的计算模式，希望能够摆脱传统的电子计算，摆脱传统的冯·诺依曼体系结构，形成一种全新的计算模式。但这种模式可能短时间还做不到。第二个是互联网，由量变引发质变，能够带来很多新的意想不到的东西。把互联网上的海量信息与计算资源融合，实际上形成一种全球范围的巨型计算机。这个互联网计算机可能能够突破我们传统模式解决不了的一些问题。

有时候我在想，在未来社会，我们大量的数据和信息资源掌握在哪里？在网络上一些数据中心里面。我们的很多决策都是靠数据统计和分析而做出，我们甚至可能在某些方面离开了数据就会失去判断力。如何正确地使用数据是一个挑战，如何不完全受制于数据也成为一个挑战。

刚才我谈到物联网、社交网和信息系统。我们的人类社会、信息世界和物理世界相互融合，人、机器、还有所有的物体，融合成一个新的系统，这就是未来要达到一个人、机、物和谐发展的计算模式，如果做不到，可能对我们人类社会是一个很大的灾难。需要从技术手段、法律手段以及其他方面保证未来的人机物的融合。

从未来信息技术的总体发展来讲：

一方面，技术上要追求能力，追求极限，追求更多的功能、更高的性能，这是客观需求，也是科学家应有的追求。

另一方面，广泛深入的信息化和现实世界的客观复杂性，意味着我们的信息系统越来越复杂，我们怎样去控制复杂性是一个挑战。

第三方面，怎样在合理的资源消耗之内完成这些工作？这也是持续发展的需要。因此，未来的信息技术发展将是在追求能力、控制复杂性和节省资源这三元因素共同约束下的一个优化发展过程。我相信信息技术发展还有较长的时间和较大的空间，因为毕竟我们现在的信息技术本身及其应用都还有很多不如意的方面。

（本文根据梅宏2012年9月23日在中央国家机关"强素质·作表率"读书活动2012年第9期主题讲坛上的讲座内容整理）

中国人的探月梦

主讲人：欧阳自远

今天非常荣幸能够来到"强素质·作表率"读书活动主题讲坛向大家汇报嫦娥工程的情况。大家都知道，党中央号召2020年要全面建成小康社会，要进行西部大开发，振兴东北老工业区等等，可以说我们中国在地球上的事儿都干不完，怎么一下子要去探测月亮？这个月亮到底对我们中国的经济发展、科技进步、老百姓的生活质量提高有多大意义？美国和前苏联已经搞了一百多次了，中国人再上去还有什么创新和必要？有人听说探测月亮要花很多很多的钱，究竟花了多少钱？另外，我们中国的"嫦娥一号""嫦娥二号"已经上去了，究竟干了些什么？以后还要怎么干？中国人是止步于月球，还是会拓展到更远的一些星球？所有这些问题我不一定能一一解答清楚，但是我很想和大家交流我的想法，我的题目是《中国人的探月梦》。

我大概分九个方面来谈。

一、月亮——地球的女儿

大家都知道我们生活在地球上的人类最熟悉两个天体，一个是光芒万丈的太阳，它给我们光明和温暖，使万物生长，地球充满生机；一个是月亮，圣洁而美好，人类在它的光辉下产生了无限遐想。月亮在人们的心中代表和谐、美满、团圆。但问题是为什么我们地球的边上会有一个月亮，月亮到底是怎么来的？现在有一种理论越来越被广泛认可，这种理论是说当我们地球刚形成不久的时候，有一个和火星大小差不多的天体，撞到了我们的地球上，产生了很多碎片，这些撞下来的碎片就绕着地球旋转，最后慢慢汇聚起来形成了月亮。这个说法听起来有些离奇，但却得到越来越多的有力证据。月亮上有很多地球的基因，所以说月球是我们地球的女儿。

本来太阳系所有的行星都是直着旋转的，包括八大行星，我们的地球在那次撞击以后，撞出了很少的一部分东西，也变得倾斜了。就因为倾斜反而有了一个好处，假如不倾斜，我们每个地方永远是同一个气候，倾斜之后才有了春夏秋冬，这为我们的地球增添了很多色彩。另外月亮的存在对地球还起了很大作用，给我们地球增添了很多生机，比如每天的潮汐，就是月亮的功劳，而不是太阳的。另外，我们看到月亮的表面有很多坑，这是 40 多亿年以来，月亮一直围绕着地球转，为地球抵挡了很多小天体的撞击而留下的，所以说月亮是我们忠实的保卫者。月球将圣洁的光辉洒向大地，自古以来，激起人们无限的遐想和憧憬，引发了各种神话传说、宗教信仰、哲学思想、文学艺术和风俗传统，并对古代的历法编制、农耕时令和社会发展发挥过重大作用。月球象征着宁静、温馨、和谐、团圆和美满。我国自古以来就有嫦娥奔月的传说，全世界各民族也几乎都有自己的月亮神，我们不知道有过多少诗词歌赋来赞美月亮，来表达自己对月亮的情感，对世间百态的看法。因此，实现"嫦娥奔月"是我们民族乃至全人类几千年的梦想。

二、第一次探月高潮

从 1958 年以来，当时的两个超级大国——美国和苏联为了军事上的竞争，为了空间霸权的争夺，展开了一场月球探测的竞赛。从 1958 年到 1976 年，这两个国家开发了 108 枚探测器去探测月亮。开始的时候苏联节节领先，直到 1960 年美国总统肯尼迪，制定了阿波罗计划，使美国完成了六次载人登月，而苏联一个人也没有上去过。美国人一共从月球上带回 381.7 公斤的样品，而苏联人由于不能登上月球，只能用机器人打钻取样，每次取回 0.1 公斤，加起来才 0.3 公斤，远远落后于美国。苏联在科学技术上、在空间霸权争夺上的彻底失败，甚至影响到它后来的发展，包括政治体制的解体等等，所以阿波罗计划对美苏争霸起了很大的推动作用。

我们人类获得的月球知识主要来自阿波罗计划，自从阿波罗计划取得彻底胜利以后，美国人和苏联人都不再从事月球探测活动了。美国把全部的精力集中在两件事情上：一个是发展航天飞机，一个是建立国际空间站。阿波罗计划实际就是用当时最大的火箭土星五号，发射了阿波罗飞船，将三位宇航员从地球直接发射到月球，到了月球后分离出一条飞船来，环绕月亮飞行，一位宇航员值班，另外两位宇航员搭乘着陆舱在月亮上着陆，走出舱门工作以后再回去，和等候的那条飞船交会对接，共同返回地球。阿波罗计划投资 254 亿美元，相当于 2005 年的 1360 亿美元，可以说是人类有史以来规模最大、耗资最多的科技项目之一。参加阿波罗计划的有 2 万家企业、200 多所大学、80 多个科研机构，总人数超过 40 万人。阿波罗计划导致上世纪 60 至 70 年代产生了液体燃料火箭、微波雷达、无线电制导、合成材料、计算机等一大批高科技工业群体。后来又将该计划中取得的技术进步成果向民用转移，带动了整个科技的发展与工业繁荣，其二次开发应用的效益，远远超过阿波罗计划本身所带来的直接的经济效益与社会效益。另外在政治上也获得了巨大的收获。所以阿波罗计划应该是人类有史以来最伟大的科技计划之一。

三、揭开月球神秘的面纱——真实的月球

通过阿波罗的探测，我们对月球有了一定了解，月亮的体积只有地球的1/81，表面积却有3800万平方公里，相当于四个中华人民共和国领土面积的总和，也就是说别看月亮很小，却有四个中国之大。地月之间的平均距离大约是38万公里，有时候是40万公里。月球的体积比较小，所以月球的重力加速度只有地球的1/6，也就是说你在地球上60公斤的一个人，到月球上称只有10公斤。还有一个问题，我们大家可能都没注意到，我们每天看到的月亮都是月亮的同一面，从来没有人能看到月亮的另外一半，你看到的永远是这个有几块黑斑的月亮，因为月亮自转一圈的时间是一个月，也就是月亮白天和晚上加起来是一个月。它绕着地球转一圈的时间也是一个月，刚好时间相等，所以你站在地球上永远只能看到一半月亮，月亮是转的，但是你绝对看不到它的另一面，哪怕两亿年前的恐龙，它看到的月亮也是我们今天看到的月亮的一半。

因为月亮比较小，所以没有能量把所有的大气都聚集在它的周围，月球的表面是超高真空的。由于没有空气，导致了月球没有声音的传导，人和人之间的相互交谈无法听见，所以月球又是一个死寂的、没有声响的世界。由于没有空气，月球也无法进行热传导，不像在地球上，坐在火炉旁边你就会感到温暖，在月亮上不是这样的，它是真空的状态，所以有太阳照射的地方温度是110℃—130℃，而背阳的一面却在-130℃—-150℃之间，温差可达到250℃—300℃，所以宇航员在月亮上面对着非常恶劣的环境。

另外，月球表面有一层土壤，大约有 3.20 米厚，这些土壤很重要，将来要是用于解决人类能源需求的话，至少可以用一万年以上。月球由于真空，不可能有水，太阳出来月球的温度要高达 100℃以上，凡是太阳照射的地方不可能有水，但是月球有些地方永远没有阳光，那里的温度有 -180 多度，甚至是 -220 度，这些地方只要有冰块掉进去就会永远保留，我们叫永久阴影区，像储藏在冰窖里一样。而这些冰从哪里来呢？大家都听说过扫帚星，也就是彗星，它是由冰块和脏土组成的，有时候会砸到月亮上，总有一些会掉到阴影区，这就会永远被保存。

月亮上没有任何生命，构成比较简单，但月亮上的矿产资源非常丰富。我们统计了一下，大概有钛矿、铁矿、稀土矿、铀矿、钍矿、磷矿等多种矿产资源，非常丰富，可以说取之不尽、用之不竭，我们知道，目前人类正面临着人口激增、资源匮乏、环境破坏、生态恶化和灾害频发等诸多困境，而人口激增与资源匮乏必然加剧人类步入资源枯竭的困境，可以说月球蕴含的海量资源是人类未来可持续发展的新的资源生长点。

现今的月球已不再是早期吸积后的原始月球，它也具有类似于地球的内部构造（见图一），即有月壳、月幔和月核的圈层结构，月壳的厚度有 70 公里左右。现在我们探测到月亮的内部有很多瘤子，有的有几百公里大，这是由于月球自身没有能力把它全部熔掉的缘故。现在月球的内部已经不太热了，它不能像炼钢炉一样把里面全部的东西都熔掉，月球的内部冷却了。正因为月球的冷却，也没有火山的活动了，月球的内部能量已近于衰竭，月震和表面热流均极小。所以现在的月亮像一个垂死的老人，几乎没有生命迹象了，它是一个古老的、"僵死"的星体。

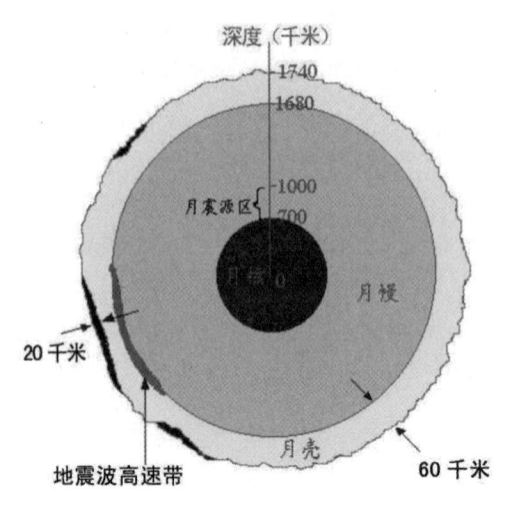

图一 月亮的内部结构

我们地球的内部或许未来也会像月球一样，固化、冷却，没有地震、没有火山，但地球表面的生命会永远繁荣昌盛、生机勃勃。因为地球上所有的生命靠的是太阳的能量，而不是地球内部的能量，万物生长依靠太阳，只要太阳不消亡，我们的生存条件永远是美好的。人类一定要改正自己环境污染的错误，慢慢建设好我们这个美丽家园，这样地球的未来才能美满。

四、小天体撞击地球的祸与福

1. 撞击坑是太阳系固态天体的表面特征

月球表面最显著的特点就是布满了大大小小的圆形构造。据统计，月面上直径大于 1 千米的环形构造总数在 33000 个以上，总面积约占月球表面积的 7%—10%。月面上直径大于 1 米的月坑总数可达 3 万亿个。（见图二）

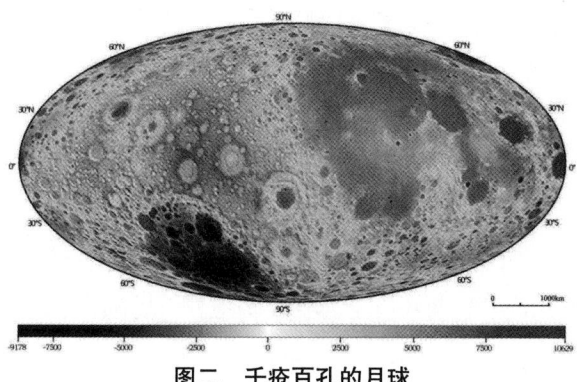

图二 千疮百孔的月球

在太阳系里，不是只有月亮因为撞击而变得千疮百孔，水星的表面也砸得像月亮一样有许多坑洼（见图三），另外火星的表面也有很多的坑（见图四）。

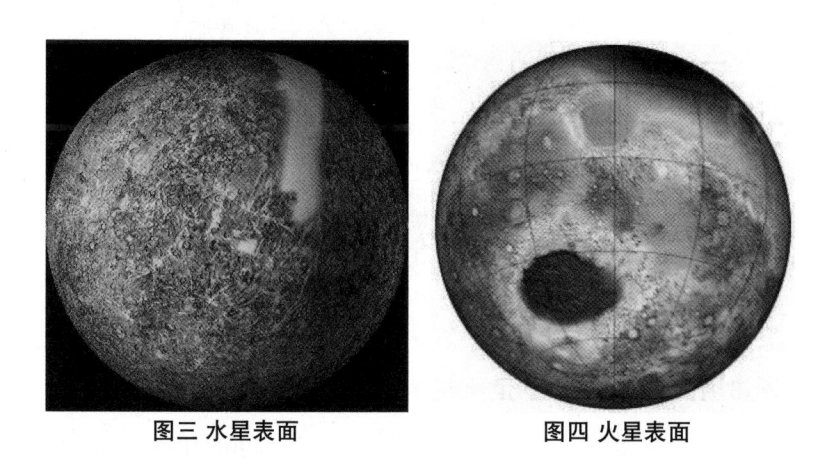

图三 水星表面　　图四 火星表面

对于太阳系内非固态的天体而言，由于撞击而产生的坑洼就不复存在，比如在2009年6月3号就有一个小行星撞到木星上，给木星砸了一个很大的伤疤，伤口有太平洋那么大，但是这个伤疤后来很快就愈合了，因为木星是流体的，伤疤很容易愈合，不像月亮和地球上那样，砸一个洞就是一个坑，几十亿年都保存着。在太阳系中，还有一些小天体甚至撞到了太阳上，这当然就很倒霉了，典型的飞蛾扑火，撞上去就烧掉了。我们也可以经常看到流星，流星实际上是一种灰尘，最大的只有绿豆大小，它通过高速撞入地球的大气层跟大气的分子摩擦，从而发光、发亮，燃烧殆尽。而大一点的就是火流星，比如有几米大小的，还没燃烧完就落到地表上，这个就是陨石，每年人类可以发现的陨石大概有十几次。大家都知道前不久俄罗斯降落了一场陨石雨，把那个城市的房子的玻璃都砸碎了，使1000多人受伤进医院，这是由于陨石高速进入大气层产生了强大的冲击波，冲击波在地面上扩散，产生的气浪把玻璃都震碎了，这种情况大概每十年会碰到一次。（见图五）

图五　俄罗斯陨石坠落

2. 通古斯大爆炸——20世纪最大的自然之谜

20世纪最大的自然之谜是通古斯大爆炸。1908年6月30日清晨，在西伯利亚的上空，一个燃烧着的、比太阳还亮的怪物拖着浓烈的长长烟火尾巴，带着呼啸的阵阵巨雷声，在几秒钟内从东南偏南方向向西北偏北方向高速移动，留下一道约800千米长的浓浓光迹，消失在地平线外，通古斯周围尘土飞扬，烟雾弥漫，云堆里火舌缭绕，灼热的气浪此起彼伏地席卷着整个浩瀚的泰加森林，超过2150平方千米内的6千万棵树呈扇面形状从中间向四周倒伏，1500多头驯鹿在大火中化为灰烬。

熊熊的森林大火连日燃烧，爆炸后的几天里，通古斯地区方圆15万平方公里范围内的天空，布满了罕见的光华闪烁的银云，每当日落后，夜空便发出万道霞光。北半球广大地区连续出现了白夜现象，即使远在西欧，也竟然能在夜间不用灯火看报。在美国，史密斯天体物理天文台和威尔逊山天文台观察到几个月来大气的透明度有降低。

那一次的陨石有多大呢？和我们今天这个礼堂差不多，50米左右，但是它的速度很快，威力相当于200个广岛原子弹爆炸，这在当时是一个谜团，列宁和斯大林都曾派过考察队去考察。我在2008年写过一篇关于通古斯大爆炸的文章，论证过这完全是一次正常的小天体撞击。仅有50米大小，要是有更大的天体撞击我们应该怎么办呢？

3. 小天体撞击地球的后果

大家都知道，在6500万年以前，地球是由恐龙主导的世界，但是一场变故导致70%的物种包括恐龙在内一下被灭绝，这是什么原因呢？我做过这方面的研究，并找到了充分证据，这是由一个10公里大小的小天体撞击造成的，它高速进入大气层，产生了强大的冲击波，和原子弹的爆炸一模一样。原子弹最大的杀伤力是冲击波，把所有的东西像一阵风一样给毁掉了。小天体的撞击是这样的，高温高压的冲击波使地球表面森林燃起熊熊烈火，甚至引发为全球大火。它在撞击的时候会产生强大的地震，杀伤力是汶川地震的1000多倍，并造成了全球性的海啸，整个世界遭遇了毁灭性灾难。

我们地球上的生命发展是非常艰难的，也是很顽强的，我说的这次毁灭性撞击导致恐龙灭绝是6500万年以前，算是中等灭绝，这样的灾难在地球上发生过四次，还有一次大灭绝，导致地球上95%的物种消亡，这些都能找到证据。所以我们地球的生命发展到今天遭遇过很多劫难，十分艰辛和不易。我可以告诉大家，生命在38亿年前就有了，慢慢地发展到最近300万年，才出现了古人类，我们人类的文明才有五六千年历史，没法和地球寿命相比，我们的生命能存活到今天是非常珍贵的。像通古斯这样的灾难，大概1万年到10万年之间有一次，像恐龙灭绝这种灾难要1亿年到10亿年之间有一次。

小天体的撞击给地球带来了巨大的灾难，但是灾难也有另一面，它也给人类带来了一些好处。比如说在18.5亿年以前发生在加拿大的一次撞击，由于强大的冲击波撞击地壳，巨大的断裂诱发深部基性岩浆侵入而成矿，形成了全球最大的镍、铜和铂族元素超大型矿床，为加拿大的经济作出重大的贡献。还有，大家都知道南非盛产黄金和钻石，这也和天体撞击地球有关，南非弗里德佛撞击断裂带热液活动强烈，因此形成许多大型的金矿床。更有意思的是最近俄罗斯报道，他们在西伯利亚东部地区发现了一个直径超过100公里的陨石坑，里面蕴藏数万亿克拉的钻石，超过全世界现有的钻石储量，这是由于小行星撞击遗留下来的，俄罗斯宣布这些钻石可以供全世界用三千年。所以说小天体对地球的撞击也给人类带来了很多的财富。

小行星撞击地球是一种自然现象，以后绝对还会发生，关键问题是我们如何规避。最可怕的是近地小行星，美国最新统计宣布已经有一万个，它们对地球有毁灭性的威胁，将是地球最大的杀手。

4. 防御小天体撞击

我参加过世界紧急状态会议，曾经讨论过四个议题：第一，人类自己打核战争，科学家怎么办？第二，全球性的火山地震，科学家如何拯救人类？第三，小天体撞击地球，科学家的责任是什么？当然还有第四个议题，这个不是我的研究领域，就是艾滋病问题。这些都是全球的紧急状态事件，对人类的生存和发展有很大影响，我们都要有相应的对策和解决方案。

为防止小天体撞击地球，科学家提出并开展了全球联网监测，早期发现预警等措施。科学家们商定即将在夏威夷建设"全景搜索望远镜和快速反应系统"（Pan-STARRS），由多台天文望远镜组成的小行星观测网络，搜寻环绕太阳运行并有可能撞击地球的危险小天体。我们中国也参加了，投入了自己的设备，现在提了很多的方案，大概最坏的方案是用氢弹和原子弹把它炸了，但是这会产生很多的碎块，有可能掉下来会造成更大的灾难。还有人建议用激光把它烧掉，但现在根本没有这么大能量的激光。最好的办法是发射一个航天器，现在技术上也做得到，我们能够清楚小天体的运行轨道，计算出它大概还有多久会撞到地球，这样朝某一个方向稍稍施加一点力，就可以使小天体与地球擦肩而过，而绝不会撞上地球，我们有办法控制。我待会儿会讲到"嫦娥二号"就控制得非常好，所以今后我们不必担心地球因为小天体撞击而消亡，因为人类是地球的保护神，我们可以化解这场危机。

五、重返月球的缘由

我回到原来的题目，为什么大家对月球那么感兴趣，有许多国家现在提出来，还要去探测。从1990～2010年的20年间，各国一共发射了9个月球探测器，全是环月轨道器，中国有"嫦娥一号"和"嫦娥二号"，在进入21世纪后，提出重返月球计划的国家有美国、俄国、德国、英国、乌克兰、法国、巴西、奥地利、印度、韩国等。为什么会有这么多的国家对这样一个小天体感兴趣？我想有这么几个原因：第一，它有重大的军事战略地位。肯尼迪在上世纪60年代就说过一句名言，他说"谁控制了太空，谁就控制了地球"，现在美国人说"谁控制了月球，谁就控制了环地球的太空，因而谁就控制了地球"。现在战争和过去不一样了，原来重要的制空权、制海权、制陆权发生了变化，不是说它们不重要了，而是说现在最重要的是制天权，像伊拉克战争、海湾战争等所有的当代战争，都是动用天上的这些卫星来指挥导弹。因此月球是当代战争的最高制高点。当然我们中国一贯主张和平利用太空，和平开发月球，反对月球的军事化，但是这个世界仍然有战争危险，大家都看得很清楚。第二，月球的能源。月球表面可进行丰富而稳定的太阳能的利用。经计算，每年到达月球范围内的太阳光辐射能量大约为12万亿千瓦。在月球上，太阳能的能量密度为1.353千瓦/平方米。月球上白天和黑夜都相当于14个地球日，可以获得极其丰富而稳定的太阳能。通过激光、微波传输，地球上的接收系统通过地面天线接收能束，再将其转换成电能。另外，月壤中气体（如氢、氦、氖、氩、氮等）资源，尤其是核聚变燃料3He的开发和利用。初步估算，月壤中3He的资源总量可达100～500万吨，将是人类社会长期稳定、安全、清洁、廉价的可控核聚变能源原料。第三，月球特殊环境的开发利用。月球具有高真空、无磁场、温差变化大、弱重力的特点，有些产品就一定要在这种环境下才能实现，月球的条件可以建立天文观测站与研究基地，且精度高、造价低、运行与维护费用低，还适合进行各种科学试验，研制特殊的生物制品、材料等等。第四，月球有丰富的资源，月球资源的前景非常巨大。基于这四个原因，所以有这么多国家要重返月球。但是联合国有规定，不能在月球上占有土地，不能殖民，这是大家定的公约，中国也签字了，但事实上谁先开发利用，谁就能先获利。面对这样的严峻形势，中国绝对不能袖手旁观。因为不能到达月球就没有话语权，就不能维护中国的合法权益，因此中国必须要有月球探测的能力。

2004年，美国总统布什宣布新的航天计划，他要将人类足迹扩展到整个太阳系。要在2008年前将无人驾驶的探测器送上月球，在2015年至2020年之间实现美国宇航员重返月球，并在那里建立太空基地，在2030年把人类送上火星乃至更遥远的宇宙空间。美国的战略遭到了全世界评论，为什么美国又倒回去走原来的老路呢？全世界的评论就是三点：第一，保持美国空间科技的领导地位；第二，控制未来的能源；第三，占有军事领先的优势。这就是美国的目的，所以美国一直在探测月球、火星。

奥巴马上台之后，依然全部支持布什的计划，后来因为遇到金融危机，真的没有钱，所以取消了这个计划，但是美国的大火箭大飞船仍然在制造。除了美国之外，欧洲、日本的计划也完全是步美国的后尘，这里我就不详细说了。

印度自从发射了"月船一号"以后，也提出来要举全国之力发展载人登月，在2020年全面实现载人登月，这将比中国的计划早四年。我也和印度的科学家探讨过，我说你们总统提出来要在2020年实现载人登月，这对中国而言都很难实现，印度的困难比中国多多了，你们怎么敢这么提？他跟我说了一句非常中肯的话，他说你要理解这是政治家的语言。所以说我们当前的形势是前有阻击，后有追兵。美国完全是阻碍，甚至是扼杀我们，美国到现在一直不给我们嫦娥工程任何一个元器件，欧洲是军事禁运，俄罗斯的元器件不是太好，日本也生产一二十万个元器件，连美国都要购买一些元器件，中国更需要买一些元器件，不可能全部自己包揽，谁也没有这个本事。日本可以卖给我们一批，但是每一批都有一两个坏的，后来按照合同必须要罚款，日本人老老实实赔款，但最后谁吃亏？还是中国吃亏，因为这耽误了中国的时间。我最后体会到一条，就是世界没有一个国家真正希望中华人民共和国强盛，没有一个国家真正希望中华民族实现伟大复兴，中国人实现伟大复兴只有一条路，叫做"自力更生，自主创新"，不这样做就得挨打，所以中央要求我们做的是"中华牌的嫦娥"，中国人必须要争这口气，我们中国人一定要自己努力。

六、中国月球探测的起步与嫦娥一号

到了1993年，我们觉得条件成熟了，载人航天立项了，再努一把力一定可以上月球，所以当时向国家提出了申请。经过十年的论证、探讨、长远规划，写了近二十个报告，在2004年大年初二温家宝总理、各位副总理、军委副主席终于批准了中国的第一次月球探测工程，叫"绕月探测工程"，我们全部的经费是14亿人民币，这相当于北京市修2公里地铁的钱。

计划批准以后，我们就分阶段开展。

第一阶段叫无人月球探测。我们现在有能力把人送上月球，因为一个人最多100公斤，但是送到月球以后有一个最大的难题，就是没有办法让他回来，而这是不允许的，所以我们一定要做无人的飞船，要保证人的人身安全。

我们无人月球探测又分为三段三期：第一，全面了解月球。第二，仔细探测月球。第三，把月球上的东西带回来。

我现在简单向各位汇报一下"嫦娥一号"的情况。"嫦娥一号"探测整个月球，是比较粗糙的，但是综合性的。我们当时没有任何基础设施，我们要发射一颗卫星，要建立全部航天工程系统，要培养出一支专业的队伍，这是中国人的希望。我们当时在轨道设计时挺害怕的，从没去过那么远，所以要绕着地球转三四圈，转一次加速一次，加速到一定速度冲出地球奔向月球。然后最难的就是要被月球抓住这一步。应该说我们中国全部的航天活动就正如俄罗斯航天之父讲的"人类终将离开自己的摇篮"，在嫦娥工程之前，我们中国人没有离开过自己的摇篮，一百多个卫星和全部的载人航天飞船，全都被地球控制，只能围绕着地球旋转。所以我们第一次离开地球心里真的没底，所以设计得这样复杂。

2007年10月24号在西昌,我们发射了"嫦娥一号"。发射时间要求非常准时,这里面有一个窗口的问题,这就要求一定要在这个时间,不能早不能晚,我们先在月球上算好了,什么时候要到月球,进到哪个位置最好,再反过来一步一步算到最后,你必须在哪一天哪小时哪一秒,零点几秒发射,这样的话才能到达窗口的位置。

当时一共飞了13天14个小时19分,行程206万公里。飞得不能太快,也不能太慢,要恰到好处,才能被月亮抓住,飞得太快飞走了,飞得太慢就撞上去了。所以那时非常紧张,最后我们控制得非常好。进入工作轨道以后,命令照相机开机工作。我们的照相机是一个镜头,同时照三张照片,一张往前看,一张往后看,一张往下看,为什么要三张照片,而且是不同的视角呢?人有两个眼睛,看东西是两个视角看,一只眼睛构成不了立体,我们要照立体照,所以我们现在是三只眼睛,每个轨道都能看清楚。接收数据是靠两个最大的望远镜,一个在北京,一个在昆明。这毕竟是中国人第一次近距离看到月亮,探测这个承载着我们梦想的天体,大家都非常振奋。月亮的南北极很暗,开始我们担心我们的相机不行,后来没有想到我们的相机拍摄得非常漂亮,走了276圈把月球的南北极全部给拍了下来,这是全世界最好的一张月球图。我们还装了一台精密的仪器,它的任务是测高层的,你的表面有多高,一秒钟打一个点,这样我飞了一年零4个月,打了一两千万个点,所以好比你这个桌面上我打了几百个点,上面的所有的高高低低我全可以划分出来,我们最后打了900多万个有效的点,日本全部做下来只有700万个点。另外我们还要测它的成分,这个很难,因为每一轨都要处理。最后我们公布出所有元素在全月亮上的分布,这个工作是其他国家从来没有做过的,我们探测出月亮土壤层有多厚,这样就能够换算出来有多少 ^3He,它的浓度有多厚,这样的话才能够计算全月球有多少 ^3He。我们第一次向人类交出了月球上拥有 ^3He 的数据,测算出大概可以够人类使用一万三四千年，这对人类解决能源问题有很大的帮助。另外我们测了很多的环境数据，都有很大的突破和发展。"嫦娥一号"在完成使命后就要结束它的生命，我们迟迟下不了手，因为"嫦娥一号"是一位英雄，为了完成国家的使命尽了它的责任，我们很不忍心它最后粉身碎骨、葬身异乡，它为中国作出了巨大的贡献。

七、嫦娥二号的使命与拓展试验

我简短介绍一下"嫦娥二号"。"嫦娥二号"是在2010年发射的，比第一次发射改进了很多，"嫦娥二号"原来是"嫦娥一号"备份星，什么叫做备份星？领导说你们胆子够大了，就一个"嫦娥一号"，出事怎么办？所以你还要再做一个，万一那个出事这个赶紧上。结果"嫦娥一号"做得很圆满，所以就给"嫦娥二号"改进了一下，做三号的先导星。我们改进了很多。第一，"嫦娥二号"直飞月亮只要4天半就到了；第二，把轨道降低，数字降到15公里高，这个15公里高就比地面上飞机高一点，月球上的山有一万米，"嫦娥二号"撞上去是很有可能的，所以有很多的危险。"嫦娥二号"在很多方面都比"嫦娥一号"细致多了。我们用"嫦娥二号"拍了一张分辨率是7亿像素的图，这张图至少领先世界四到五年，7亿像素的全月球图已经做好了，这张图真的打印出来比足球场还要大，就算月球上哪怕一个小点都可以知道得很清楚。另外"嫦娥二号"还探测出了很多成分和很多别的东西，比"嫦娥一号"的数据多了四倍。最后我们觉得"嫦娥二号"已经全部完成它的使命，还贡献了很多新的成果。我们不想让"嫦娥二号"再撞碎了，便给它分派一个新的任务，让"嫦娥二号"飞到第二拉格朗日点。拉格朗日是法国的一个数学家，他算出来地球和太阳之间有5个点，在这5个点的位置上引力是平衡的，像拔河一样双方的力量都是均等的，所以叫拉格朗日点，我们让嫦娥二号飞到第二拉格朗日点上去。所以"嫦娥二号"离开月球奔向第二拉格朗日点，一共飞行了77天，到达了离地球150万公里的这个点上，飞到这里做什么呢？监视太阳的活动。太阳是主宰我们地球的天体，它的活动有哪些规律，哪些特点？它的爆发情况怎么样？我们做了很多观测，记录了235天的数据，后来觉得没有必要再干下去，就又给"嫦娥二号"布置了一个新的任务，这个任务我们花了很大的力气，搞了很长时间，让它飞到离地球700万公里的地区，与战神号小行星会面，后来"嫦娥二号"准时在2012年12月13日和战神号见面，它们两个擦过去的距离是3.2公里，很容易撞上去，我们控制得很好，这是人类第一次看到小行星的照片，这个小行星长4.6公里，宽约2.6公里，但是在地球上只能看到一个光点，我们精细地分析出来，它未来也有可能撞上地球，所以我们要进一步了解它。

八、嫦娥工程的后续发展

今年年底我们要发射"嫦娥三号"，"嫦娥三号"是着陆探测器加上月球车巡视探测。我们的着陆器上有两样东西，是世界上迄今为止没有人安置过的。它上面有一台望远镜，可以在月球上观测天文，这是人类梦寐以求的，因为月球的真空状态极其适合观测。另外，上面还有一台紫外线照相机监视地球的环境，监视它的大环境变化。我们这个月球车是中国最智能的机器人，完全可以自主导航，可以自己选择路线、自己爬高、自己下坡、自己避开障碍、自己指挥身上的各种仪器，然后自己把数据发回地球。这个月球车底下还有一台全世界没有装过的东西，我们装了一台雷达上去，可以探测地下100米到200米深的结构，就算走到哪儿都能把地下切开来看，这样它一边走一边干活。最难的一件事情是如何降下去，月球是真空，绝对不能用降落伞，因为毫无用处。所以只有一个反推办法降下去，反推到近月面大概一米多的地方撤发动机，这就是软着陆月球，这个很难控制，着陆以后月球车就往外走出去，然后把探测的数据发回地球，这将是我们中国人第一次在别的天体上降落。还有一个难题我们也解决了，就是着陆器着陆月球是在月球的晚上，晚上月球的温度是零下180度，而且有半个月长，那么冷所有的仪器都会被冻坏，就要想办法保温。保温的话就要用电池，因为晚上没有太阳，月球是漆黑一片。后来我们中国自己研制了原子能电池，这种电池可以连续工作三十年，彻底解决了这些问题。

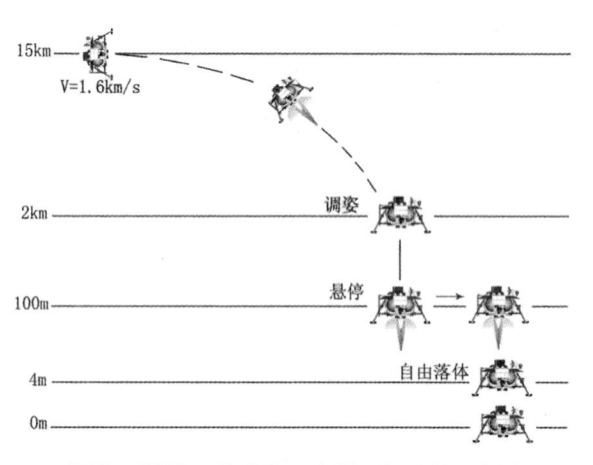

图六 嫦娥3号动力下降段飞行过程示意图

"嫦娥五号"隔两年也要发射，它就更难，它也是直接飞到月球，降落在月球上，然后用铲子取月球的样品，一直到把地下的岩心取出来，再原封不动地放到返回舱里头去。最后它自己发动离开月球表面，进入月球的空间。离开月面以后，它没有能力回到地球来，所以我们有一条飞船在那里等着它，它会和飞船交会对接，由飞船带着它返回地球的大气层，经过缓冲它最后要冲出大气层，最后让它飘出来。它里面没人，是把探测到的样品全部带回来，因为带的东西很多，所以要用大的火箭，这个火箭叫做"长征五号"，在天津研制。这个火箭做出来有一个大问题，不能运到内地三个发射场，因为它体积太大了，火车不能运，铁路隧道太小，火箭比隧道还大；高速公路也不能运，因为火箭比桥梁还要高；所以只能用船运到海南岛文昌县，去新的发射场，"嫦娥五号"将在那里发射。

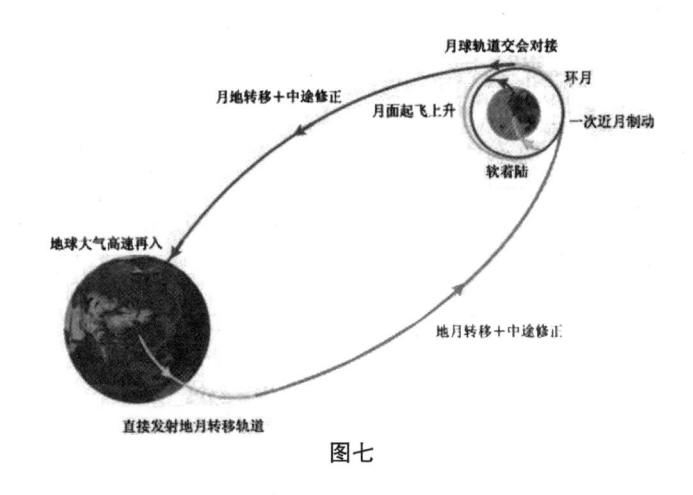

图七

大家一定会问我们，怎么是探测器是一号、三号、五号，没有四号和六号呢？我们单数是正规的任务，双数是用来备份的。所以我一般只讲一、三、五，没有讲二、四、六就是这个原因。总之，通过环月卫星探测，月面软着陆探测与月球车勘察，月面软着陆探测与采样返回的实施，为载人登月和月球基地建设积累经验和技术。

完成这一阶段的任务后，我们一定要把中国人送上月球，然后开发利用月球。在"嫦娥二号"成功以后，党中央国务院给我们召开了庆祝圆满成功的大会，胡锦涛同志也发表了讲话，他说"嫦娥二号"任务圆满成功，是我国探月工程取得的又一成就，是我们建设创新型国家取得的又一成果，是中国人民攀登世界科技高峰的又一壮举，谱写了中华民族自强不息、锐意创新的壮丽篇章。这一重大成就，对推动我国航天事业发展、引领我国科技创新，对激励全党全军全国各族人民意气风发地投身改革开放和社会主义现代化事业具有十分重要的意义。他特别强调"开启了中国人走向深空探索宇宙奥秘的时代"这一点。按照这个指示，我们准备了四五年，拟定了中国深空探测计划。我们中国人绝对不能止步于月球，我们还要走得更远，我们要探测金星、火星、木星，还要探测巨大的太阳，以及太阳系里面的小行星。

九、深空探测——让中国人走得更远

深空探测是当今世界极具挑战性、创新性与带动性的航天活动之一，对增强民族自信和提高民族凝聚力、推动国家科技进步与人类社会可持续发展，激发科学探索精神，具有重大而深远的战略意义。我国"嫦娥一号""嫦娥二号"任务取得圆满成功，开启了中国人走向深空探索宇宙奥秘的时代，标志着我国已经进入世界具有深空探测能力的国家行列。

目前，我们探索的任务主要有以下几个：第一是要探索太阳系里还有没有存在着生命的星球。这是一个科学问题，首要目标是探测火星，火星上最可能有生命；还要探测木星的一个卫星"木卫二"和一些有组成生命物质的小行星。第二个任务是要做类地行星的比较研究和了解太阳系的形成与演化。我们要探测火星、金星、木星，研究太阳系的起源和演化。第三个任务是认识太阳和小天体活动对地球的灾害性影响，这是人类未来安全的保障。第四个任务是探寻地外资源，研究地外能源与环境的开发利用以支持人类社会的可持续发展。最后一个任务更为长远，能否在太阳系里面改造一个天体，让它变成另外一个地球，成为人类的第二个栖息地？这个问题全世界都很关注。

世界上对于深空的探测已经进行了 255 次，最早是探测地球附近的天体，到上世纪70年代开始探测一些大的行星，我们主要先探测以下几个行星。

首先探测的是火星，因为火星离地球最近，它和地球一样有春夏秋冬，和地球非常相像。它也有大气，主要是二氧化碳，很稀薄。火星外表北半球好像还有海盆地，但是没有一滴水，南半球主要是陆地，我们第一步要做全火星的卫星探测，探测火星上是否有生命，研究火星的环境。有几台着陆器着陆到火星上，做了大量的试验，证明火星现在没有任何生命活动迹象，包括"海盗"号、"凤凰"号。美国派了一个着陆器"好奇号"降落在火星上，装备十分齐全，大概有二三十套仪器在上面，它主要的任务是要探测火星上有没有生命活动，火星上有哪些条件能够让生命生存，它做的工作是非常庞大的。从火星掉下来的陨石里面，我们找到了很多种化石，细菌大小，电子显微镜才能看得见，这么多小虫子在它的里面，现在很多人还在争论，这是不是火星以前的生命，因为这些石头都是36亿年以前的，所以证明火星36亿年以前可能有生命，生命的水平（细菌）非常低级。但是36亿年前我们的地球也有生命，生命是什么，也是细菌，水平也很低。现在的问题就是，到底是火星带给地球生命，还是火星上的生命体也是地球上带过去的。火星以前有水，还有河道，还有湖泊，北半球好像还有海洋，现在一滴水都没有。火星上有很多湖泊都干了，而以前有水就有可能有生命。因此，我们中国也有一个任务，要把火星地下的水全部探测出来，结果美国先做了一步，做了一个小地区的水的分布。我们的仪器可能要比他们的好，我们在南极做过，地下的冰层、水都可以测出来，我们有把握会做得好一些。

另外我们还要探测有关火星的一系列科学问题，包括它的磁层、大气层、地形、地貌、物质组成、内部结构等等，我们要把它和地球的内部结构进行对比，和其他行星摆在一起，把所有的数据拿来对比，研究这几个行星是怎样起源发展的，目的是为了更好地理解我们的地球，火星非常像地球。现在全世界每年都要开会讨论如何改造火星，这是人类未来重大的一个移民地，是为了几百年后的地球在遇到人口增长、环境恶化、资源匮乏等危机时，为人类寻找另外一个栖息地。人类希望通过几个世纪的艰苦努力，将这颗贫瘠的行星改造成一个拥有蔚蓝色天空、绿色平原、蓝色湖泊和生态环境友好的新世界，地球－火星将成为人类社会持续发展的姐妹共同体。

我们要探测太阳。探测太阳第一步我们是用望远镜来观测太阳的活动；第二我们要探测太阳的南北极，经过太阳的南极转一圈需要7年，大概得飞十几亿公里。最后还要有卫星阵来探测太阳。另外我们还要探测一些小行星，以免它们会撞击到地球。

我们还有一个探测对象就是金星，就是大家看《西游记》里那个白胡子老头"太白金星"，早晨看到它是启明星，晚上看到它是长庚星，这个金星实际上云遮雾罩，你根本看不清楚它的本来面貌。它发光很亮，其实都是云遮雾罩的，它的大气有将近99个大气压，待在金星表面人都会被压扁。这里大气主要是二氧化碳，我们现在最害怕温室效应，金星的温室效应严重到什么程度，使金星表面的温度达到485摄氏度，铅都得熔化了，所以假如温室效应再严重，很多人担心地球会不会变得与金星一样不可居住。人类是有智慧的，还是会要改正自己的错误，不至于演化到如此级别。我们要探测金星的大气层，还要探测金星表面的各种地形、地貌、结构、成分。

木星也是我们探测的一个重要目标。木星是遥远的巨大的行星，大概有好几千个地球大，除了探测它以外，还要探测它的第二个卫星——"木卫二"，这个卫星表面冰冻得很厉害，有很多的裂缝，裂缝上面有底下排出来的东西，是不是有生命的物质呢？冰层底下是海洋，只要有水、有能量就有可能有生命。

对于太阳系的探测都是为了保障人类的生存条件和人类的美好未来，我们中国人也应尽我们自己的责任。我们这个计划就是一个目的：要让中国人走得更远，要走 11 亿公里，要走 20 亿公里甚至更深远的地方。宇宙是非常辽阔的，这个舞台我们中国人将持续地往前走。我们一定要有好的开始，所以嫦娥工程一直得到中央的亲切关怀和坚强领导，并得到全国人民的鼓舞与支持。我们一定继续艰苦奋斗，竭尽全力，精益求精，做好后续工作，圆满完成任务。我们还将积极进取，攻克难关，加速开展太阳系的全面探测。我们热切地希望有关的专家学者和青年学子，能够投入到嫦娥工程和探索宇宙奥秘的行列中来，共同为人类社会的持续发展和美好前景，为中华民族的伟大复兴作出历史的贡献！

　　（本文根据欧阳自远 2013 年 6 月 29 日在中央国家机关"强素质·作表率"读书活动 2013 年第 6 期主题讲坛上的讲座内容整理）

生命之源：水资源危机与应对

主讲人：王浩

今天我讲的是《生命之源：水资源危机与应对》。水是战略性的经济资源，又是最重要的生态资源，咱们国家水资源有三大基本特点。

第一，人均水资源量少。我国的水资源人均少到什么程度呢，国际上192个有水统计的国家里边，中国从高到低人均水资源量排在第127位。都说以色列水少，以色列一个人一年还有280方的水资源。可是咱们海河流域，咱们河北省只有243方的水资源，比以色列还少。在我国，像北京、天津这样的大城市也非常缺水，天津一个人一年才160立方米的水，而北京才100立方米的水。世界上平均一个人一年有多少水呢？7350立方米的水。所以说我国有严重的水危机，所以说才有南水北调这些事情。

第二，水资源南北方分布不均匀。南方长江流域、珠江流域、东南诸河、西南诸河这四个流域的水占了全国的81%。可是北方的黄河流域、淮河流域、海河流域、辽河流域、松花江流域、内陆河流域这6个一级流域的水才占19%，可是它的耕地占了60%，灌溉面积占了60%。这么少的水，还要大量生产粮食，还要用于农业，农业用水占到了全国64%的用水量。所以我国南北方水资源分布非常不均匀，南方水很多，北方水很少，这是第二个特点。

第三，大陆季风气候。法国的巴黎，英国的伦敦，中国的北京，中国的哈尔滨这四个城市的多年平均降水量都在580~590毫米之间。四个城市总的降雨量是一样的，可是巴黎和伦敦12个月的降水量是一条平线，是均匀的，所有的降水都是有效水分，容易被开发利用。而在北京和哈尔滨，7月20号到8月10号这21天的时间里，降水量就占了全年的50%，降水非常不均匀。大陆季风气候，季风来了就下暴雨，下了暴雨就发洪水。过了雨季之后，降雨量少了，河道就干涸了，这些水资源不容易得到保存，开发利用的难度很大，所以咱们不得不修很多水库，这是中国水资源的三大特点。

水是生命之源，生产之要，生态之基。水是地球上最基本的一种神奇的物质，咱们先看看水都有哪些特性，然后我再给大家讲一下整个水危机的情况。

按照水分子的结构，正常情况下，水应该是气态的，像二氧化碳、二氧化氮、甲烷这些气体一样，它的分子形态本来应该是气体，但由于水分子的排列十分紧密，所以它在常温下是液体。水以气态、液态、固态赋存于大气、水体、土壤孔隙当中，为陆生动物、水生生物和植物提供不同的需求，是生物圈最基本最重要的环境条件。

水无色透明，可透过可见光和长波段紫外线，使得深水植物能够发生光合作用，维护着深水生态系统。水在0~4度之间，不符合热胀冷缩的规律，3.98℃的时候密度最大。水体结冰的时候，是从上到下开始冻结，上浮的冰，作为一种绝热体，阻止下层水温度继续降低，从而保护水生生物，这是很神奇的。常温条件下，水是除汞以外，表面张力最大的液体，能产生明显的毛细现象和吸附现象，为水分在土壤毛细管和植物体内的传播提供了基础。

水还有很高的热容量，意味着它的温度有稳定性，这样就使水生生物减少了受温度波动的影响，也使水体成为陆地的温度减振器。本来大气的温度波动是很大的，但是水有很大的热容量，热的时候它吸热，冷的时候它放热，这样一来，地球温度的波动幅度就小多了，保护了地球的生命系统。水易于从液态转化成气态和固态，在此过程中释放或吸收大量热量，从而使水成为地表重要的"温度调节器"。

水的介电常数很大，使它能够高度溶解离子性物质，比如溶解糖、盐等等，所以水是一种最广泛的化学溶剂。水的热稳定性很强，加热到2000绝对温度以上也只有极少量离解为氢和氧，这使得水成为一种很好的中性介质。水还具有十分广泛的水合特性，就是容易和别的物质化合起来，这样就使水成为一种最为广泛的良好的溶剂，为污染物的溶解和去除提供了最有效的介质，同时这也是环境污染的原因之一。

水具有活性，一般是十个以上的分子组成一个分子团。天然的小分子团水由5到8个分子组成，活性较高，容易穿透细胞，这就是所谓最高级的瓶装饮用水。长期静置的水，缔合程度就比较高了，活性严重丧失，成为死水。水分是生物体的基本组成部分，植物体水分含量在5%到95%之间，水生、禾本科、植物籽粒的含水量越来越少。同一植物在不同生长期、不同栽培条件下含水量也有所差异。

动物失去全部体内的脂肪，只喝水，动物可以存活三个月，不喝水，而摄取其他的养分，只能存活七天，所以水是非常重要的。不同等级的动物含水量差别比较大，水母体内的水分高达95%以上，高等动物体含水量差别不大，占体重50%~70%，因年龄、营养状况、品种不同有所差异。动物体组织部位不同，水分含量不同。血液含水超过80%，肌肉含水在72%~78%，骨骼含水45%左右，肥肉基本不含水。不同年龄的人，水分差异也比较大，刚出生的婴儿水分占人体的90%，占体重的90%，成年人水分占70%，到老年的时候，甚至可以降低到50%。

健康的人体，每天要消耗大量的水，这些水必须及时补充上，否则就会影响肠道的消化和血液的组成，建议每天至少喝两升水，天热的时候，适量增加。像爱运动的人，服用维他命或接受治疗的人，更应该多喝水。

水是地表环境系统最基本的构成要素，和气温、光照并列为三大非生物环境因子。水循环是塑造地表环境的基本营力，搬运、沉积、溶解、结晶在塑造地表环境中，发挥着重要的作用。决定陆生生态系统格局的唯一要素就是水。不管纬度的高低，温度的高低，地球表面上只有四大生态系统，湿地、森林、草原、荒漠，决定这个生态格局的唯一要素就是水。水是影响生态系统平衡和演化的控制性因子，水分状况决定着陆生生态系统的最基本的类型。

下边给大家讲两个例子，一个是中国石羊河流域，一个是世界第四大淡水湖，咸海。

甘肃省的河西走廊东西贯通一千多公里长，东口是石羊河流域，西口是疏勒河流域，中间是黑河流域。这个石羊河流域在一万年以前，是一个大湖，叫潴野泽，有五倍的鄱阳湖大。到了汉代汉武帝时期，统治者把匈奴赶到了大漠以北，收复了河西走廊，派了七万军队在石羊河流域驻扎，扼守河西走廊。这七万军队后勤补给很困难，就地开荒，屯垦戍边，引水灌溉，就地种粮。由于这里的水灌溉庄稼以后，就蒸发上天了，不再退回到潴野泽，所以潴野泽的水分就逐步变少了，退化成两个小一点的湖：东海子、西海子。到了唐代，河西走廊就有20万人了，主要是军队在这儿驻扎。这时候，湿地生态系统，已经退化为森林生态系统，但是还有十几个湖。到了明代和清代的时候，这个地方已经有一百万人口了，水源更少了，已经退化为草原生态系统了，仅有青土湖、白亭海等十几个湖泊了。文献上记载了石羊河流域的生态变迁和水循环的演化过程。《史记》上记载"汉武帝引河及川谷以灌田，移民实边，设置官田"。唐代的《读史方舆纪要》上说"凉州最大，土沃物繁，而人富其地"，这说明当时那个地方是森林生态系统，生态系统很稳健，人因为生态系统的健康，所以过得很舒适，也很富足。到了明代，这个《明史》上是怎么记载的呢？"河西十五卫，东起庄浪，西抵肃州，绵亘近两千里"争水纠纷频起。这时候，水已经成为大问题了，水明显感觉到不够用了，已经是草原生态系统了。所以看石羊河流域水和生态格局的演变关系，没有人的时候，水是1.6万平方公里的水面，水深25米。到了汉代，有7万人，这时候，是东海子，西海子，水面面积萎缩到原来的25%。到了唐代，20到40万人的时候，退化成1000平方公里的水面了，变成原来的十六分之一。到了清代，100万人了，水面退化成原来的一百六十分之一，变成100平方公里了。

那么现代是什么情况呢？石羊河流域已经有200多万人了。最后的一个湖泊青土湖，水也被引干了，青土湖见底了，几百万亩的庄稼要灌溉，怎么办呢？需要提取地下水。地下水位从开头的2米、3米、10米一直到现在的300米，地下水也抽干了，再抽上来的都是盐水了。石羊河流域已经退化成典型的荒漠生态系统，现在甘肃省，打算从石羊河流域移民，生态移民，移走40万人，同时退耕两百多万亩地，石羊河流域的水资源已经承载不了人口的发展了。这个例子说明了什么呢？本来是自然水循环，发挥着生态功能，而引水灌溉后形成了社会水循环，社会水循环的量越来越大，退回到自然水循环的量越来越小，水循环的量小了以后支持的生态系统就退化，生态系统受水分的胁迫，从整个湿地退化为森林，退化为草原，进而退化为荒漠。到了荒漠的时候，形成了新的楼兰，整个生态系统支持不了人类的发展，人类也受到了惩罚，这是水和生态的演变的一个例子。

咸海也是如此。咸海是前苏联的一个大农牧业生产基地，80%以上的粮食、肉类、糖、棉花都是咸海流域来补充的需要，大规模地引水。咸海是世界第四大淡水湖，有6.6万平方公里的水面面积，水深超过50米。短短的38年，已经退化到1.7万平方公里的水面，水深不足20米。

专家们预测，按照现在的引水灌溉的速度，咸海再有15年就要消失了。在这期间发生了什么事情呢？就是白风暴和盐沙暴频繁，农田盐碱化加剧，河流污染严重，疾病大量增加，生物物种锐减，沿岸儿童的患病率增加了20倍。

水资源如此重要，但中国的水资源却面临重重危机！接下来我就给大家讲一下中国水资源的现状、危机及应对方法。

一、中国水资源的现状

中国大小河流总长42万公里，流域面积在100平方公里以上的河流有五万多条，1000平方公里以上的河流约1500条。全国水系可分为七大流域，十个片区。全国多年平均的降水量为649毫米，总体来看南方水多，北方水少，东部水多，西部水少。

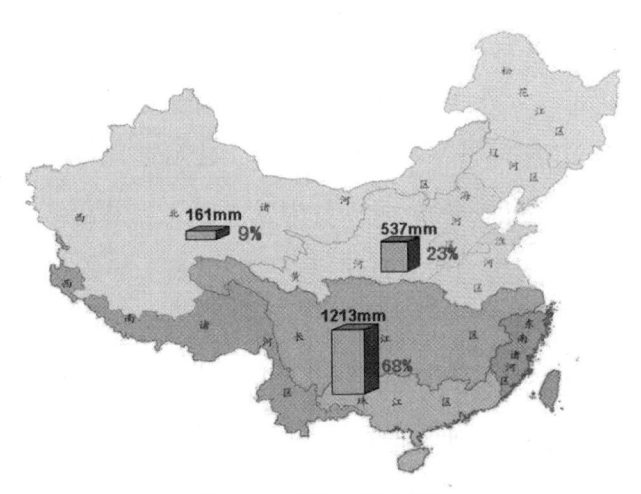

图一　中国降水量分布图

（见图一）南方紫颜色的长江流域、珠江领域、东南诸河、西南诸河，降水量占全国降水总量的68%。北方的东部，五大一级流域淮河、黄河、海河、辽河、松花江，绿颜色的部分，降水量占全国降水总量的23%。西北内陆干旱半干旱的地区，面积达347万平方公里，只有内陆河流经，降水量仅占全国降水总量的9%。

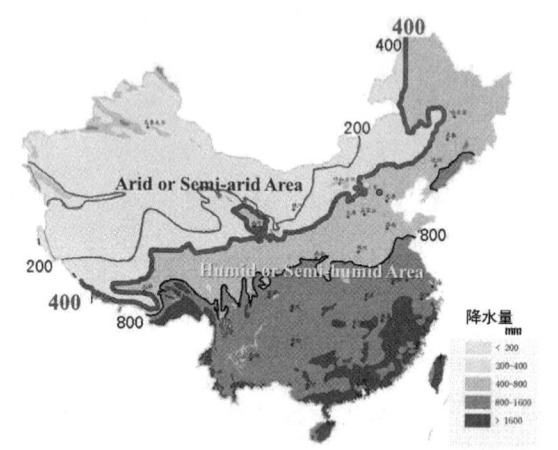

图二　400mm 雨量线是湿润半湿润与干旱半干旱区分界线

400毫米的雨量线是图二中的这条粗红线，它是湿润半湿润地区，干旱半干旱地区的分界线。深蓝和浅蓝颜色区域分别是湿润区半湿润区，浅绿和浅黄色区域是半干旱和干旱区。我国降水具有明显雨热同期的特征，夏季降水占全年的47%，其中北方地区占到62%。北方夏季降水更集中一些，降雨量的年际变化很大，北方最大最小年的降水量，一般要差3~6倍来，很不稳定，所以不得不修水库，把水储存起来利用。中国河川径流年际变化大，北方地区年最大最小径流极值比为4~7倍，一些支流可达10倍，不利于水资源的开发利用。

全国多年平均水资源总量2.84万亿方，其中河川径流量2.73万亿方，地下水资源量8226亿方，二者重复量7149亿方。在世界上按国别来说，我国水资源总量排第六位，但因为人口太多，摊到每个人身上就只排到第127位。大家要树立一个概念，这些水并不能完全都被国民经济使用，整个中国 2.84 万亿方的水资源，有 40% 还不能有效地利用，这 40% 的水资源在发洪水时流到海里去了，另外 32% 的水必须留给生态系统，用以维持生态系统的健康。真正社会经济发展能够利用的水只占水资源总量的 28%，这部分水叫地表水资源可利用量。

近 50 年来，受自然因素和人类活动影响，我国水资源发生了深刻演变，尤其是 21 世纪以来，全国水资源量减少较明显。2001~2010 年与 1956~2000 年比较，全国降水减少 2.8%，地表水资源和水资源总量分别减少 5.2% 和 3.6%，南北方均有所减少，其中海河区减少最为显著，降水减少 9%，地表水减少 49%，水资源总量减少 31%。

再看看水资源开发利用的情况。1949 年建国初期，我国开发利用的水资源是 1031 亿立方米，2012 年是 6131 亿立方米，增加了近五倍，平均每年的增加率是 1.4%。这 6131 亿方水中，地表水源供水量占 80.8%，地下水源供水量占 18.5%；生活用水占 12.1%；工业用水占 22.5%；农业用水占 63.6%；生态环境补水占 1.8%。

二、中国水源危机

中国的水资源危机，主要体现在四点。

1. 洪涝灾害危机

我国是世界上洪涝灾害发生最频繁的国家之一。有 10% 国土面积、5 亿人口、5 亿亩耕地、100 多座大中城市、全国 70% 的工农业总产值受到洪涝灾害的威胁。在有文献记载的 2200 多年中，共发生大水灾 1600 多次。20 世纪 90 年代以来，我国大江大河已发生了五次较大规模的洪水，1998 年长江和松花江流域特大洪水造成的经济损失高达 2460 亿元，占 GDP 的 4%。从世界范围看，近年来经济损失最大的洪水灾害统计中，中国出现的次数最多。

洪涝灾害是人类共同面临的一个大灾，城市内涝是现阶段洪涝灾害新的特点。城市洪涝发生的范围广，积水深度大，积水时间长。建设部2010年对351个城市的内涝情况调研显示：213个城市发生过不同程度的积水内涝，占调查城市的62%；内涝灾害一年超过3次的城市就有137个，甚至扩大到干旱少雨的西安、沈阳等西部和北部城市；内涝灾害最大积水深度超过50mm的城市占74.6%，积水深度超过15mm的超过90%；积水时间超过半小时的城市占78.9%，其中有57个城市的最大积水时间超过12小时。

城市洪涝造成很大的损失，导致交通瘫痪、工程受损、财产损失、人员伤亡、环境污染、生态破坏，还可能引发次生灾害。

城市洪涝灾害主要是由以下各种因素的综合作用造成的：①气候变化导致城市暴雨极端气象事件频发；②城市雨岛效应增强了城市暴雨频率和强度；③城市建设侵占洪水通道和雨洪调蓄空间；④城市下垫面硬化改变地表径流数量和过程；⑤原有城市排水管网规划设计标准偏低；⑥城市大量下凹式立交桥是洪涝易发频发点；⑦城市内排与外排的不衔接；⑧城市洪涝应对管理的不完善。

2. 水资源短缺危机

全国正常年份缺水约500亿方，海河、黄河、辽河、西北和东部沿海城市等地缺水严重，缺水范围在蔓延。近年来，我国北方地区旱灾高发，南方多雨地区季节性干旱也日趋严重。在全国600多个城市中存在供水不足问题的城市有400多个。水资源短缺突出的典型是北京市，北京市人均一年只有100方的水。而按联合国定的一个标准，人均一年在500方以下水资源的地方就被认为是极端严重的水危机。根据1956~2000年水资源评价成果，北京水资源总量为37.4亿方，其中地表水资源17.7亿方、地下水资源25.6亿方。近一个时期北京遭遇13年（1999~2012）持续干旱，年均水资源总量只有21亿方，且入境水量大幅度减少。像密云、官厅两大主要供水水库年平均来水量仅 3 亿方，是 90 年代平均来水量的 1/4。可是同期北京对水资源的需求却在增大。

北京的用水效率实际上是很高的，早就超过了美国的平均水平，还没达到以色列水平。世界发达国家工业用水的重复利用率一般都在 85% 以上，北京已经 92% 了，节水的潜力不是太大了，只能靠跨流域调水解决水资源危机。

北京周边地区也都是缺水地区，像天津市、河北省都缺水，河北的水是比北京略多一点，但是为了支持北京和天津，河北付出了很大的牺牲。密云水库修建的时候国务院批给河北每年 3 亿的用水使用权，官厅水库批给河北的用水量每年有 3 亿，但是现在都无偿划给北京了。

经济社会需水量快速增长是缺水的主因，同时也存在污染型缺水和工程型缺水问题，北方地区水资源量衰减加剧了缺水情势。再有中国 70% 的水量集中在汛期，需要近 40% 的水量分配到全年使用，需要大坝来调蓄洪水，保障水资源安全。

3. 水环境污染危机

近年来国家抓水环境质量力度很大，水环境质量有所改善，主要表现为两上升和两下降。两上升就是 GDP 的增长率在上升，一般的规律 GDP 增长率上升，污染就要跟着上升。但是，七大水系 I-III 类水质的比例在上升，这表明在经济增长的同时水质在改善。两下降是指地表水劣 V 类水质的比例越来越少了，地表水 COD 的浓度，脏东西的浓度也在降低。这是两下降。

这里有五个基本判断：

基本判断一：水环境质量总体形势不容乐观

河流水质：III 类以上断面接近总数的 40%，海、辽、淮三河尤为突出（超过 60%）。污染主要发生在经济发展较快的东部地区，这些地区，可以说是"开着宝马车，喝着敌敌畏"。水功能区的达标率偏低，偿还历史欠帐还需要时日。2010年全国水功能区的达标率仅为48%，还不到一半。像海河、辽河这些缺水流域达标率不足40%。南方像珠江这样水量丰沛的地方污染也同样很厉害。

湖泊水库的情况也不太好，劣于Ⅲ类比例是58%，尤以太湖、滇池和巢湖这"三湖"最为严重。湖泊的富营养化占了54%，富营养化面积相对40年前扩展了约60倍，从135平方公里的水面扩展到8700平方公里的水面。再看看地下水，55%的监测点处于较差、极差水平，地下水四类五类就是差的水占了72%。地下水虽然是可再生资源，但地下水的更新和自净非常缓慢，全靠微生物来降解，一旦被污染，造成的环境影响和生态破坏很大，长时间内难以逆转。地下水的污染正在从点状、条带状向面上扩散，由局部向区域扩散，由浅层向深层渗透，由城市向周边蔓延。地下水被污染，导致"癌症村"频频出现，癌症村的数量已经超过了200个。

由于内陆带来的污染，近海的情况也不太好，不足二类海水的面积占总面积的37.2%。四大海区里面，东海的污染最为严重，其次是渤海、黄海、南海。九个重要的海湾：黄河口和北部湾水质良好，渤海湾、长江口、杭州湾、闽江口和珠江口水质极差。上海、浙江近海地区水质极差。海洋不会自己变脏，陆域的污染负荷是影响海域水质的关键因子，入海河流带入的污染负荷通量占总量的90%以上，剩下的是大气干湿沉降带来的污染负荷。

基本判断二：未来水环境压力加大

水污染主要都是人类活动影响带来的，未来水环境的压力还要加大，主要体现在这么几点：2011年末我国城镇人口占总人口比重达到51.27%，首次超过50%；十二五期间GDP以年均7%的速度增长；城镇人口的增加、经济规模的增大，带来经济社会持续高速发展，势必带来污染物排放的强度高、负荷大。

基本判断三：新型和有毒有害污染物风险增大

国外工业化道路走了200年，它是一个时期出现一个主要的污染问题，然后加以解决。而中国则是30年走过了国外200年工业化道路，所以国外不同时期的问题在中国30年里一起都出现了，重金属的问题、氮磷营养物的问题、持久性有毒有害有机物的问题和二次污染的问题，同时都出现了，这样的污染比较难以治理。

基本判断四：突发性水污染危害大

突发性水污染事故涉及因素较多，因事发突然，危害强度大，必须快速、及时、有效地处理，但对于大型流域，处理难度相当大，主要依靠水体自净作用减缓危害，应急监测、应急反应的要求更高。

2006年～2011年间我国发生重大突发性水污染事故179起，2012年以来，又发生广西龙江污染、山西长治苯胺泄漏、黄浦江上游死猪漂浮等事件，造成巨大经济损失，也对社会安定和生态环境带来严重影响。从区域分布看，突发水污染事故主要集中在东、中部地区；从流域看，主要分布在长江、珠江和黄河流域。

基本判断五：现有水环境解决方案明显不足

在我国，现有水环境解决方案存在明显不足，面临着污水排放标准不适应中国国情、违法排放成本低、缺乏激励机制、污水处理效率有待提升、总量控制缺乏系统性设计等问题。

从我国水环境的形势和演变分析中可以看出，中国已进入水环境调控的关键时期，亟待推进传统模式的全方位转型，具体就是完成"四个转变"：外延式发展向内涵式发展转变，水量管理向水量水质联合管理转变，陆域管理向陆海一体化管理转变，常规管理向常规与应急综合管理转变。实现降低水污染风险、确保水环境安全、建设生态文明三大目标。

4. 水生态退化

目前，我国淡水生态系统功能呈现"局部改善、整体退化"态势，北方平原区地下水严重超采，形成160余个地下水超采区。矿山开采对地表植被和地下水系统破坏严重，黄河中游煤炭、石油开采对地下水破坏严重，尤其是山西煤炭开采破坏了岩溶水的补给通道，导致许多历史名泉水量衰减，甚至枯竭。经济社会用水挤占基本生态用水是主因，另外河流水域侵占、湿地开发等也是水生态退化的重要原因。

三、中国水危机应对

1. 水资源危机的科学背景

水资源危机统一的科学背景是二元驱动下的流域水循环及其伴生过程演变。怎么发生的演变呢？就是在人类活动和气候变化双重驱动下流域水循环发生了演变，这个演变带来了生态效应、环境效应、资源效应，也就是我们说的各式各样的水问题，归根结底还是气候变化或者人类活动影响到了流域水循环，流域的水循环在没有人类的时候是一元的自然水循环，它发挥着生态功能。有了人类以后，水就不再单纯在河道里流动了，水还在城市的管网里面、在农村的灌区里面流动，形成了社会水循环。社会水循环大量地从自然水循环里取水，用过水以后蒸发消耗，然后向自然水循环排水。取水使自然水循环的水量减少，带来了生态服务功能的降低，排水造成了自然水循环的污染，形成了水质下降，所以人类要在自然社会二元水循环这个视角下自律式地发展，尽可能少地从自然水循环里取水，尽可能质量好地向自然水循环里排水。

洪涝事件就是气候变化下自然水循环过程的演变，缺水问题是自然水循环、社会水循环的演变失衡，水污染问题是与水循环伴生的水化学过程的演变失衡，生态退化问题是和水循环伴生的生态过程演变失衡，这是统一的科学基础。我们要对自然社会二元水循环和伴生过程演变机理进行揭示，对它的规律进行认知，对它的过程进行模拟，在模拟的基础上响应国家目标进行综合调控。调控的目标是五维的：资源维就是让资源可再生可循环；经济维就是让用水的效率和效益最大；社会维就是用水要公平，不同的用水目标之间、代级之间、当代和后代之间、上下游之间、左右岸之间用水要公平；生态维就是要修复受损生态系统；环境就是要维保持水质的良好。这是一个五维的联合的综合调控。

国家始终高度重视水资源危机应对和安全保障体系的建设，2011年发布了《中共中央国务院关于加快水利改革与发展的决定》，不久前，习近平总书记专门就水安全保障作出了重要指示，提出"节水优先、空间均衡、系统治理、两手发力"的治水思路。

2000年节水型社会建设以来，全国水资源利用效率显著提高，"十一五"期间全国万元GDP用水量和万元工业增加值用水量下降超过35%。"十二五"期间，全国将建设100个国家级节水型社会试点，200多个省级试点，形成了以规划为龙头，以制度建设为重点，以试点带动区域的建设格局。节水型社会的建设主要是四个方面：第一是建设以总量控制与定额管理为核心的水资源管理体系；第二是建设与水资源承载能力相适应的经济结构体系；第三是建设水资源优化配置和高效利用的工程技术体系；第四是建设公众自觉节水的社会行为规范体系。

农业节水的主要建设目标是新增农田节水灌溉工程面积1.5亿亩；节水灌溉工程面积占全国有效灌溉面积的60%以上；新增高效节水灌溉工程面积5000万亩；农业灌溉用水有效利用系数提高到0.53；农业灌溉用水总量基本不增长。

工业领域的建设目标是把现在的万元工业增加值用水量从101方降低到61方，主要高耗水行业产品的单位用水量指标达到或者接近国际先进水平。

城镇生活节水建设目标是基本完成对运行超过50年以及老城区严重

漏损的供水管网的改造，使城市供水管网平均漏损率小于8%，节水型器具在城镇得到全面推广使用。

非常规水源利用的节水建设目标是将北方缺水城市再生水利用量达到污水处理量的25%～30%，南方沿海缺水城市达到10%～20%，非常规水源开发利用替代新鲜水量达到100亿方以上。

我国已开始实行最严格的水资源管理，重点就是三条红线：一条是针对水资源开发利用的取水环节制定了开发利用控制的红线；一条是针对用水的环节制定了用水效率的控制红线；一条是针对排水的环节制定了水功能区限制纳污的红线。

到2030年全国总用水量的控制目标不超过7000亿，咱们国家的水资源可利用量大约是7600亿，现在已经用到了6210亿了。用水效率的控制红线目标，农田灌溉水有效利用效率要提高到0.6，工业万元增加值用水量要从120方降到40方。水功能区限制纳污红线是最难达到的，中央文件要求2015年要达到60%，2020年要达到80%，2030年要达到95%以上，现在咱们才46%。国家目标要层层分解，全国十大流域把中央文件的这个7000亿的用水总量分解到十大一级流域，十大一级流域分配到各省，层层分解、层层落实。从2015年起就要公布各省各市这三条红线的执行情况，相关12个部委要组成联合检查组来检查这个事情。

另外，要加快完善水资源管理法规的政策体系，建立国家水资源管理信息系统。财政部、水利部计划从2012年到2014年花19亿元建设全国水资源管理信息系统一期，一期完了以后还要建二期，还要建立监控统计和评估考核体系，然后还要进行全国水资源的合理调配，建设国家水网工程，包括南水北调工程、省级层面的工程、区域层面的工程，规划的主要调水工程有17项，调水的总规模每年将近600亿立方米。

我给大家举个海河流域的例子。海河流域是32万平方公里，包括北京市、天津市的全部，河北省的全部，山西省的东半部分，河南省、山东省黄河以北的部分，辽宁省和内蒙自治区的一部分，多年平均降水量535毫米，折合成降水的水量1712亿方。这1712亿方水降到地面以后只有31亿方入海，全部的水量都被用掉了，这还不够，还要从贫水区的黄河流域调水补充，每年还要超采深层地下水80亿方，才能勉强支撑海河流域的需求。

所以咱们才兴建南水北调工程。南水北调是一个生态工程，也是一个大的民生工程。

南水北调的东线工程是从扬州附近抽长江水，经京杭大运河、洪泽湖、骆马湖、南四湖、东平湖，穿过黄河后自流，经位临运河、卫运河、南运河，最后到达天津。输水主干线长1150公里。一期工程2013年已经通水，供水范围包括海河平原、淮河平原东部和山东半岛。

南水北调的中线工程是从丹江口水库引水，沿唐白河和黄淮海平原西部边缘开挖渠道，经江淮分水岭方城垭口，穿过黄河，输水到北京、天津。输水干渠全长1246公里，工程分两期，调水规模130亿方，一期工程调水量95亿方，今年汛后通水。供水范围包括海河流域平原、淮河上中游及唐白河流域。

南水北调工程的西线工程规划从大渡河、雅砻江和通天河三条河向黄河上游调水，总调水规模160亿方。一期工程从大渡河和雅砻江调水80亿方，二期再从通天河调水80亿方。

由于时间关系水资源战略储备和风险应对我就不一一细说了，最好的储备就是地下水，它是天然大水库，并且哪儿都有，打个井就出水。所以平常用水的总方针，是千方百计地用地表水，到万不得已再用地下水，把地下水续存起来，抗旱用、战备用。水是人类生存和生产必不可少的资源，也是生态系统最活跃的控制性因素，决定着生态系统的格局和演变。我国正面临着洪涝灾害、水资源短缺、水环境污染、水生态系统退化等严峻的水危机，这是我国经济社会可持续发展中一个不能回避的世纪挑战，解决水危机需要科学技术、治水理念和社会行动上的重大变革与突破。

（本文根据王浩2014年6月28日在中央和国家机关"强素质·作表率"读书活动2014年第6期主题讲坛上的讲座内容整理）

附　录

中央和国家机关"强素质·作表率"读书活动主题讲坛百期总目

期数	主讲人	主讲题目
1	陈　晋	毛泽东的读书生涯和政治实践
2	王东京	金融危机之启思——金融危机与中国的应对
3	张信刚	中国文化导读：丝绸之路上的文化交流
4	唐浩明	曾国藩与传统文化
5	朱佳木	党的十一届三中全会及其在当代中国史上的伟大意义
6	朱向前	毛泽东诗词的另一种解读
7	熊召政	张居正与万历新政
8	王树增	革命战争与革命英雄主义
9	吴国盛	百年科技的历史回顾与哲学反思
10	叶小钢	音乐——人类诗意栖息的一种方式
11	王　蒙	老庄的治国理政思想
12	沈志华	苏联社会主义模式的终结
13	阎崇年	袁崇焕：其人、其事及其精神
14	金一南	国家安全筹划中的战略思维
15	陈　来	儒家思想与当代社会
16	卓新平	"全球化"的宗教及其对中国的影响
17	葛剑雄	统一与分裂——中国历史的启示
18	单霁翔	留住城市文化的"根"与"魂"
19	张　翔	核武器与国家安全环境
20	李学勤	考古学与古代文明
21	朱良志	中国艺术中的智慧——由八大山人谈起

期数	主讲人	主讲题目
22	李培林	社会建设与民生问题
23	胡鞍钢	"十二五"规划:编制与解读
24	温铁军	中国的三农问题与三治问题
25	郝时远	民族问题:世界与中国
26	张启华	在探索中前进的中国共产党
27	葛兆光	禅宗与中国文化
28	金冲及	从辛亥革命到中国共产党的建立
29	卞祖善	贝多芬交响乐综述与赏析
30	张亚勤	21世纪的信息科技
31	丁伟志	中国文化近代转型的启思
32	杨 义	先秦诸子研究与现代文化建设
33	林毅夫	中国经济发展与文化复兴
34	田 青	守望精神家园
35	张琏瑰	当前朝鲜半岛局势及我对策
36	刘庆峰	智能语音技术及产业应用前沿介绍
37	王校轩	当前南海形势及我对策
38	厉 华	红岩魂——信仰的力量
39	蔡 昉	中国人口红利消失及其对经济增长的挑战
40	刘梦溪	中国传统文化价值理念的现代意义
41	梅 宏	信息科学技术漫谈
42	金一南	苦难辉煌:对国家和民族命运的思索
43	衣俊卿	核心价值观与文化软实力
44	吕有生	新时期我国面临的国际安全环境
45	张国刚	《资治通鉴》与家国兴衰
46	葛晓音	古典诗词的阅读和欣赏
47	陈平原	阅读的立场、趣味与方法
48	莫 言	文学创作漫谈
49	郭建宁	文化强国与中国梦
50	欧阳自远	中国人的探月梦
51	商 传	走进晚明
52	温铁军	中国发展经验的前后30年

期数	主讲人	主讲题目
53	楼宇烈	哲学与人生
54	王朝柱	革命历史题材作品创作漫谈
55	汪建新	从诗词感悟毛泽东的伟岸人格
56	陈佳洱	科技强国，我的中国梦
57	周 龙	京剧艺术鉴赏
58	林左鸣	用企业家精神点燃时代引擎
59	厉以宁	中国经济双重转型之路
60	张 黎	关于加强时代特征研究的几点思考
61	史正富	中国经济超常增长的前景与战略选择
62	王 浩	生命之源：水资源危机与应对
63	马 勇	甲午战争：缘起、过程及启示
64	庄聪生	抢抓全面深化改革新机遇　促进民营经济实现新发展
65	张海文	当前海洋局势及我国海洋战略的思考
66	吉狄马加	诗人的公众角色与诗歌在当下现实中的作用
67	刘 东	全球化与中国文化
68	逄先知	毛泽东建国以来的思想轨迹
69	张维为	一个文明型国家的崛起
70	马长生	关爱生命 拥抱健康——从提高科学素养、健康素养，防病治病，提升生命质量谈起
71	乔 良	美国东移与中国西进——中美博弈下的中国战略选择
72	韩 震	哲学思维与领导力
73	李绍先	中东大乱局与中国应对
74	尹 鸿	新媒体时代的传播与社会
75	何建明	南京大屠杀的真相与思考
76	鄂竟平	南水北调：资源配置的实践
77	金一南	全民抗战是百年沉沦中的民族觉醒
78	李 扬	认识中国经济新常态
79	单霁翔	故宫的世界　世界的故宫
80	陈 晋	毛泽东的战略领导智慧和决策风格
81	林尚立	基础与动力：协商民主何以在中国成长
82	赵沁平	虚拟现实＋

期数	主讲人	主讲题目
83	吴国盛	科学与人文
84	叶小文	白天走干讲 晚上读写想
85	刘庆邦	生命与文学
86	栾建章	当前国际形势与党的对外工作
87	曹意强	审美品质与创造性思维
88	徐 焰	长征——中国革命的柳暗花明
89	何亚非	中国与G20和全球治理
90	朱维群	新形势下民族宗教工作的坚持与创新
91	杨立华	哲学与时代问题的解决：以北宋道学为核心
92	陈锡文	我国的农村改革与发展
93	牛有成	二十四节气告诉了我们什么
94	庄惟敏	城市·建筑·传统·现代
95	王义桅	"一带一路"的逻辑：世界是通的
96	朱佳木	正确认识改革开放前后两个历史时期的关系
97	孙正聿	马克思与我们
98	张红力	金融与国家安全
99	康 震	中国文化的力量与自信
100	尹 卓	海上防卫体系建设的战略背景和发展的初步构想